한국 최초 개신교 선교지
원산도의 귀츨라프 발자취
Karl Gützlaff First Protestant Missionary in Korea

신호철·김주창 지음

머리말

한국기독교 개신교 역사의 시작은 독일인 선교사 귀츨라프 목사로부터 비롯되었다. 그는 영국 동인도회사의 선박 애머스트호를 타고 1832년 7월 17일 황해도 몽금포에 도착하였다. 그리고 충청해안으로 내려와 이곳을 떠나는 8월 12일까지 27일 동안 우리나라에 머물러 있었다. 이때 성경과 전도지를 사람들에게 나누어주며 전도하고, 순조 임금님께 올리는 예물 속에 성경을 넣었으며, 주기도문을 한글로 번역하는 등 선교활동을 하였다.

애머스트호의 항해 목적은 첫째로 조선 정부에 교역을 청원하는 것이고, 다음으로 통역과 의사로 동행한 귀츨라프 선교사가 전도를 하는 것이었다. 따라서 귀츨라프 선교사는 만나는 사람들에게 전도책을 나누어주며 선교에 최선의 노력을 하였다. 그리고 조선이 하나님의 은혜로 번영해 나가기를 소망하고 기도하였다.

귀츨라프 선교사는 독일에서 1803년에 태어나 1826년에 네덜란드 선교회 소속 선교사가 되어 1827년 1월부터 인도네시아 바타비아(현재의 자카르타)에서 선교활동을 시작하였다. 1828년부터 런던선교회의 선교사가 되어 태국의 방콕으로 옮겨 활동하였다. 1831년부터 1851년 소천할 때까지 20년간은 중국 선교사로 활동하였다.

그는 공식적으로 조선에 파견된 선교사는 아니었다. 그의 주 선교활동무대는 중국이며, 중국에 온지 1년 만에 중국의 동해안과 대만, 일본(오키나와) 등 전도여행을 하였다. 이때 황해 바다를 건너 황해도 몽금포에 도착하였다. 그리고 충청도 해안으로 내려와 원산도에서 19일 동안 머물며 전도활동을 하였다. 이 때문에 그는 한국 개신교 최초의 선교사로 불리게 된 것이다.

그는 복음 전도뿐만 아니라 원산도의 들판을 둘러보고 땅이 비옥한데도 노는 땅이 많은 것과, 염소를 기를 수 있는데 한 마리의 염소도 볼 수 없음을 안타까워하였다. 포도주 만드는 법도 가르쳐주었으며, 식량으로 가져온 감자 100여개를 밭에 심고 재배법도 가르쳐 준 농업 선교사이기도 하였다.

특히, 당시의 국법은 외국농산물을 금하고 있었기 때문에 감자를 심는 것에 반대하는 주민들에게 "수익(innovation)이 있어야 수익(benefits)이 있다"고 끝까지 설득하였다.

3

머리말

장거리 항해 중 자신들의 중요한 식량의 일부인 감자를 심어 주었다는 것은 감동하지 않을 수 없다. 이렇게 심어진 감자는 우리나라에 최초로 감자가 도입된 가장 확실한 역사적 기록이 되었다.

귀츨라프 선교사 일행의 활동 내용은 조선왕조실록, 일성록, 비변사등록, 승정원일기 등 조선 정부의 한문 기록에, 그리고 귀츨라프 일기, 린제이 보고서 등의 영문 기록에 나타나 있다. 한문 기록은 주로 애머스트호가 오고 간 것 등 개략적인 것이다. 그러나 영문 기록은 일기 식으로 자세하게 기록되어 있어 기록의 상세함이나 신뢰도에 큰 차이가 있다.

애머스트호의 정박장소에 대해 영문 기록에는 Gan-keang이라 되어 있고, 한문 기록에는 이양선(애머스트호)의 정박지가 고대도 안항(安港)으로 기록되어 있다. 이 때문에 고대도를 귀츨라프 선교장소로 알고 있는 학자들이나 연구자가 있다. 그러나 이들은 과학적인 근거를 제시하지 못하고 Gan-keang이 고대도에 있는 장소라고만 주장하고 있다.

이 책의 저자들은 영문 기록을 근거로 하여 Gan-keang이 원산도에 있으며 원산도가 선교장소라고 고증하였다. 귀츨라프 선교사 일행의 선교지를 자연적, 인문적, 해양환경적 조건에 근거해서 귀납적 방법으로 분석하여 귀츨라프의 선교지를 찾아낸 것이다. 그러므로 귀츨라프 선교사의 선교지는 여의도 면적(290ha)의 1/3 정도 크기(92ha)인 고대도가 아니라, 그 동쪽에 위치하고 고대도의 11배 면적(1,028ha)을 가지며 넓은 들판과 만(bay)이 있는 원산도라는 것을 확인한 것이다.

귀츨라프 선교사의 선교활동지가 고대도라는 잘못된 주장은 학술논쟁으로만 그치는 것이 아니다. 이는 귀츨라프 선교사 기념사업 등에도 크게 영향을 주어 엉뚱한 장소에 기념비가 건립될 수도 있는 것이다. 이 때문에 역사바로세우기 차원에서 이 문제는 조속히 바로잡는 것이 필요하다. 이를 위해 제11장에 "귀츨라프의 고대도 주장에 대한 비평"에서 구체적인 증거를 제시하고 논급(論及)하였다.

역사는 과거와 현재의 끊임없는 대화, 과거에 있었던 일을 기록하고 평가하는 것. 과거를 배우고 미래를 대비하는 것이라는 등 선인들의 말을 따라, 귀츨라프 선교사의 역사를 다루는 것은 다음과 같은 중요한 목적을 가지고 있다.

첫째로 귀츨라프 선교사가 조선 땅에 와서 복음을 증거한 활동이 우리나라 개신교 역사의 시작이란 것을 다시 확인하는 것이다. 둘째로 귀츨라프 선교사가 주로 활동한 선교지가 충청도 연안에 위치한 원산도라는 것을 확실하게 밝혀내는 것이다. 셋째로 귀츨라프 선교사의 역사적 활동기록을 통하여 우리가 무엇을 배울 것인가를 찾아보는 것 등이다.

중국 선교에 크게 기여한 영국 선교사로 중국선교의 아버지로 알려진 Hudson Taylor 선교사는 귀츨라프 선교사에 대하여 "중국내륙선교의 할아버지(grandfather of the China Inland Mission)"라고 평가하였다. 그가 소천한 홍콩에는 그의 묘지가 잘 보존되어 있으며, 그를 기념하는 가로(街路), 즉 Gützlaff Street(吉士笠街)도 있다.

이 책의 부록에는 귀츨라프 일기(영문)와 린제이 보고서(영문), 그리고 순조실록(한문)을 비롯하여 이 책에 인용된 세종실록 등 조선왕조실록과 일성록, 비변사등록, 승정원일기 등도 수록하여 관련 근거자료를 찾아보기 쉽게 하였다.

이 책은 2009년에 발간된「귀츨라프 행전」을 기초로 하여 과학적인 분석과 수년간의 추가연구 끝에 원산도가 귀츨라프 선교사 일행의 활동지임을 보다 구체적으로 확인하였음을 밝힌다.
끝으로 전 국사편찬위원회 위원장 이만열 교수님께서 이 책의 원고를 여러 날에 걸쳐 치밀하게 검토하고 수정하여 주셔서 책의 품격을 한 단계 높여 주신 것에 깊은 감사를 드린다. 아울러 고전 기록의 한문을 번역하는데 도움을 주신 한국고전번역원 한문고전자문서비스에도 감사의 인사를 드린다.

2017년 10월 29일

저자 **신 호 철 · 김 주 창** 장로

Preface

Rev. Karl F. A. Gützlaff (1803~1851) who visited the Korean western coast and met Korean people in 1832 is the first Missionary in Korean Protestant history. He, born in 1803 in Germany, became a missionary member of the Netherlands Missionary Society in 1823. In 1827, he arrived in Jakarta, Indonesia, but moved to Bangkok, Thailand in 1828 under support of the London Missionary Society. During 20 years from 1831 to 1851 he stationed in Macao and Hong Kong later for missionary works in China.

The Lord Amherst on board of 67 people, including Rev. Gützlaff and Mr. Lindsay started a journey in February 1832 from Macao to Taiwan, Shanghai and Weihaiwei of China along the coast, and arrived at Monggeumpo, Hwanghae-do of Korea across the Yellow Sea in July 17, 1832.

He was a missionary member as well as a translator of the Lord Amherst. He landed at Monggeumpo to negotiate trade with officials, but failed and retreated. The Lord Amherst proceeded to the southward. On July 25, they came to the coast of Chungcheong-do and arrived at Wonsando island where Gan-keang is located.

Rev. Gützlaff stayed until August 12 in Gan-keang where he met government officials and residents, submitted trade permit document, visited local houses and explored natural landscape. But the document was rejected after two weeks of submission.

In the record of Rev. Gützlaff, the only place, Gan-keang appears, however, the actual location of the Gan-keang is not clearly known. Therefore, there are two hypotheses about the real location of the Gan-keang Wonsando and Godaedo islands. The authors of this book insist that the Gan-keang is located in the

Wonsando island based on many proofs from the natural, historical and geographic view point.

In the period of 18 days when the Lord Amherst was staying in Wonsando island, Rev. Gützlaff distributed some Bible and evangelistic books. Also, he translated the Lord's Prayer into Korean alphabet, and planted potatoes in a field. This is the first introduction of potatoes in this region, possibly in Korea.

During his stay in Korea he could not do much work, but he kept great hope for Korea as is shown in his diary. We think his seed of Christianity that was planted 185 years ago has been fully grown today in Korea.

In his diary on August 11 before leaving Gan-keang, he wrote, "The scripture teaches us to believe that God can bless even these feeble beginnings. Let us hope that better days will soon dawn for Corea."

Thanks.

October 29, 2017

Shin, Ho-Chul, Elder
Kim, Ju-Chang, Elder

■ 원산도의 귀츨라프 선교지와 150주년 기념탑

나는 청년시절(1953) "과부와 고아를 불쌍히 여기라(약 1:27)"라는 성경 말씀에 감동하여 충남 장항에 "에벤에셀 모자원"을 설립하고 외롭고 약한 자들의 친구가 되고자 노력하였다. 1955년에는 정의여자중고등학교를 설립하여 교육입국을 위한 여성교육을 통하여 지도자들을 육성하여 배출하였다. 이밖에 장항동부교회와 남포교회 등을 개척하여 한국 기독교 복음화에 진력하였다.

1964년에는 보령의 원산도에 원의중학교를 설립하여 가난한 섬 주민들의 자녀가 육지(도시)로 나가지 않아도 되도록 배움의 길을 열어주었다. 이 때는 원산도에 3천명 정도의 인구가 살고 있었으나 육지와 통행하는 여객선도 없었고, 전기와 전화시설도 없어 참으로 생활환경이 열악한 외딴섬이었다. 따라서 초등학교를 졸업하고 중학교로 진학하는데는 많은 어려움이 있어 이곳에 중학교를 세우게 되었다. 한편 원산도에 기독교 복음화를 위하여 선촌과 진촌 등 3개 중심 마을을 택하여 3개소의 교회를 건립하여 하나님의 말씀을 전파하는데 힘썼다.

그 후 한국성결교회 설립자 가문의 엘마 킬보른(Elmer Kilbourne) 2세 선교사를 만나 원산도에 귀츨라프 선교사가 1832년 상륙한 일이 있다는 이야기를 듣고 관심을 가지게 되었다. 그리고 이같은 사실을 연세대학교 총장 백낙준 박사를 만나 확인하였다. 백낙준 박사는 그의 저서 "한국개신교사(1973)"를 통하여 귀츨라프의 원산도 상륙 근거를 프랑스 신부 달레의 "한국천주교회사"에서 인용하였다.

이에 따라 나는 우리나라 개신교 최초의 선교사 귀츨라프 목사의 원산도 선교를 기념하여, 1982년 7월 17일, 원산도에 '귀츨라프한국선교150주년기념탑'을 건립하게 되었다. 이때 한국기독교교회협의회(KNCC), 한국기독교선교협회(KCMEA), 주한독일대사, 주한네덜란드대사, 학교법인송죽학원, 지역사회개발위원회 등도 공동으로 협력하며 동참하였다

150주년 기념탑을 건립할 때 까지만 해도 우리나라에서 귀츨라프 선교지에 대한 연구 실적은 별로 없었다. 이 분야에서 최초의 단행본이라 할 수 있는 리진호 장로의 「귀츨라프와 고대도」저서도 6년이 지난 1988년에 발간되었다. 그러나 여기에는 귀츨라프 선교지에 대하여 정확하게 반영하지 못하였다. 다만 순조실록의 '到泊古代島安港'의 기록에 의존하여 원산도가 아닌 고대도를 귀츨라프 선교지로 발표하였다. 현재 까지도 몇몇 후속 연구자들은 이 같은 틀을 벗어나지 못하고 고대도 선교를 주장하고 있다.

한편, 원산도가 귀츨라프의 선교지라는 주장은 2009년에 발간된 신호철 장로의 「귀츨라프 행전」에 의하여 새롭게 밝혀졌다. 이 책은 원산도를 귀츨라프 선교지라고 주장하는 최초의 단행본이 되었다.

이번에 새로 발행되는 신호철 김주창 장로의 공저 「한국 최초 개신교 선교지, 원산도의 귀츨라프 발자취」는 귀츨라프 선교사의 전반적인 활동은 물론이고, 귀츨라프 선교지에 대하여 원산도와 고대도로 나뉘어져 있는 선교지에 대한 종래의 주장들을 종합적으로 비평하고, 결론적으로 원산도가 귀츨라프의 선교지라는 확실한 증거들이 제시되었다.
 이 책에서는 귀츨라프의 실제 선교지가 원산도이고, 고대도가 아니라는 증거들이 구체적으로 제시되었다. 애머스트호의 함장인 린제이와 귀츨라프 선교사가 일기 형식으로 쓴 기록에 나타나는 여러 형태의 상황이나 조건들을 열거한 다음, 이를 충족시키는 곳이 원산도인가? 고대도인가? 를 비교 검토하여 귀츨라프 선교지에 대하여 귀납적 방법에 의하여 찾아 냈다.
 예를들면 지리적으로 바람막이가 잘 되어 있는 1급 항구가 있는 섬, 넓은 들판이 있어 염소를 키우기에 적합한 섬, 소를 많이 길러 소고기를 구하기 쉬운 섬 등을 비롯하여, 역사적으로 고관들이 머물고 있던 마을이 있는 섬, 관청이 있었던 섬, 식량 등 품물을 구하기 쉬운 섬, 당집이 2개 이상 있는 섬, 잠간 동안 수 백명 사람들이 모일 수 있는 마을이 있는 섬 등 여러 조건들을 원산도의 경우는 100% 충족시키고 있지만 고대도의 경우는 하나도 충족시키지 못하고 있다는 것이다.

귀츨라프의 선교지가 고대도라는 주장은 고대도에 귀츨라프 선교사 기념물을 설치되는 부끄러운 결과로 이어질 수 있으므로 조속히 철회되어야 할 것이다. 그리고 "역사 바로 세우기" 차원에서도 원산도의 선교역사를 올바르게 정립되어야 할 것이다.
 끝으로 1982년의 귀츨라프 선교사 150주년 기념탑 건립을 주도하였던 과정을 회고하면서, 2017년 귀츨라프의 한국선교 185주년에 즈음하여 귀츨라프가 원산도에 남긴 발자취를 찾아내고 그가 바라던 선교의 꿈이 이 땅에서 지금까지 이루어진 것을 하나님께 감사드린다. 아울러 원산도의 귀츨라프 선교지애 대하여 선교역사를 올바르게 연구한 저자들에게도 감사한다.

2017년 10월

귀츨라프연구소 이사장 **김 옥 선** 장로

일러두기

이 책에서 사람의 이름이나 사물의 이름, 사용한 기호 등을 다음과 같다.

1) 귀츨라프 선교사 일행이 타고 온 배는 영문으로 Lord Amherst, 한문으로 이양선(異樣船)이라고 기록되었는데, 이 책에서는 "애머스트호"라고 하였다.
2) 린제이가 기록한 "Report of Proceedings on a Voyage to the Northern Ports China in the Ship Loard Amherst (1833)는 줄여서 "Lindsay Report 또는 린제이 보고서"라고 하였다.
3) 귀츨라프 선교사가 기록한 "The Journal of Three Voyages along the Coast of China in 1831, 1832 & 1833 with Notices of Siam, Corea and Loo Choo Island (1834)는 Gützlaff 일기 또는 귀츨라프 일기라고 하였다.
4) 린제이와 귀츨라프의 기록에 나타나는 Teng-no는 텡노로 하였다.
5) 린제이 기록의 Yang-yih, 귀츨라프 기록의 Yang-chih는 양씨로 하였다.
6) 린제이와 귀츨라프의 기록에 나타나는 Gan-keang 지명은 개갱(간갱)으로 하였다.
7) 조선왕조 실록에 나타나는 古代島 後洋의 위치는 고대도 도착 이전의 바다로 해석하였다.
8) 조선왕조 실록에 나타나는 古代島 安港의 위치는 확인하지 못하였으나 실존지명이 아닌 것으로 추정되었다.
9) 각 장에 인용된 주)는 번호를 부여하여 각 장의 마지막 페이지에 수록하였다.
10) 부록 1은 귀츨라프 일기 원문(영문)을 수록하고, 구절별로 문장의 앞에 G1, G2… 등으로 구분하여 기호를 부여하고, 본문의 관련 부분에 이를 찾아보기 쉽게 표시하였다.
11) 부록 2는 린제이보고서 원문(영문)을 수록하고, 구절별로 문장의 앞에 L1, L2… 등으로 구분하여 기호를 부여하고, 본문의 관련 부분에 이를 찾아보기 쉽게 표시하였다.
12) 부록 3은 조선왕조실록의 관련되는 원문(세종실록, 현종실록, 정조실록, 순조실록)을 수록하고 본문의 관련부분에 이를 표시하였다.
13) 부록 4는 일성록, 비변사등록, 승정원일기 등의 관련되는 원문을 수록하고, 본문의 관련 부분에 이를 찾아보기 쉽게 표시하였다.

Contents |목 차|

머 리 말 ·· 3
Preface ·· 6
원산도의 귀츨라프 선교지와 150주년 기념탑 ······························ 8
일러두기 ·· 11

제1장 귀츨라프는 누구인가?

1. 조선 최초의 개신교 선교사 ·· 24
2. 귀츨라프의 출생에서 선교사까지 ·· 26
3. 조선에 오기 전의 아시아 선교 활동 ·· 28
    가. 인도네시아 선교 ·· 28
    나. 태국 선교 ·· 30
    다. 중국 선교 ·· 31
4. 조선이 포함된 귀츨라프의 제2차 선교 여정 ····································· 32
5. 조선에서의 주요활동과 업적 ·· 37
    가. 주기도문의 한글 번역과 한글 소개 ·· 37
    나. 씨감자를 최초로 심어주고 재배법을 가르침 ··························· 38
    다. 통상교역의 요청 ·· 38
    라. 복음을 전하고 조선의 밝은 앞날을 소망 ·································· 39
    마. 기타 활동 ·· 39
6. 조선을 떠난 후의 귀츨라프 선교사 행적 ·· 40
    가. 오키나와 정박과 선교 활동 ··· 40
    나. 중국 선교의 계속과 소천 ·· 44

제2장 조선의 황해도에 첫발을 디디다

1. 몽금포(夢金浦) 도착 ·· 50
    가. 첫 도착지 몽금포 ·· 50
    나. 몽금포 도착지에 관한 고증 ··· 53
2. 어부에게 책을 전하고 농어 3 마리를 받다 ······································· 58
3. 귀츨라프 선교사 일행의 상륙 ··· 61

4. 린제이의 통상교역 청원서 ·· 63
　　　5. 황해도 지방관과의 만남 ·· 65
　　　6. 조선의 쇄국정책과 교역 청원 실패 ································ 69

제 3 장　충청해안의 여러 섬을 통과하다
　　　1. 외연도에서 원산도까지의 추정 항로 ······························ 72
　　　2. 외연도의 7월 21일 정박 ··· 73
　　　　　가. 정박지 외연도와 후톤섬 ······································ 73
　　　　　나. 외연열도 입지여건과 지형적 특성 ······················ 77
　　　　　다. 외연도의 역사 ··· 79
　　　3. 녹도(鹿島) 부근의 7월 22일 정박 ································ 82
　　　　　가. 녹도 정박 관련 기록 ··· 82
　　　　　나. 녹도 어민들과의 첫 만남 ···································· 85
　　　　　다. 녹도 주변 섬들의 지형적 특성 ···························· 87
　　　4. 불모도(不毛島) 해역의 7월 23일 정박 ······················· 90
　　　　　가. 불모도 정박 관련 기록 ······································· 90

제 4 장　애머스트호의 고대도 해역 정박
　　　1. 애머스트호의 고대도 해역 정박 장소 ·························· 95
　　　2. 애머스트호의 고대도 해역 정박 날짜 ·························· 99
　　　3. 고대도 정박지에 관한 조선 정부의 기록들 ················ 101
　　　4. 고대도의 역사와 지리 ·· 104
　　　　　가. 역사 ·· 104
　　　　　나. 지형 ·· 104
　　　　　다. 고대도의 관련 지명들 ······································ 106

제 5 장　애머스트호의 원산도 도착 및 정박
　　　1. 애머스트호의 원산도 도착 ··· 108
　　　　　가. 원산도 도착 ·· 108

Contents |목 차|

　　나. Gan-keang의 지명과 원산도 개갱 앞바다 ·············· 108
　　다. 해양환경 측면의 Gan-keang과 원산도 개갱 앞바다 ······ 109
　2. 원산도의 인문 및 해양환경 ······························ 112
　　가. 원산도의 간갱(개갱) ································ 112
　　나. 고대도에서 개갱까지 항로 ···························· 113
　3. 원산도의 역사 ·· 115
　　가. 원산도 역사 ······································· 115
　　나. 말 목장 중심지 관개(官家) 마을 ······················ 116
　　다. 수군우후가 주둔한 진촌(鎭村) ························ 118
　4. 원산도의 지리 ·· 121
　　가. 원산도 지리의 개요 ································· 121
　　나. 국도 77호선의 원산도 통과 ··························· 123
　　다. 원산도의 지명들 ···································· 124

제6장　개신교 최초의 선교지 원산도(전반기 활동)

　1. 전반기 활동의 특징 ···································· 129
　2. 원산도에서 조선 관리들과의 만남 ························ 133
　　가. 7월 25일 Yang yih(양씨) 간의 첫 만남 ················ 133
　　나. 7월 25일 수군우후의 첫 만남 ························ 134
　　다. 7월 26일 수군우후 및 홍주목사와의 만남 ··············· 135
　　라. 7월 26일 방문한 원산도 관가 마을 ···················· 136
　　마. 7월 26일 수군우후가 마련한 만찬 ····················· 138
　　바. 7월 30일의 공충수사가 제공한 오찬 ··················· 138
　　사. 조선 관리의 3차례 조사 ······························ 139
　3. 교역청원서와 예물의 전달 ······························ 142
　　가. 청원서와 예물의 전달 준비 ·························· 142
　　나. 교역청원서와 예물의 전달 의식 ······················· 143
　　다. 홍주목사 이민회의 증언 ····························· 145
　　라. 수군우후 김형수의 증언 ····························· 145

마. 연원직지(燕轅直指)에 기록된 이야기 ……………… 146
　4. 원산도 전역에 대한 현지답사 ………………………… 148
　　　가. 7월 27일 제1차 들판 답사 …………………………… 148
　　　나. 7월 27일 첫 번째 당집을 바라보다 ………………… 150
　　　다. 7월 27일 묘지 등의 답사 …………………………… 150
　　　라. 7월 30일 두 번째 당집의 답사 ……………………… 151
　　　마. 8월 1일 제2차 들판의 답사 ………………………… 152
　5. 식수의 조달과 물품의 공급 …………………………… 153
　　　가. 7월 28일의 식수조달 장소와 관가마을 …………… 153
　　　나. 물품의 공급 …………………………………………… 154

제 7 장　개신교 최초의 선교지 원산도(후반기 활동)

　1. 후반기 활동의 특징 ……………………………………… 155
　　　가. 충청 지방관의 태도 변화 …………………………… 155
　　　나. 원산도 등 후반기 활동 요약 ………………………… 157
　2. 교역청원서 및 예물의 반환 시도 ……………………… 160
　　　가. 8월 3일 조정 특사 일행의 1차 만남 ……………… 160
　　　나. 8월 5일 조정 특사 일행의 2차 만남 ……………… 161
　　　다. 8월 7일 수군우후의 방문 …………………………… 162
　3. 교역청원의 거부 및 국왕에게 드리는 경위서 ………… 163
　　　가. 8월 9일 교역청원서 등의 반환 시도 ……………… 163
　　　나. 국왕에게 드리는 경위서 …………………………… 165
　　　다. 식량의 무상 공급 …………………………………… 169
　　　라. 재난구조 협조 요청과 수용 ………………………… 170
　　　마. 8월 11일 오계순 등의 내방 ………………………… 171
　4. 천수만 조사 및 정박지 인근의 성채 답사 …………… 172
　　　가. 8월 7일 천수만의 탐사 ……………………………… 172
　　　나. 안면운하 탐사 ………………………………………… 176
　　　다. 8월 7일 간월도와 창리에서의 활동 ………………… 178

Contents |목차|

　　라. 8월 10일 정박지 인근의 성채 답사 ················· 180
　5. 작별인사와 애머스트호의 퇴거 ························ 184
　　가. 8월 11일 관청(진촌) 예방 ························· 184
　　나. 8월 12일 공충수사의 애머스트호 방문 ············· 185
　　다. 8월 12일 애머스트호의 퇴거 ······················ 187
　　라. 해도(海圖) 작성 ································· 187

제8장　감자의 최초 재배와 농축산업에 대한 관심

　1. 씨감자를 원산도에 최초로 심어주다 ··················· 189
　2. 감자 문헌의 계보 ·································· 192
　3. 감자 전래 역사에 얽힌 기록들 ······················· 194
　　가. 오주연문장전산고(五洲衍文長箋散稿) ··············· 195
　　나. 원저보 (圓藷譜) (1862) ··························· 196
　　다. 원서방 (圓薯方) (1832) ··························· 197
　　라. 알렌의 기록 (1904) ······························ 197
　　마. 휘트모어의 기록 ································ 198
　　바. 귀츨라프와 린제이 기록 (1832) ··················· 198
　4. 농업용지가 있는 원산도 ····························· 200
　5. 귀츨라프 농사개량 지도 ····························· 203

제9장　귀츨라프의 선교활동과 조선의 개방시도

　1. 조선시대 후기에 활동한 개신교 선교사 ··············· 205
　　가. 귀츨라프 선교사(Karl F. A. Gützlaff) ············ 206
　　나. 로버트 토마스(Robert J. Thomas) ················· 206
　　다. 알렌(Horace N. Allen) ··························· 206
　　라. 아펜젤러(Henry G. Appenzeller) ·················· 207
　　마. 언더우드(Horace G. Underwood) ··················· 208
　2. 귀츨라프 선교사의 원산도 선교활동 ·················· 209
　　가. 국왕께 드리는 예물에 성서를 포함 ················· 209

나. 7월 27일 저녁 주기도문의 한글번역 ························ 209
　　다. 복음을 전하고 조선의 밝은 앞날을 소망 ················ 210
　　라. 귀츨라프 선교사가 본 조선인의 종교성 ················ 213
　　마. 의료 선교 활동 ·· 215
3. 원산도 이외의 선교활동 ·· 217
　　가. 몽금포에서 어부에게 성서를 전하다 ························ 217
　　나. 창리 등 내륙 선교 ·· 219
　　다. 고대도에서의 선교활동 여부 ···································· 220
4. 조선의 쇄국정책과 개방 시도 ·· 222
　　가. 외국인과 주민들의 접촉 금지 ·································· 222
　　나. 쇄국정책의 뿌리 ·· 223
　　다. 교역 활동을 위한 조선의 개방 시도 ························ 224
5. 주민들의 생활상태 ·· 226
　　가. 열악한 주거 및 생활환경 ·· 226
　　나. 외국인에 대한 여성들의 호기심과 두려움 ·············· 227
　　다. 삶의 질 향상과 조선의 밝은 미래에 대한 소망 ······ 229

제10장　애머스트호에 대한 조사 등

1. 애머스트호 선박구조와 승선자 등의 조사 ···················· 231
　　가. 에머스트호의 선박구조와 제원 ································ 231
　　나. 에머스트호의 승선자 ·· 232
　　다. 애머스트호의 기타 정보 ·· 235
2. 애머스트호 승선자의 역할 ·· 237
　　가. 린제이 (Hugh H. Lindsay, 胡夏米) ························ 237
　　나. 귀츨라프(Karl F. A. Gützlaff) ································ 237
　　다. 리스(Thoma Rees, 李士) ·· 238
　　라. 심손(Simpson)과 스티븐스(Stephens) ···················· 238
3. 조선 관리들의 역할 ·· 239
　　가. 군관 텡노(Teng no) ·· 239

Contents |목 차|

　　나. 서기관 양씨(Yang yih, Yang chih) ·················· 240
　　다. 역관 오계순 ····························· 240
　　라. 홍주목사 이민회(李敏會) ······················ 241
　　마. 수군우후 김형수(金瑩綬) ······················ 241
　　바. 공충수사 이재형(李載亨) ······················ 242
4. 조선 관리들의 파직 ···························· 244
　　가. 충청도 지방관리들의 처벌 ······················ 244
　　나. 황해도 지방관리들의 처벌 ······················ 245
5. 귀츨라프 선교사를 통해 배울 점 ····················· 247
6. 애머스트호의 내방에서 배울 점 ····················· 250
　　가. 귀츨라프 선교사 측으로부터의 배울 점 ················ 251
　　나. 조선 관리들로부터의 배울 점 ····················· 253
　　다. 조선 정부로부터의 배울 점 ······················ 255
　　라. 기타사항 ······························· 256

제 11 장 귀츨라프의 고대도 선교지에 대한 비평

1. 현재까지 발간된 귀츨라프 관련 저서 ··················· 261
2. 신호철의 『귀츨라프 행전(2009)』 ···················· 263
3. 리진호의 『귀츨라프와 고대도(1988)』 ·················· 264
　　가. 고대도 산당의 현지답사 ······················· 264
　　나. 원산도 귀츨라프 기념비에 관한 평론 ················· 266
　　다. 고대도와 원산도의 상황을 점검하지 않음 ··············· 267
4 허호익의 『귀츨라프의 생애와 조선선교 활동(2009)』 ········ 269
　　가. 귀츨라프의 원산도 활동에 관한 반박 요약 ··············· 269
　　나. 원산도의 여러 가지 상황을 확인하지 않음 ··············· 271
　　다. 원산도의 해양 및 인문환경을 확인하지 않음 ············· 273
　　라. 허호익의 저서에 나오는 여러 가지 오류 ················ 274
5. 허호익의 잘못된 비판에 대한 반론 ···················· 277
　　가. 원산도 개갱은 만(bay)이 아니라는데 대하여 ············· 277

나. 녹도 정박 날짜에 대하여 ·· 378
　　　다. 조선측 관리의 보고에 대하여 ·· 279
　　　라. 보고 내용을 바로잡지 못했을 리 없다는데 대하여 ········ 280
　　　마. 군사적 대결의 정황으로 잘못 판단한 것에 대하여 ········ 281
　　　바. 당집을 고대도에서 확인하였다는 주장에 대하여 ··········· 281
　　　사. 물을 길러간 반대 방향에 대하여 ····································· 282
　　　아. 원산도 인구가 고대도 보다 적었다는 주장에 대하여 ····· 282
　　　자. 선착장 개설 시기에 대하여 ·· 283
　　　차. 달레의 원산도 기록에 대하여 ·· 284
　　　카. 귀츨라프 원산도 기념비에 대하여 ····································· 285
　　5. 오현기의 『굿 모닝, 귀츨라프(2014)』 ·· 286
　　　가. 녹도 정박 날짜와 불모도 경유에 대한 평론 ··················· 286
　　　나. 귀츨라프의 고대도 도착 날짜에 대한 평론 ····················· 287
　　　다. Gan-keang과 고대도 안항은 같은 곳이라는 주장의 반론 ··· 288
　　　라. Gan-Keang은 보통 명사라는 주장에 대한 반론 ············ 290
　　　마. 귀츨라프의 활동지역이 고대도라는 주장의 반론 ············ 291
　　　바. 몽돌해수욕장 앞바다 정박지 추정에 대한 평론 ············· 292
　　　사. 고대도 당산의 산당에 대한 평론 ······································ 292
　　　아. 귀츨라프의 활동에 대한 빈약한 설명 ······························· 293
　　6. 고대도 선교지 주장에 대한 종합적인 반론 ······························ 294
　　　가. 조선측 기록은 연속성이 없다 ·· 294
　　　나. 조선측 기록의 내용이 부실하다 ·· 297
　　　다. 인문 및 자연조건이 맞지 않는다 ······································ 297
　　　라. 애머스트호의 기록과 조선정부 기록의 불일치 ··············· 297

제12장 한국 최초의 개신교 선교지 원산도에 관한 고증

　　1. 원산도와 고대도 정박 주장의 비교 검토 ······························· 303
　　　가. 기록에 의한 비교검토 ·· 303
　　　나. 종합적인 비교검토 ·· 305

Contents |목 차|

2. 귀츨라프 일행의 선교지가 원산도인 증거들 ·············· 307
   가. 자연조건, 인문환경 등 기록에 나타나는 증거 ·············· 307
   나. 고대도 기록은 1832년 7월 23일까지만 나온다 ·············· 310
   다. 7월 25일 Gan-keang으로 이동한 것은 분명하다 ·············· 310
3. 귀츨라프의 선교지를 찾는 귀납적 연구의 방법 ·············· 311
   가. 관련 문서 자료의 분석 및 해석상의 우선순위 ·············· 311
   나. 역사 기록 또는 행동의 검증 ·············· 313
   다. 해양환경 등 측면에서의 접근 ·············· 318
   라. 사회환경 및 인문적 측면에서의 접근 ·············· 320
   마. 귀츨라프의 활동 기록을 통한 귀납적인 방법 ·············· 323
   바. 애머스트호의 정박일자와 상륙일자 ·············· 324
   사. 종합적인 접근 방법 ·············· 326
4. 원산도와 고대도의 귀츨라프 기념사업 ·············· 327
   가. 원산도의 귀츨라프 선교사 기념탑 ·············· 328
   나. 고대도의 귀츨라프 선교사 관련 기념물, 행사 등 ·············· 329
5. 종합적인 결론 ·············· 330

부록
1. 귀츨라프 일기 ·············· 334
2. Lindsay 보고서 ·············· 361
3. 조선 왕조실록 ·············· 389
4. 일성록, 비변사 등록, 승정원 일기 ·············· 399

그림 목차

<그림 1-1> 귀츨라프선교사의 아시아 선교 경로 ·················· 29
<그림 1-2> 귀츨라프의 제2차 선교여행 경로 ····················· 32
<그림 1-3> 중국에서 조선 항해 경로 ····························· 36
<그림 1-4> 귀츨라프의 제2차 선교여행 주요 경로 ················ 41
<그림 1-5> 오키나와 나하 위치도 ································ 42
<그림 1-6> 오키나와 주변국 15세기 무역도 ······················ 43
<그림 1-7> 쉬츨라프 선교사 홍콩 묘지의 위치 ··················· 47
<그림 2-1> 장산곶이 수록된 동국여지도 ························· 52
<그림 2-2> 몽금포 주변의 위성 지도 ····························· 54
<그림 2-3> 몽금포 도착 검증 관련지도 ··························· 55
<그림 2-4> 장산과 조니진 지명이 수록된 대동여지도 ············· 56
<그림 2-5> 성경의 첫 전달지 몽금포 부근 지도 ·················· 57
<그림 3-1> 외연도에서 원산도까지 애머스트호 추정 항로 ········· 72
<그림 3-2> 외연도(Hutton), 바질만 등 탐사 해도 ················ 74
<그림 3-3> 외연열도 여러 섬의 위치도 ··························· 77
<그림 3-4> 녹도 동소도 위치도 ·································· 83
<그림 3-5> 불모도 지명이 기록된 대동여지도 ···················· 90
<그림 4-1> 고대도 지명이 기록된 동국여지도 ···················· 98
<그림 4-2> 프랑스 군함이 작성한 고대 부근의 해도 ············· 98
<그림 4-3> 고대도의 지명과 애머스트호의 정박추정 장소 ········ 105
<그림 5-1> 원산도 옛 지형도(1919년) ··························· 110
<그림 5-2> 고대도와 원산도(개갱) 항로 추정도(1857) ············ 113
<그림 5-3> 원산도 간갱(개갱)과 말목장 중심지 관가 마을 위치도 ·· 116
<그림 5-4> 원산도 주변의 해도 ·································· 122
<그림 5-5> 77번 국도의 원산도 통과 위치도 ···················· 124
<그림 6-1> 원산도 전반기 주요 활동 추정 위치도 ················ 132
<그림 7-1> 원산도 등 후반기 주요 활동 추정 위치도 ············· 159
<그림 7-2> 천수만 옛 지도 ······································ 173
<그림 7-3> 창리, 간월도 및 안면운하 위치도 ···················· 177
<그림 7-4> 오천성의 배치도 ····································· 183

그림 목차

<그림 8-1> 감자의 첫 파종지로 추정되는 원산도 ················ 189
<그림 8-2> 감자와 고구마 문헌 계보 ···························· 192
<그림 8-3> 농업 용지로 적합한 원산도 ·························· 200
<그림 8-4> 농업 용지로 부적합한 고대도 급경사지 ················ 201
<그림 11-1> 귀츨라프 측 기록에 따른 일자별 활동 ················ 295
<그림 11-2> 애머스트호의 일자별 정박(조선측 기록) ··············· 296
<그림 12-1> 원산도와 고대도의 크기 비교(1:11) ·················· 323
<그림 12-2> 원산도 귀츨라프 선교사 기념탑 ····················· 327
<그림 12-3> 고대도 교회의 귀츨라프 현판 ······················· 329

표 목차

<표 4-1> 고대도 정박지에 대한 조선 정부 기록 ·················· 101
<표 6-1> 귀츨라프의 원산도 전반기 활동 요약 ··················· 130
<표 7-1> 원산도 등 후반기 활동 ································ 158
<표 10-1> 애머스트호 승선자 명단 ······························ 233
<표 10-2> 애머스트호의 조사내용 ······························ 236
<표 11-1> 조선 정부 측 기록의 애머스트호의 도착 및 정박지 ······ 295
<표 11-2> 저자별 기록의 애머스트호의 도착 및 정박지 ············ 298
<표 12-1> 선교지의 원산도 주장과 고대도 주장 비교 ·············· 304
<표 12-2> Gan-keang과 원산도 개갱 및 고대도 안항의 여건 비교 ··· 306
<표 12-3> 귀츨라프의 원산도 활동을 입증하는 기록 ··············· 307
<표 12-4> 조선 정부 측과 귀츨라프 측 문서의 특성 ··············· 312
<표 12-5> 원산도와 고대도의 인문 역사 비교 ···················· 321
<표 12-6> 연구자들이 제시하는 마을, 당집, 인구수 비교 ··········· 322
<표 12-7> 애머스트호의 정박 일자 및 장소 관련 기록 ············· 324
<표 12-8> 애머스트호의 상륙 일자 및 장소 관련 기록 ············· 325

제 1 장	귀츨라프는 누구인가?	24
제 2 장	조선의 황해도에 첫발을 디디다	50
제 3 장	충청해안의 여러 섬을 통과하다	72
제 4 장	애머스트호의 고대도 해역 정박	95
제 5 장	애머스트호의 원산도 도착 및 정박	108
제 6 장	개신교 최초의 선교지 원산도(전반기 활동)	129
제 7 장	개신교 최초의 선교지 원산도(후반기 활동)	155
제 8 장	감자의 최초 재배와 농축산업에 대한 관심	189
제 9 장	귀츨라프의 선교활동과 조선의 개방시도	205
제 10 장	애머스트호에 대한 조사 등	231
제 11 장	귀츨라프의 고대도 선교지에 대한 비평	261
제 12 장	한국 최초의 개신교 선교지 원산도에 관한 고증	303
부 록	1. 귀츨라프 일기	334
	2. Lindsay 보고서	361
	3. 왕조실록	389
	4. 일성록, 비변사 등록, 승정원 일기	399

제 1 장
귀츨라프는 누구인가?

1. 조선 최초의 개신교 선교사

귀츨라프의 사진초상 (1803~1851)

조선 최초의 개신교 선교사는 독일 출신의 귀츨라프(Gützlaff, Karl Friedrich August, 郭實獵, 吉士笠, 1803~1851)이다. 그는 교역과 선교를 위해 Lord Amherst라는 이름을 가진 영국 동인도회사 소속의 배(이하 애머스트호라고 한다)에 승선하여 선교임무와 통역관의 임무를 가지고 1832년 7월에 원산도를 비롯한 조선의 서해안에 와서 선교활동을 하였다. 성경과 전도책자를 전해주고, 주기도문을 한글로 번역하였으며, 감자를 처음으로 보급한 농업선교와 약도 나누어 주는 의료선교를 한 조선(한국) 최초의 개신교 선교사이다.

이는 1866년 토마스 선교사가 대동강에서 순교한 때보다 34년 먼저이고, 아펜젤러와 언더우드 보다는 53년 먼저 시작한 것이 된다. 귀츨라프 선교사는 비록 1개월이 안 되는 짧은 기간이지만 황해도와 충청도의 해안과 섬에 최초로 상륙하였다. 비록 전달되지는 못했지만 국왕께 드리는 예물에 성경책을 넣었고, 전도지를 주민들에게 나누어주고, 조선에 복음이 전파되고 조선에 좋은 날이 올 것을 소망하였다. 따라서 조선의 최초 개신교 선교사로 인정하기에 부족함이 없는 것이다.

연세대학교 총장을 역임한 백낙준 박사(1896~1985)는 그의 저서 『한국개신교사(1973)』에서 1832년부터 1910년까지의 78년을 다루면서 귀츨라프 선교사가 조선을 방문했던 1832년(순조 32년)을 한국 개신교의 시작으로 보았다.

귀츨라프 선교사는 특히 다음과 같은 말을 남겼다.
"이 모든 일들은 내가 늘 기도로써 간구한 결과 하나님의 은혜로운 섭리로 이루어 주신 하나님의 역사이다. 조선 땅에 뿌려진 하나님의 진리가 완전히 소멸된 것인가? 나는 그렇게 믿지 않는다."(At all events, it is the work of God, which I frequently commended in my prayers to his gracious care, Can the divine truth, disseminated in Corea, be wholly lost? This I believe not. 1832년 7월 27일, G51)

『한국개신교사(1973)』

"하나님은 거친 자연환경을 변화시켜 에덴동산으로 만들 수 있다. 이 땅에 복음의 말씀이 스며들도록 하자. 그것이 진리로서 받아들여진다면 빈곤이 멈출것이다." (He could have changed this wilderness into an Eden. Let the gospel penetrate these regions, and as far as it is accepted in truth, misery will cease.1832년 8월 1일, G66)

"이 작은 시작일지라도 하나님이 우리를 축복하심을 믿으라고 성경은 가르치신다. 머지않아 좋은 날들이 조선에 다가오기를 소망하자."(The scripture teaches us to believe that God can bless even these feeble beginnings. Let us hope that better days will soon dawn for Corea. 1832년 8월 11일, G90)

2. 귀츨라프의 출생에서 선교사까지

귀츨라프 선교사는 1803년 7월 8일 독일 프로이젠 제국의 포메라니아(Pomerania) 프릿츠(Pyritz Pommen, 현재 폴란드 Pyrzyce)에서 아버지 J. J. 귀츨라프 (Gützlaff, Johann Jacob)와 어머니 엘리자베스(Marie Elisabeth) 사이에서 외아들로 출생하였다.[1] 그의 어머니는 네 살 때 1807년 5월 9일 별세하였으며, 아버지는 오케르트(Ockert, Calorina L. F.)와 1808년 7월 7일 재혼하였다. 그래서 귀츨라프는 어린 시절을 계모 밑에서 성장하면서 학대를 받고 육체와 정신 발달에 상처와 고통이 있었다.[2]

그는 여덟 살 때까지 독일의 할레(Halle)에서 일어났던 경건주의자 프랑케 (Francke H.)가 설립한 학교(프랑케슐레)에서 공부하다가 가세(家勢)가 기운 후에는 고향으로 돌아가 프릿츠(Pyritz) 공립학교에 들어갔고, 가정에서 아버지로부터 신앙 교육과 사회 교양교육을 받으며 성장하였다. 어릴 때부터 설교자(Prediger)가 되는 꿈을 품고 있었으며, 베를린 선교신학교 입학 당시에도 장래의 포부를 묻는 질문에 설교자가 되고 싶다고 하였다.[3]

13살 되던 1816년, 귀츨라프는 출생지에서 멀지 않은 곳에 위치한 스테틴 (Stettin, 현 폴란드 도시) 도시로 옮겨 가죽 허리띠를 만드는 기술자가 되기 위한 직업교육을 받았으나 만족할 수 없었으며, 이 무렵 바젤(Basler)선교회가 발행하는 "선교잡지"를 접하면서 선교의 꿈을 키우게 되었다. 그리고 1818년 어느 설교자로부터 선교에 관한 열정적인 설교를 듣고 선교사로 헌신하기로 결심하였다.[4]

그가 17살 되던 1820년, 스테틴에는 프로이젠 제국의 군대 열병식(閱兵式)에 당시의 황제 프리드리히 빌헬름 3세(Friedrich Wilhelm III)가 참석하였는데, 귀츨라프와 그의 친구 헤르만(Hermann)이 함께 지은 "충성의 시(Huldigungs-gedicht)"

를 황제에게 헌정하였다. 귀츨라프는 이 시를 통하여 천재성을 인정받게 되었으며 이로 인하여 황제로부터 계속 공부를 위한 재정 지원의 약속을 받았다.

그 결과 1821년 1월 19일 열린 내각회의에서 귀츨라프를 베를린신학교에 교육시킬 것을 결의하였다. 그리고 황제는 귀츨라프가 베를린신학교(Missionsschule in Berlin)에서 공부하도록 연 500 Taler의 지원금을 보냈고, 귀츨라프는 1821년 4월부터 베를린신학교에서 공부할 수 있게 되었다.[5]

귀츨라프는 베를린신학교에서 J. 예니케(Janicke, Johanenes) 교장의 신앙 지도에 영향을 받았고, 선교에 대한 확실한 소명을 갖게 되었다. 예니케는 루터파 교회의 담임목사였고, 프로이젠성서공회와 기독교서적중앙협회를 창설한 인물이었다.

귀츨라프는 신학교 과정에서 회심하였다. 그 변화의 증거로 "침상에 무릎을 꿇고 기도하며, 더 이상 낙심하지 아니하고, 학업을 시작하기 위해 자신의 책상에 앉아서 진실하며 조용히 명상하듯 기도하는 자세의 삶을 살았다.[6]"고 한다. 그리고 이곳에서 학구열과 지칠 줄 모르는 정열로 6개 국어를 공부하였다.[7]

1823년, 귀츨라프는 베를린신학교에서 공부하던 중 베를린대학교(현 베를린 훔볼트대학교)에서 신학을 공부할 기회를 얻었으나 중병으로 인하여 중퇴하게 되었다. 그리고 같은 해 네덜란드선교회(Netherland Missionary Society)에서 선교사를 모집한다는 소식을 듣고 선교사의 길을 자원했다. 그의 중병도 이 무렵 나았고, 이 사건을 두고 그의 주치의는 "이것은 하나님이 하신 일이다,"라고 하였다.

병이 치료된 후 다른 2명과 함께 1823년 5월 라인 강의 하구에 있는 네덜란드의 항구 도시 로테르담(Rotterdam)으로 향했다. 이는 그가 그렇게도 희망하고 준비했던 선교사의 삶의 시작이었다.[8] 그리고 복음주의 루터파 소속 목사가 되어 네덜란드선교회 소속으로 3년 동안 시무하였다.[9]

제1장 귀츨라프는 누구인가? **27**

3. 조선에 오기 전의 아시아 선교 활동

가. 인도네시아 선교

귀츨라프는 1826년 7월 20일 정식 선교사로 임명되어 같은 해 9월 15일 네덜란드의 식민지 인도네시아의 자바(Java) 섬으로 출발하였다. 그리고 24세가 되는 해인 1827년 1월 6일 바타비아(Batavia: 현재의 자카르타)에 도착하였다.[10]

런던선교회의 W. H. 메드허스트(Medhurst, Walter Henry)가 선교하고 있었던 집에 여장을 풀고, 그로부터 인도네시아의 정세와 전도의 어려움에 대하여 상세한 이야기를 들었다. 귀츨라프 선교사는 아시아 지역 첫 선교지 인도네시아 선교사로 부름 받은 것을 감사하며 선교의 꿈에 부풀었으나, 전도의 열매는 별로 맺지 못했다. 이때 동역자(同役者) 메드허스트 선교사로부터 태국 선교를 제안 받고 이를 기쁘게 받아들여, 1828년 태국의 수도 방콕으로 옮겨갔다.[11]

인도네시아에서 시작한 아시아의 선교 경로는 <그림 1-1>과 같다.

<그림 1-1> 귀츨라프선교사의 아시아 선교 경로

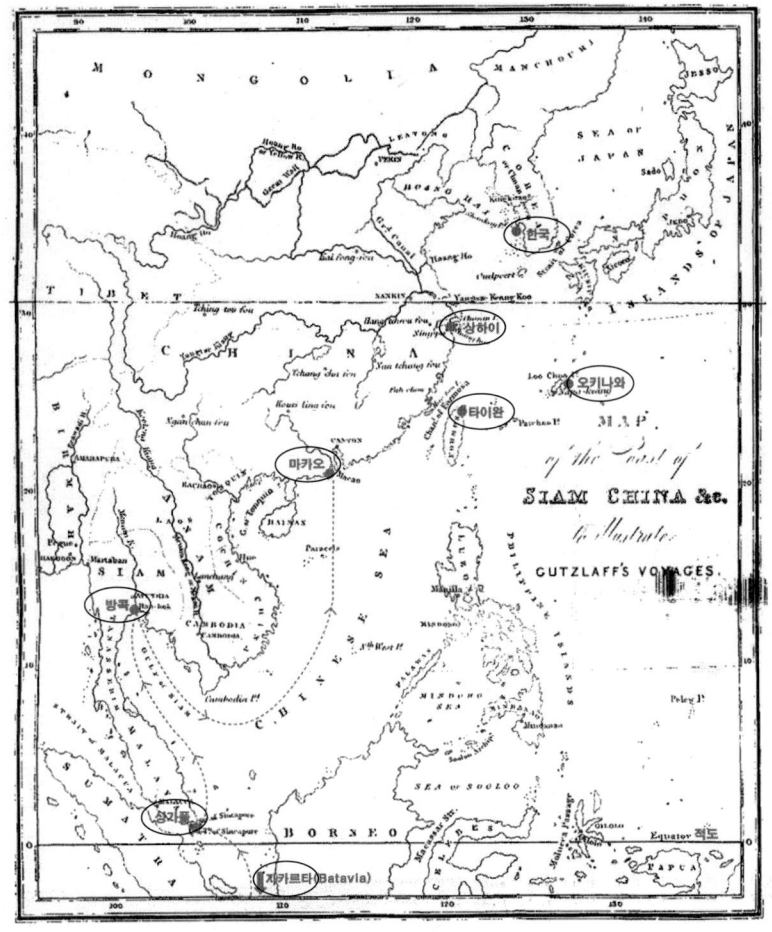

자료: Gützlaff, Journal of Three Voyages along the Coast of China. 귀츨라프의 아시아 선교는 자카르타에서 싱가포르를 경유하여 방콕과 마카오 경로로, 그리고 타이완, 조선, 오키나와 등으로 계속되었다.

나. 태국 선교

귀츨라프 선교사의 아시아 두 번째 선교활동은 태국의 수도 방콕에서 1828년부터 시작되었다. 그는 네덜란드 선교회와 인연을 끊고 1828년 8월 23일 현재의 태국 수도 방콕에 도착하여 이곳에서 활동하던 포르투갈 영사의 영접을 받았다. 그는 1831년까지 방콕에서 런던선교회(London Missionary Society) 소속의 J. 톰린(Tomlin, Jacob)과 함께 선교 사역을 하면서 동아시아 선교 비전을 더욱 구체화 하였다.[12]

귀츨라프 선교사는 인도네시아에서 중국어를 공부하기 시작하였으며, 방콕에 머무는 동안 푸젠지방 통안(Tung-an)에서 온 중국인 쿠오(Kwo)씨의 양자가 되어 중국 국민이 되었다.[13] 그리고 1830년 2월 11일 런던선교회에서 일하는 뉴엘(Newell, Maria)과 결혼하고, 이들 부부는 필생의 사업으로 성경을 태국어(Siamese)로 번역하였다. 그러나 뉴엘 부인은 1831년 2월 16일 쌍둥이 딸을 낳다가 아이 하나와 함께 별세하였다. 귀츨라프 선교사는 이 충격과 건강의 악화로 같은 해 6월 중국으로 떠나며 딸아이를 싱가포르 친구에게 보내 달라고 하였는데 그 아이마저 사망하였다.[14]

태국 방콕의 귀츨라프 주택

결국 그는 아시아 두 번째 선교지 태국 선교를 시도하였으나 성과가 별로 없는 데다 아내마저 세상을 떠나게 되자 실망하고, 본래 의도한 대로 중국으로 가게 되었다.[15]

다. 중국 선교

귀츨라프 선교사의 아시아 세 번째 선교 활동은 중국에서 1831년부터 시작되었다. 그리고 귀츨라프의 동아시아 선교의 꿈은 1831년부터 1833년까지 3차에 걸친 선교여행을 통하여 보다 확실히 이루어졌다.

제1차 선교여행은 1831년 부인과 사별 후 중국 상선(Lin-Jung)호을 이용하여, 1831년 6월 3일 방콕을 출발하여 텐진(Tientsin, 天津)까지 그리고 다시 텐진에서 마카오까지 6개월간의 여정이었다.

제2차 선교여행은 1832년 영국 동인도회사 소속의 애머스트(Lord Amherst)호를 이용하여 중국 북방 항구를 향하여 출항하였다.[16]

이 기간 중 그는 중국의 남쪽 해안 마카오에서 타이완, 상하이, 산동반도를 경유하여 1832년 7월 17일 조선의 서해안에 도착하여 선교 범위를 확대하고 전도여행을 계속하다가 8월 17일 제주도를 경유하여 8월 22일 일본의 오키나와 섬을 거쳐 9월 5일 마카오로 되돌아갔다.

제3차 여행은 무장한 영국 국적의 설프(Sulph)호 군함을 타고 수행하였다.[17]

4. 조선이 포함된 귀츨라프의 제2차 선교 여정

귀츨라프 선교사는 조선 선교를 포함한 제2차 선교 여행에 통역관을 겸하여 애머스트호에 승선하고 1832년 2월 26일 마카오(澳門)를 출발하여 아모이(廈門), 타이

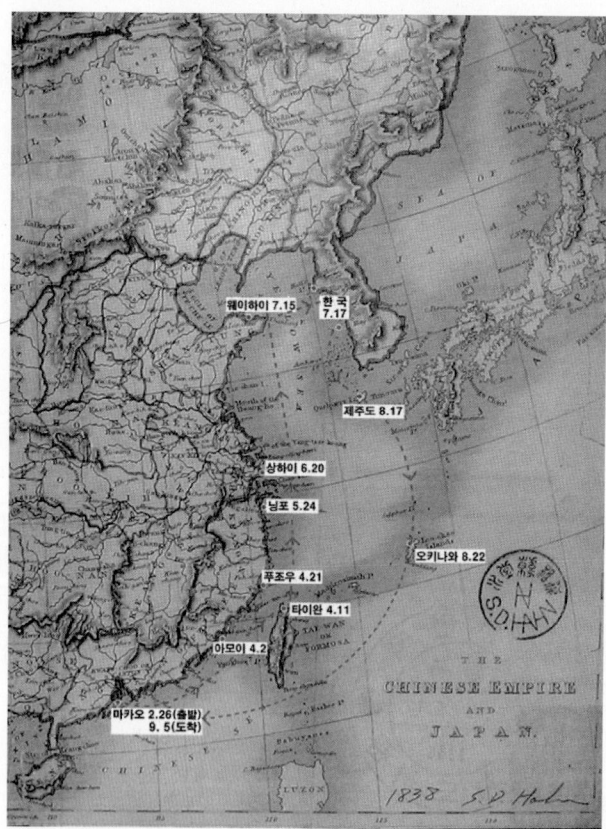

〈그림 1-2〉 귀츨라프의 제2차 선교여행 경로

자료: Gützlaff의 The Chinese Empire and Japan map (1838, 26× 36cm, 국회도서관 소장) 항로와 아모이 등 지명 및 선교 일정은 저자 작성. 귀츨라프 선교사 제2차 선교여행은 1832년 2월 26일 마카오에서 시작되었다. 그리고 1832년 9월 5일 마감하였다.

완(臺灣), 푸조우(福州), 닝포(寧波), 상하이(上海), 웨이하이웨이(威海衛) 등 중국 연안을 두루 경유한 다음 황해를 가로질러 7월 17일 조선의 서해안에 도착하였다. 귀츨라프 선교사의 한국 선교를 향한 중국 해안의 마카오에서 웨이하이웨이까지 항해 여정(旅程)을 살펴보면 <그림 1-2>과 같다.[18]

애머스트호가 중국의 마카오에서 떠나 웨이하이웨이(威海衛)까지 오면서 겪은 일들을 요약해보면 다음과 같다.

1) 1832년 3월 5일 마쿠니(Ma-kung, 馬崗)에 상륙하여 이곳에서 전도지를 나누어 주었다. 3월 9일 그이제(Kea-tsze) 만에 정박하여 제당시설 등을 시찰하고, 가난해 보이는 이곳 주민들에게 전도지를 나누어주니 좋아하였으나 관리들은 이곳을 떠나라고 하였다.

2) 1832년 4월 2일 푸젠성(福建省)의 아모이(Amoy, 廈門)에 입항하여 7일까지 정박하였다. 아모이 항구는 포르투갈, 스페인, 네덜란드 및 영국 등의 선박이 항상 거쳐 가지만 배의 규모가 3~4백톤 정도에 불과하였는데, 애머스트호처럼 큰 배가 온 일은 처음이라 하였다. 따라서 아모이 주민들이 이 배를 보려고 모여든 것은 무리가 아니었고, 아모이 관리는 항구에 들어오는 애머스트호를 향하여 대포를 쏘았다.[19]

3) 1832년 4월 11일부터 5일간 타이완(臺灣)에 정박하였다. 이곳은 곡창지대로 중국 본토보다 풍족한 생활을 하고 있었다. 섬 안에는 원주민(高山族)이 살고 있었으며 본토에서 온 이주민에게 반항하는 일이 더러 있었으나 대체로 평화스럽게 지내고 있었다. 항구에 정박하고 있는 배는 거의 아모이 사람들의 것이며 땅은 비옥하고 자유 분위기가 넘치고 있었다. 귀츨라프 선교사가 전도 문서를 나누어주자 받아들고 기뻐하였다. 무역을 위한 대화 상대자는 만나지 못했다. 그러나 이곳에서는 관리가 퇴거하라는 일은 없었다.

4) 1832년 4월 21일 타이완에서 푸조우(Fuh-chow, 福州)에 도착하여 이곳에서 한 달 동안 체류하면서 무역 상담과 지역의 정황을 자세하게 탐사하였다. 푸조우는 차(茶), 목재 등의 수출항이며, 이곳에서 상인들을 초청하여 연회를 베풀고 무역 상담도 하였다. 항구로부터 80km(50 마일) 정도 강을 거슬러 올라가 양쪽 기슭의 아름다운 경치를 보며 고국 독일의 라인 강 기슭을 떠 올렸다. 이곳 관리들은 항의하며 퇴거를 강력히 요구하였으며 포대(砲臺)에서 위협사격도 가하였다. 그러나 귀츨라프 선교사는 관리들의 제지를 무릅쓰고 거리를 거닐고 관청을 찾아가 무역 상담을 진행하였다. 가톨릭 신자를 방문하여 대담하고, 회교도를 만나 현황도 조사하였다.

5) 1832년 5월 17일 푸조우를 떠나 5월 24일 닝포(Ning-Po, 寧波)에 도착하였다. 닝포 앞바다에 있는 조우산(舟山) 열도를 상세하게 조사하였다. 이때 귀츨라프 선교사는 열도 중 한 섬을 "귀츨라프 섬"이라 명명하였다.

6) 1832년 6월 19일 오송(吳松)에 도착하였다. 린제이와 귀츨라프 선교사는 보트로 갈아타고 강을 거슬러 올라갔다. 강 양쪽에는 창고가 즐비하였다. 더 올라가자 관리가 제지하여 이를 무시하고 더 올라가자 포탄(砲彈)이 날아왔다. 뒤에 있던 애머스트호는 이 포성을 듣고 환영의 예포로 생각하고 답례로 3발의 예포(禮砲)를 쏘았다. 상륙하여 관청 건물을 찾아가니 문이 닫혀 있어 열고 들어가니 관리들은 도망을 갔다. 얼마 동안 기다리니 해군 제독이 나타났다. 무역을 하자는 제의를 하자 베이징 황제의 허가가 있어야 한다고 하면서 나가 버렸다. 그 사이 상인들로부터 여러 가지 정보를 얻고 전도지를 나누어 주니 기뻐하였다.[20]

7) 1832년 6월 19일 양자강 하류의 상하이(Shang-hae, 上海)에 도착하여 18일간 정박하였다. 이곳은 양자강의 하류로 옛날에는 강 하구에 있는 어촌이었는데 후에 국내 생산물의 집산지가 되었고, 외국 무역항으로 발전하였다. 애머스트호

의 입항은 예정되어 있어 새벽 4시 15발의 대포가 발사되었다. 동시에 중국 군함이 나타나 정지를 요구하였다. 그러나 애머스트호는 불응하고 부근의 상황을 계속 탐사하였다. 양 기슭의 토지는 목축에도 적당한 토질인데 주민들은 쌀농사만 짓는지 논만 보이니 이곳 주민들은 지혜가 없다고 생각하였다. 귀츨라프 선교사는 관리의 제지를 무릅쓰고 거리를 걸어 다니며 가정집과 상점을 돌아보았다. 교역 개시를 요청하였으나 베이징 중앙정부의 허가 없이는 불가하다고 하였다. 다만 필수품을 구입하는 허가를 받았으므로 이것들은 살 수 있었다.

8) 1832년 7월 8일 상하이를 출발하여 7월 15일 산동반도(山東省)의 웨이하이웨이에 도착하였다.[21] 이곳에서도 심한 포격을 받아 일단 후퇴하였다가 다시 상륙하였다. 항구 주변의 경치는 좋았으나 시가지의 표정은 가난하게 보였다. 귀츨라프 선교사는 "우리가 필요한 것은 아무것도 없어 목적을 이루지 못하고 이곳을 떠나게 되었다"고 하였다.
그리하여 황해를 가로 질러 1832년 7월 17일 조선의 서해안에 도착하였다.

애머스트호가 중국(威海衛)에서 조선(夢金浦)까지 항해 경로는 <그림 1-3>과 같다.

<그림 1-3> 중국에서 조선 항해 경로

자료: 중국지도(2008. 9.) 한글 지명은 저자 삽입

5. 조선에서의 주요활동과 업적

귀츨라프 일행이 조선에 와서 첫 방문지는 황해도 몽금포였다. 1832년 7월 17일에 도착하여 처음에 어선을 만나 전도책을 주었고 또 육지에도 상륙했다가 많은 주민들의 제지를 받고 애머스트호로 돌아왔고, 7월 18일에는 국왕에게 교역청원서를 전달하고자 다시 상륙하여 지방관(무관)들을 만났지만 역시 거절을 당하고 많은 주민들이 모여들어 위협 속에 애머스트호로 되돌아와 남하하였다.

두 번째는 충청도 연안에 내려와 외연도, 녹도, 불모도 등 여러 섬을 거치고 7월 24일 고대도에 정박하였다가 7월 25일에 원산도로 이동하여 8월 12일까지 18박 19일 동안 여러 가지 활동을 하였다.

가. 주기도문의 한글 번역과 한글 소개

귀츨라프 선교사는 서기관(Yang yih)을 설득하여 한글 자모(Corean alphabet)를 쓰도록 하는데 성공하였다. 이때 귀츨라프 선교사는 주기도문(Lord's Prayer)을 한문으로 써주고 서기관은 이것을 소리 내어 읽으면서 토를 달아 한글로 번역하였는데 이것은 최초의 한글 성경 번역이라 할 수 있다.

귀츨라프 선교사는 서기관으로부터, 그리고 접촉하는 조선인으로부터 배운 한글을 1832년 11월의 중국 선교잡지(The China Repository)에 "한국어에 대한 소견(Remarks on the Corean Language)"이라는 제목(소논문)으로 발표하였는데 이는 지볼트(P. F. Siebold, 1796-1866)와 함께 한글을 서양에 알린 최초의 과학적이고 체계적 논문이라는 평가를 받는다. 따라서 귀츨라프 선교사는 한글을 세계에 알리는 데에도 크게 공헌하였다.

나. 씨감자를 최초로 심어주고 재배법을 가르침

귀츨라프 선교사는 식량용으로 가져온 귀한 씨감자 100여개를 해안에 가까운 농지에 심어주었다. 선박에서 장기 항해 중 중요한 식량인 감자를 다른 나라의 미래를 생각하며 재배하도록 돕는 것은 쉬운 일이 아니었다.

국법에 어떤 외국 농작물의 수입도 금하고 있다고 주민들이 거부했지만 그 거부 행위에 개의치 아니하고 '혁신(innovation)에서 수익(benefits)이 발생한다' 고 그들이 수긍할 때까지 열심히 설명하고, 말없이 승복하자 감자의 재배법까지 알려주었다. 이 지역에 감자가 들어와 재배가 확산되고 후에 구황작물로 활용된 것은 귀츨라프 선교사의 큰 공로라고 할 수 있다.

다. 통상교역의 요청

귀츨라프 선교사는 린제이와 함께 교역청원서를 국왕에게 올리는 것이 항해의 목적으로 황해도에서부터 노력을 하였으나 실패했고, 원산도에 와서는 수군우후 김형수 등 지방관리들을 설득하여 일단 지방관리들에게 전달하는 것 까지는 성공했지만 그 후 조정의 거절로 교역청원서를 1832년 7월 26일에 제출한 후 17일 만인 8월 12일 돌아갔다.

교역청원서의 회신을 기다리면서 복음전도, 씨감자 재배, 포도재배법 등을 알려주었고, 52년 후인 1884년 3월 조영수호통상조약이 비준되었다.

라. 복음을 전하고 조선의 밝은 앞날을 소망

귀츨라프 선교사는 황해도 몽금포에서 어부를 만나 전도책자를 주었고, 원산도에서 만나는 사람들에게 전도책자를 전달하고 전도를 했으며 천수만의 북쪽 끝에 있는 창리에 갔을 때도 전도책자를 나누어 주었다. 그는 국왕께 드리는 예물 속에도 성경을 넣었다.

그리고 "국왕이 처음에 받기를 거부하였던 성경을 아직도 갖고 있는지 혹은 읽고 있는지 모르지만, 개갱(Gan-keang)의 관리들과 주민들은 성경을 받았다. 성경이 우리에게 가르친 대로 비록 보잘 것 없는 시작이지만 하나님께서 축복해 주실 것이라는 것을 확신한다. 이 나라에 어둠이 가고 새벽이 속히 와서 밝은 날이 오기를 우리 모두 희망으로 기대한다."라고 하였다.

귀츨라프 목판화(1850년)
(오현기 교수 제공)

마. 기타 활동

귀츨라프 선교사는 산포도를 보고 포도나무 재배법과 포도즙 만드는 방법을 주민에게 가르쳐 주었고, 좋은 기후와 비옥한 토양에서 여러 가지 농작물을 재배하지 않는 것이 대단히 유감스런 일이라고 하였다. 또, 귀츨라프 선교사는 왜 과수원을 만들어 포도를 재배하지 않는가 하면서 포도의 재배법과 가공법을 가르쳐 주기도 한 농업선교사라 할 수 있다.

6. 조선을 떠난 후의 귀츨라프 선교사 행적

가. 오키나와 정박과 선교 활동

애머스트호는 제주 해역을 떠나 1832년 8월 21일 오키나와의 유황도(Sulphur Is.)를 지나갔다. 그들은 이곳을 지나면서 약 10km 정도 거리에서 화산 분화구에서 나오는 연기를 보았다고 하였다. ^{Lindsay Report. L79)}

1832년 8월 22일, 애머스트호는 류큐(琉球) 왕국(王國)의 오키나와 나하항(Napa-kiang bay, Loo-choo, 邢覇)에 도착하여 선교 활동을 시작하였다. (On the following day at noon we anchored in Napa-kiang bay) ^{Harry A. Rhodes, The Korea mission field. p. 228. 1931. 11.)}

오키나와(沖繩, Okinawa) 나하 항에 도착한 귀츨라프 선교사 일행의 첫 방문지는 고코쿠지(護國寺)였다. 그들은 이곳에서 관리와 주민들을 만났다.[22] 나하 항(港)에 처음 도착하였을 때 관리들의 출영(出迎)을 받았으나 상륙은 제지되었다. 그럼에도 불구하고 통상 교역을 위한 협상이 해변에서 불가하다고 하면서 고코쿠지로 향하였다. 그리고 귀츨라프 선교사는 이곳에서 전도 문서를 배부하였으며 주민들은 기쁘게 받았다고 하였다.[23]

8월 24일, 일본 선박들을 돌아보았다. 선체의 범주(帆柱)가 큰데 놀랐으며 선원들이 벗은 채로 일하고 있는 것을 보았다. 귀츨라프 선교사는 선원들에게도 전도 문서를 나누어 주었다. 당시 류큐 왕국은 중국에 조공을 바치고 있었으며 한편으로는 일본(사츠마)'의 실질적 지배를 받고 있어 일본 당국에 대하여 적대감을 가지고 있었다.[24]

<그림 1-4> 귀츨라프의 제2차 선교여행 주요 경로

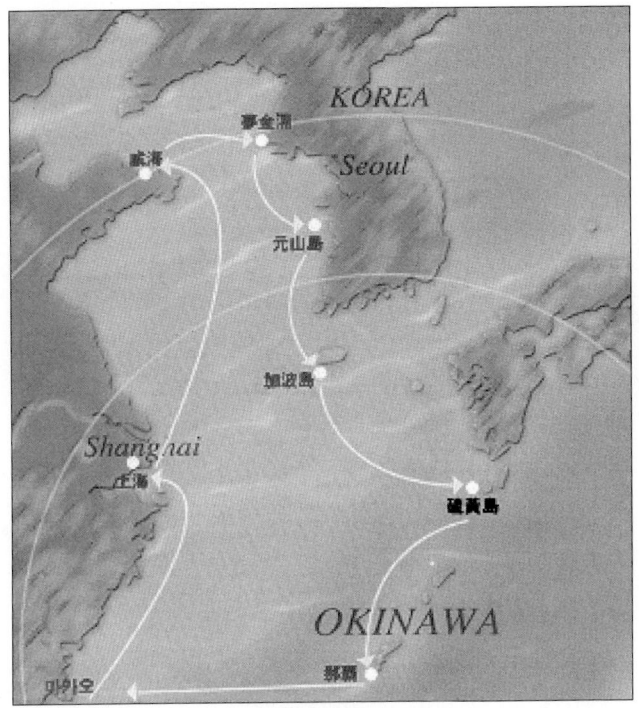

자료: Okinawa Guide Map (오키나와 관광국)

오키나와 왕국은 15세기경 동남아시아 각 국과 중계무역으로 나라가 번영하였다. 오키나와 왕국은 지리적으로 유리한 입지여건을 구비하여 옛날부터 무역의 거점기지 기능을 확보하고 있었다. 중국과 일본을 비롯하여 아시아 여러 나라와 통상 교역이 빈번하게 이루어 졌다. 15세기의 중계 무역 경로는 <그림 1-6>과 같다.

귀츨라프 선교사는 오키나와 사람들의 종교성에 대하여 "이들은 결코 우상 숭배자가 아니며, 절에 참배하는 사람도 소수이고, 조상 숭배를 중하게 여긴다."고 하였다.

8월 26일, 귀츨라프 선교사 일행은 요청했던 식료품과 과일을 나하에서 조달 받았다. 이때 오키나와 사람들은 예의가 바르다는 것을 확인하였다. 그들의 호의에 대한 답례로 유큐 국왕에게 3권의 중국어 성경을 비롯한 선물들을 전달하였다. 귀츨라프 선교사는 이 성경을 왕이 직접 읽어 복음의 씨가 오키나와에서 맺어주기를 기도하였다.

<그림 1-5> 오키나와 나하 위치도

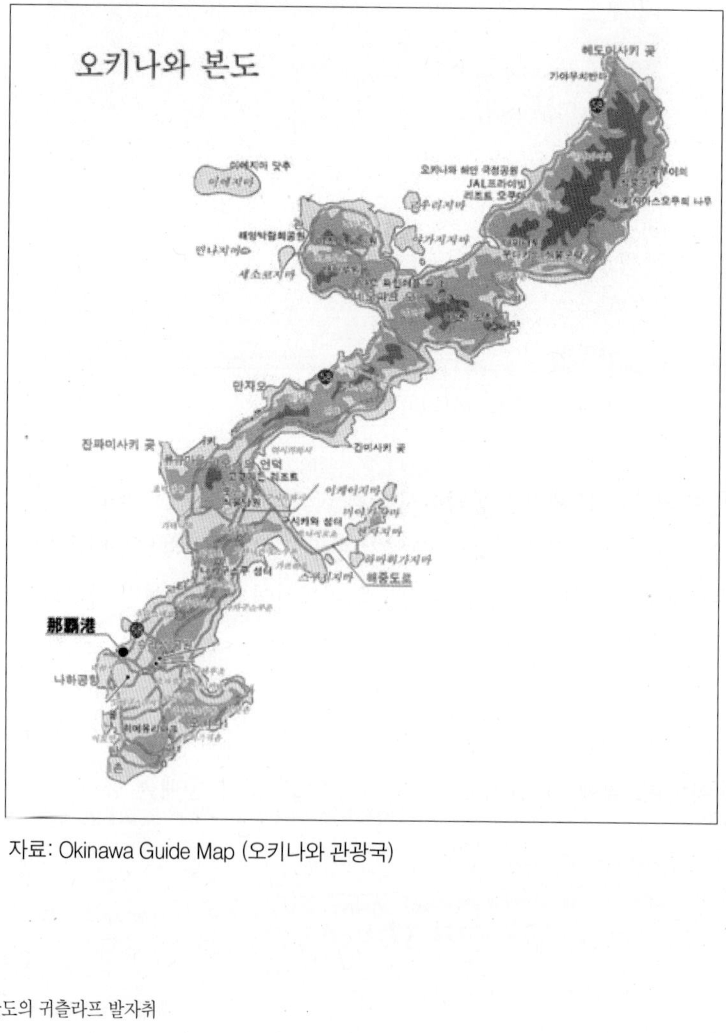

자료: Okinawa Guide Map (오키나와 관광국)

오키나와의 주 작물은 고구마이고, 이들의 주식이라는 것도 알게 되었다. 귀츨라프 선교사는 일본 선박을 방문하여 환자를 진찰하고 약과 전도 문서를 나누어 주기도 하였다. 그는 이 전도 문서가 일본 본토에 가서 읽혀지기를 기원하였다. 절에서도 전도 문서를 배포하면서 망원경과 시계를 선물하였다.

오키나와 민족은 체격이 작아서 일본인들의 멸시를 받고 있지만, 인품은 좋은 민족이라고 평가하였다. 이 부분에 대하여 귀츨라프 선교사는 "내가 만난 민족 중에 가장 친절한 사람들이었다."라고 하였다.[25]

<그림 1-6> 오키나와 주변국 15세기 무역도

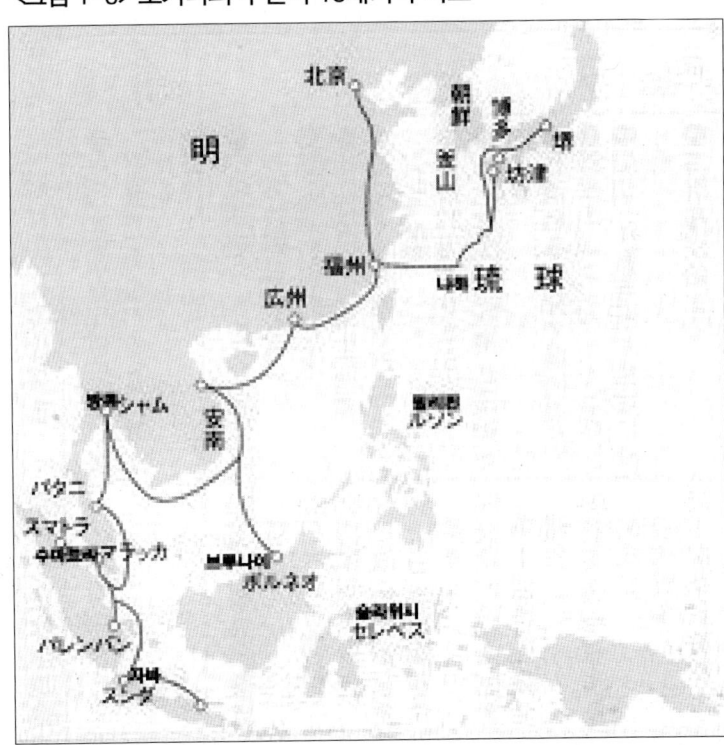

자료: 沖繩縣, 沖繩 歷史案內. p. 13

저자는 귀츨라프 선교사의 오키나와 행적 조사를 위하여 2015년 2월 4일 이곳 나하시 나미노우에(波之上)에 위치한 고코쿠지를 답사하였다. 그러나 이곳에서 그의 행적은 찾아보지 못하였다. 다만 귀츨라프 선교사가 이곳을 다녀간 뒤 1846년부터 1854년까지 선교사로 활동한 버나드 베델하임(Bernard Bettelheim)의 기념비를 확인하였다. 그는 영국인으로 이곳에 활동하면서 류큐어로 성경을 번역하여 복음을 전하고 '우두종두법'을 현지인에게 처음으로 전한 의료선교사였다.

귀츨라프 선교사 일행은 나하를 떠나 1832년 9월 5일 마카오로 돌아감으로써 제2차 전도여행을 마쳤다.

나. 중국 선교의 계속과 소천

귀츨라프 선교사는 1832년 10월 20일부터 제3차 전도여행을 다시 시작하여 1833년 4월 29일까지 192일간 전도여행을 계속하였다.

이 기간 중 귀츨라프 선교사는 마카오를 출발하여 광동성과 저장성(浙江省)을 경유하여 만주 땅의 만리장성이 시작되는 금주(錦州)까지 북상하였다. 그리고 다시 남하하여 상하이, 닝포, 푸토(普陀)섬, 조우산(舟山)열도, 선산(象山), 아모이 앞바다 진민섬(金門島) 등으로 이동하며 전도 여행을 계속하였다.

귀츨라프 선교사의 제3차 전도여행 일정을 살펴보면 다음과 같다.[26]
- 1832년 10월 20일, 귀츨라프 선교사는 영국 선적의 설프(Sulph)호 군함으로 마카오를 출발하였다.
- 10월 23일, 광동성의 케삭(Ke-Sack)에 도착하여 이곳에서 주민들에게 전도문서를 배포하였다.
- 11월 8일, 저장성(浙江省)의 피관(Pih-Kwan)에 도착하였다. 이곳은 북풍을

막고 있는 큰 항구이며 귀츨라프 선교사는 전도 문서를 배포하였다.

- 11월 17일, 만주 판밍(Fan-Ming)에 도착하였다. 이곳 주민들은 산동성에서 온 이민들로 영국인을 처음 보고 놀랐으나 얼마 안 있어 안정을 찾고 일을 계속하였다고 했다. 그들 중에는 상당한 지식인이 있어 열심히 외국에 관하여 질문하기도 하였다.

홍콩에 있는 귀츨라프 선교사의 묘비
(위치: Hongkong Cemetry Happy Village S.20A)

- 11월 28일, 만리장성의 출발 지점인 금주(錦州)에 도착하였다. 그 후 만주를 출발하여 오송(吳淞)에서 난항 중의 승무원 12명을 구조하기도 하였다. 이로 인하여 상하이에 도착하였을 때 상하이제독의 영접을 받고 사례물품도 받았다.
- 12월 25일, 상하이에 입항하여 1833년 1월 5일까지 체류하였다. 상하이는 하루 1천척 이상의 선박이 출입하여 성황을 이루고 있다고 하였다. 귀츨라프 선교사는 이곳을 '아시아의 중앙 관문이며, 중국 중앙부의 문이다.' 라고 하였다.
- 1833년 1월 5일, 상하이를 출발하여 닝포(寧波)에 도착하였다. 이곳은 일본 무역의 중심지이며, 이곳에서 귀츨라프 선교사는 인품이 좋은 노신사를 만나 성경을 주었는데, 가까이 있는 사람들이 이 광경을 보고 서로 달라고 하여 갖고 온 전도문서 모두를 배포하였다.
- 1월 17일, 킹탕(King-Tang) 섬에 정박하였다. 이날은 어찌나 추운지 선원 한 사람이 얼어 죽었다. 섬사람들은 가난하고 안질 병이 있어 안과 전문의가 있었으면 좋겠다고 생각했다.
- 2월 4일, 600개의 절과 2천명의 승려가 있는 푸토(普陀) 섬에 정박하였다. 설프호는 항해를 계속하여 조우산(舟山)열도에 정박하여 이곳에서 두 달 머물렀다.[27]
- 4월 1일, 선산(象山) 해안에 도착하였다가 시포(Shih-Po)로 향하였고 아모이 앞바다 진민섬(金門島)도 방문하여 이곳에서 한 달 가까이 머물면서 전도 활동

- 을 계속하였다.
- 1833년 4월 29일 마카오에 되돌아 왔다. 이렇게 하여 귀츨라프 일행의 제3차 전도여행은 모두 마무리 되었다.

귀츨라프 선교사는 중국에서도 선교 목적을 위하여 모든 기회를 이용하여 성경과 전도지를 나누어 주면서 복음을 전하였고 1840-1847 기간에는 동료들과 함께 성경을 한문으로 번역하였다. 이 한문 성경의 내용은 홍수전(洪秀全)이 세운 태평천국(太平天國, 1851-1864)의 통치이념을 만드는데 인용되어 유명해졌다.[28)]
그리고 아편전쟁(1841)이 끝난 다음 영국 총독이 홍콩에 주재할 때에 민정관(民政官)으로도 일했다.

귀츨라프 선교사는 중국어에 능통하고 중국을 잘 알고 있는 선교사로서 1844년에는 홍콩에 중국인 선교사 양성을 위한 학교도 설립하였다. 이 학교는 50명 정도의 학생으로 중국 내륙의 선교를 위한 요원을 배출하기 위한 것이었다. 졸업생들이 내륙으로 들어가 전도하면서 일부는 성실하였으나 일부는 전도하지도 않고 거짓으로 전도했다고 속여 많은 성경책을 귀츨라프에게서 받아가서 인쇄소에 되팔아 이 돈으로 아편을 하는 일이 발각되는 일이 있었다.

1849년에는 영국, 독일 등 유럽의 여러 나라를 순방하면서 보고회를 개최하였는데 듣는 자 마다 동양 선교의 성과에 대하여 새로운 충격을 받았다.

그리고 귀츨라프 선교사가 쓴 글과 강연은 리빙스턴과 카를 마르크스에게도 영향을 주었다.

아프리카를 최초로 탐험한 영국 선교사인 리빙스턴(David Livingstone, 1813-1873)은 귀츨라프의 "영국과 미국의 교회에 대한 중국을 위한 호소(Appeal to the Churches of Britain and America on Behalf of China)라는 글을 읽고 감동하여 중국에 의료선교사로 가려고 하였지만 중국에서 1841년에 아편전쟁이 일어나 위험지역이 되자 1841년에 런던선교회는 그를 중국대신 아프리카로 파송하였다.

또, 독일의 철학자로 과학적 사회주의를 창시한 카를 마르크스(Karl Marx, 1818-1883)는 1850년에 귀츨라프가 런던에서 행한 선교보고회를 듣고 귀츨라프의 책들을 읽은 후에 영향을 받고 중국에 대한 글은 쓰는데 도움을 얻었다고 한다.

홍콩의 귀츨라프 선교사 기념 가로 (Gutzlaff Street) (위치: Central 역, C 출구에서 利源西街 방향)

결국 귀츨라프 선교사는 한국 개신교 최초 선교사로서 중국 등 아시아 선교에 크게 이바지하고 1851년 8월 9일 홍콩 빅토리아(Victoria) 섬에서 48세를 일기로 소천하였다.[29]

<그림 1-7> 귀츨라프 선교사 홍콩 묘지의 위치도

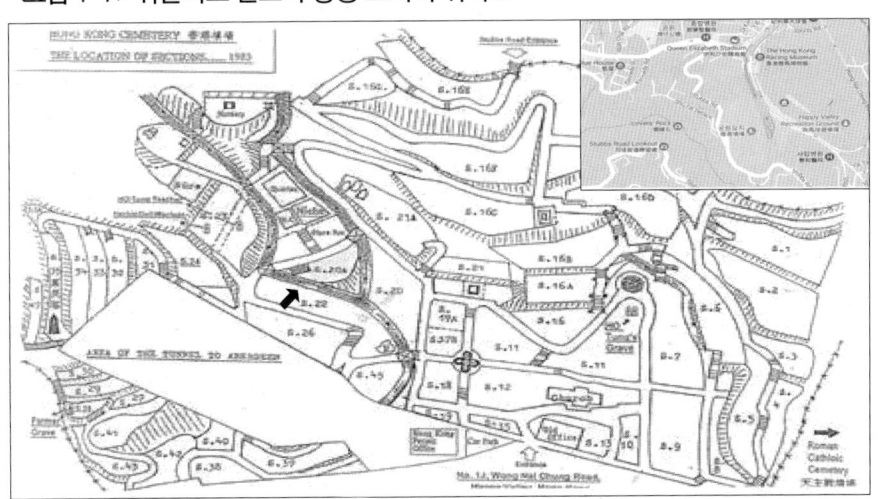

자료: 홍콩 묘지관리소 S.20A에 위치하고 있다.

제1장 귀츨라프는 누구인가? 47

홍콩에는 그를 기념하기 위한 도로명이 있고 귀츨라프 선교사의 묘도 있는바 신호철 저자가 2014년 4월 29일부터 5월 1일까지 방문하였다.

귀츨라프 선교사 묘비에는 독일어, 영어, 중국어로 쓴 글이 있는데, 독일어로 쓴 글의 내용과 함께 쓴 성경 구절은 다음과 같다.

"중국인을 위한 사도, 중국인의 사도, 그는 주님의 품에 복되게 잠들었다"
"내 육체와 마음은 쇠잔하나 하나님은 내 마음의 반석이시요 영원한 분깃이시라 (시편 73:26)"
"지혜 있는 자는 궁창의 빛과 같이 빛날 것이요 많은 사람을 옳은 데로 돌아오게 한 자는 별과 같이 영원토록 빛나리라"(다니엘 12:3).

1) N. C. Whittemore, Notes on the Life of Rev. Karl F. A. Gützlaff. First Protestant Missionary to visit Korea. p. 17, KMF, Jan. 1920.
2) 오현기, 조선의 첫 개신교 선교사 칼 귀츨라프, 부경교회사 연구 제11호. pp. 27~28, 2007. 11. 2
3) 오현기, 부경교회사 연구 제11호. pp. 28~29. 2007. 11. 2.

4) 오현기, 전게서. pp. 30~31. 2007. 11. 2.
5) 오현기, 전게서. pp. 31~33. 2007. 11. 2.
6) 오현기, 전게서. pp. 35~38. 2007. 11. 2.
7) N. C. Whittemore, Ibid, p. 17, KMF, Jan. 1920.
8) 오현기, 전게서 pp. 39~41, 2007. 11. 2.
9) 오현기, 귀츨라프에 대한 비교 연구, 부경교회사 연구 제17호. p.9, 2008. 11. 1
10) 한국기독교역사연구소, 한국기독교의 역사1. p.129, 1989. 4. 29.
11) Harry A. Rhodes, First Protestant Missionary to Korea. p.223, KMF, Nov. 1931.
12) 오현기, 귀츨라프 조선선교 기록에 대한 비교 연구, 부경교회사 연구 제17호. p.10, 2008년 11월 1일
13) 리진호, 귀츨라프와 고대도. p. 149, 1997년 7월 17일
14) 허호익, 청풍 창간호. p. 144, 1998년 10월 30일
15) 김인수, 한국기독교회사. p. 71, 1897년 8월 30일
16) Harry A. Rhodes, First Protestant Missionary to Korea. p. 224, KMF, Nov. 1931.
17) 허호익, 청풍 창간호. p. 144, 1998년 10월 30일
18) 1838년 Karl Gützlaff가 작성 또는 소지한 것으로 추정되는 The Chinese Empire and Japan map.
19) 리진호, 귀츨라프와 고대도, p. 40, 1997년 7월 17일
20) 리진호, 귀츨라프와 고대도. pp. 40~43. 상하이에서 숭명도(Tsung-ming, 崇明島)를 방문함
21) 리진호, 귀츨라프와 고대도. pp. 43~45. 상하이 하루 출입 선박은 4백 척 정도이고, 웨이하이웨이는 일본 해적을 막기 위해 1400년경에 성을 쌓아 놓은 곳으로 1806년 영국 사신단이 한번 방문한 곳이라 한다.
22) 이곳의 위치는 현재 '沖繩縣 那覇市 曙 1丁目 18-19' (098-861-2009)로 조사되었다.
23) 이곳에 머무는 동안 귀츨라프 일행은 중국어와 영어를 말 할 수 있는 노인(按助)의 도움을 받았다.
24) 유큐 왕국의 역사는 450년간 지속되다가 1879년 메이지 정부에 의하여 멸망하고 오키나와 현으로 편입되었다.
25) 리진호, 귀츨라프와 고대도, pp. 84~86, 1997년 7월 17일 고구마는 장수식품이며 오키나와는 세계 최장수 지역으로 알려져 있다.
26) 기존 발표 자료를 종합 요약한 것임.
27) 1840년 영국이 조우산 열도를 점령하였을 때 귀츨라프는 민정관으로 취임하였으며 이곳 섬 중에는 귀츨라프 섬으로 명명된 섬도 있다.
28) Wikipedia, Karl Gützlaff
29) N. C. Whittemore, The Korea mission field, Jan. 1920, p. 19

제 2 장
조선의 황해도에 첫발을 디디다

1. 몽금포(夢金浦) 도착

가. 첫 도착지 몽금포

애머스트호는 1832년 2월 26일 마카오(Macao)를 출발하여 중국 황해연안의 상하이 등 여러 항구를 경유하고 웨이하이웨이(威海威)에서 7월 16일 출발하여 7월 17일 오전 10시 황해도 해안에 도착하였다.[1] 즉, 현재의 황해남도 용연군(龍淵郡, 당시 長淵郡) 몽금포(夢金浦)에 도착하였다.

몽금포는 남서 방향으로 장산(長山)과 접해있고, 남동 방향으로 군청 소재지 용연읍이 있으며, 북동쪽에는 순계, 봉태리가 위치하며 몽금포라는 지명은 "황금 무더기 위에서 꿈을 꾸었다"는 전설에서 유래하였다.[2]

그러나 귀츨라프 선교사가 조선에 처음으로 도착한 지명(地名)에 대하여 몽금포 이외에 장산, 풍산 등 문헌과 저자에 따라 여러 장소가 기록되어 있다. 예를 들면,

첫째, 린제이(Lindsay, Hugh H.)는 "제임스 홀 군도(Sir James Hall's Group, 大靑群島) 북쪽의 장산 풍산"이라 하였다. Lindsay Report, L1, L2)

둘째, 귀츨라프 선교사는 우리가 도착한 곳은 "바질만(Basil bay) 북쪽 장산(長山)이란 섬"이라고 하였다. (We came to anchor at Chwang-shan, an island north of Basil's bays.) Gützlaff 일기, G9)

셋째, 조선정부 문서(日省錄, 1832, 음력 9월 5일)에는 어민 김대백(金大伯)의 증언에 근거하여 장연현감(金星翼)의 보고를 인용하여 다음과 같이 기록되었다. "그들(김대백 등)이 7월 17일(음력 6월 20일) 포시에 작은 배를 함께 타고 몽금포에서 낚시를 하고 있었는데 갑자기 큰 배 한 척이 서남쪽 바깥 바다로부터 점점 다가와 중류에 닻을 내렸다." 일성록① 1932년 9월 5일, 음력 8월 11일)

넷째, 조선왕조(純祖)실록에는 "이양선 1척이 7월 18일(음력 6월 21일) 장연의 조니진(助泥鎭)에 와서 정박하였다."라는 기록이 있다. (乙酉黃海監司金蘭淳 以六月二十一日 異樣船一隻 來泊於長淵助泥鎭) 純祖實錄, 1832년 9월 5일, 음력 8월 11일)

위와 같이 귀츨라프 선교사 일행이 조선에 처음으로 도착하였다는 지명에 대하여 '제임스 홀 경 군도 북쪽' 또는 '바질만 북쪽의 장산 풍산' 이라는 영문 기록과, 몽금포 또는 조니진이라는 한문 기록 내용이 서로 다르게 기록되어 혼동된다.

그러나 저자의 연구 결과 귀츨라프가 한국에 처음 도착한 장소는 황해남도 용연군 관내의 '몽금포'로 판단되는데, 조니진 지명의 경우 1914년 행정구역의 통폐합으로 '몽금포리'에 이미 통합되었기 때문에 동일 개념으로 정의하였다. 이 같은 근거는 북한에서 발행된 '조선향토대백과'에서 재확인하였다.[3]

이밖에 장산과 조니(助泥)의 지명 등에 관하여는 김정호의 대동여지도(1861)와 윤두서의 동국여지도(1710)가 참고되었으며 인접한 장산곶(長山串) 지명도 아울러 검토되었다.[4]

다음으로 린제이가 기록한 제임스 홀 경(卿)의 군도(Sir James Hall's Group, 大靑群島) 지명을 검토하였다. 지명 유래는 1816년 9월 1일 영국의 지형 탐사선 알세스테(Alceste)호 함장 맥스웰(Maxwell) 대령이 한국의 서해안 지도를 작성하면서 에든버러왕립협회 회장(James Hall)을 기념하여 지은 이름으로 조사되었다. 이 곳 중심 위치는 동경 124° 46′, 북위 37° 50′ 을 기준으로 제임스 홀 경의 군도라고 하였다.[5] 결국 린제이는 도착한 지명을 기록하지 못하고 대청군도의 북쪽이라는 막연한 위치 개념으로 기록하였다.

귀츨라프 선교사가 기록한 바질 만(Basil bay) 지명 유래도 1816년 맥스웰 대령과 조선 서해안(충남 비인 부근)을 함께 탐사한 영국선 리라(Lyra)호 함장 바질 홀(Basil Hall, 1788~1844) 대령의 아버지(James Hall, 1761~1832) 이름을 따 지은 위치 개념으로 조사되었다.

<그림 2-1> 장산곶이 수록된 동국여지도

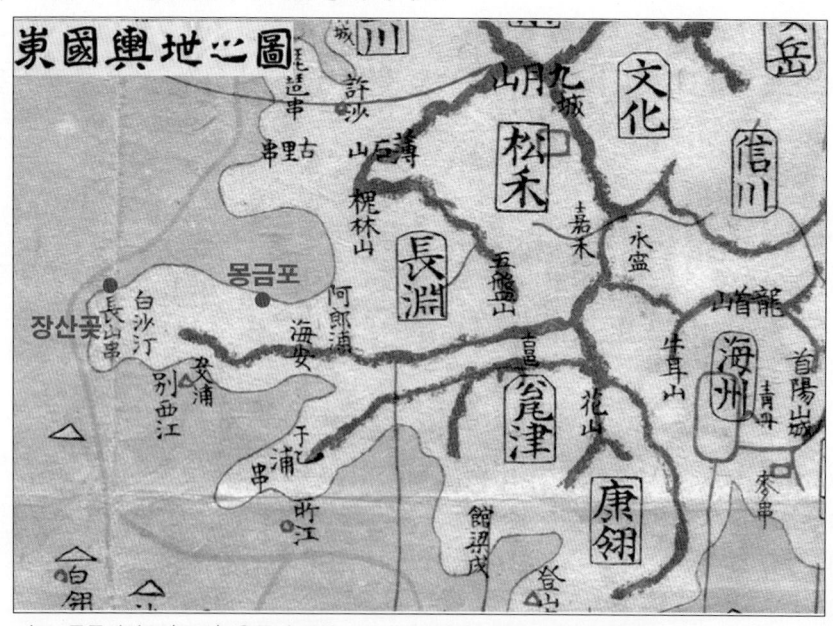

자료: 동국여지도 (1710), 윤두서 제작, 112×72.5cm).

바질 홀의 인물에 대하여 영국 셰필드(Sheffield)대학 제임스 그레이슨(James H. Grayson) 교수는 "그는 수문학(Hydrology), 지도제작법, 기상학, 그리고 지질학에 밝았으며 사회과학적인 관측을 완벽하게 해낸 인물이다.

그리고 그의 조선 탐사기는 1) 조선의 서해안을 수문학적으로 최초로 묘사하였으며, 2) 조선의 지질을 최초로 표현하였다. 3) 조선 시골의 일상적 삶을 잘 묘사하고, 4) 조선시대의 정치적 상황을 생생하게 기록한 인물로 매우 가치 있는 일을 했다"고 평가했다.[6]

바질 홀은 1816년 9월 3일 조선 서해안의 동경 126°, 북위 36° 20′ 지점의 충청해안의 비인만도 집중 탐사하였다.[7]

나. 몽금포 도착지에 관한 고증

현재 한국기독교 역사서 대부분의 기록에는 귀츨라프 선교사의 첫 도착(정박)지에 대하여 '장산' 또는 '장산곶'으로 기록하고 있다.

그러나 저자의 연구 결과 귀츨라프 선교사 일행이 '장산' 또는 '장산곶'에 도착하였거나 활동하였다는 근거는 희박하다.

왜냐하면 장산은 <그림 2-2>에서 보는바와 같이 몽금포 남쪽 내륙에 위치한 마을로 여기에는 배가 진입할 수 없다. 그리고 장산곶은 <그림 2-2>의 위성사진과 같이 서해로 가늘게 뻗어있는 육지의 끝 부분으로 바위너설로 되어 있고 바람막이가 되지 않아 배가 정박하기에 대단히 위험하고 항구 조건도 구비하지 못하였다.

또한 귀츨라프 선교사가 장산이라는 지명을 기록한 배경에 대하여 검토하였다. 즉, 장산 지명은 귀츨라프 선교사가 몽금포 해안에서 어민 김대백(金大伯)을 통하여 알아낸 지명이었다. 이때 그 어민은 무식하여 충분한 의사소통을 할 수 없었다. 이 같은 사실은 귀츨라프 선교사가 몽금포에서 처음 만난 김대백 등의 증언(供招)으로 조선정부문서(日省錄)에 자세하게 기록되어 있다.

"저들(귀츨라프 측을 지칭함)은 저절로 잉크가 나오는 은관(銀管) 모양의 필기구(만년필로 생각됨)로 당지 한 장의 종이에 써서 보여 주었으나, 그들(漁民)이 모두 무식하여 무슨 말인지 몰라 답을 써서 보여주지 못하였다. 저들이 또 웃으면서 장산을 손으로 가리키는데 마치 지명을 묻는 것 같아 그들(김대백 등)이 간신히 '長山'이라는 두 자를 써서 보여주자 저들이 가진 책자 한 권을 그들에게 주었다." (彼乃以銀管自濡筆及 唐紙一折書示文字 然而渠等 俱以無識 不能答示 彼又笑而手指長山 有若問其地名 故渠等僅以長山 二字書示) 日省錄, 1832년 9월 5일, 음력 8월 11일)

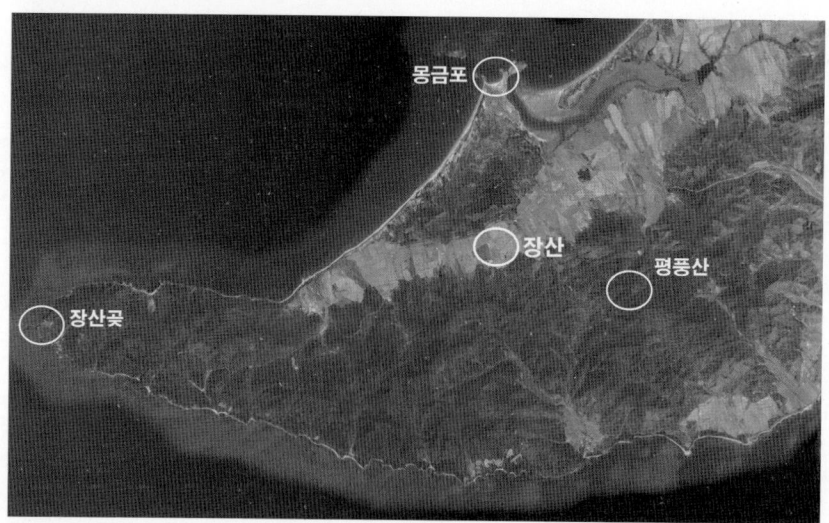

<그림 2-2> 몽금포 주변의 위성 지도

자료: 위성지도(2009), 지명은 저자 삽입

그러므로 장산의 지명은 <그림 2-3>에서 보는 바와 같이 몽금포 내륙에 위치할 뿐 아니라 어민들이 무식하여 필담(筆談) 과정에서 '夢金浦'를 한자로 쓰지 못하고 손으로 가리키는 '長山'의 이름을 써줌으로 귀츨라프는 이곳 지명을 7월 17일 일기에 'Chwang shan'으로 기록하였다고 해석할 수 있다.

한편 린제이가 7월 17일 보고서에 기록한 'Chang-shan Pung-shang'이란 지명에 대하여도 장산의 경우는 귀츨라프 선교사의 경우와 동일하나, 풍산의 경우에는 <그림 2-2> 위성사진에 기록된 지명으로 살펴볼 때 어민 김대백과 귀츨라프 선교사 간의 대화 과정에서 몽금포에서 바라보이는 '평풍산'을 발음하면서 영문으로 기록하는 과정에서 '평'의 발음이 누락되어 '풍산'이라 기록한 것으로 추정된다.

왜냐하면 북한의 조선향토대백과(황해남도 용연군 편) 등 지명 정보와 관련된 내용을 상세하게 조사하였으나 몽금포 부근에 풍산이란 지명은 존재하지 않았기 때문이다.

이상과 같은 귀츨라프 선교사 관련 자료를 종합하여 살펴 볼 때 애머스트호는

<그림 2-3> 몽금포 도착 검증 관련 지도

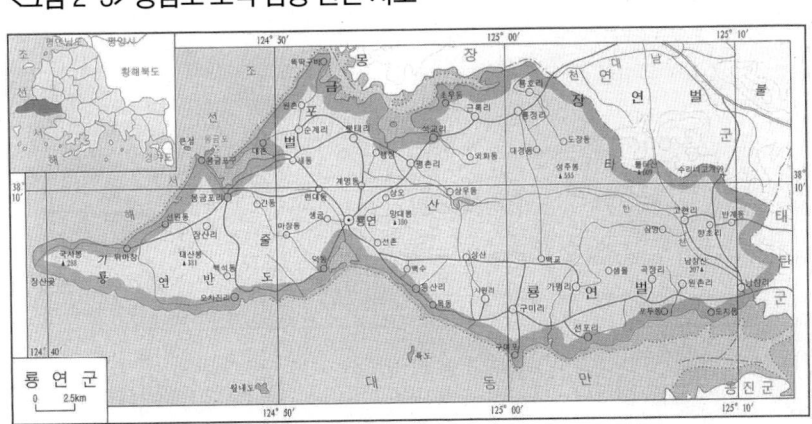

자료: 조선향토대백과(8). 황해남도편, p.190, 2004

'1832년 7월 17일 오전 10시, 황해남도 용연군 몽금포'(당시 황해도 장연군)에 도착한 것으로 결론지을 수 있다.

이때 귀츨라프 선교사는 "거센 바람이 우리를 조선 땅에 오게 하였습니다. 자비하신 하나님께서 중국 해안으로부터 그 수많은 위험한 고비마다 우리들을 보호해 주셨으니 진실로 감사합니다."라고 기도하였다. Gützlaff 일기, G1)

그리고 린제이는 그의 항해기에서 7월 16일 중국의 웨이헤이웨이(Wei hei wei)를 출발하여 가벼운 남풍을 받아 항해하였으며 그 바람으로 조선으로 오는데 많은 시간이 걸리지 않았다고 했다.[8]

<그림 2-4> 장산과 조니진 지명이 수록된 대동여지도

자료: 대동여지도, 1861년 김정호 제작

이같은 기록들은 귀츨라프 선교사 일행이 도착지의 '지명'을 모르고 있었다는 것을 의미한다. 그 후 조선에 도착하여 한문을 겨우 쓸 줄 아는 어민을 처음 만나 몽금포에서 바라보면서 겨우 "장산" 지명을 알아냈다고 해석할 수 있다.

　북한의 문헌에서도 몽금포에 대한 다음의 기록을 확인할 수 있다.
　"몽금포는 육지로 둘러 싸여 있어 파도를 막아주어 배들의 정박에 유리한 곳으로 되어 있다. 그리고 서해를 통한 해상 운수도 발달하여 몽금포에서 남포항을 비롯한 여러 항구들과 이어지는 해상통로가 개통되어 있다." [9]

<그림 2-5> 성경의 첫 전달지 몽금포 부근 지도

자료: 국토지리정보원 진남포 지도. (1987년 6월)

2. 어부에게 책을 전하고 농어 3 마리를 받다

 귀츨라프 선교사 일행은 몽금포 부근에서 낚시하고 있던 어선을 만났다고 1832년 7월 17일 일기에 기록하고 있다. 이들은 그 어선에 올라가 처음으로 어부 두 사람과 필담하면서 몽금포에서 바라보이는 장산 지명을 알게 되었다. 이때 귀츨라프 선교사와 처음 만난 어부는 김대백(金大伯)과 조천의(趙天義)이며 이들에게 책 몇 권과 사자 무늬가 있는 단추를 선물로 주었다.^{Gützlaff 일기, G9}

 이렇게 하여 귀츨라프 선교사 일행과 조선인의 최초의 만남은 7월 17일 몽금포에서 이루어졌으며 이 지방에 거주하는 어민에게 전도 책이 처음으로 전달되었다.

 귀츨라프 선교사는 이때 전달한 책을 구체적으로 어떤 책이라고 내용을 기록하지 아니하여 확실하게 알 수는 없지만 그는 목사와 통역의 신분으로 한국 땅에 처음 상륙하였으며, 복음 전도를 위한 선교의 사명을 제일 목표로 삼았다고 볼 때 그가 처음으로 전달한 책은 성경이나 전도지였을 것임은 의심의 여지가 없다.

 다만, 책의 수량에 대하여 귀츨라프 선교사는 몇 권이라 했고 린제이 함장의 보고서에는 몇 권이 아니라 "한 권의 책"으로 기록되어 있다.

 이때 어민들은 책과 단추를 받고 기뻐하면서 자발적으로 답례의 선물로 그들이 잡은 "몇 마리의 생선을 주었다."고 기록하였다. (We gave him a book and a few lion buttons, which he gladly received, and voluntarily offered us some fish in return.)"[10]

 이때 귀츨라프 선교사가 어민으로부터 선물로 받은 생선은 "농어 세 마리"라는 흥미로운 기록이 있다. 조선 정부 문서에 기록된 어민 김대백과 조천의의 증언 내용은 다음과 같다.

  그래서 그 배를 멀리서 바라보니, 길이가 10여파(把, 1파는 두 팔을 벌린 길이)나 되었고, 앞, 가운데, 뒤 세 군데에 노를 세워 놓았는데, 우리나라 배는 아니었고. 또 중국 배와도 달라 마음속으로 매우 의심스럽고 겁이 나 막 배를 돌려 달아나려 하였습니다. 그 때 그 배에 탄 사람들이 그들 배에 딸린 작은 배를 타고 쏜살같이 따라와 눈 깜짝할 사이에 다가왔습니다. 그 중 한사람이 우리 배로 옮겨 타 배 안을 살피다가 마침 낚시한 농어 세 마리를 보고, 손으로 입을 가리키는 것이 마치 먹고 싶은 생각이 있는 것 같아 우리는 두려운 마음이 들어 그것(농어)을 주었습니다. (故遙望其船 長可十餘把 前中後立三掉 旣非我國船 又與唐船不同 心甚疑 方欲移船 回避之際 彼船中諸人 桑其所隨挾船 疾追如飛然來接 其中一人 移登渠船. 搜覓船中 適見所釣 魚三尾 以手指口 似有欲食底意 渠等不無畏 果爲出給) 日省錄, D3, 1932년 9월 5일, 음력 8월 11일)

  일성록에 기록된 황해감사 김난순(金蘭淳)의 보고서(馳啓)에는 몽금포에서 7월 17일(음력 6월 20일) 이양선과 처음 만난 어민은 조니진(助泥鎭)에 거주하는 김대백과 조천의라 밝히고 있다. (則助泥鎭鎭底居 漁民金大伯 趙天義等招內 渠等六月二十日哺時 同乘小艇 釣魚於本鎭 三十里夢金浦矣 忽有大船一隻來自西南外洋)
日省錄, 1832년 9월 5일, 음력 8월 11일)

  따라서 귀츨라프 선교사가 조선 땅에 처음으로 도착하여 성경 한권을 '전달한 일시는 1832년 7월 17일 오후 5시이며, 장소는 황해남도 용연군(당시 장연군) 몽금포리이고, 성경을 받은 사람은 조니진 아래 마을에 거주하는 어민 김대백이라 할 수 있다.'

  그러나 한국기독교 역사 관련 기록에는 아직도 성경 전달 장소, 일시, 수량, 받은 사람의 인적 사항 등이 잘 알려지지 않고 있다. 따라서 이 부분에 대하여 폭넓은 고증이 필요하다. 이와 같이 처음으로 전해진 성경을 황해감영에서 수거하여 불태운 것은 참으로 안타깝기 그지없다.

　황해감사(김난순)는 이 책을 불태우면서 성경이라는 표현 대신에 "이단좌설(異端左說)"이라 하였으며 "한 권의 책"이라 기록하였다. 그리고 이 책이 민간에 두어서는 안 되는 것이므로 감영(監營)의 마당에 가져다 불태워버렸다고 하였다. ^{日省錄②,}
1832년 9월 5일, 음력 8월 11일)

3. 귀츨라프 선교사 일행의 상륙

1832년 7월 17일 귀츨라프 선교사 일행은 오후 5시, 애머스트호 모선(母船)을 떠나 작은 보트를 타고 몽금포(夢金浦) 조니진 부근 마을 입구까지 접근하였다. 그러나 군관과 주민들의 제지로 인하여 마을 안으로 진입하지는 못했다. 이 부분을 귀츨라프 선교사는 그의 일기에 다음과 같이 기록하였다.

"우리가 상륙하자 많은 주민들이 언덕으로부터 달려왔다. 그들은 말총으로 만든 둥근 모자를 쓰고 중국인 것과 비슷하지만 보다 넓고 단추가 없는 바지저고리 차림이었다. 이들의 표정이나 행동은 매우 신중하였다. 그중 지팡이를 든 노인이 '좌(tshoa, 座)'라는 말을 여러 번 되풀이 하면서 우리에게 앉으라고 권하였다. 그의 요구에 응하자 그는 연설을 길게 하였다. 우리는 그 연설을 알아들을 수 없었지만 열변으로 느낄 수 있었다. 다행이 한문을 아는 젊은이의 덕택으로 우리는 뒤 늦게 이 나라의 외국인에 대한 국법과 외국인이 도착했을 때 주어진 그들의 의무에 대한 것임을 알 수 있었다." Gutzlaff 일기, G10, 1832. 7. 17)

> **Tshoa (坐)**
>
> 지팡이를 든 노인이 tshoa라고 여러 번 말하며 앉으라고 하였다, 이는 좌(坐)로 "앉을 좌"이다. 노인은 갑자기 나타난 외국인을 보고 조선의 국법을 알려주려고 앉으라고 했는데 그 때의 국제어인 한문을 사용했던 것이다. 앉으라는 말은 한문으로 하고 그 후 연설은 우리나라 말로 했으니 엉뚱한 것처럼 보이기도 하지만, 그 때 그 노인의 지혜를 읽을 수 있고 그 광경이 그림처럼 다가온다.

"그들은 설득을 하면 우리를 해변에 머물게 할 수 있다고 생각하였는데, 우리가 언덕을 향해 마구 진입을 시도하자 어찌 할 바를 몰랐다. 우리가 마을 쪽으로 걸어가자 그들은 버티고 서서 한 발자국도 옮기지 못하게 막았다. 아마 그들의 초라한 오두막집을 우리에게 안보이려고 하는 것으로 짐작하고 우리는 더 이상의 시도를 단념하였다. 언덕에는 아름다운 들 백합과 들장미가 피어 있었다. 가꾼 흔적은 없었지만 이 땅이 그만큼 비옥하다는 증거이다. 우리가 언덕에서 내려가자 그들의 요구를 수용해준 것에 만족하여 담뱃대와 잎담배를 우리에게 주었다. 그리고 그들은 계속하여 우리의 나이와 성과 어떤 나라에서 왔느냐고 물었다." Gützlaff 일기, G11, 1832. 7. 18)

또, 7월 18일에도 상륙하였는데 "주민들을 만나 단추나 작은 선물을 주면 몇 명은 목을 베는 시늉을 하며 거절하고, 일부는 슬며시 받아 주머니에 집어넣었는데, 특히 한 사람은 책을 주니 받았다가 돌려주며 "불가(不可)"라고 외쳤다. 우리는 이것을 "불"이나 "태워버리겠다"는 뜻으로 받아들이고, 직접 책을 주기는 대단히 어렵겠다고 생각했다." Gützlaff 일기, G20)

Pulga (不可)

책을 얼떨결에 받고 돌려주며 "불가"라고 외친 주민이 있었다. 왜 "안돼"라고 하지 않았을까? 외국인이라 한자로 외친 것 같은데 이는 자신이 공부한 사람임을 나타내기 위한 것일 수 있다. 요즘 외국인을 만나 영어로 묻는 것이나 다를 바가 없다. 신기한 것은 귀츨라프가 순수한 우리말인 불(火)의 의미를 알았던 것 같다는 것이다.

4. 린제이의 통상교역 청원서

　1832년 7월 17일 저녁, 린제이는 조선 국왕(純祖)에게 상주(上奏)할 영국과 조선 간의 통상교역을 위한 청원서를 작성하였다. 이 청원서에는 "영국 국적의 함장 린제이(일명 Hoo Hea-me)는 여기 조선국왕의 위엄의 보좌 앞에 존경심을 가지고 청원서를 올립니다." 로 시작되었다. 이 청원서는 영국과 조선이 통상 교역하기를 간곡하게 요청하였다. 린제이가 작성한 통상교역 청원서는 다음과 같다.

린제이 통상교역 청원서(全文) 번역문

　영국의 선장 Hoo Hea-me는 조선 국왕 전하께 청원서를 제출합니다. 영국 상선이 도착하여 전하의 지배하에 있는 해안에 정박하였음으로 감히 경위를 보고드리는 것이 저의 의무라고 생각합니다.
　이 배는 영국의 속국이며 중국의 남서쪽에 위치한 힌두스탄(Hindustan)에서 온 상선입니다. 배의 화물은 양포, 우단, 옥양목, 시계, 망원경 및 기타 물품으로 구성되며, 이를 처분하여 이 나라에서 생산되는 은이나 기타 생산물로 교환하고 법에 따라 관세를 지불하려고 합니다.
　영국이 귀국과는 아주 먼 거리에 있지만 '사해의 모든 인류는 형제다.' 라는 우리 왕국의 주권자는 그의 백성들이 모든 나라와 자유롭게 거래할 수 있도록 허용합니다. 그리고 우리의 법률은 먼 왕국과의 교역관계에서 변함없이 정직, 정의 및 예의에 따라 행동하도록 명시적으로 규정합니다. 따라서 먼 지역을 하나로 묶는 우정의 결합을 증가시킬 수 있고, 상업적 교역으로 인해 생기는 혜택이 널리 확산될 수 있습니다.
　지금까지 우리나라의 어떤 배도 무역 목적으로 귀국을 방문하지 못했습니다. 전하께서 지혜롭고 현명하신 주권자이시므로 백성들의 복지를 증진시키기 원하실 것입니다. 국가의 수입과 백성들의 번영이 외국과의 교역을 장려함으로써 증가될지 고려해 보는 것은 가치 있는 주제가 될 수 있습니다.

 그러므로, 전하께서 저희 영국인들에게 교역을 허가해 주시는 것이 적절하다고 생각하시면, 은혜를 베푸사 이 내용을 명령으로 내려주시기 바랍니다. 그러면 이를 받들어 저는 저의 나라로 돌아가서 저의 국왕께 보고하겠습니다.

 여기에 저는 영국에 관련된 내용을 담은 소책자를 동봉합니다. 이는 중국에서 사용하고자 만든 것이지만 영국에 관한 가치있는 정보들을 보실 수 있습니다. 저는 또한 저희 선박의 모형같은 몇 가지 사소한 물품들도 기꺼이 받아주시기를 바랍니다. 저는 전하께서 이 물품들을 거절하지 않으실 것으로 소망하며 그 목록을 동봉합니다.

 전하께서 만수무강을 누리시고, 귀국이 평화와 평온 속에 계속 번영하시기를 진심으로 기도합니다. Lindsay Report, L5)

서기 1832년 7월 17일
도광 12년 6월 20일(음력)
임진 60 갑자의 29번째 해

5. 황해도 지방관과의 만남

귀츨라프 선교사와 린제이는 1832년 7월 18일 이른 아침 8명의 일행이 황해도 몽금포에 상륙하여 육지로 1마일 정도 진입하였다.[11]

린제이 보고서에 의하면 이때 귀츨라프 선교사를 제외하고 모두 단검과 권총으로 무장하였다. 이들이 무장하였다는 사실은 조니진의 무관들도 8명 중 5명이 각자 조총 한자루와 칼 한자루를 가지고 있었다고 증언하였다. 이때 소지했던 총의 종류에 대하여는 린제이는 권총이라 하였으며, 조니진 무관들은 조총이라 하였다. (伊時所見 則彼人八名內五人 各持鳥銃一柄 還刀一把) 日省錄 1932년 9월 5일 (음력 8월 11일)

린제이 기록에 의하면 "육지로 들어서니 200명이 모여들었는데 그들은 매우 불친절하고, 우리를 마을에 들어가지 못하게 할 뿐더러 식량도 팔지 않고, 서신도 받지 아니하고, 결국에는 우리에게 떠나가라고 요구하였다. 우리는 더 이상 대담을 하여도 아무 유익이 없으므로 모선(母船)으로 돌아와 남쪽으로 향하여 항해하였다"고 하였다. Lindsay Report, L10)

귀츨라프 선교사는 1832년 7월 18일 일기에 황해도 조니진의 지방관(武官)과의 첫 만남에 대하여 다음과 같이 자세하게 기록하였다.

"마음을 졸이며 마을 가까이 걸어가던 우리 일행은 초라한 오두막집 앞에서 멈추게 되었다. 그곳에서 정중한 복장을 한 몇 명의 사람들이 우리와 대치하였다. 우리는 이곳에서 기르고 있는 가축(송아지)을 우리들에게 팔 것과 국왕에게 보내는 우리의 청원서를 전달할 지방관의 거처를 물었다. Gützlaff 일기, G18)

국왕에게 보내는 청원서는 대단히 정중하게 소지하고 있었다. 그들은 필담을 통하여 '그 내용을 우리에게 알려 주시오'라고 하였다. 우리는 대답하기를 '위대한 국왕에게 드릴 내용을 어찌 백성에게 말 할 수 있소?'라 했다. 그들은 '그러면 고관에게 말하시오, 그러면 고관이 국왕께 보고 하리다.' 하였다. 그리하여 우리의 의도를 전달할 제일 높은 관리를 만나게 해달라고 요청하였다. 그들은 그곳에서 북쪽으로 수마일 떨어진 곳에 있는 관리의 집을 가리키며 떠나도록 재촉하였다. 하지만 그들의 안색으로 미루어 우리의 목적을 위한다기보다 이 골치 아픈 문제로부터 벗어나기 위한 술책 같았다. 그런데 한 사람은 터놓고 말하기를 만약 당장 물러가지 아니하면 우리를 몰아내기 위해 군대를 부를 것이며, 그렇게 되면 우리의 생명이 위험할 것이라"고 했다. ^{Gützlaff 일기, G19}

이 같은 귀츨라프 선교사와 황해지역 무관들과의 첫 만남은 필담이라는 제한된 수단으로 충분한 의사소통을 하지 못했다. 또한 이들은 상호간의 추구하는 목적이 달랐기 때문에 귀츨라프 선교사 일행과 황해도 지방관들과의 통상교역 협상은 실패할 수밖에 없었다.

귀츨라프 측은 평화적으로 통상교역을 청원한 반면에, 지방관 측은 황해도의 변경(邊境)을 수비하는 국방 측면으로 접근하였다. 따라서 이들의 대화는 기본적으로 잘 이루어질 수 없었다.

첫째, 조니진의 추포별장 장지추(張之秋) 등의 증언에 의하면 1832년 7월 18일(음 6월 21일), "이른 아침에 배 한척이 조니진의 포(浦) 근처를 항해 했는데, 배의 모양과 인물이 모두 몹시 수상하였기에 본진으로 들어가 진장(鎭將)에게 보고하여 즉시 교졸(장교와 나졸)을 거느리고 각각 조총을 들고 나가보니 배가 이미 연안에 정박되어 있었고, 사람이 육지로 내려오려 하였다. 우리가 빨리 앞으로 걸어 나가 백사장에서 서로 만났는데 저들(귀츨라프 선교사 일행)은 8명이었다. ^{日省錄③}

둘째, 조니진의 군기감관 최종련(崔宗連) 등의 증언에 의하면, "언어와 모습이 전에 본 중국 사람들과 다른 점이 있어 우리가 몹시 놀라고 이상하여 글을 써서 '당신들은 어느 나라 사람이며, 무슨 연유로 왔느냐?' 고 물었다. 저들 중 한사람(귀츨라프 선교사)이 은색 대통처럼 생긴 필기구(銀管筆)와 당지(漢紙) 한 장에 답을 적기를 '우리는 영국인으로 물건을 교역하려 중국을 경유하여 표풍(漂風)으로 이곳에 도착했다'고 하였습니다. 그들이 또 글을 써서 '너는 성이 무엇이냐? 고 묻자 저들은 외국 성을 썼습니다. 또 글을 써서 닭, 오리, 소, 양 등을 물물 교환하자는 뜻을 말하기에, 글로 써서 답하기를 우리나라 법률이 매우 엄하여 만약 다른 나라 사람과 물건 하나라도 서로 바꾸는 일을 했다가는 죄가 참수되는데 해당한다. 그러니 더구나 이국의 배가 와서 정박한 경우야 말할 것이 있겠는가, 하고 접촉하지 아니하고 그 자리에서 내 쫓아 버렸다."고 증언하였다. (言語貌樣 有異於曾前所見之唐人 渠等心甚驚訝 乃以書問汝等 以何國人 因何來此之由 則彼中一人 以銀管筆及唐紙一折 答書 我們大英國人 持欲交易物貨 往大淸國 而漂風到此云 渠等又書問 汝是何姓 彼答書以胡姓字 書示鷄鴨牛羊換買之意 故渠等又答書曰 我國法律甚嚴 若或與異國人 有一物 相換之擧 則罪至斬首 且況異國船來泊者 不得相接 卽地追逐.) ^{日省錄}

셋째, 조니진의 형리(刑吏) 신봉열 등의 증언에 의하면 "이런 상황에서 진의 포구 백성 근 백 명이 한꺼번에 모여들어 둘러싸인 듯 해지자 저들(귀츨라프 선교사 일행)이 도로 그 배를 타고 큰 배가 있는 곳을 향해 달아났습니다. 그 큰 배가 처음에 진과 멀리 떨어져 보이지 않는 곳에 정박해 있다가 이내 닻을 올리고 돛을 달아 도로 외양(外洋)을 향해 가 끝내 어디에 있는지를 알 수 없게 되었습니다."라 하였다. (如斯之際 鎭屬浦民近百名 一時聚會 有着圍住之勢 彼等還乘其船 走向大船所泊處 盖其大船初旣碇住於距鎭遙遠不見之地 仍爲擧碇掛帆 還向外洋 終不知去處) ^{日省錄}

한편 귀츨라프 선교사는 7월 18일 일기의 마지막 부분에서 "외국인에 대한 적대감정은 조정의 철칙으로 강권을 쓰고 있다고 생각할 수 있다. 우리가 해안에서 만나는 사람마다 목 베임을 당한다는 세계 공통의 몸짓은 조정에서 외국인과 친하게 교제하는 등의 범법자는 사형에 처한다는 사실을 알게 되었다."고 하였다. ^{Gützlaff 일기,}
G23, 1832년 7월 18일)

  결국 귀츨라프 선교사 일행은 조니진에서 이곳 지방관과 평화적으로 조·영 통상 교역 청원을 위하여 접근하였으나, 황해도의 지방관은 조선의 쇄국정책과 변경을 수비하는 군관으로 국방 측면으로 접근하였다. 따라서 서로의 입장이 크게 다른 대치 상황에서 대화가 원만하게 진전되지 못하고 어려움을 겪은 것은 어찌 보면 당연한 결과이다. 그리하여 귀츨라프 일행이 의도하였던 황해도 지방 고급관리를 면담하거나 국왕에게 보내질 청원서 접수는 실패하였다.

6. 조선의 쇄국정책과 교역 청원 실패

애머스트호의 도착에 대하여, 황해감사(金蘭淳)는 "지난 7월 18일(음력 6월 21일) 이양선 한 척이 장연의 조니진에 와서 정박하였으며, 관내의 어민들이 생선과 서책을 서로 바꾸고 그 진(鎭)의 이교(吏校) 역시 필찰로 문답한 일이 있다"고 하였다. 純祖實錄, 1832년 9월 5일, 음력 8월 11일)

린제이는 7월 17일 한국과의 통상교역을 위한 청원서를 작성하였으며, 이를 황해도 지방관을 통하여 국왕(純祖)에게 진달(進達)하려고 계획하였다. 그러나 이 청원서는 조선 조정의 쇄국정책(鎖國政策)의 높은 벽에 가로막혀 지방관인 황해감사와 장연현감(金星翼)은 면담조차 못했다. 다만 몽금포 조니진에서 무관(武官)인 추포별장(追捕別將) 장지추(張之秋)와 군기감관(軍器監官) 최종련(崔宗連), 형리(刑吏) 신몽열(申夢悅)을 만나 교역에 관하여 필담을 교환할 수 있었다.

그러나 서방 국가와의 통상교역은 조선의 국법에 엄하게 금지되어 있다는 사유로 교역청원서는 접수하지도 못했다. 이때 귀츨라프 일행은 통상교역을 위한 양국 간의 협상(協商) 당사자 관계가 아니라 침략자로 간주되어 변경(邊境)의 수비 차원에서 무장한 병사들과 이 지역 주민 100여명이 합세하여 귀츨라프 일행을 황해도 땅에서 쫓아냈다. 이렇게 하여 귀츨라프 일행은 마을 깊숙이 진입조차도 못하고 황해도 지방관을 통한 통상교역의 계획은 완전히 좌절되었다.

귀츨라프 선교사는 1832년 7월 17일 내한에 앞서, 조선에 관하여 상당한 지식과 정보를 가지고 있었다. 그는 1832년 7월 18일 일기에 1653년 조선에서 있었던 하멜(Hamel)의 표류 사건에 대하여 다음과 같이 기록하였다.

"약 200년 전에 네덜란드 선박이 조선 해안에 표류하였다가 그 승무원들이 수년

동안 억류된 일이 있으며, 그 중 한사람이 탈출하여 암스테르담에서 그가 겪은 고초를 책으로 발행하였다." Gützlaff 일기, 1832. 7. 18)

즉, 네덜란드 선박 스페르베르(Sperwer) 호가 1653년 8월 조선의 제주도 해안에서 표류되어 13년간 억류되었던 하멜(Hendrik Hamel, 1630~1692) 일행이 난파하여 그들이 조선에서 겪은 고초를 "하멜 표류기"라는 책으로 써서 서방 국가에 처음으로 소개한 것이 1704년 영국에서 다시 출판되었다는 사실을 알고 있었다. 그리고 이 책을 통하여 조선에 관하여 상당한 정보와 지식을 얻었다.

귀츨라프 선교사는 같은 날 일기에서 "지난 세기에 몇 명의 성직자들이 이 왕국에 입국한 사실 외에 어떤 유럽의 나라도 이 반도(半島)와 교역을 하였다는 사실은 알지 못한다."고도 하였다. Gützlaff 일기, G15)

그리고 "어느 성직자는 포르투갈(Portugal) 여왕에게 조선에 외국 공관을 설치하고 수학에 정통한 인사를 외교관으로 배치하여 조선의 종교와 과학 분야가 동시에 발전할 수 있도록 하자고 제안하였으며, 당시 조선 정부의 고관 중에는 기독교인이 있었으며 이들과 통상 교역 여건을 증진하고자 하였으나 이 계획은 성공하지 못했다."고 하였다. Gützlaff 일기, G16)

귀츨라프 선교사는 계속하여 조선에 관한 기록에서,
"우리가 수집한 모든 정보로 미루어 보아 현재 이 나라의 수도(首都)에는 단 한사람의 유럽인도 없다. 기독교란 그저 그런 것이 있다는 풍문만을 듣고 있는 정도일 것이다. 조선의 신자들이 당한 박해와 그 신앙심에 대한 우리들의 정보 지식을 확인해 본다는 것은 어딘지 구름 잡는 것 같은 느낌이 든다. 만약 신앙을 가졌다는 이유로 수천 명이 박해를 받았다면 이 나라 백성들에게 기독교라는 신앙에 대한 인상이 그들 머릿속에 남아 있음직도 한데 우리가 접한 조선 사람들로부터 그런 기미는 조금도 찾아볼 수 없다. 이 같은 비인간적인 규제가 오늘날까지 지속되고 있다면 하나님께

서는 이 힘겨운 어려움을 기꺼이 제거하여 주셨을 것이다." Gützlaff 일기, G17)

위와 같은 조선에 관한 귀츨라프 선교사의 일기를 종합하여 볼 때, 그는 조선에 오기전에 상당한 자료를 수집하였고, 당시의 조선 정부는 쇄국정책으로 서방 국가와는 교류 협력 관계가 원만하게 이루어지지 아니하였다는 것을 확인할 수 있다.

주

1) Harry A. Rhodes, History of the Korea Mission Vol. 1, p. 70, 1884년 7월 20일
2) 조선향토대백과(8) 황해남도(북한자료), p. 220, 2004년 5월 10일
3) 조선향토대백과(8) 황해남도, p. 220, 2004년 5월 10일 몽금포리는 1914년 조니(동)와 로하(동)가 통합되고 1952년 해안면 신안리와 통합되었으며 1954년 황해도에서 황해남도로 분리되어 장연군 관할에서 용연군으로 행정구역이 개편 됨.
4) 長山은 몽금포 내륙 남쪽에 위치한 마을 이름이며 배가 진입할 수 없다. 長山串은 서해로 가늘게 뻗어있는 육지의 끝 부분으로 바위너설이 있어 항구로 부적하며 배가 정박하기에 대단히 위험한 장소이다.
5) Basil Hall, Account of a voyage of discovery to the west coast of Corea, p. 7, 영국 탐사선 Alceste 함장 맥스웰은 "Captain Maxwell named these islands Sir James Hall's group, in compliment to the President of the Royal Society of Edinburgh. They lie in longitude 124° 46′ E. and latitude 37° 50′ N."이라 기록했다.
6) James H. Grayson, The University of Sheffield, 한영문화교류국제학술세미나 자료. pp. 56-60, 2005년 9월 5일
7) Basil Hall, Account of a voyage of discovery to the west coast of Corea, p. 8, 1834.
8) Mr. Lindsay's Report, p. 215, 1832년 7월 16일
9) 조선향토대백과(8) 황해남도, p. 220, 2004년 5월 10일
10) Mr. Lindsay's Report, p. 215, 1832년 7월 17일
11) Mr. Lindsay's Report, p. 218, 1832년 7월 18일

제 3 장
충청해안의 여러 섬을 통과하다

1. 외연도에서 원산도까지의 추정 항로

애머스트호는 1832년 7월 17일 황해도 몽금포에 도착하였으나 그 곳에서의 교역 청원이 잘 되지 않아 남쪽으로 충청도 해안에 내려와서 처음으로 외연도 해역에 도착한 것으로 추정된다. 그 후에는 조선 측의 문서와 귀츨라프 선교사 측의 문서를 비교 대조하면서 검토한바 <그림 3-1>과 같이 외연도 → 녹도 → 불모도 → 고대도 → 원산도의 여정으로 이동한 것 같으며, 확실하게 섬에 상륙하여 사람을 접촉한 곳은 녹도와 원산도에 불과한 것으로 나타났다.

<그림 3-1> 외연도에서 원산도까지 애머스트호 추정 항로

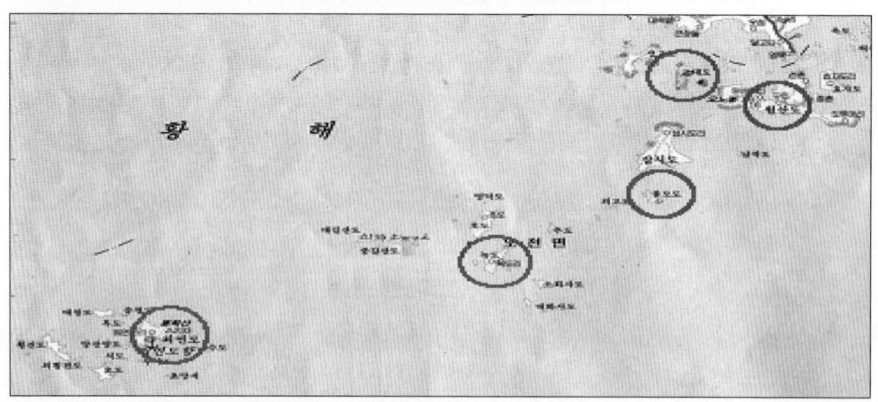

자료: 국립지리원(2003). 일성록

2. 외연도의 7월 21일 정박

가. 정박지 외연도와 후톤섬

황해도를 떠난 애머스트호는 남하하여 충청해안으로 향했는데, 린제이 보고서에 의하면 "7월 19일부터 20일 까지는 계속되는 강한 비와 짙은 안개 때문에 해안에 접근하는 것도 불가능했다"고 하였다. [Lindsay Report, L11]

이는 황해도에서 충청 해안까지 항해하는데 2일간 소요되었다는 것을 의미하며, 7월 21일 (음력 6월 24일) 에는 날씨가 맑아지고 남동쪽에 위치한 몇 개의 섬을 보았고 그 중 한 섬이 후톤섬(Hutton's Island)으로 추정된다고 하였다. [Lindsay Report, L12]

후톤섬의 지명 유래를 살펴보면 1816년 9월 3일 영국 해군 소속 알세스테(Alceste)호 선장 맥스웰(Maxwell, Murray) 대령이 조선의 서해안을 탐사하면서 "지질학자 후톤(Hutton, James) 박사 이름"을 따서 명명(命名)한 섬이다. (Captain Maxwell named this island after Dr. Hutton the geologist.) [Basil Hall, Voyage to the West Coast of Corea and the Loo-Choo Islands, p. 12]

이때 맥스웰 대령은 그들의 배가 정박했던 충청남도 서천군 비인만(庇仁灣)을 바질만(Basil's Bay) 이라 명명하였다. 바질은 홀(Hall)의 성(姓)이며 제임스 홀의 아들로 맥스웰과 서해안 탐사에 함께 참여한 리라(Lyra)호 선장이다. 그는 단순한 해군 제독이 아니라 지도제작 등 과학적인 관측을 완벽하게 해낸 인물이다. 그리고 비인만으로부터 남서부 쪽에 떨어져 있는 연도(煙島)로 추정되는 섬을 헬렌 (Helen's Island)섬 이라 명명하였다. 헬렌은 바질 홀의 어머니이다.

<그림 3-2> 외연도(Hutton), 바질만 등 탐사 해도

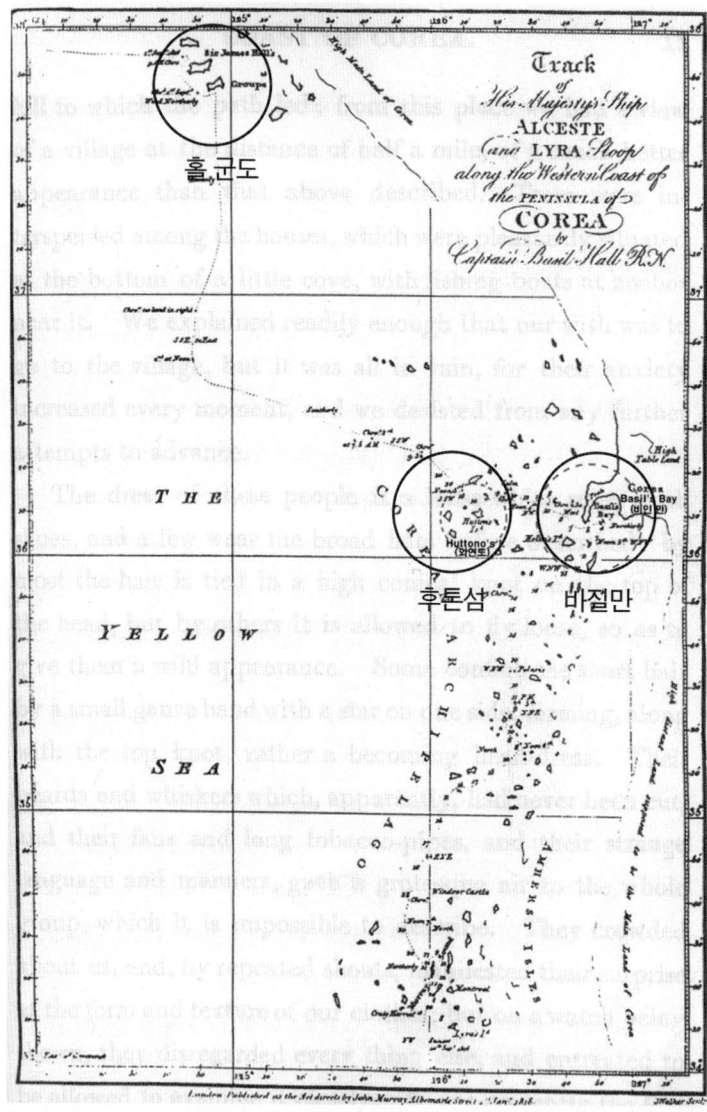

자료: 1816년 9월 바질 홀과 맥스웰이 제작한 서해안 지도. 바질만의 위치는 충청 해안의 비인만이다 (군산만 등으로 해석한 것은 잘못된 것이다.)

맥스웰(1775~1831) 선장은 영국 스코틀랜드 남서부에 위치한 위타운셔(Wigtownshire)에서 출생하였으며, 그의 아버지도 군대 장교였고 여섯 형제 중 셋은 육군에, 둘은 해군에 복무하였다. 그는 나폴레옹 전쟁기간 중 혁혁한 공을 세웠으며, 1816년 중국에서 소함대를 이끌었던 애머스트 경(卿)에 의하여 조선에 차출되었다. 홀은 맥스웰에 대하여 "그는 해군장교로서 인격적으로 예의 바르고 강한 의무감을 지녔다." 고 평가했다.[1]

후톤 섬의 지명에 대한 조선 자료는 리진호 장로의 『귀츨라프와 고대도』라는 저서가 있다. 그는 "이 섬을 관측한 경위도(經緯度)는 북위 36°10´, 동경 126°13´으로 지도에 경위도를 전개하니 외연도리 부근" 이라 하였다.[2]

최근에 발표된 귀츨라프 선교사에 관한 오현기 교수의 연구 논문에도 Hutton 섬을 외연도로 해석하였다.[3]

귀츨라프 선교사는 충청해안에 도착하여 외연열도의 주변 경관을 이렇게 묘사하였다.

"우리는 수많은 섬과 바위 사이에 닻을 내리고, 우리들 가까이에 솟은 한 봉오리를 답사했다. 장산을 떠난 후, 우리는 거세게 밀어붙이는 파도가 조각한 작품 같은 동굴을 구경하였다. 그곳에는 돌기둥이 있었는데 인공적으로 깎아 놓은 것 같이 조화를 이루었고, 매우 단단하고, 갈색 빛의 현무암(Basalt) 같은 것이었다. 어떤 부분은 고딕(Gothic) 형식으로 지어진 전형적인 교회 같았다. 그리고 다른 것 들은 벽감(서양 건축물 벽에 오목하게 파 놓은 부분), 주춧돌, 건축 부품 등의 부서진 조각들이 폐허화 된 것 같았다." Gützlaff 일기, G24)

린제이는 7월 21일 점심때 그가 바라본 산에 대하여 "우리는 매우 뚜렷한 목표인 테이블 산(Table Mountain)을 선명하게 보았는데 이 산은 1816년에 홀 선장이 표기한 지명이다."라 하였다. 그는 또한 "육지로부터 약 16km(10마일) 되는 몇 개의 섬 사이를 지났다."고 하였다. Lindsay Report, L13)

항해 목표 외연도 봉화산

린제이가 보았다는 '테이블 마운틴'이란 것은 탁자산(卓子山)이라는 해석보다 대(臺), 대지(臺地), 고원(高原)이라는 의미가 강하므로 외연도에 위치한 봉화산(烽火山)으로 해석하는 것이 타당하다.

이 산은 높이가 273m로 충청 해안의 섬 중에서 가장 높은 산이며, 또 멀리 바라보이기 때문에 정상에는 봉화대와 삼각점이 설치되어 있어 항해의 목표 지점으로 보기에 가장 적합하기 때문이다. 또, 이 산은 예로부터 봉화대가 있어 붙여진 이름이기도 하다. 그리고 몇 개의 섬 사이를 지났다고 하는 것은 황도 등 외연열도의 주변 섬을 의미할 것이다.

린제이는 21일 오후 5시에 "조류의 변화로 다시 바질 만(Basil's bay)에 정박하였으며, 거기서 약 3.2km(2마일) 떨어진 곳에 위치한 깎아지른 산 중턱에 조성된 마을 사람들을 망원경으로 바라보았다. 그들은 헐렁한 흰 옷을 입고 이리 저리 바쁘게 다니며, 애머스트호의 출현을 신기해 했다"고 기록했다. Lindsay Report, L14)

나. 외연열도 입지여건과 지형적 특성

애머스트호가 1832년 7월 21일 충청 해안에 처음 정박한 곳은 외연열도로 확인되었다. 따라서 귀츨라프 선교사 일행의 항해 경로와 활동 내용을 보다 자세히 살펴볼 필요가 있다. 우선 외연열도의 입지 여건과 지형적 특성을 이해하여야 한다. 외연열도는 외연도(外煙島)를 중심으로 약 3km 반경에 20여개의 아름다운 섬들이 옹기종기 모여 있으며 이들 섬을 총칭(總稱)하여 외연열도라 부르고 있다. 애머스트호의 외연열도 항해 경로와 정박지는 대략 다음과 같이 추정할 수 있다.

첫째, 애머스트호가 충청해안에서 가장 먼저 접근한 섬은 황도(黃島, 느레)로 추정해 볼 수 있다. 이 섬은 외연열도의 여러 섬 중에서 가장 서쪽 끝머리에 위치하여

<그림 3-3> 외연열도 여러 섬의 위치도

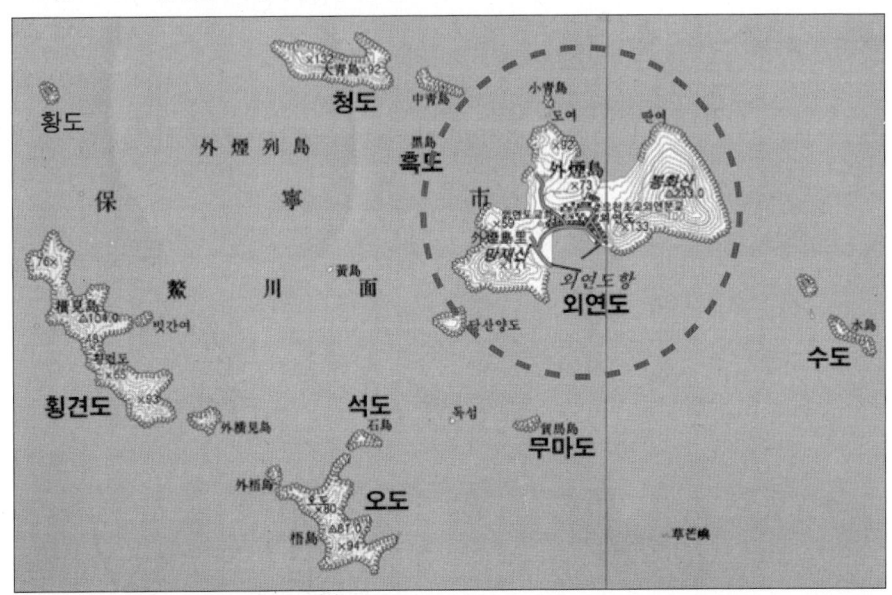

자료: 국립지리원(2003). 애머스트호가 1832년 7월 21일 정박한 섬으로 외연도를 Hutton 섬으로 기록하였다.

외국의 배가 충청 연안으로 진입하려면 제일 먼저 황도를 통과해야 하기 때문이다. 특히 이 섬은 흙과 돌이 누런색이어서 귀츨라프 일기에 기록한 갈색(Brownish)과 흡사하다. 이 섬의 '큰산' 높이는 164m이며 정상에 삼각점이 있고, 그 서쪽 해변 골짜기에 '고래 물 품는 곳'이 있는데 바위 구멍에 파도가 부딪쳐 고래가 물 품는 것과 같이 물기둥이 올라와 붙여진 이름이라 한다.[4]

둘째, 황도 다음의 항로는 횡견도(빅갱이) 또는 청도로 추정할 수 있다. 그리고 오도(머금), 석도, 무마도 등을 경유하여 외연열도의 중심인 외연도(外煙島) 내항에 정박하였다고 추정할 수 있다. 귀츨라프의 일기에 "수많은 섬과 바위 사이에 닻을 내리고 가까이에 있는 높은 지대를 답사했다."는 기록은 이들 섬을 지칭(指稱)한 것으로 해석된다. 그러므로 귀츨라프 선교사 항해(航海)와 관련한 외연열도 주요 섬들의 입지 여건과 지형적 특성을 다음과 같이 요약한다.[5]

1) 횡견도(橫見島): 황도의 다음 항로로 추정되는 이 섬은 외연도 서쪽에 위치한 두 번째 경로에 입지한 섬으로 빗갱이(비껭이)라고도 불린다. 섬의 모양이 옆으로 누어있는 것처럼 보인다 하여 횡견도라는 이름이 붙여졌다. 독가촌(獨家村) 철수 정책으로 유인도가 무인도로 된 일이 있다. 이 섬의 남동쪽에는 외횡견도(딴비껭이)가 있다.

2) 청도(靑島): 외연도 서북쪽에 있는 섬으로 푸른 돌이 많아서 청도라 부르며, 3섬 중에서 가장 큰 섬이 대청도이다. 고려 충렬왕(25대) 때 최유준이 바른말을 하다가 이 섬에 유배되어 귀양을 살았던 곳이기도 하다. 그리고 대청도 동쪽에는 중청도, 소청도가 있다.

3) 오도(梧島): 석도 남쪽에 위치해 있는데 옛날부터 오동나무가 많이 야생하여 오도라고 부른다. 이 섬도 1970년대 초 독가촌 철수 정책으로 인하여 무인도가 되었다.

4) 석도(石島): 무마도 서쪽에 위치해 있는데 이 섬은 전체가 돌로 이루어져 석도라고 부른다. 이 섬은 잘 다듬어진 수석처럼 생긴 섬이다.

5) 무마도(貿馬島): 외연도 남쪽에 위치하며 섬의 모습이 말같이 생겼고, 옛날 충청수영에서 말을 사들여 육지로 보낼 때 말을 싣고 가던 배들이 쉬어간 섬이라 하여 무마도로 칭했다.

6) 수도(水島): 외연도 동남쪽에 위치하며 색이 붉은 돌이 시루떡을 겹겹이 쌓아 놓은 것처럼 생겼다.

7) 흑도(黑島): 외연도 서쪽에 위치하며 검둥여의 한자식 이름이다. 바위너설로 되어 있다.

이 밖에 외연도 북동쪽에 자리 잡고 있는 섬으로 그 모양이 관처럼 생겼다 해서 관장도(冠長島)라는 섬을 비롯하여 여러 개의 다른 섬(무인도)이 있다.

다. 외연도의 역사

애머스트호가 충청 연안에 들어와 처음 정박한 섬은 외연도이다. 이 섬은 서해(황해) 가운데 멀리 떨어져 연기에 가린 듯 까마득한 섬이라 하여 외연도라고 한다. 외연열도 중에서 가장 크고 배가 정박하기에 항구로 적합한 입지조건을 구비하고 있다. 또한 조선과 중국의 중간 지점에 위치한 섬이기 때문에 태풍이 불면 근해(近海)에 있는 각국 선박들이 대피하여 식량과 물을 공급받는 유일한 해상 보급기지 역할을 하고 있는 중요한 섬이다.[6]

린제이 보고서에 의하면 "7월 21일(음력 6월 24일) 오후 5시 조류의 변화로 바질만에 정박하였다. (five in the evening, the tide turning against us, we anchored, the point of Basil's bay bearing)"라고 기록되어 있다.[7] 이 기록은 비인만(Basil's bay)이 아니라 입지 여건으로 보아 외연도 내항으로 추정할 수 있다. 그러나 귀츨라프 일행이 외연도에서 지역 주민들과 직접 필담을 교환하며 교역을 청원하거나 복음을 전하기 위한 활동의 흔적은 찾아 볼 수 없다.

외연도의 면적은 1.85㎢으로 외연열도 중에서 가장 넓으며 주변에 기암괴석이 많아 자연경관도 수려하다. 2008년 7월 31일 당시의 통계자료에 의하면 가구 수는 185호이고, 인구는 513명이 살고 있었다. 섬 주민들은 일부가 농사를 짓지만 어업을 주로하고 있었다.[8]

1832년을 전후한 외연도의 연혁을 살펴보면 홍성군에서 발행한 '洪州大觀'에 이 섬은 1759년(영조 35) 홍주목사 관할의 28개 면 중에서 해도면(海島面)에 속하였으며(여지도서의 기록), 1789년(정조 13)에는 홍주목사 관할의 29개 면 중 해도면 외연도로 편입되었다.[9]

그 후 1895년(고종 32) 행정구역이 개편되었으며, 1914년 보령군 오천면 외연도리로 편입되었다. 결국 1832년에는 홍성의 홍주목사 관할에서 1914년에 보령군수 관할로 이관되었다. 그러므로 애머스트호 도착 당시에는 이 지역을 관할한 충청수영(忠淸水營)의 수군우후(水軍虞侯)와 홍주목사(洪州牧使)의 활동과 깊이 연관되어 있다.

외연도에는 BC 3~4세기경으로 고증된 패총(貝塚)도 있다. 조개껍질로 층을 이루는 패총의 폭은 약 70㎝, 길이는 30m 정도이며, 육지에서 이주해온 신석기 시대 인들이 이 섬에 살면서 조개를 잡아먹고 이곳에 모두 버린 것이 지층을 이루어 현재까지 내려왔다고 추정하고 있다.

또한 이곳에는 천연기념물 제136호의 동백나무 상록수림이 유명하다. 산정에 약 1ha 의 면적에 동백나무 800여 그루와 후박나무 200여 그루가 장관을 이룬다. 동북쪽 산정에 오르면 높이 2m 둘레 10여m 쯤 되는 자연암반이 있는데 이곳을 당산의 신단 이라 부른다. 린제이 기록의 테이블 산과 일치하는 것으로 추정해 볼 수 있다. 이에 대하여 지방행정관 김동운 소장의 증언도 청취되었다.

이곳에는 전횡(田橫)장군의 전설도 유명하다. 중국의 당나라 이전에 전횡장군이 제(齊)나라가 망하자 500여명의 군사를 이끌고 이곳으로 피신해 왔다는 것이다.[10]

외연열도는 귀츨라프 선교사 일행이 충청해안에서 첫 번째 경로에 해당하는 한국 기독교 초기 역사 현장의 중요한 섬 중의 하나이다.

귀츨라프와 충청해안의 바다표범 이야기

귀츨라프 선교사는 7월 22일, 녹도부근에서 아름다운 자연 경관에 넋을 잃고 바라 보다가 바위 위에서 바다표범이 노는 모습을 보았다. 그런데 이것들은 사람들을 겁내지도 않고 오히려 호기심이 있는 것처럼 애머스트호를 바라보았다고 하였다. 이는 1832년경에 녹도부근에는 어족자원이 풍부하고 사냥꾼도 없었으며, 바위가 많아 바다표범이 서식하기에 매우 좋은 환경이었음을 의미한다. 귀츨라프가 보았다는 바다표범(seal)을 물개(fur seal)라고 하는 이들도 있다.

3. 녹도(鹿島) 부근의 7월 22일 정박

가. 녹도 정박 관련 기록

애머스트호가 1832년 7월 22일(음력 6월 25일) 녹도에 정박하였다는 사실은 조선정부 문서에서 확인할 수 있다. 일성록에 의하면 1832년 8월 3일 (음력 7월 8일) 공충감사 홍희근이 제출한 보고서(狀啓)에, 충청수영의 수군우후(水軍虞侯) 김형수 및 홍주목사(洪州牧使) 이민회가 귀츨라프 선교사 일행과의 필담 내용을 문답 형식으로 작성하여 19면에 달하는 장문의 보고서를 작성하여 보고한 것이다.

여기에는 귀츨라프 선교사 일행 67명에 대한 인적사항(姓名)을 비롯하여 이들이 탑승한 선박의 제원(諸元) 등 광범위한 조사 내용이 수록되어 있다. 그리고 그 내용 중에 애머스트호가 항해한 경로(經路)를 추적하는 과정에서 수군우후 김형수는 질문하기를 당신들은 "우리나라 어느 곳을 지나서 이곳까지 왔느냐?(問過我國境幾處)"고 물으니 귀츨라프 선교사는 "장산 녹도와 동쪽의 작은 섬(長山鹿島東小島下)을 지나왔다"고 응답하였다."[11]
이는 외연도를 경유하여 녹도에 도착하였으며 불모도와 고대도를 경유하였다는 것을 의미한다.

조선 정부의 또 다른 문서에는 애머스트호가 녹도에 정박한 날짜를 미루어 살펴볼 수 있는 기록이 있다. 1832년 9월 1일(음력 8월 7일)자 일성록에는 충청수영의 수군우후 김형수가 의금부(義禁府)에서 증언(原情)한 내용이 수록되어 있다. 즉 "1832년 7월 22일(음력 6월 25일)" 애머스트호가 녹도를 항해하였다는 사실을 뒷받침 할 수 있는 기록이다.

녹도를 수비하는 수군의 별장(別將, 별군장교로 小島의 수비 무관)이 녹도에서 이

<그림 3-4> 녹도 동소도 위치도

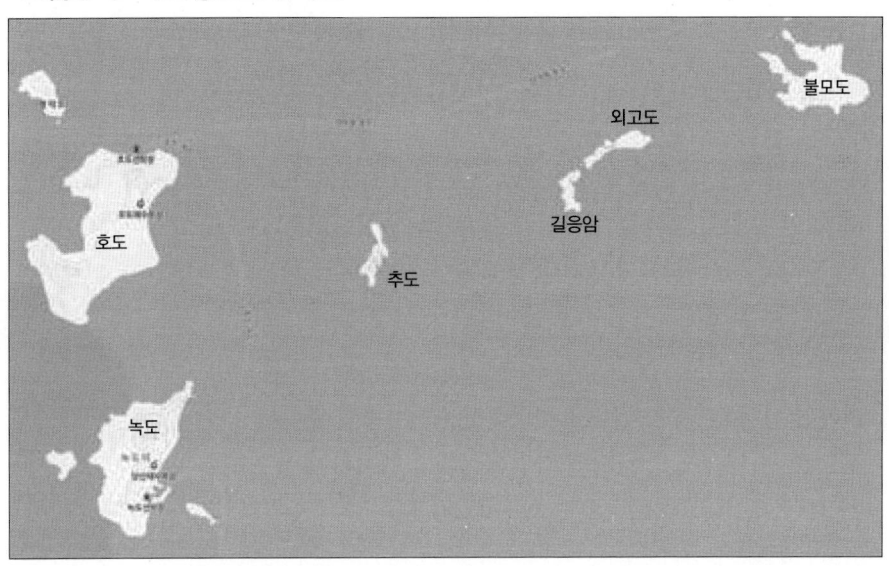

양선이 항해하고 있다는 급보(馳報)를 원산도(元山島)에 하였다는 내용이다. 김형수의 증언에 의하면 "저는 바람이 잔잔한 때에 원산도에 머물며 그곳을 수비하고 있었는데, 7월 22일(음력 6월 25일) 녹도 별장으로부터 급한 보고가 있었습니다. 이 양선 한 척이 녹도에서 불모도 외양 쪽에 표류해왔다고 하였습니다."(金瀅綏則渠時當風和 留防於元山島 六月二十五日 鹿島別將馳報內 異樣船一隻 漂到於不毛島外洋云) 日省錄⑤, 1832년 9월 1일, 음력 8월 7일)

위와 같은 두 가지 기록은 첫째, 애머스트호가 항해한 경로(經路)가 외연도에서 녹도와 불모도를 경유하여 고대도 바깥 바다에 정박하였으며, 둘째, 그 날짜는 1832년 7월 22일이라는 사실을 인지할 수 있는 근거가 된다.

그러나 순조실록의 1832년 8월 16일 기록에 의하면 애머스트호의 항해 일정(日程)은 일부 차이가 있다. 공충감사(公忠監司) 홍희근(洪羲瑾)은 보고(狀啓)하기를

1832년 7월 22일 (음력 6월 25일) 어느 나라 배인지 이상한 모양의 삼범 죽선 1척이 홍주의 고대도 뒤 바다에 와서 정박하였다."(公忠監司 洪羲瑾狀啓 六月二十五日 何國異樣三帆竹船一隻 來泊於洪州古代島後洋) 純祖實錄, 1832. 8. 16, 음력 7. 21)

한편 귀츨라프 선교사에 관한 연구 논문에서 허호익은 "7월 22일 녹도(鹿島) 동쪽의 작은 불모도(不毛島)를 거쳐 고대도에 정박하였다."고 발표하였다.[12) 그런데 그의 책에서는 "7월 24일 정박한 곳이 녹도이다."라고 하여,[13) 서로 다르게 나타내고 있다.

따라서 애머스트호가 녹도에 정박하였다는 부분과 관련하여 조선 정부 문서를 비롯한 각종 관련 자료의 내용을 정밀 분석하고 종합하여 그 결과를 토대로 애머스트호의 항해 일정을 다음과 같이 요약할 수 있다.

첫째, 일성록에 기록된 수군우후 김형수 등이 필담으로 문정(問情)한 질문 과정에서 녹도와 동쪽 작은 섬이라는 답변이 있었으므로, 충청해안 섬들의 지리적 입지 측면을 고려할 때 고대도 정박에 앞서 녹도와 그 동쪽에 있는 불모도에 정박하였다는 사실을 확인할 수 있다.

둘째, 의금부(義禁府)에서 증언(原情)한 "1832년 7월 22일(음력 6월 25일)"은 녹도를 수비하는 별장이 당일에 원산도로 달려와 직속상관(指揮官)에게 급한 보고(馳報)를 하였다고 판단해 볼 때 "7월 22일 녹도에 이양선이 항해하였다."는 사실은 신빙성이 있다.

셋째, 순조실록에 기록된 공충감사가 보고한 "고대도 후양(後洋)"이라는 표현은 단순히 고대도를 특정하여 지칭하는 것이 아니라 녹도, 불모도, 등 주변의 섬 일대를 총괄적(總括的)으로 표현하면서 "후양(後洋)"이라는 용어를 덧붙인 것으로 해석할 수 있다.

이는 애머스트호의 항해 과정과 이 지역의 지리적 입지 여건을 고려할 때 외연도-녹도-불모도-고대도 순서로 항해한 경로를 추적하는데 도움이 된다. 또한 공충감사 보고서는 녹도 별장이 당일 직접 보고한 것과 달리, 각종 보고를 모아 간접 보고한 사항으로 사건 발생 27일 뒤에 마무리 측면의 종합보고서 형식으로 이루어진 것이다.

이 같은 근거는 애머스트호가 실제적으로 충청해안에서 녹도를 비롯한 여러 섬을 항해하였다는 기록이 있음에도 그 섬들의 이름은 전혀 거명하지 아니하고 "고대도 후양"이라는 지명으로 사용한 것은 이 지역을 통합적 명칭으로 사용하였다는 것을 의미한다. 따라서 순조실록에 기록된 애머스트호가 7월 22일(음력 6월 25일)에 '고대도'에 정박하였다는 것은 신빙성이 희박하다.

이상과 같은 기록 자료의 분석과 검토 사항을 종합할 때, 애머스트호는 1832년 7월 22일 녹도에 정박(경유)하였다고 결론지을 수 있다.

나. 녹도 어민들과의 첫 만남

외연도를 떠나 녹도로 계속 항해하려면 녹도의 약 4km 반경에 북쪽으로부터 남쪽을 향하여 명덕도, 호도, 녹도, 화사도 등의 섬들이 한 시야에 들어온다. 이 섬들은 바위너설로 형성되어 있고 풍화작용 등 자연의 힘에 의한 침식 등으로 그 경관이 매우 아름답다. 그러나 짙은 안개가 낄 경우에는 이들 섬은 위치조차 분간하기가 어려울 뿐 아니라 오히려 항해의 큰 장애 요인이 되고 있다. 귀츨라프는 안개와 관련하여 그의 일기에서 다음과 같이 기록하였다.

"이 무렵 안개가 짙어져 여러 섬과 들쭉날쭉한 바위들 사이를 항해한다는 것은 대단히 위험하였다. 이따금 산뜻한 바람이 불어와 안개가 잠시 동안 흩어졌지만 다시 짙은 안개로 덮여 뚫을 수 없는 어둠속으로 빠져들어 갔다." Gützlaff 일기, G26)

그 후 애머스트호는 항해를 계속하여 녹도에 도착하였으며 이곳 어부들과 만나게 되었는데, 7월 23일 귀츨라프 일기에 그 내용을 다음과 같이 기록하였다.

"오후가 되어 안개가 조금 개였는데 마을 쪽에서 몇 명의 어부들이 우리가 정박한 곳으로 찾아왔다. 그들은 우리를 해안으로 오라고 하였다. 우리는 조사를 하기 위하여 초라한 집들을 향해 상륙하였다. 우리는 망설이던 끝에 언덕으로 올라가 마을 앞 비탈진 곳에 자리 잡았다. 그러나 해를 당할까 염려하여 집은 이미 비워져 있었고 우리는 언덕 위로 온 힘을 다하여 도망치는 한 여인의 뒷모습을 우연히 보았다. 우리는 타타르(Tartars, 몽고 유목민 계통)족이 흔히 먹는 소금기 있는 말린 생선(乾魚物)과 신맛이 있는 술(liquor)을 융숭하게 대접 받았다." Gützlaff 일기, G27)

우리는 어민들의 대접을 받는 동안 이 나라의 사정이나 고관들이 살고 있는 곳 등에 대한 많은 질문을 하였으나 그런 것을 알만한 어떤 실마리도 비치지 않았다. 오히려 그들의 호기심만 충족시켰을 뿐이다. 우리의 어떤 평범한 질문에도 만족스런 대답을 얻지 못했다. 이와 같은 모든 대화는 모두 한문 필담으로 진행되었으며 한자(漢字)의 발음은 비록 중국과 다르지만 뜻은 같았다." Gützlaff 일기, G28)

위와 같은 귀츨라프 일기는 7월 23일에 기록된 것이지만 어민들을 만난 장소에 대하여 녹도와 불모도 두 섬의 지형적 여건과 마을의 형태 등을 비교하여 볼 때 어민들을 만난 장소는 불모도라 하기보다 녹도로 보는 것이 타당할 것으로 판단되었다.

그 구체적 근거로 녹도에는 언덕 비탈진 곳에 마을이 형성되어 여러 주민들이 살고 있으나, 불모도의 경우에는 마을이 없고 무인도에 가까운 섬이어서 귀츨라프 일행을 초청한 어민들이 존재하지 않아 대화의 상대가 없었을 것으로 판단되었다. 따라서 충청 연안에서 어민들과의 첫 대화는 녹도에서 이루어졌다고 할 수 있다.

녹도에는 2008년 당시 89가구에서 192명의 인구가 거주하고 있었으나, 불모도는 상주하는 가구가 없을 뿐 아니라 단 2명의 어민이 가두리 양식업에 종사하는 정도였다. 이와 같은 통계는 당시의 상황을 추정하는데 도움이 될 것이다.[14]

이때 귀츨라프 선교사 일행과 어민들 간의 만남의 장소에서 원만한 대화가 소통되지 못한 점에 대하여는 두 가지 문제가 있었다고 생각한다.

첫째, 어민들의 교육 수준이 낮아 한문 필담을 원만하게 진행하지 못한 것으로 풀이된다. 둘째, 애머스트호의 출현으로 이곳 주민들은 가족들을 모두 피신시킬 정도로 위기감이 형성되어 있었다. 어민들의 초청은 이들과의 충돌을 피하기 위하여 마련하였으며, 그 유화(宥和) 방법으로 술과 먹을 것을 대접한 것이 아닌가? 추측해 볼 때, 원만한 대화는 당초부터 기대하기 어려웠던 것으로 판단된다.

여하튼 귀츨라프 선교사 일행은 충청 해안에서 처음으로 상륙하여 녹도의 어민들과 만나 술자리에 참여하였으며, 필담을 통하여 통상외교와 선교에 관한 조선의 실정을 파악하고자 노력하였으나 그 성과는 별로 없었던 것으로 결론지을 수 있다.

다. 녹도 주변 섬들의 지형적 특성

녹도(92ha)는 행정 구역 상으로 충청남도 보령시 오천면 녹도리에 속하며 녹도를 중심으로 약 4km 반경에 길산도, 호도, 화사도, 명덕도, 외점도 등 10개 이상의 섬들이 한 권역을 형성하고 있다. 귀츨라프 연구에 도움이 될 수 있는 녹도를 비롯한 주변 섬들의 개황과 지형적 특성을 몇 가지 자료를 종합하여 요약하면 다음과 같다.[15, 16, 17, 18]

1) 녹도(鹿島, 사슴섬): 섬의 모양이 "고개는 서쪽으로, 뿔은 동쪽으로 두고 드러누워 있는 사슴과 같이 생겼다"고 하여 녹도라 불린다고 한다. 이 섬은 마한(馬韓)

때부터 사람이 살기 시작한 섬으로 충청 수영의 전방에 있는 충청수군의 군항(軍港)이 되었던 곳이며 녹도별장은 이곳에 상주하였다. 이 섬의 면적은 0.92㎢이고, 2008년 7월 당시 89가구에 192명이 살고 있었으며, 주민들은 어업을 주로 하고 있었다. 대천 항에서 26km, 오천 항에서 33 km의 거리에 위치해 있다.

　이 섬은 바위가 많고 동쪽 해변의 급경사진 곳에 오밀 조밀하게 마을이 형성되어 있는데 불이 켜진 한 여름 밤에 바다 쪽에서 바라보면 마치 동화 속에 나오는 서구의 옛 성을 연상케 하는 그림 같은 섬이다. 이 섬에는 특이한 초분장(草墳葬)이라는 장례법이 있으며 패총(貝塚)도 있다. 마을 뒤의 높은 산을 당산이라고 하는데 여기에 성황당(城隍堂)이 있다. 오래된 고목들이 무성하게 들어서있어 장관을 이루며 매년 2월(음력) 풍어제(豊漁祭) 행사가 있다.

2) 호도(狐島, 여슴): 여우를 닮았다 해서 이름 지어진 섬이다. 녹도의 북쪽에 위치하고, 녹도보다 조금 넓은 섬으로 면적은 1.33㎢이다. 2008년 7월 당시 111가구에 255명이 살고 있었다. 주민들은 어업을 주로 하고 있으며, 해산물은 전복과 해삼이 많은 편이다. 대천항에서 25km, 오천항에서 31km의 거리에 위치해 있다. 남서쪽에는 '굴다리'가 있는데 바닷물에 의하여 침식된 동굴로 '용 난 구멍' 이라고도 불린다. 이 섬의 서쪽 해안은 활처럼 휘어진 '장벌'을 중심으로 사구(砂丘)로 이루어진 모래 언덕과 해안에는 보기 드문 은백색 규사(硅砂)로 이루어져 해수욕장으로 훌륭하다. 수석 같은 아름다운 바위들도 흩어져 있어 볼거리가 많다.

3) 길산도(吉山島, 질미): 녹도 서쪽에 있는 섬 4개를 통틀어 부르는 이름이다. 큰 질미, 북 질미, 가운데 질미, 끝 질미로 구분되어 있다. 면적은 0.10㎢이다. 이전에 11가구까지 거주하였으나 독가촌 철수 정책으로 2008년 당시 3가구 3명이 가두리 양식을 하며 살고 있었다. 대천항에서 29km, 오천항에서 35km의 거리에 위치해 있다. 북 질미는 간조(干潮) 때에 큰 질미와 연결되며 목 질미라고도 부른다.

4) 화사도(華沙島): 녹도의 남쪽에 있는 섬으로 바닷가에 잘고 예쁜 돌들이 있어 해가 뜰 때면 햇빛이 반사되어 빛이 나는데 마치 꽃과 같이 화려하게 눈이 부시다하여 화사도라 불린다고 한다. 무인도로 2개의 화사도가 있는데, 하나는 대화사도로 동남쪽에 '구멍 배'라는 구멍 뚫린 바위가 있다. 중국에서 밧줄을 걸었다는 전설이 있다. '문배'라는 자갈밭과 남쪽에 '디리녀'라는 바위녀설도 있다. 다른 하나의 섬은 소화사도로 서쪽에는 '넘덕미'와 '노루녀' '슬픈녀' 등의 바위녀설이 있다.

5) 명덕도(明德島, 명덕이): 호도 북쪽에 있는 섬으로 섬의 지형이 들판(벌)의 명덕처럼 생겼다하여 붙여진 이름이다. 현재는 무인도이다. 이밖에도 녹도 주변에는 석도(石島), 추도(錐島) 등 여러 섬이 있다.

> **언덕위로 도망친 녹도 여인 이야기**
>
> 귀츨라프 일행은 외연도를 경유하여 7월 23일, 녹도부근에서 어민들의 초청을 받고 섬에 상륙하여 술대접을 받았다. 이는 귀츨라프 선교사가 어민들로부터 자발적으로 초청을 받은 유일한 사례이다. 이때 초라한 집들은 이미 비어 있었고 언덕위로 온 힘을 다하여 도망치는 여인의 뒷모습을 우연히 보았다. 어민들이 왜 귀츨라프 일행을 초청하였는지는 알 수 없지만 옛부터 우리나라는 외국인들이 침입하면 여인들이 가장 먼저 피해를 당하기 때문에 피신시킨 것이 아닌가? 짐작되는 이야기이다.

4. 불모도(不毛島) 해역의 7월 23일 정박

가. 불모도 정박 관련 기록

애머스트호, 즉 이양선(異樣船)은 충청해안의 외연열도에서 녹도를 경유하여 불모도에 정박하였다. 1832년 8월 1일(음력 7월 6일) 비변사 등록에 의하면 "이양선이 홍주지방(洪州地方) 불모도(不毛島) 뒤 바다에 표도(漂到)하였다."고 기록되어 있다.[19]

불모도의 현재 관할 구역은 충청남도 보령시 오천면에 속해 있으나, 1832년 당시에는 공충감사(公忠監司) 산하의 홍주목사(홍성군수) 관할 구역인 해도면(海島面)에 속해 있었다. 불모도의 관할 구역 변천에 대하여는 1759년(영조 35)의 '여지도서'와 1789년(정조 13) '인구총수'에 불모도가 홍주목사 관할의 해도면에 편입되어 있음을 알 수 있다.[20] 그 후 1914년 3월 1일 부령(府令) 제111호로 행정구역이 개편되어 보령군 관할로 변경되었다.[21]

<그림 3-5> 불모도 지명이 기록된 대동여지도

자료: 대동여지도, 1861 김정호 제작.

'비변사등록'은 영국 선적의 이양선에 외국인(귀츨라프 선교사 일행)이 승선하여 불모도 뒤 바다(後洋)에 정박하였다는 사실을 지방정부 책임자(공충감사)가 처음으로 보고한 내용을, 국방에 관한 업무를 담당한 관서(備邊司)에서 발의하여, 그 대응책을 백관(百官)을 통솔하고 정사를 도맡아 보던 최고 행정 관청인 의정부(廟堂)에 1832년 8월 1일(음력 7월 6일) 제안하여 공식 논의되고, 그 결과에 대하여 국왕의 윤허를 받았다는 최초의 공식 기록을 수록하였다는 측면에서 귀츨라프 행적 연구에 도움이 되고, 역사적 의미가 있는 문서가 되었다.[22]

즉, 공충감사는 "홍주지방 불모도 뒤 바다(後洋)에 외국 배 1척이 표도(漂到)하였으며, 이 배가 영국인 것이므로 문정(問情)할 역관(譯官)을 시급히 파송하여 달라"고 긴급 요청하였으며, 비변사에서는 "최고 행정 관청인 의정부(廟堂)에 아뢰어 시급히 대응할 문정 역관을 적정한 인물로 뽑아 파송 조치"하였으며, 이에 대하여 "국왕의 윤허를 받았다"는 중요한 내용을 기록하였다. 비변사등록①, 1832년 8월 1일, 음력 7월 6일)

이때 조선 조정에서 취한 내용을 현 시점에서 고찰해 볼 때 참으로 단순하고 동문서답(東問西答)식 대응책이었음을 알 수 있다. 귀츨라프 일행은 영국과 조선 간에 평화적 통상교역과 선교를 용이하게 할 목적으로 먼 길을 마다하지 아니하고 스스로 우리나라에 찾아와 양국(兩國) 간의 상호 공동 이익을 추구하고자 노력하였다. 그러나 조선 정부는 통상 외교 측면의 대응이 아니라 쇄국정책을 내세우고, 국토를 수비하는 국방 측면에서 방어하고 배척하는데 치중하였다.

이 조치가 만일 평화적 통상외교가 아닌 국방 측면의 대응이었다면 이때 이양선을 제압할 군 병력과 무관을 배치하여야 당연할 터인데 문관인 통역관 한사람을 보내어 무슨 일을 어떻게 처결할 수 있었을까? 라고 생각할 때 서방 국가와 외교와 전쟁 경험이 없었던 조선 조정의 대응책은 미봉책(彌縫策)에 불과하였다.

애머스트호가 1832년 7월 23일(음력 6월 26일) 불모도(不毛島) 후양에 정박하였다는 확실한 기록은 1832년 9월 1일(음력 8월 7일) 일성록에서 찾아 볼 수 있다. 여기에는 홍주목사와 수군우후가 의금부에서 증언한 내용이 기록되어 있는데 그 첫째 경우는 홍주목사가 외양선이 7월 23일 불모도 후양에 와서 정박하고 있었다는 사실을 수군우후가 보낸 공문(甘結)을 보고 이미 알았다고 했다.[23]

이때 홍주목사(이민회)는 증언하기를 "저는 1832년 7월 23일(음력 6월 26일) 밤에 수군우후의 감결(甘結)을 받아보니 이양선이 불모도 후양에 와서 정박 중이라고 하였습니다."라고 하였다. 日省錄⑤, 1832년 9월 1일, 음력 8월 7일)

둘째 경우는 수군우후 김형수가 증언하기를 "저는 원산도(忠淸水營 섬 관할 鎭)에 머물며 지키고 있었는데 1832년 7월 22일(음력 6월 25일) 녹도별장의 치보에, 이양선 1척이 불모도의 외양(外洋) 쪽에 표류해 왔다고 하였습니다. (金瀅綏 則渠時當風和 留防於元山島 六月二十五日 鹿島別將馳報內 異樣船一隻 漂到於不毛島外洋云) 日省錄, 1832년 9월 1일, 음력 8월 7일)

애머스트호가 1832년 7월 23일 정박한 불모도(不毛島)를 포함한 원산도 일대의 섬들은 당시에는 행정을 담당한 홍주(홍성)목사의 관할 구역이면서, 동시에 국방을 담당한 충청수영(忠淸水營)의 우후(虞侯)가 주둔하였기 때문에 두 관청의 통치를 받았다. 그러하여 이를 개선하기 위하여 1832년(순조 32) 홍주목(牧)에 소속된 섬들을 독립된 진(鎭)처럼 귀속처를 충청수영으로 통일시켜 수군우후(水軍虞侯)의 권한이 강화되었다.[24]

그러나 현재 불모도는 행정구역상으로 충청남도 보령시 오천면(삽시도리)에 편입되어 있다. 옛날에 한 여자가 아들을 낳기 위하여 이곳에서 불공을 드린 섬이라하여 불모도(佛母島, 拂母島)라는 이름이 붙여진 곳이라 한다.

불모도 주변지역의 지리적 입지 여건을 살펴볼 때, 서북쪽 가까이에 토끼 섬이라는 작은 섬이 있으며, 북쪽에 바위섬으로 '마치섬'이 있고, 이 섬의 서북쪽에 '딴마치섬'도 연결되어 있다. 배를 대는 선착장(船着場)으로는 불모도 북쪽에 위치한 '밧섬창', '안섬창', '앞섬창'이 있다.

이 섬에도 구멍 뚫린 바위가 있는 '구멍배'가 있다. 불모도 서쪽에는 외점도(外點島)가 있는데 이 섬은 불모도 바깥으로 돌출해 있는 섬이라 해서 부쳐진 이름이다. 그 서쪽 바다 가운데 매처럼 솟아 있는 '길응암(吉應岩, 옹메기)'이라는 바위가 있다. 불모도 남쪽 바다 가운데에는 '위홍서(上洪嶼)'가 있는데 조수가 들어오면 바위가 바다 물에 묻히고 조수가 빠지면 들어나는 바위섬이다.[25]

불모도는 그 면적이 12ha에 불과한 작은 섬으로 이전에 7가구까지 살았으나 독가촌 철수 정책으로 무인도로 되었다가 2008년에는 2가구 2명의 어민이 가두리 양식업에 종사하고 있었다. 대천항에서 14km, 오천항에서 22km 거리에 위치해 있어 비교적 육지와 가까운 거리에 있다.[26]

삽시도리 주(主) 섬은 화살이 꽂인 활(弓)의 모양과 같다 해서 붙여진 이름의 삽시도이다. 섬의 면적은 3.98km²로 불모도보다 넓고 2008년에 231가구에 495명이 살고 있었다. 삽시도를 중심으로 남쪽에 불모도가 위치해 있으며 북쪽에 고대도와 장고도 섬이 있는데 같은 행정구역의 리(里) 단위에 속하는 가까운 거리에 위치해 있다.

이 같은 불모도와 그 주변의 지형적 여건은 배가 정박할 항구로서 조건도 구비하였지만, 주변에 많은 돌로 된 섬 들이 둘러 있어, 안개가 끼거나 비바람이 칠 때에는 항해에 대단한 위험이 뒤 따랐다. 따라서 애머스트호는 초행길이었으므로 지형탐사를 해 가면서 조심스럽게 항해하였을 것임으로 그 속도는 매우 느렸을 것이다. 일부에서 7월 23일 고대도에 정박하였다는 견해가 있으나 근거가 희박하다.

주

1) James H. Grayson (The University of Sheffield), 한영국제세미나, p. 55, 2005년 9월 5일
2) 리진호, 귀츨라프 선교사와 고대도, p. 151, 1997년 7월 17일
3) 오현기, 조선 최초 개신교 선교사 당시 문헌과의 상호 비교 연구(논문), p. 11, 2005년
4) 보령시, 섬 섬 섬, 그 섬에 가고 싶다, p. 99, 2007년
5) 보령시, 보령의 지명, pp. 206~212, 1998년 12월 10일
6) 차경철, 오천의 어제와 오늘, p. 256, 2000년 10월 14일 * 이곳은 중국에서 우는 닭의 울음소리도 들린다는 정도의 서해 한복판의 중국에 가까운 섬이라 하였다.
7) Lindsay Report, p. 221,
8) 오천면, 島嶼現況(통계자료), 2008년 7월 31일 현재
9) 홍성군, 홍주대관(상권), pp. 332~333, 2002년 5월 31일
10) 차경철, 오천의 어제와 오늘, pp. 254~263, 2000년 10월 14일 매년 4월에 전횡장군제가 열린다. 제주는 대개 제일 15일 전까지 선정하는데 제주로 선정되면 몸의 부정을 금하여야 하며 절대 부정한 일이 있어서는 안 된다. 광복 이전 까지만 해도 제주는 제물을 준비할 때 소변을 보려면 나무젓가락으로 남성의 성기를 꺼내 소변을 보았다고 한다.
11) 日省錄, 1832년 8월 3일(음력 7월 8일), 8월 9일(음력 7월 14일) 기록에는 鹿島東小島 卽不毛島也
12) 허호익, 한국교회사 연구논문집(제12호), p. 82, 2003년 3월
13) 허호익, 귀츨라프 선교사의 생애와 조선선교활동. p. 122.
14) 오천면, 島嶼現況.(통계자료), 2008년 7월 31일
15) 보령시, 보령의 지명, pp. 155~165, 1998년 12월 10일
16) 보령시, 섬 섬 섬, 그 섬에 가고 싶다, pp. 65~86, 2007년
17) 차경철, 오천의 어제와 오늘, pp. 236~253, 2000년 10월 14일
18) 오천면, 島嶼現況(통계자료), 2008년 7월 31일
19) 備邊司謄錄, 1832년 8월 1일 (음력 7월 6일)
20) 홍성군, 홍주대관(상), p. 333, 2002년 5월 31일
21) 차경철, 보령의 어제와 오늘, p. 23, 2000년 10월 14일
22) 조선 정부문서의 최초 기록은 8월 1일 비변사등록이며, 그 후 8월 3일 일성록에 기록되고, 8월 4일 승정원일기에 기록되었으며, 8월 16일 순조실록에 기록됨.
23) 日省錄, 1832년 9월 1일 (음력 8월 7일)
24) 고동환, 조선후기 도서정책과 원산도 변화(연구논문)
25) 보령시, 보령의 지명, pp. 166~180, 1998년 12월 10일
26) 오천면, 島嶼現況(오천면 내부자료), 2008년 7월

제 4 장
애머스트호의 고대도 해역 정박

1. 애머스트호의 고대도 해역 정박 장소

 귀츨라프 일행이 승선한 애머스트호는 1832년 7월 23일 불모도 해역에 정박하였다가 7월 24일 고대도 해역으로 이동하여 정박하였다. 이곳의 지리적 위치는 고대도 남단의 동쪽 모란여와 선바위 사이에 위치한 목안 앞바다로 추정된다. 또한, 이곳은 귀츨라프와 군관 텡노(Teng no)가 처음으로 만나 필담한 장소로 조사되었다.

 애머스트호의 고대도 정박 장소에 관한 검증은 조선정부의 관련기록(備邊司謄錄, 日省錄, 承政院日記, 純祖實錄)을 근거로 하여 다음과 같이 확인할 수 있다.

 첫째, 1차적 기록인 비변사등록에 따르면, 수우후(김형수)와 홍주목사(이민회)의 첩정(牒呈)에서 고대도에 표류하여 도착한 사람들과 언어가 통하기 어려워 필담으로 조사하였는데 이들은 영국 사람으로 우의를 베풀어 서로 교역하기를 요청하였다고 하였다. (水虞候 洪州牧使 牒呈以爲 古代島引泊漂人 言語難通 以書問情 則要請 設誼交易云) 備邊司謄錄, 1832년 8월 3일, 음력 7월 8일)

 이 기록을 통하여, 애머스트호의 정박한 장소는 고대도이며, 이곳에서 군관 텡노(Teng no)와 처음으로 만나 언어가 통하지 않아 필담(筆談)을 진행하고, 이들의 방문 목적은 상호 우호적인 통상교역을 요청한 것임을 알 수 있다.

둘째, 1차적 기록인 일성록에 따르면, 공충감사의 치계(馳啓)에, 고대도에 인박한 외국인들과 언어가 통하지 않아 필담으로 조사하였다고 하였다. (公忠監司馳啓 古代島漂人 引泊後彼人 處問情則 言語難通以書問情) 日省錄, 1832년 8월 3일, 음력 7월 8일)

이 기록을 통하여 공충감사 홍희근의 보고서에 애머스트호의 정박 장소는 고대도이며, 이곳에 군관을 보내어 그 사정을 물었다는 역사적 사실이 확인된다.

셋째, 1차적 기록인 승정원 일기에 따르면, 수군우후와 홍주목사의 첩정(牒呈)에서, 고대도에 인박한 사람들과 언어가 통하지 않아 필담으로 문정하였고 하였다. (水虞候 洪州牧使 牒呈以爲 古代島引泊漂人 言語難通 以書問情) 承政院 日記, 1832년 8월 3일, 음력 7월 9일)

이 기록을 통해 고대도를 관할하는 수군우후 김형수와 홍주목사 이민회의 첩정으로, 고대도에 정박한 귀즐라프 선교사 일행과 필담이 이루어졌다는 사실을 재확인한 근거가 된다.

넷째, 2차적 기록인 순조실록에 따르면, 공충감사 장계에서, 7월 22일(음력 6월 25일) 어느 나라 배인지 이상한 모양의 삼범죽선 1척이 고대도 후양에 와서 정박하였다고 하였다. (公忠監司 洪義瑾 狀啓 六月二十五日 何國異樣三帆竹船一隻 來泊於古代島後洋) 純祖實錄, 1832년 8월 16일, 음력 7월 21일)

이 기록은 공충감사의 보고를 근거로 7월 22일 애머스트호가 고대도 후양(後洋)에 와서 정박하였다는 사실은 확인되나, 후양(後洋)이라는 지리적 위치는 확인이 불가능하다.

그러나, 녹도별장이 수군우후에게 보고한 "불모도 외양 쪽으로 표류해 왔다."는 기록으로 미루어 고대도 도착 이전의 어느 바다, 즉 불모도와 녹도 사이의 어느 바다를 지칭하는 것으로 추정된다. (六月二十五日 鹿島別將 馳報內 異樣船一隻 漂到 於不毛島外洋) 日省錄, 1832년 9월 1일, 음력 8월 7일)

다섯째, 2차적 기록인 순조실록에서, 수군우후와 홍주목사의 첩정을 첨부한 공충 감사에 의하면 7월 23일(음력 6. 26) 이양선 1척이 고대도 안항에 정박하였다고 하였다. (水軍虞候 洪州牧使 牒呈 六月二十六日 異樣船一隻 到泊於古代島安港) 純祖實錄 吞文, 1832년 8월 16일, 음력 7월 21일)

이 기록은 애머스트호가 고대도에 도착한 것을 재확인하는 근거가 된다. 그러나 고대도 안항(安港)의 지리적 위치는 확인이 불가능하다.

여섯째, 불모도 후양에 외국배 1척이 표도하여 문정할 통역관이 필요하니 시급히 파송해 달라. (不毛島後洋 漂到異國船一隻云 而問情時 爲急 問譯官下送請) 備邊司謄錄, 1832년 8월 1일, 음력 7월 6일)

이들 기록으로 미루어 볼 때 '고대도 후양', 또는 '고대도 안항'이란 고대도 내의 장소가 아니라 그 주변의 어느 곳이라 추정된다.

결론적으로 조선정부의 여러 기록을 통하여 애머스트호의 고대도 해역 정박이라는 역사적 사실은 충분하게 확인된다. 그러나 조선정부의 어느 기록에도 고대도에 상륙하였거나 머물며 활동하였다는 기록은 찾아볼 수 없다.

<그림 4-1> 고대도 지명이 기록된 동국여지도

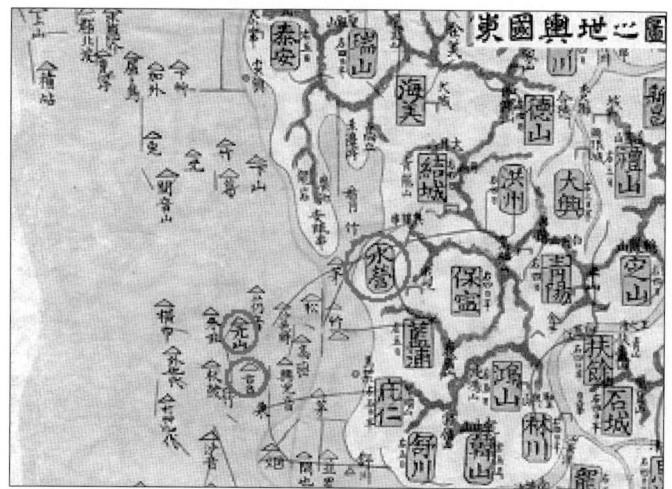

자료: 동국여지도. 1710, 윤두서 제작, 112×72.5cm)

<그림 4-2> 프랑스 군함이 작성한 고대도 부근의 해도

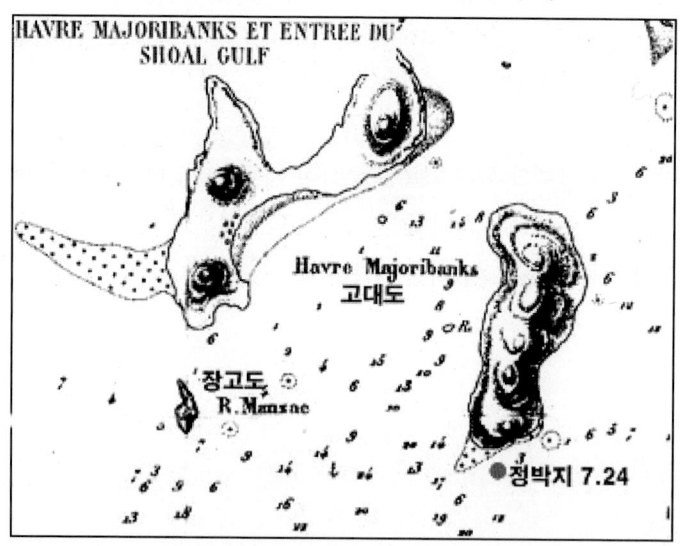

자료: 프랑스, Virginie호 Guerin의 천수만 입구 관측도(1857년)

2. 애머스트호의 고대도 해역 정박 날짜

애머스트호의 고대도 정박장소에 대하여는 조선 정부의 여러 기록 등을 통하여 충분하게 확인되었으나, 애머스트호의 고대도 도착(정박) 날짜는 불확실하다. 이에 따라 귀츨라프 일기와 린제이 보고서 등을 근거로 검토한 결과, 애머스트호는 7월 24일 고대도에 정박하였으며, 이 같은 판단의 근거는 다음과 같다.

첫째, 귀츨라프 선교사의 7월 24일 일기에 의하면, "큰 배가 가까이 와서 사람이 애머스트호에 오르기 전에 먼저 바람과 날씨 때문에 오느라 고생했다는 위로의 쪽지를 주어 우리들을 위협하러 온 것이 아니라고 안심시킨 후에 배에 올라왔고, 선실로 들어와 자신을 관리라고 소개한 후 영국에 대해 여러 가지 질문을 하였으며, 우리가 정박하고 있는 곳은 대단히 위험한 곳(We had anchored in a very dangerous place)이어서 Gan-keang 이라는 만으로 인도할 것인데, 그곳은 배가 안전하게 정박할 수 있고, 고관을 만나 통상교역업무도 추진할 수 있고, 필요한 것들을 구할 수도 있다고 하였다. 그러나 안개가 많아 오늘은 그 권고를 따를 수 없고 내일 이동하자고 약속을 하였다."는 것이다. ^{Gützlaff 일기, G29}

이 같은 기록은 정박 장소가 고대도라고 명시적으로 기록되지는 않았으나, 애머스트호의 불모도 다음의 행선지가 고대도였다는 측면과, 애머스트호가 7월 24일 정박한 위치가 대단히 위험하다는 기록을 근거로 고대도의 해양환경을 조사해본 결과 이곳은 고대도라고 판단하게 되었다.

또한, 귀츨라프 선교사와 군관과의 첫 면담 날짜가 7월 24일이고, 조선정부의 기록(備邊司謄錄, 日省錄, 承政院日記)의 미흡한 부분을 보정(補正)하여 연계하면 애머스트호는 고대도에 7월 24일 도착하여 정박한 것으로 판단할 수 있다.

둘째, 린제이 보고서(7월 24일)에 의하면(You are here exposed to dangers), 한 배에는 한자를 잘 아는 사람이 타고 있었다. 그는 "당신들은 위험에 노출된 곳에 있으니 내가 안전한 항구로 안내하겠고 그곳에서는 당신들이 교역청원서를 고관들에게 전할 수 있다."고 하였다. 그의 이름은 텡노이며 상관의 지시로 우리가 무슨 일로 이곳에 왔는지 조사하러 왔다고 밝혔다. 그는 30리 거리에 있는 만으로 즉시 이동해야 한다고 재촉하였다. 도선사가 항로를 잘 알고 있으므로 걱정할 필요는 없다고 하였다. 우리는 내일 그곳으로 이동하기로 하였다. ^{Rindsay Report, L18)}

이 같은 기록은 7월 24일 귀즐라프 선교사와 텡노 간의 필담이 고대도 앞바다에 정박한 애머스트호에서 있었다는 근거가 된다. 그리고 고대도 앞바다에는 배가 정박하기에 대단히 위험한 곳이라는 것도 확인할 수 있다.

특히, 고대도 앞바다는 배가 여러 날 정박하기에 대단히 위험한 장소인지? 입증을 위하여 고대도 연안의 해양환경을 조사한 결과, 이곳에는 만(bay)이 형성되어 있지 않고, 배가 정박하기에 바람막이가 없는 위험한 장소이며, 귀즐라프가 승선한 500톤급 이상의 배가 여러 날 정박하기에 위험한 장소로 판단되었다.

또한 고대도에는 Gan-keang이라는 지명(또는 유사지명)이 존재하지 않았다. 역사적으로 수군우후 등 고관이 주둔한 사실도 없었으며 통상교역을 위한 협의 요건도 구비하지 못하였다. 따라서 이곳은 Gan-keang 도착 이전에 해당하는 정박지로서 7월 24일 애머스트호의 정박지는 고대도가 확실하다고 판단된다.

3. 고대도 정박지에 관한 조선 정부의 기록들

애머스트호의 고대도 정박지에 관한 조선정부의 기록은 비변사등록, 일성록, 승정원일기, 순조실록 등에 나타난다. 그리고, 이들 기록은 현지에서 보고한 것에 근거를 두고 있다. 고대도라는 지명이 나타나는 조선 정부의 기록들을 정리해보면 <표 4-1>과 같다. 그런데 8월 3일자 기록은 모두 고대도 인박표인 또는 고대도 표인인박으로 기록되고, 8월 16일자 기록은 고대도 후양 또는 고대도 안항으로 기록되어 있다.

<표 4-1> 고대도 정박지에 대한 조선 정부 기록

No	기록 일자	출처	내용	비고 (정박일자)
1	1832. 8. 3 (음력 7. 8)	비변사등록	水虞候 洪州牧使 牒呈以爲 古代島引泊漂人 言語難通 以書問情 則要請設誼交易云	1차 자료 (미상)
2	1832. 8. 3 (음력 7. 8)	일성록	公忠監司馳啓 古代島漂人引泊後彼人 處問情則 言語難通 以書問情	1차 자료 (미상)
3	1832. 8. 3 (음력 7. 9)	승정원일기	水虞候 洪州牧使 牒呈以爲 古代島引泊漂人 言語難通 以書問情	1차 자료 (미상)
4	1832. 8. 16 (음력 7. 21)	순조실록	公忠監司 洪羲瑾 狀啓 六月二十五日 何國異樣三帆竹船一隻 來泊於古代島後洋	2차 자료 (양력 7. 22)
5	1832. 8. 16 (음력 7. 21)	순조실록 (자문)	水軍虞候 洪州牧使 牒呈 六月二十六日 異樣船一隻 到泊於古代島安港	2차 자료 (양력 7. 23)

여기서 주목할 것은 현지에서 보고한 것을 그대로 받아 기록한 것은 1932년 8월 3일이고, 조선왕조실록의 기록은 이로부터 13일 후의 기록으로 종합된 보고이며 2차 자료라고 할 수 있다.

일반적으로 1차 자료에 근거해 작성된 2차 자료는 내용이 외부 요인에 의해 수정될 수 있어서 사실을 찾을 때는 이를 감안할 필요가 있다. 또, 어느 기록에도 고대도에 상륙했다거나 고대도의 상황을 기록한 것이 없다는 것도 귀츨라프 선교사의 역사를 다룰 때 잊어서는 안 되는 핵심 요건이다.

왜 현장 보고에서는 고대도 인박표인 또는 표인인박으로 쓴 것을 종합보고에서는 고대도 후양 또는 고대도 안항이라 기록했는가?

그리고 또, 순조실록의 기록에도 하나는 "6월 25일(양력 7월 22일) 고대도 후양"이고 청나라에 보내는 자문은 "6월 26일(양력 7월 23일) 고대도 안항"이 되는 이유는 무엇인가? 하는 의문이 생긴다.

순조실록, 음력 1832. 7. 21

날짜에 하루의 차이가 나는 것은 후양에서 있다가 다음날 안항으로 갔다고 하면 말이 되는 것 같은데, 두 기록이 조선왕조실록에서 같은 날짜의 기록이라 다시 혼란이 발생하고, 자문이란 것이 외교문서로서 쓰는 과정에서 혹시 흠이 되는 부분을 피하기 위하여 글을 잘 다듬다보니 "후양"이 "안항"으로 바뀐 것이 아닌가 하는 의심도 생긴다. 실제로 "후양"이라 하면 그 범위가 커서 위치를 지정하는 낱말로 적절하다고 보기 어렵기 때문이다. 한편 "안항"은 실제 지명 같은 느낌을 주고 지명이 아니고 "안전한 항구"라고 말해도 무리가 없기 때문이다.

그리고 순조실록 자문에 음력 6월 26일(양력 7월 23일)에 왔다는 기록은 그 후 언제 이동했는지에 대한 기록이 없음으로 다음날에도 고대도 안항에 있었다고 주장하는데 무리가 있다. 이동을 했을 수도 안 했을 수도 있기 때문이다. 따라서 7월 24일 이후의 애머스트호의 정박위치는 조선 정부의 기록만으로는 확정할 수가 없다.

특히 애머스트호가 충청해안에서 떠나갈 때까지 고대도 근처에 있어야 할 이유는 찾기가 매우 어렵다. 반대로 원산도로 가야할 이유는 쉽게 찾을 수 있다.

순조실록 자문, 음력 1832. 7. 21

첫째로 사람이 살기에 안전하고 편안한 곳을 찾아 이사를 가듯이 애머스트호도 정박할 때 안전하고 편리한 곳을 찾는 것은 당연한 일이다.

둘째는 지방 관리들이 애머스트호에 초기에는 호감을 가지고 자주 방문했는데 그들에게도 고대도보다는 관청이 위치한 원산도가 훨씬 더 편리해서 그곳으로 안내했을 가능성이 크다.

4. 고대도의 역사와 지리

가. 역사

고대도는 조선왕조실록, 승정원일기, 비변사등록 등에 1832년의 애머스트호 정박 사건 외에는 나타난 기록이 별로 없다. 아마도 섬이 작고 1개 마을밖에 없었고 동쪽 가까이에 면적이 11배 이상 큰 원산도가 있었기 때문에 기록을 남길만한 것이 없었기 때문일 것이다.

나. 지형

고대도는 지도에서 보는바와 같이 남북으로 길고 급경사지가 대부분이다. 5m 등고선으로 표시된 지도에서 산 봉오리는 북쪽으로부터 그 표고가 45.5m, 당산이 43.8m, 그 남쪽이 71.5m이고, 남쪽에 독립된 산의 봉화재는 89.5m이다.

고대도의 산과 마을 전경 (자료: 2003년 촬영 항공사진)

<그림 4-3> 고대도의 지명과 애머스트호의 정박추정 장소

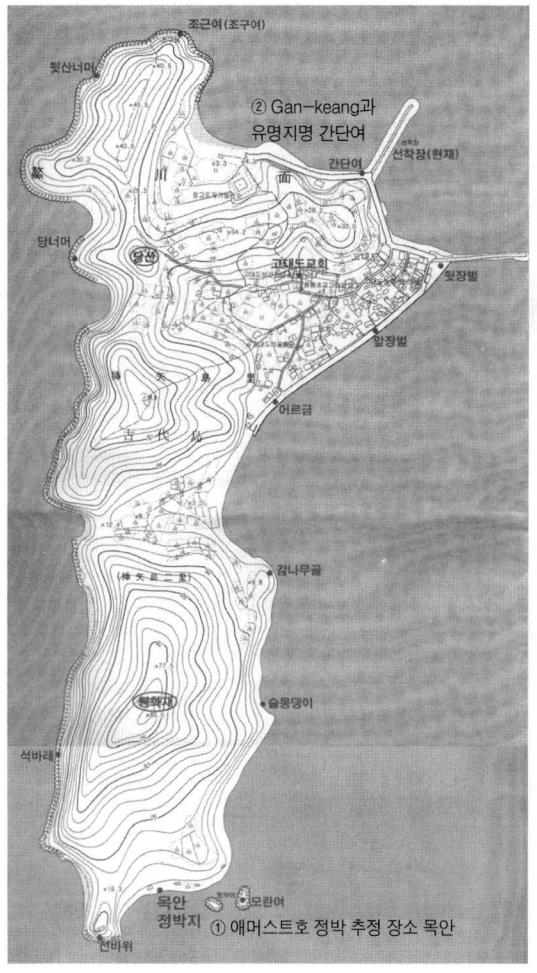

자료: 2005년 국토지리정보원 지도 1) 남북 최대 길이: 1,700m, 2) 동서 최소 너비: 270m, 3) 동서 최대너비: 850m, 4) 면적: 92ha, 5) 최고 높이: 89.5m

표고 5 m 이하의 평지는 북동쪽 부분에 약간 있어서 고대도에서 하나뿐인 마을이 들어서 있고, 이 마을의 크기는 1/25,000 축척의 지형도에서 측정해보면 해변을 따라서 450 m 정도, 동북 방향으로 100~200m 정도이다.

전체면적이 여의도 면적(290ha)의 1/3%정도인 92ha이고 경사가 급한 산이 대부분이며 들은 거의 없기 때문에, 규모가 있는 농사나 가축을 기르는 일은 거의 불가능한 상황이다.[1]

그러므로 귀츨라프 선교사 일행이 들판을 거닐고 염소를 기를 수 있다고 기록한 섬은 고대도일 수가 없는 것이다.

다. 고대도의 관련 지명들

우선 귀츨라프 선교사가 Gan-keang이라 기록한 지명에 대하여 고대도 전역의 마을 단위 지명을 『보령의 지명』[1] 자료에 근거하여 총 25개 지명을 대상으로 조사해본 결과 유사한 지명으로 '간단여'가 유일하였다. 그러나 이곳은 고대도 북쪽 끝에 바위너설의 절벽으로 형성되어 있어 귀츨라프 선교사가 묘사한 만 또는 안전한 항구의 요건을 구비하지 못하고 있었다. 따라서 '간단여'와 Gan-keang 지명과는 전혀 무관한 것으로 보인다.

다음으로 고유명사의 지명과 관계없이 고대도 해안의 전역을 대상으로 Gan-keang으로 묘사된 해양여건을 구비한 장소를 탐색하여 보았다. 그 결과 고대도에는 이 같은 해양여건을 구비한 장소가 존재하지 않았다. 그리하여 고대도에 거주하고 있는 최고령자(김창술)와 이곳을 관할하는 이장(최재문)에게 2008년 청문해본 결과 Gan-keang과 유사한 지명은 고대도 어느 곳에도 존재하지 않는 것으로 확인되었다.

고대도의 해안에 있는 마을 그리고 산의 지명을 다음과 같이 수록하였으나 Gan-keang에 유사한 곳은 어디에서도 찾을 수 없었다.[2]

1) 간단여: 고대도 북쪽 끝에 있는 바위너설로 단면이 날카로워 붙여진 이름이다.
2) 가운데말: 고대도 입구 선착장과 연결된 마을로 섬 주민의 80%가 이 마을에 거주한다.
3) 감나무골: 봉화재 북동쪽 해안에 있는 작은 마을.
4) 당산: 가운데말의 서쪽에 있는 낮은 산(43.8m)으로 정월 초사흘 당제를 지내며, 고대도의 유일한 당산이다.
5) 봉화재: 고대도 남부를 형성하는 가장 높은 산의 봉우리(89.5m)로 옛날 봉화를 올렸다고 하며, 그 흔적이 남아 있다.
6) 초상골: 봉화재 북쪽 산 끝에서 동쪽으로 난 골짜기.
7) 모란역: 고대도(고덤)의 남쪽해안에 있는 바위너설
8) 선바위: 고대도 최남단에 있는 바위

주

1) 보령시.
2) 보령의 지명 (상), pp. 167-168, 1998년

제 5 장
애머스트호의 원산도 도착 및 정박

1. 애머스트호의 원산도 도착

가. 원산도 도착

애머스트호는 군관 텡노 등과 만나 이동하기로 약속한대로 1832년 7월 25일 고대도 해역을 떠나 원산도 해역에 도착하였다. 귀즐라프 선교사와 린제이가 기록한 내용을 근거로 하여 검토한 결과 애머스트호가 7월 25일 도착하였다는 Gan-keang은 원산도의 점촌과 개갱촌 사이의 개갱 앞바다로 만(灣)이 잘 형성된 곳으로 조사되었다. 이곳은 배가 안전하게 정박할 수 있고, 바람막이가 잘 되어 있어 500톤급 이상의 애머스트호가 여러 날 체류할 수 있는 해양여건을 완전히 구비하고 있는 곳이었다.

나. Gan-keang의 지명과 원산도 개갱 앞바다

군관 텡노는 귀즐라프 선교사 일행에게 7월 24일에 Gan-keang이라 불리는 만으로 안내하겠다고 했지만 안개 등 날씨를 이유로 다음 날인 7월 25일에 군관과 도선사 등이 와서 함께 이동하였다. Gan-keang은 처음 나타나는 지명으로 귀즐라프 선교사의 도착지로 대단히 중요함으로, 그 위치에 대하여 광범위하게 조사를 하였다.

Gan-keang의 위치를 알기 위하여 원산도의 마을 단위 지명 199개를 대상으로 현장을 조사하고 이곳을 관할하는 오천면 원산도출장소장(김동운)과 향토지리에 정통한 박희웅 등과 2008년 청문 조사 결과 '개갱'이라는 지명을 원산도에서 찾아낼 수 있었다.[2]

이곳의 지명을 조사해본 결과 국토지리정보원(2006) 지도에는 '개강(촌)'이라 기록되고, 동 지형도(2007)에는 '개갱(촌)'이라 하였으며, 『보령의 지명』에는 '개건너'라고 호칭되었다. 그러나 이들 지명의 호칭은 조금씩 다르지만 그 지리적 위치는 모두 동일하며 지명 발음도 Gan-keang과 유사한 것으로 확인할 수 있었다.

그리고 Gan-keang의 영문 지명 첫 발음 'Ga'와 두 번째 발음 'ke'도 개갱과 부합하였다. 이는 Lok taou를 녹도로 번역하는 경우와 같다.

결론적으로 귀츨라프 선교사가 묘사한 Gan-keang은 개갱, 개강, 개건너 등과 모두 동일한 위치로서 애머스트호의 7월 25일 도착(정박)지가 확실한 것으로 판단할 수 있었다.

다. 해양환경 측면의 Gan-keang과 원산도 개갱 앞바다

귀츨라프 선교사와 린제이는 Gan-keang에 대하여 이곳은 만으로 형성되어 바람막이가 잘되는 곳으로 배가 정박하기에 알맞은 곳이라고 하였다. 이 같은 기록을 근거로 Gan-keang에 묘사된 기록과 원산도 개갱 앞바다의 해양환경 측면의 비교조사 결과 완전 일치하는 것으로 보인다.

이 같은 근거는,

첫째, 귀츨라프 선교사는 7월 25일 도착할 장소에 대하여 Gan-keang이라 불리는 만(a bay called Gan-keang)이라 하였다.[3] 이곳은 원산도 동쪽에 소재한 점촌과 개갱촌 사이의 개갱 앞바다이며, 만으로 잘 형성되어 있었다.

둘째, 린제이 기록에 의하면, 7월 25일 도착지는 배가 안전하게 정박할 곳이라 하였다(to a safe anchorage).[4]

이 같은 기록을 근거로 개갱만의 해양 입지환경을 조사한 결과 이곳의 동북쪽에는 효자도가 있고 남서쪽은 원산도 섬의 도투머리가 있어 바람막이가 참으로 잘되는 안전한 항구의 요건을 구비하고 있었다. 또한 이곳은 역사적으로도 육지와 처음 만난다는 천마지라는 이름의 항구가 존재해 있었던 곳이다.[5]

셋째, Gan-keang의 항로를 아는 사람은 오직 한 사람 뿐이다.(only one understood the way) [6] 라고 기록한 부분을 근거로 7월 25일 항로를 추정한 결과, 항로 해역에는 거북바위, 군관도, 시루섬, 외죽도 등 여러 섬이 있고, 많은 바위너설 등 장애물이 있으며, 특히 Gan-keang(개갱) 만의 입구는 서쪽은 원산도(선촌), 동쪽은 효자도(윗막바지) 사이의 해안으로 매우 좁고 불규칙한 해협으로 형성되어 이 같은 지역의 해양사정에 정통한 도선사는 매우 드물 것으로 추정되었다.

넷째, 린제이 보고서(7월 24일)에 의하면, 고대도 해안에 있을 때 방문했던 텡노가 "당신들은 위험에 노출된 곳에 있으니 내가 안전한 항구로 안내하겠다."고 하였고 또, "30리 거리에 있는 만으로 즉시 이동해야한다."고 재촉하였다. 이를 근거로 해석할 때, 고대도에서 30리 거리에 있는 만이라면 원산도 동쪽의 만으로 추정할 수밖에 없다.

<그림 5-1> 원산도 옛 지형도(1919년)

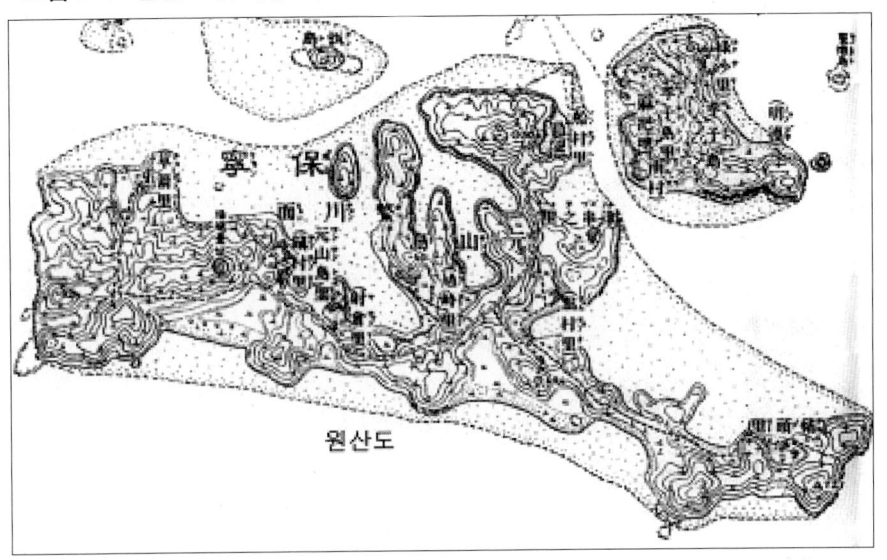

2. 원산도의 인문 및 해양환경

가. 원산도의 간갱(개갱)

첫째, 린제이 기록에 따르면, 7월 25일 도착지에서는 고관들을 만날 수 있으며 (meet the mandarins) 교역에 관한 협의(adjust the affairs of trade)도 할 수 있다고 하였다.[7]

이 기록을 근거로 확인 결과 이곳 원산도는 역사적으로 고관(수군우후)의 주둔지이므로 이곳에서 고관을 만나 통상교역에 관한 실무 협의도 가능하다고 판단되었다.[8]

둘째, 귀츨라프의 일기에 Gan-keang에서는 식량을 구할 수 있다(obtain provisions)라고 하였다.[9]

이 기록을 검토한 결과, 원산도는 역사적으로 조운선 점검기지로 운영되어 수군들을 비롯한 많은 인원의 식량을 조달할 수 있는 기반이 구축되어 있었다.[10]

셋째, 귀츨라프 선교사 일행이 Gan-keang으로 이동한 후 7월 25일부터 8월 12일까지의 19일간에 섬에서 활동한 상황 중에서 활동 장소가 원산도임을 직접 간접으로 증거하는 것들이 많이 있다.

나. 고대도에서 개갱까지 항로

1832년 7월 25일(음력 6월 28일) 귀츨라프 선교사는 일기에 다음과 같이 기록하였다.

"구름이 개여 다시 햇빛을 보게 되었다. 우리의 출항 길에는 모두 사기가 오르고, 순풍과 잔잔한 파도가 이어져 곧 개갱에 도착하였다. 이곳은 배가 정박하기에 알맞은 바람막이가 잘된 곳이었다. 항해사들은 떠들썩하였으나 항로를 아는 사람은 단 한사람 뿐이었다. 얼마 후 우리는 닻을 내렸다. Gützlaff 일기, G31)

이때 몇 사람의 지방관리가 배를 타고 접근해 왔는데 그중 키가 작고 민첩한 양씨(Yang-chih)라는 사람이 질문을 하였다. 그는 어제(7월 24일) 만든 텡노의 면담 기록을 가지고 있었다. 우리가 이곳에 온 것을 모두가 즐겁고 기꺼이 여겼으며, 우리가

<그림 5-2> 고대도와 원산도(개갱) 항로 추정도(1857)

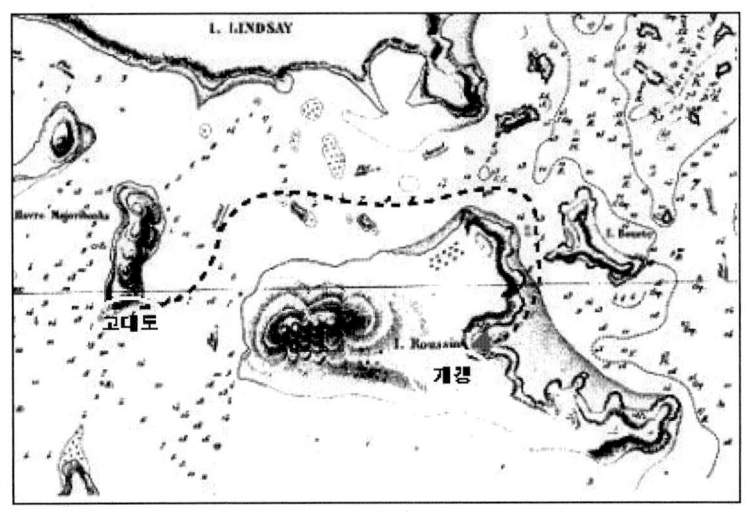

자료: 프랑스 Virginie호 Guerin의 Shoal Gulf (항로 그림은 필자의 추정임. 고대도 목안에서 원산도 개갱까지의 항로를 추정한 것)

곧 고관을 만나 편지(교역청원)를 전할 수 있으리라고 하였다. 서울은 불과 300리 거리에 위치하여 있다고 하므로 우리는 곧 회답을 받으리라고 기대하였다. 지방관들은 우리와 우의(友誼)를 도모하는데 각별한 관심을 가진 것 같았으며, 우리가 빈손으로 돌아가게 하지 않을 것이라는 희망을 주었다."

위 기록은 고대도에서 개갱까지 거리는 10km 내외로 시간이 별로 소요되지 아니하였으며, 배가 정박하기에 알맞은 바람막이가 잘된 안전한 항구이고, 면담 자는 지방 관리들로 매우 우호적이었으며, 이곳에서 고위 관리와 직접 면담 가능성과, 통상 교역에 대하여 희망을 가졌다고 요약할 수 있다.

3. 원산도의 역사

가. 원산도 역사

원산도에는 삼국시대 전기의 것으로 추정되는 조개더미(貝塚)가 있는데 광복 전 일본인 학자가 이곳에서 일부 유물을 찾았고, 그 뒤 1954년 국립박물관이 실시한 서해도서학술조사(西海島嶼學術調査)에서 조개더미가 다시 확인되었다. 조개더미는 진촌리(鎭村里)에 있고, 패각은 표토층하에서 약 20cm 두께로 쌓여 있는데, 이는 삼국시대 이전부터 사람이 살았다는 증거가 된다.[11]

원산도는 고려사절요에 고만도(高蠻島), 고란도(高瀾島), 고란도(孤瀾島), 그리고 조선의 세종대왕 때는 원산도(元山島)로 기록되어 역사기록이 여러 개 있는 섬이다.

고려사절요(1077년)에 따르면, 중국 사신이 사용하던 객관이 있었다는 것이다. "중국의 사신이 왕래할 때에 고만도(高蠻島)의 객관이 수로에서 조금 떨어져 선박들이 불편하게 여깁니다. 청하건대 홍주(洪州) 관하의 정해현(貞海縣) 땅에 객관[亭] 하나를 설치하시어 맞이하고 배웅하는 장소로 삼으시기 바랍니다."라고 하였다. 제(制)하여 이를 따르도록 하고, 객관의 이름을 안흥(安興)으로 하였다. (八月. 羅州道祭告使大府少卿李唐鑑奏 "中朝使命往來 高蠻島亭稍隔水路 船泊不便 請於 洪州管下貞海縣地創置一亭 以爲迎送之所" 制從之 名亭爲安興) 高麗史節要, 1077년 음력 8월, 문종 31년)

고려사절요(1249년, 고종 36년)에 따르면, 최이(崔怡)가 최항(崔沆)을 참소한 김미(金敉)를 고란도(高瀾島)에 유배하였다고 하여, 원산도가 유배지로 사용된 것도 알 수 있다. 또, 1289년(충렬왕 15년)에는 원(元)에서 야리불(野里不, 예리부)을 고란도(高鸞島)로 유배하였다.

1272년에는 삼별초(三別抄)가 고란도(孤瀾島)를 노략질하여 전함 6척을 불태우고 홍주부사(洪州副使) 이행검(李行儉) 및 결성(結城), 남포(藍浦)의 감무(監務)를 사로잡았다. (三別抄寇孤瀾島 焚戰艦六艘 執洪州副使李行儉及結城藍浦監務) ^{高麗史} 節要, 1272년 음력 9월, 원종 13년)

그리고 1425년(세종 7년)에는 원산도에 말목장이 설치되었고, 1669년(현종 10년)에는 수군우후가 주둔하게 되었다.

나. 말 목장 중심지 관개(官家) 마을

고대도 '목안'에서 북동 방향으로 항해하면 원산도 초전(草箭) 항이 있고 이곳을 조금 지나면 섬창과 사창 사이에 충청 수군의 주둔지였던 원산진(元山鎭)의 큰 마을 '진촌(鎭村)'에 도달한다.

<그림 5-3> 원산도 간갱(개갱)과 말목장 중심지 관가 마을 위치도

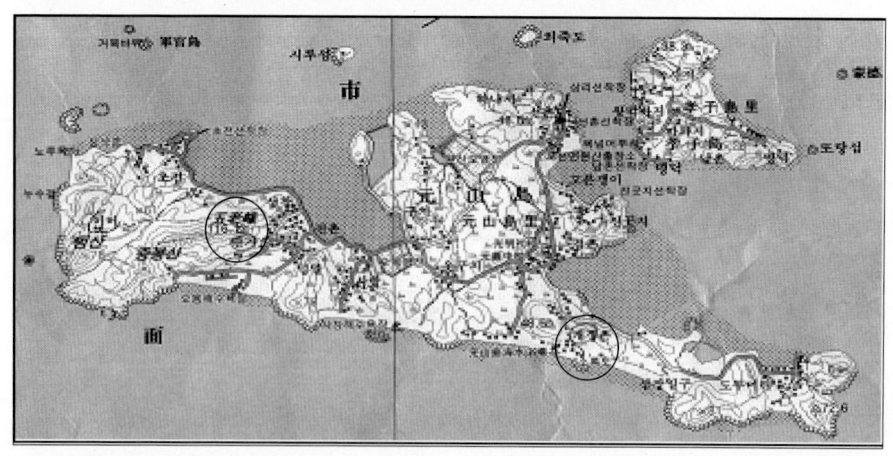

자료: 국립지리원. (2007) 수군우후가 주둔한 관기 마을과 에머스트호 도착 및 정박 추정지 개갱의 위치가 지도에 그려져 있다.

이 항로는 린제이가 기록한 고대도 북동(NE) 방향과 유사하며, 조사된 해도에 의하면 수심은 5m 내외로 깊지 않고, 작은 섬과 암초(暗礁)가 있어 이 뱃길을 아는 항해사는 오직 한사람뿐이라는 정도의 귀츨라프 기록처럼 험난한 항로이다. 진촌에서 오로봉(五老峰) 쪽으로 약 1km 지점에 조선시대 관청(官廳) 건물이 있었던 '관개' 마을이 있다. 이곳은 충청 수군의 높은 관리(虞侯)가 주둔하고 있었던 중심 소재지이다.

이곳의 지명에 대하여 "관개는 옛날 봉수대를 관리하던 관아 건물이 있어서 붙여진 이름이다."[12] "관가(官家)의 다른 이름이며 옛 관청 건물이 있어서 붙여진 이름으로, 관청 건물 자리에는 많은 기와가 출토된다."[13] 국토정보지리원 발행의 지도에 '관가' 지명이 수록되어 있다. '관개재' 라는 지명도 있는데 이곳은 짐말과 섬창 마을에서 관가로 통하는 고갯길이라 하였다.[14]

관개 마을과 관련된 원산도의 역사를 살펴보면, 1425년(세종 7)부터 관개(官家) 마을 터를 중심으로 조선정부의 군무(軍務)를 담당했던 병조(兵曹)의 제안으로 말 목장이 조성되어 국마(國馬, 兵馬와 驛馬)의 사육과 번식을 위한 말 목장으로 245년간(1425~1669) 존속되었다. 이 같은 사실은 조선왕조의 세종실록(世宗 7년)을 비롯하여 성종실록, 현종실록 등에 기록되어 있다.

원산도 말 목장 조성 배경에 대하여 1425년(세종 7년) 7월 11일 세종실록에는 병조에서 아뢰기를, 제주도에서 생산된 몸집이 큰 암말 50 마리와 수말 6 마리를 홍주 원산도에 가져다 넣어 방목하여 번식시키고, 그곳에서 생산된 새끼 말 중에서 만약 몸집이 작거나 흠이 있는 것은 곧 잡아내 버리도록 하되, 그 일을 고만도(高巒島) 만호(萬戶)에게 전담시켜서 살피게 하도록 청합니다. 하니 그대로 따랐다.^{세종실록①, 1425년 음력 7월 1일)}

세종지리지에는 "원산도 말 목장은 그 둘레가 40리인데 바다 가운데 있어 물(水)과 풀(草)이 모두 넉넉하므로 국마(國馬) 100 마리를 방목한다"라고 하였다. (元山

島 周回四十里 在海中 水草俱足 放國馬一百四) 世宗實錄 地理志, 충청도 홍주목편)

또한 1470년(성종 1) 1월 4일 성종실록에는 원산도 말 목장은 방목한 말이 122마리로 늘어나고 잃어버린 말도 10 마리라 하였다. (洪州元山島 元放馬 一百二十二 而遺失 十) 成宗實錄⑥, 1470년 1월 4일)

위와 같이 '관개' 마을을 중심으로 국가 경영의 말(馬) 목장은 오랜 역사가 지속되었다. 이로 인하여 이곳 민속신앙은 말을 성황신(城隍神)으로 삼았다. 진촌 당산에 만녕당(萬寧堂)이란 당집을 짓고 대상 신(神)을 말(馬)로 하여 '말서낭'이라 하고 신주(神主)로 마상(馬象)을 안치하여 당제를 지내왔다.[15]

결국 원산도 말 목장은 1425년(세종 7)부터 제주도의 말을 들여와 국마를 사육, 번식하여 병마(兵馬)와 역마(驛馬)를 조달하고 점차 그 규모를 확대하여 오다가, 해운(海運)과 해안 방어의 중요성이 인식되어 1669년(현종 10)에 말 목장을 대산곶(大山串)으로 옮기고 이 자리에 수군우후를 주둔시켜 조운선(漕運船) 점검과 해상방어 기지로 전환하게 되었다.

다. 수군우후가 주둔한 진촌(鎭村)

관개마을과 연결되어 있는 진촌은 세종 때부터 말 목장으로 이용되었고, 말 목장이 이전된 이후에는 수군이 주둔하였으며, 원산진(元山鎭)이 설치되었던 마을로 조선시대에는 원산도의 중심이었다.[16] 그리고 조선시대 관가(官家)가 있어서 관인(官人)이 머물러 있었던 마을로 옛날부터 오랑캐들의 침입을 방어하기 위한 진지(陣地)를 구축한 관가 터가 지금도 있다.[17]

원산도에 수군우후가 주둔한 배경에 대하여 1669년(현종 10) 현종실록에는, "예조판서 김좌명이 아뢰기를, 원산도 목장의 말을 대산곶(大山串)에 옮기고, 충청수군 우후를 원산도에 주둔하게 하여 바람이 잔잔한 계절의 사고에 대비하게하고, 또 조운선이 올라올 때 점검하여 서울로 올려 보내게 하는 것이 편리할 것입니다 하니 임금이 이에 따랐다." (佐明又曰 元山島牧場 馬移置于大山串 而使忠淸水虞侯進駐于 元山以爲風和 待變之地 且於漕船上來時 使之點檢 上送便當矣 上從之) ^{顯宗實錄①}.
1669년 (현종 10) 3월 4일, 음력 2월 3일)

원산도는 임진왜란(1592~1598) 이전에도 일본인들의 배가 침범하여 충청 수군의 군관이 피살된 사례가 있다. 즉 1559년(명종 14) 7월 4일 명종실록에 의하면 정원이 전교하기를, 청홍감사(淸洪監司, 충청감사)의 포왜계본(捕倭啓本)에 일본인들이 표류하여 원산도에 이르렀는데 배가 파손되어 육지로 올라왔다. 수사(水使) 이원우가 통사(通事) 한계호로 하여금 가서 왜인들을 달래도록 하였는데 왜인들이 통사 한계호를 살해하였다. 이에 이원우가 왜인들을 모조리 사로잡았다. (傳于政院 曰 觀此淸洪監司捕倭啓本 倭人漂到元山島 敗船下陸 水使李元祐 令通事韓繼豪往誘 倭人殺繼豪 於是元祐盡捕倭人 通事韓繼豪被殺矣.) ^{明宗實錄, 1559년 (명종 14) 음력 7월 14일)}

따라서 원산도는 해상 방어의 요충지로 되었으며 충청수군 절도사 영지(領地)로 수군우후가 원산차사원(元山差使員)을 겸하여 주둔하게 되었다. 원산차사원은 조운선을 점검하고 점검증명서를 발행하며, 만일 점검받지 않거나 원산도에서 순풍을 기다리지 않을 때는 죄로 다스리는 권리까지 있었다.[18]

관가 터에 버려진 수군우후 공적비

원산도의 조운선 점검 제도는 1669년부터 110년간 시행되어

오다가 1779년(정조 3) 홍충수사(충청수사) 류진열의 건의로 폐지되었다. (洪忠水
使柳鎭說狀啓 三南漕船 書人本營 不必別置護送之官 元山點檢 仍爲革罷事也 依狀
請革罷) 日省錄, 1779 (정조 3) 음력 6월 1일)

그리고 1791년(정조 15) 12월 25일 좌의정 채재공의 청원으로 성당창의 곡물을
조운할 때 함열 현감으로 하여금 승선하여 통솔하도록 하고, 충청도 수군우후로 하
여금 원산도에서 조운선을 점검하는 것을 복원하도록 권하니 그대로 따랐다. (左議
政蔡濟恭請 聖堂倉漕轉 使咸悅縣監乘船領運而 亦使忠淸水虞侯 點船於元山 著爲式
從之) 正祖實錄①, 1791년 (정조 15) 음력 12월 25일)

그 후 1832년(순조 32) 7월 18일(음력 6월 21일) 공충수사(충청수사) 이재형의
건의로 홍주목(洪州牧)에 소속된 섬들을 독립된 진처럼 귀속처를 충청수영으로 통
일시켰다. 이 제도는 1853년까지 존속되다가 충청감영 소속으로 전환되었다.[19]

이 같은 역사적 기록은 1832년 귀츨라프 일행 도착 당시의 원산도가 수군우후의
영지인 동시에, 행정적으로는 홍주목사 관할임을 의미한다.

조선시대 충청수영의 배가 정박하였다는 진촌 만(灣)은 현재 방조제로 가로막아
일부가 논으로 간척되었으며 해안 쪽에는 지금도 어선들이 정박하며 어민들이 어업
에 종사하고 있다.

4. 원산도의 지리

가. 원산도 지리의 개요

원산도는 북쪽에 안면도, 서쪽에 고대도, 남서쪽에 삽시도, 동쪽에 효자도가 있고, 남동쪽에는 육지인 대천항과 10km 정도의 거리에 위치한다. 면적은 1,028ha로 여의도(290ha)의 3.5배 정도이다.[20]

가장 높은 곳이 125m 표고이고 동서로 7km 정도 뻗어 있고, 남북으로는 최대 2.5km, 최소 300m의 폭을 갖는다.

원산도 동쪽 부분에는 점촌이 있고, 점촌 남부의 개갱과 점촌 사이에 깊은 만이 있으며, 이곳 지형은 남동쪽으로 저두리까지 섬이 길게 뻗어 막혀있고, 북쪽에는 진곶지(鎭串之) 돌출 부분과 효자도로 가로 막혀 배가 안전하게 정박할 수 있는 천혜(天惠)의 바람막이가 되어 있는 곳으로 귀즐라프 기록과 상당히 일치한다.

그리고 이곳 진곶지는 "옛날 육지와 연결된 해상 통로로 왕래하던 나루터가 있었던 마을이다."라는 기록이 있다.[21] 점촌은 현재의 선촌 항이 개설되기 이전에 원산도에서 처음 개설된 항구로 가장 먼저 맞이하는 곳이라는 뜻으로 '첫맞이(천마지)'라는 지명이 내려온다.

특히 개갱이라는 지명은 '개갱', '개건너', '개갱촌' 등으로 다양하게 불리며, 국토지리정보원 발행 정밀도(1/5,000)에는 '개갱'이라 기록되어 간갱(Gan-keang)과 유사한 지명이다.

애머스트호의 정박 가능성에 대하여 1919년 발행된 지형도(1/50,000)와 같은 축척의 2007년 발행 도면을 대비해 본 결과 개갱 만(灣)의 상당부분이 방조제로 가로막혀 농경지로 간척되었으며, 아직도 항구 형태를 구비하고 어선들이 정박하고 있다.

<그림 5-4> 원산도 주변의 해도

이밖에 애머스트호의 정박 가능성에 대하여 여러 섬과 육지에 연한 항구까지 검토하였다. 그 중 충청수사(忠淸水使)의 총 본부로 되어있던 '오천항'이 지형적 여건과 정황이 매우 유사하였으나 거리가 멀고 지명 발음도 달라 상세한 조사는 유보하였다.

원산도 전경

나. 국도 77호선의 원산도 통과

국도 77호선은 부산에서 개성까지 가는 국도로, 경기도, 충청남도, 전라북도, 전라남도, 경상남도 등에 지방도로 분산되어 있던 도로를 일반 국도로 승격하면서 형성된 도로이다.

부산에서 남해안 및 서해안을 따라 인천광역시, 서울특별시, 자유로 그리고 황해도 개성시까지 이어지는 대규모 해안국도인데, 한반도 남해 및 서해의 해안 도서지역을 연결하는 이 도로는 바닷가 절경을 만끽할 수 있는 드라이브 코스이고, 과거 교통 낙후 지역의 접근성을 향상시켜 국토의 균형발전에도 기여하고 있다.

태안군의 안면도 남단에서 끊어져 있던 국도 77호선은 보령-태안 도로건설사업에 의하여 원산도를 지나 보령시 대천항(신흑동)까지 연결될 예정으로 2010년 12월부터 2018년 12월 기간에 완성될 것이다.

원산도에서 북쪽으로 안면도의 남단까지는 솔빛대교(1.75km)로, 원산도에서 남동쪽으로 대천항까지는 보령해저터널(6.9km)로 연결되어 원산도가 새로운 시대를 맞이하게 될 것이다.[22]

원산도에는 앞으로 교통, 물류, 관광의 획기적인 증가가 예상되며, 이에 따라 원산도의 역사를 옳게 찾아주어야 하고, 특히 우리나라 개신교 최초의 성지로 귀츨라프 선교사에 의한 선교지라는 역사적 사실을 분명하게 할 필요가 있다.

<그림 5-5> 77번 국도의 원산도 통과

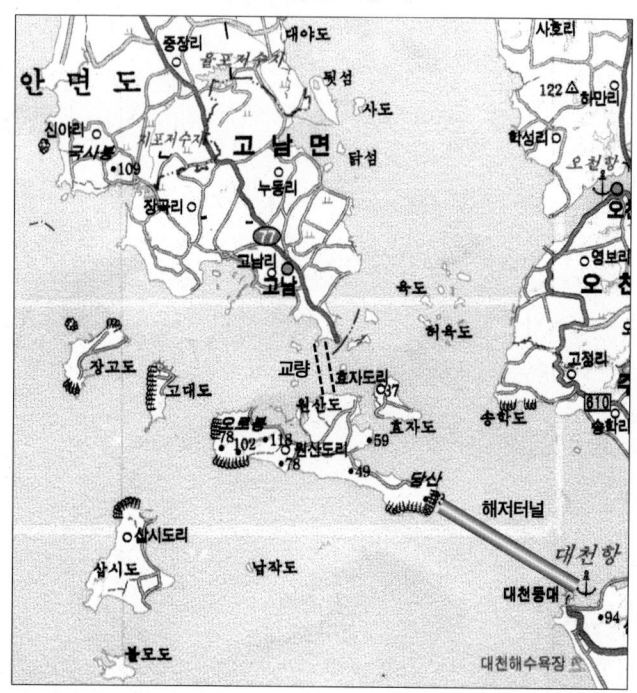

자료: 국토지리원 국토 77호선은 안면도에서 원산도는 교량으로 연결되고 원산도에서 대천항까지는 해저터널로 연결된다.

다. 원산도의 지명들

원산도는 조선시대에 홍주(홍성) 해도면(海島面)에 소속되었으나, 현재는 행정구역상으로 충청남도 보령시 오천면에 속한다. 충남에서 안면도 다음으로 큰 섬이며, 보령시 관내 49개 섬 중에서 가장 큰 섬이다.

섬의 생김새가 한자의 뫼산(山) 자를 떠올리게 한다. '山' 자의 각 획에 해당하는 섬 곳곳에 마을이 자리 잡고 있다. 원산1리는 산의 중앙부로 선촌 진고지 마을이 있다. 원산2리는 산의 동쪽 부분이며 점촌, 개갱, 구치, 저두 마을이 있다. 원산3리는 산의 서쪽 부분으로 진촌, 관개, 사창, 초전 마을 등이 있다.

　오천면 통계자료에 의하면 원산도의 총면적은 1,028ha이고, 2008년 기준 560 가구에 1,175명이 거주하고 있다. 다른 섬과 다르게 넓은 농경지(논 128.9ha, 밭 106.1ha)가 있으며 임야도 419.3ha 에 달한다. 오천항과 대천항에서 각각 10km거리에 위치하고 있다.[23]

　원산도는 1789년(정조 13) 편찬된 호구총수(戶口總數)에 홍주 땅 29개 면 중 하나로 해도면(海島面)에 속해 있었다.[24] 이때 원산도는 점마리, 저두리, 구치리, 진촌리, 초두리 등 5개 동리(洞里)로 편성되어 있었다. 19세기 말에 선촌리, 진고지리, 사창리 등 3개 동리가 추가되어 지금은 원산 8리라는 말이 생겼다. 원산 8리 지명들을 살펴보면 다음과 같다.[25, 26]

1) 초전(草箭): 원산도 서북쪽 해안 마을로 풋살 또는 풋사리 라고 부르고 있다. 마을 앞 바다에 어전(漁箭)을 많이 매고 고기를 잡는 마을이라 하여 붙여진 이름이다. 이 마을은 윗말, 풋살, 안동네로 구성되어 있다.

2) 진촌(鎭村): 진촌은 초전과 사창 사이의 만(灣)에 위치한 관개, 섬창, 진말, 넘말 등 4개 마을로 구성되어 있다. 세종 때부터 말 목장으로 이용되었고 말 목장이 이전된 이후에는 수군이 주둔한 원산진이 설치되어 조선시대에는 원산도의 중심부였다. 오봉산의 오로봉(五老峯)은 원산도에서 제일 높은 산(116.1m)으로 태안군을 비롯하여 보령시에 이르기까지 잘 연결된 삼각점이 있고, 봉우리가 다섯이며 조선시대 침략이나 나라에 위급한 상황이 벌어지면 봉화를 올리는 봉화대가 있었다.

3) 사창(射倉): 조선시대 사창(社倉)이 있어서 부쳐진 이름이다. 원산도 가운데에 있는 마을로 윗말, 아랫말, 도랫말로 구성된다. 1716년(숙종 42)에 원산창이 설치되었으며 창고의 규모는 12칸이었고, 환곡의 규모는 만기요람에 쌀 5,295

석, 잡곡 24,406석이라는 기록이 있다.

4) 구치(鳩峙): 굿지라고 하며 원산도 중앙부 북쪽 해안에 있는 마을로 윗말과 아랫말, 진등말로 구성되어 있다. 옛날에 비둘기가 많이 날아와 살기 시작하여 구치라 하였다. 구치와 사창 사이의 만을 가로 막은 원 뚝은 1932년경에 축조되어 넓은 간척지에 농지와 염전이 조성되어 있다.

5) 선촌(船村): 원산도 북쪽 끝에 있는 현재의 행정중심지로 윗말, 아랫말, 앙트랑, 하나시 등으로 구성되어 있는 가장 큰 마을이다. 배 모양으로 생겨 선촌이라 하며 원산도로 들어오는 관문으로 현재는 선박 출입이 제일 많다. 하나시는 선촌의 최북단 작은 마을이다.

6) 진곶지(鎭串之): 진고지가 동리로 편제된 것은 19세기 말이다. 윗진고지, 삼태미고랑말, 아랫말 등 3개로 구성되어 있다.

7) 점촌(店村): 점촌은 진곶지와 개갱 사이의 만(灣)을 점말 또는 '천마지'라고도 한다. 점촌은 현재의 선촌항이 개설되기 이전에 원산도에서 처음으로 가장 먼저 맞닥뜨리는 곳이라는 뜻으로 '천마지'라 부른다고 한다. 개갱(개 건너), 윗말, 아랫말, 도랫말 등 4개로 구성된 마을이다. 이곳은 교육의 중심지로 광명초등학교와 원의중학교가 있다.

8) 저두(猪頭): 원산도 동쪽 끝에 있는 지명으로 원산도에서 가장 좁은 부분이며, 도투머리 라고도 한다. 멧돼지처럼 생겼다 해서 저두리라 부른다. 현재 대천항과 가장 가까워 직접 여객선이 취항하고 있다.

9) 개갱촌: 점촌에서 남쪽으로 만을 건너 400m 정도의 거리에 있는 마을로 1/25,000 지형도에 표시되어 있고 Gan-keang으로 추정되는 곳이다. 북쪽 점

촌과의 사이에 좋은 만이 형성되어 있다.

10) 당집은 도투머리, 풋살, 선촌, 진고지, 짐말 등 5개소에 있다.

11) 이밖에 원산도에는 군관도(軍官島, 군개무니)라는 섬도 있는데 이 섬은 전체가 바위로 되어 있고 조선시대 수군절도사영의 입구가 되어 수군영의 파수를 보는 군관처럼 생겼다하여 군관도라 부른다고 한다. 특히 원산도 남쪽에는 모래사장이 집중적으로 분포되어 있어 오봉해수욕장, 사창해수욕장, 원산도해수욕장 등이 분포되어 있다.

주

1) 보령시, 보령의 지명, pp. 168-169. 1998년
2) 보령시, 보령의 지명, pp. 216-225. 1998년
3) Rev. Gützlaff 일기, 7월 24일
4) Mr. Lindsay's Report, 7월 24일
5) 보령시, 보령의 지명, 1998년
6) Rev. Gützlaff 일기, 7월 25일
7) Mr. Lindsay's Report, 7월 24일
8) 정조실록, 1792년 1월 18일
9) Rev. Gützlaff 일기, 7월 24일
10) 현종실록, 1669년 2월 3일
11) 한국민족문화대백과
12) 충남대학교(마을연구단), 보령원산도. pp. 32-33. 2007년 12월 26일 * 관청 건물이 있던 곳으로 전해지는 자리는 넓은 평지를 유지하고 있으며 수군우후의 비석과 우물이 있고 많은 기와가 출토 된다.
13) 보령시, 보령의 지명(상). p. 217, 1998년 12월 10일
14) 목포대(도서문화연구소) 원산도. p. 8, 2007년 5월
15) 차경철, 오천의 어제와 오늘. pp. 182-183, 2000년 10월 14일 신주로 쓰인 마상(철제와 흙으로 구어 만든)은 모두 도난당하여 당제 행사도 1980년대 말 중단되었다.
16) 충남대학교(마을연구단), 보령원산도. p. 44, 2007년 12월 26일
17) 차경철, 오천의 어제와 오늘. p. 178, 2000년 10월 14일
18) 위키백과사전
19) 차경철, 오천의 어제와 오늘. p. 178, 2000년 10월 14일
20) 고동환, 조선후기 도서 정책과 원산도의 변화(호서사학, 제45집), p. 48.
21) 조선후기 도서정책과 원산도의 변화(호서사학, 제45집), pp. 52-53.
22) 대전국토관리청 홈페이지
23) 오천면, 보령시
24) 홍성군, 홍주대관, p. 332, 2002년 5월 31일
25) 보령시, 보령의 지명, pp. 216-225, 1998년 12월 10일
26) 충남대학교(마을연구단), 보령원산도, pp. 30~36, 2007년 12월 26일

제 6 장
개신교 최초의 선교지 원산도 (전반기 활동)

귀츨라프 일행이 1832년 7월 25일 원산도 해역에 도착하여 8월 12일 퇴거할 때까지의 활동을 다음과 같이 전후반기로 나누어 여기서는 전반기 활동을 다루고자 한다.

1. 전반기 활동의 특징

전반기는 7월 25일부터 7월 31일까지로, 조선의 관리들이 왕께 올리는 교역청원서와 예물을 받고 우호적인 분위기 속에서 애머스트호와 귀츨라프 일행에 대한 조사를 하는 단계로, 왕께 보고하기 위한 조사를 한다고 하여 얻기 어려운 여러 가지 정보를 얻어냈다.

귀츨라프 측에서도 교역청원서와 예물을 조정에 올려달라고 한 상태에서 왕께 보고하는데 필요하다고 하여 애머스트호의 승선자의 이름과 나이, 주소, 직책과 배에 실린 병기의 종류와 수량, 물품의 종류와 수량 등을 알려주었는데, 이는 조선 관리들이 황해도의 경우처럼 처음부터 방어적으로 대했다면 불가능한 일이었다.

귀츨라프 쪽에서도 이런 우호적 분위기에 따라 원산도 섬을 여러 번이나 상륙해서 들판을 걸어 다니며 사람들을 만나고 집에 들어가 보고, 당집에도 가보고 묘지도 둘러볼 수 있었던 것이다.

<표 6-1> 귀츨라프 일행의 원산도 전반기 활동 요약

일 자	활 동 요 약	장 소	근 거
1832. 7. 25.	애머스트호 이동	고대도 해역에서 원선도 해역으로	귀츨라프 일기
1832. 7. 25.	Yang yih (서기관) 첫 만남	애머스트호	린제이 보고서
1832. 7. 25. 오후	수군우후 첫 만남	애머스트호	일성록
1832. 7. 26. 오전	수군우후, 홍주목사 내방	애머스트호	귀츨라프 일기, 일성록
1832. 7. 26.	수군우후, 홍주목사와 면담	원산도(진촌)	일성록
1832. 7. 26. 오후	교역청원서와 예물전달 조선: 홍주목사, 수군우후, (배석자: Yang yih, Teng no) 영국: 린제이, 귀츨라프, (배석자: Simpson, Stephens)	관가 (원산도 진촌)	린제이 보고서
1832. 7. 26.	만찬 대접 받음 (맛이 안 맞아 먹지 못함)	애머스트호	귀츨라프 일기
1832. 7. 26. 오후	돼지 두 마리와, 생강, 쌀을 받음	애머스트호	귀츨라프 일기
1832. 7. 26. 밤	조선에 올 때까지의 경로, 영국의 현황, 중국과의 관계 등 조사받음	애머스트호	귀츨라프 일기
1832. 7. 27.	Teng no와 Yang의 내방 승무 원의 이름과 나이 조사받음	애머스트호	귀츨라프 일기

1832. 7. 27.	- 섬의 토양 및 자연환경 답사
	  (염소 기르기 적지,
	  채소재배 적지)
	- 산꼭대기에 있는 당집과
	  아래쪽에서 무덤들을 보다
	- 린제이가 총으로 독사 사살
		섬(원산도)의
		들판
			귀츨라프 일기

일자	활동 요약	장소	근거
1832. 7. 27. 저녁	서기관(Yang yih)과 함께 주기도문 한글 번역	애머스트호	린제이 보고서
1832. 7. 28.	식수 조달 (수백 명의 주민이 모여 도와줌)	섬(원산도)의 관가 마을	린제이 보고서
1832. 7. 30.	공충수사와 수군우후가 오찬을 가지고 내방	애머스트호	귀츨라프 일기
1832. 7. 30. 오후	씨감자 심기(100 여개) (수백명 주민이 모여 구경)	섬의 해안가 땅	귀츨라프 일기
1832. 7. 30. 오후	언덕에 있는 당집 방문 (소금에 절인 고기와 금속제 작은 용이 눕혀 있었음)	섬(원산도)의 당집	귀츨라프 일기
1832. 7. 31.	목재림/무인지역 답사, 포도재배법을 써줌	주변의 무인지역	귀츨라프 일기
1832. 8. 1.	섬의 자연환경 답사와 빈집을 둘러 봄(에덴동산으로 바꿀 수 있는 땅)	섬(원산도)의 들판	귀츨라프 일기
수 시	전도책자 나누어주기 등 선교활동	애머스트호 섬(원산도)	귀츨라프 일기

주) 8월 1일은 후반기에 속하나 내용이 섬의 답사임으로 여기에 수록 포함.

위 표에서 보면 활동 장소가 애머스트호에서 이루어지는 것이 있고, 외부, 즉 섬의 지상 및 해상에서 이루어지는 것으로 나뉜다. 섬에서의 활동이나 기타 상황을 살펴보면 1) 관청(원산도 진촌)을 방문함, 2) 섬의 들판을 걸어 다님, 3) 섬 관가 마을의 우물에서 물 길어오기, 4) 씨감자를 섬의 해안가 땅에 심기, 5) 언덕 위의 당집 방문, 6) 섬의 들판을 걸어 다님 등이 있다.

그리고 기록의 근거는 대부분이 귀츨라프 측의 것들이고 조선 정부의 기록은 거의 없는 상황이다.

이런 상황에서 두 가지의 결론을 얻을 수 있는데,

첫째, 귀츨라프 일행의 섬에서의 활동에 따라서 그 섬이 고대도인지, 원산도인지 쉽게 구별할 수 있으며, 이 때문에 그 섬이 고대도가 아니고 원산도라는 확증을 찾을 수 있다.

둘째, 현지 관리들은 귀츨라프 일행의 섬에서의 활동을 기록으로 남기거나 위의 관청에 보고하지 않았음을 알 수 있고, 오직 그들이 들어온 상황, 그들에게서 받은 교역청원서와 예물의 처리, 그들에게서 조사된 각종 정보만을 기록에 남기고 보고했음을 알 수 있다.

위의 표에 나타난 활동 중에서 씨감자 심기와 선교활동은 각각 8장과 9장에서 그 세부 내용을 기술하였다.

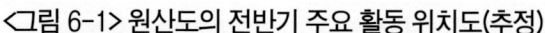
<그림 6-1> 원산도의 전반기 주요 활동 위치도(추정)

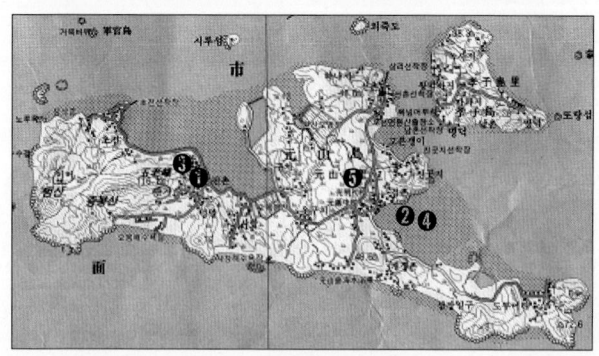

자료: 국립지리원. (2007)　① 수군우후 주둔지　② 애머스트호 정박지
　　　　　　　　　　　③ 식수조달 장소　④ 주기도문 번역 장소
　　　　　　　　　　　⑤ 에덴동산으로 바꿀 수 있는 들판

2. 원산도에서 조선 관리들과의 만남

가. 7월 25일 Yang yih(양씨) 간의 첫 만남

귀츨라프 선교사 일행은 7월 25일 Gan-keang 즉 원산도 개갱 앞바다에 도착하여 처음으로 Yang yih(서기관)를 배안에서 만나 면담하고 고관과의 면담도 약속하였다.

이들의 면담 장소가 원산도 개갱 앞바다라는 것을 다시 확인해보면,

첫째, 원산도는 역사적으로 1669년부터 수군우후가 주둔한 기지(基地)로 설정되어 수군우후, 군관과 서기관 등이 주둔하고 있었다.[1]

둘째, 서기관은 이곳에서 귀츨라프 선교사와 처음 만나면서 이미 수군우후의 참모격인 뎅노와 귀츨라프 선교사 간의 7월 24일 필담기록을 연계(set down)하여 면담하였고 따라서 이곳은 명시적 기록은 없으나 원산도인 것을 의미한다.

셋째, 따라서 서기관은 원산도에 주둔하는 수군우후의 지휘를 받아 귀츨라프 선교사 일행의 도착예정지 개갱 앞바다에 미리 대기하였다가 귀츨라프와 면담하고 고관(수군우후 등)과 회담 약속까지 이끌어 낸 것으로 보다 원산도에 주둔하는 수군우후와 긴밀한 사전협의가 있었을 것으로 추정된다.

나. 7월 25일 수군우후의 첫 만남

귀츨라프 일행과 수군우후 김형수의 첫 만남은 1832년 7월 25일(음력 6월 28일) 오후 원산도 개갱 해역에 정박한 애머스트호 배안에서 이루어졌다. 이 같은 만남에 대하여 수군우후 김형수는 다음과 같이 증언했다.

녹도별장의 보고를 받고 7월 25일(음력 6월 28일) 노를 저어 이양선이 정박해 있는 곳(개갱)으로 가 보았더니 그 이양선은 돛을 올리고 내양 쪽을 향하여 닻을 내리고 있었다. 그래서 나(김형수)는 배를 대고 그 이양선에 승선하여 처음으로 필담으로 문답하였는데, 교역(交易)하자는 말은 우리나라에서는 전례가 없어서 물리쳐 버렸다. 이렇게 여러 차례 서로 옥신각신하다가 날이 저물어 돌아왔다.

홍주목사(이민회)의 증언록에 의하면 "7월 23일(음력 6월 26일) 이양선이 홍주 관내에 정박하였다는 수군우후의 공문(甘結)을 받고, 즉시 출발하였으나 비바람으로 인하여 7월 25일(음력 6월 28일)에 겨우 고대도에 도착하였다."라 하였다.
(則渠於六月二十六日夜 得見水虞侯甘結 有異樣船來泊 于不毛島云 故乘船馳往 二十八日纔到古代島) 日省錄, 1932년 9월 1일, 음력 8월 7일)

귀츨라프 일행의 선교 활동과 관련하여 수군우후 김형수의 직위(職位)와 홍주목사의 직무에 관한 관할권의 설정이 필요하다. 그 이유는 이 지역의 관할 책임 권한이 누구에게 주어져 있었느냐에 의해서 의사 결정에 영향을 주기 때문이다.

일성록에 의하면 이 무렵 원산도는 홍주목사 소속이면서, 동시에 충청수영의 우후가 주둔하였기 때문에 두 관청의 관할이 되었다. 그러므로 원산도 주민들은 홍주목사에 내는 군역과, 충청 수영에서 관할하는 전복 진상 등이 다른 지역에 비해 수탈을 많이 받았다. 이러한 이중 부담 때문에 큰 마을조차도 주민들이 모두 흩어져 열 집에 아홉은 빌 정도였다.

이를 개선하기 위하여 정부에서는 1832년(순조 32)에 홍주목(洪州牧)에 소속된 섬들을 독립된 진처럼 귀속처를 충청수영으로 통일시켰다. (備局啓言 卽見公忠水使 李載亨啓本 則以爲於靑等諸島 俱與安眠接境距本營不過相望之地 而松政與貢鰒主管於本營 帳籍及海稅 轄屬於本官令出二門 民苦兩役 各島元山等小小諸島 一倂割付本營 分籍分境依他獨鎭例 歸屬一處 而海稅結役等節 亦竝割付如例上納) 日省錄, 1932년 7월 18일, 음력 6월 21일)

따라서 원산도의 대표적 관할권은 수군우후에게 주어졌고, 그 위상도 수군우후가 고위 책임관이며 홍주목사는 차상자로 보인다.

다. 7월 26일 수군우후 및 홍주목사와의 만남

린제이 일행과 수군우후·홍주목사의 만남은 7월 26일(음력 6. 29) 오전, 개갱 해안의 애머스트호 배안에서 이루어졌다. 이 같은 만남은 조선과 영국간의 통상 교역 협의를 위한 실무회담에 앞서 예비회담 성격으로 생각할 수 있다.

첫 대화에서는 배가 어디에서, 어떤 목적으로 왔으며, 국왕에게 정식으로 보낼 편지가 있는지? 등의 수군우후 질문이 있었다.

이에 대하여, 린제이는 "우리의 방문 목적은 귀국(貴國)과 통상교역을 하기 위함이며, 우리의 배는 공선(公船, Public ship)이고, 교역청원에 관한 편지도 공문(public subjects)으로 취급된다."는 요지로 분명하게 의사를 밝혔다. 공문 내용에 관한 질문에는 국왕께서 스스로 숙독하고 결정하기 위해 쓰여졌다고만 하였다.
Lindsay Report, L25)

이때 첫 실무 접촉의 분위기에 대하여 귀츨라프는 7월 26일 일기에 이렇게 기록했다.

"첫 배가 도착하여 같은 질문을 반복할 때, 두 고관(水軍虞侯, 洪州牧使)이 도착하였다. 이들은 나이가 지긋하고 덕망(venerable)이 있어 보였다. 옷차림새는 평민과 별로 다르지 않았다. 다만 옆구리에 소속과 계급을 기록한 패(대나무)를 달고 있는 것이 달랐다. 외투(cloaks)는 비를 막을 수 있는 투명한 것을 입고 있었다. 모양이 큰 모자도 같은 재료였다. 특히 우리가 출항하여 항해한 기간을 묻더니 오랜 항해에 고달픔이 많겠다며 위로해 주었다. 이때 귀츨라프는 영국은 대영제국이라 부르며, 인도는 힌두스탄(Hindostan)이라 부르고 있다고 하였다. 질문은 간단하고, 중요성은 낮았으며 얼마 후 이들이 떠나 기뻤다." ^{Gützlaff 일기, G33}

라. 7월 26일 방문한 원산도 관가 마을

린제이와 귀츨라프는 교역청원서와 예물을 전달하기 위해 1832년 7월 26일 오후, 심손과 스티븐스를 대동하고 조정관(Teng-no)과 서기관(Yang-yih)의 안내를 받아 종선(從船, Long-boat)을 타고 항해하여 진촌에 도착하였다. 이곳에 도착한 이들은 국왕께 드릴 공한과 예물을 전달하기 위하여 고관(수군우후)을 찾아갔으나 출타 중이라 만나지 못했다. 마을에 진입하다가 약 50명의 거칠게 보이는 주민들을 만났는데 몇명은 목을 자르는 시늉을 하며 험악한 분위기였다. 안내자(서기관)는 기가 죽어서 내일 다시 오는 것이 좋겠다고 하였으나 귀츨라프 일행은 마을 입구로 걸어갔다. 이 마을에는 3.6m(12 feet) 정도 높이의 버드나무가지로 엮어 만든 울타리가 쳐져 있었다. 일행이 가까이 갔을 때 가죽 털모자를 쓴 파란색 옷을 입은 무장한 두 명의 군인(병졸)을 만났다. 그들은 일행의 길을 막으려고 했다. ^{Lindsay Report, L30}

한편 함께 진촌에 도착한 과정을 귀츨라프는 다음과 같이 기록하였다.

"마을에 도착하였을 때 고관(수군우후)은 출타 중으로 만날 수 없다고 알려왔다. 그렇다면 이들이 돌아올 때까지 기다리겠다고 말하고 마을로 통하는 좁다란 길을 따라 걸어갔다. 그 길에서 테가 큰 모자를 쓰고 붉은 끈을 늘어트린 군인(兵卒)을 만났다. 그는 우리 일행을 보자마자 나팔을 불어댔다. 이는 우리들의 내습을 알리는 신호이고 우리로 하여금 놀라 도망치게 하려는 두 가지 경고 목적인 것 같았다. 그러나 린제이는 나팔소리에 조금도 놀라지 않고 민가로 찾아 들어갔다. 그러는 동안 수군우후 김형수와 홍주목사 이민회가 4인교 가마를 타고 돌아왔다. 두 고관은 우리가 이곳까지 오도록 방관한 군인을 처벌하도록 명령하였다. 이 가엾은 군인은 가마 앞 땅에 엎드려 배 젓는 노처럼 생긴 형구로 엉덩이를 맞게 되었다. 이때 우리는 곧바로 고관에게 만일 이 무고한 군인이 우리 때문에 벌을 받는다면 우리는 곧 철수하겠다고 했다. 이 같은 우리의 제의는 효력을 발휘하여 가엾은 군인은 형벌은 면하게 되었다. 이 광경을 보고 있던 마을 사람들은 우리의 인도적인 행위에 호감을 갖는 듯 했다.
Gützlaff 일기, G37)

마. 7월 26일 수군우후가 마련한 만찬

교역청원서와 예물이 전해진 그 날 저녁 배(船上)에서 마른 생선, 된장 등 조선 음식과 술로 예의를 갖추어 낮은 밥상을 차려 놓고 귀츨라프 일행 전원(67명)을 만찬에 초대하였다. 그런데 이 음식이 그들의 입맛에 맞지 않아 메스꺼운 구역질(nauseous to our taste)로 한사람도 먹지 않았다. 귀츨라프는 이 아름다운 인정을 거절하는 유감의 뜻을 전하는 것이 괴로웠다고 기록하였다. ^{Gützlaff 일기, G34}

바. 7월 30일의 공충수사가 제공한 오찬

공충수사는 1832년 7월 30일 수군우후를 대동하고 귀츨라프 일행과 면담한 다음 이들에게 오찬(午餐) 자리를 마련하였다. 이번에는 지난번에 준비한 음식과 달리 정성을 기울여 외국인들의 입맛에 맞도록 배려하였다. 차린 음식은 떡 종류와 국수, 꿀, 돼지고기, 참외, 나물, 조미료와 쌀밥 등이었다. 이 이외에도 술이 포함되었다. 그래서 이번에 마련한 조선 음식은 귀츨라프 일행이 거부하지 않았으며, 고관들은 만족스러운 표정을 지었다. 오찬을 마친 다음 귀츨라프 일행은 고관들에게 내일 식사에 초대하는 영광을 갖게 하여 달라고 정중하게 청하기도 하였으나, 이 같은 초대에 이들은 확실한 대답을 주지 않았다. 귀츨라프는 이들의 태도가 너무 정중하고 침착하여 조정에서 자신들의 동정을 살피기 위하여 사명을 띠고 온 것으로 짐작하였다. 그리하여 짐작한 대로 그렇지 않으냐고 물었으나 아니라는 대답이 있었다. ^{Gützlaff 일기, G55}

7월 30일의 오찬에 대하여 린제이는 보다 자세한 내용으로 기록하였다.

"정오가 약간 지나 큰 배 두 척이 선원 일행을 위하여 잘 차린 조선 음식이 운반되었다. 여기에는 닭 국물이 있는 국수, 돼지고기 편육, 나물 종류, 여러 종류의 떡, 꿀과 술 등 이었다. 이 음식은 장군이 우리를 대접하기 위하여 마련하였으며 우리 일행과 함께 나누기 위하여 차려진 것이라 하였다. 여기에는 지금까지 개갱 해안에서 우리를 소홀히 접대한 것에 대한 보상 의미가 있었다. 그리고 이후 수사(水使)에게 주어진 책임을 엄정하게 이행할 것이며, 우리가 참았던 불쾌감을 씻어주려는 친선의 의미로 생각되었다. 우리는 그들의 친절한 배려에 호감을 나타내 줄 수 있는 것이 기뻤다. 그래서 우리는 깊은 감사를 표한 다음 마련된 식탁의 자리에 앉았다.
Lindsay Report, L48)

조선인의 식사 예절은 일본인들과 비슷해 보였다. 각자의 손님 앞에는 발목 높이의 조그만 독상이 놓였다. 그리고 중국에서처럼 젓가락을 사용하였다. 그러나 그들은 허리춤에서 조그만 칼을 꺼내어 고기를 자르기도 하였다. 대부분의 음식은 찬 것으로 마련되었지만 맛이 좋았으므로 우리는 마음껏 배부르게 먹고 식사를 끝냈다. 고관들도 매우 흡족해 하였다. 수사와 작별하기에 앞서 우리의 교역청원서에 대한 답신을 언제쯤 받아 볼 수 있느냐고 물었다. 고관은 "며칠 동안 편안하게 기다리시오"라고 대답하였다." Lindsay Report, L49)

수군우후는 7월 26일 마련한 만찬 초대에 외국인의 식생활에 관한 정보 부족으로 귀츨라프 일행이 조선 음식을 먹지 못한 실패 사례가 있었다. 그러나 7월 30일에는 세심한 주의로 선상에서 충청수사가 주최하는 오찬(午餐)에는 모두가 조선 음식을 맛있게 먹을 수 있었다.

사. 조선 관리의 3차례 조사

1) 1차 조사 (7월 26일 밤)

텡노와 양이는 밤에 다시 방문하여 조선에 오기까지의 애머스트호의 항해경로, 영국의 여러 가지 현황, 중국과의 관계 등을 조사하였다. 그 내용은 영국에서 한국까지 오는데 몇 나라를 경유해야 하는지? 중국을 기준으로 "두 나라와의 거리는 얼마나 되며, 중국에 조공을 바치느냐?" 등이었다. Gützlaff 일기, G41)

이와 같은 대화 중 조선의 모든 제도와 등용시험, 관급, 관명 등이 중국의 제도를 모방하고 있다는 역(逆) 정보도 제공되었다. 청원서의 회답이 서울에서 언제 오느냐고 물으니 약 30일이 걸릴 것이라 했다.

이때 귀츨라프는 지도를 꺼내어 서울의 위치를 가리키며 확인하자 외국인이 지도를 가지고 있는 것에 새삼 놀라더니 변명과 거짓임을 고백하였다. 결국 원산도에서 서울까지 300리 거리를 1,000리라고 했다가 외국인에게 정직하지 못하다는 불신을 조장한 사례가 되었다. 이로 인하여 조선 관리도 중국 관리와 비슷하게 거짓과 변덕스럽다는 인상을 주었다. Gützlaff 일기, G42)

2) 2차 조사 (7월 27일)

텡노와 양이는 오전에 와서 다시 조사를 계속하였다. 승무원의 이름과 나이 등을 조사하고 왕에게 보고한다고 하였다. 또, 황해도 장산에서 무슨 대화가 오갔는지, 몇 사람이나 만났는지, 왜 서한을 전달하지 않았는지를 물었다.

9시경에 텡노와 양이가 와서 선박의 재질, 돛대의 높이, 선실의 수 등을 물었다는데 이것이 밤 9시인지, 다음 날인지는 기록으로 알 수가 없다.

3) 3차 조사 (8월 5일)

역관 오계순은 8월 5일 귀츨라프 일행과 애머스트호 안에서 다시 면담을 하였고 질문을 하였다.

"오계순(Woo)의 질문은 조리가 서지 않아 답변하기가 매우 곤란하였다. 그는 모든 선원들이 가진 트렁크의 조사와 배에 선적한 짐 전부를 조사하여야 한다고 고집하였다. 이에 대하여 귀츨라프는 선원들의 짐 조사는 승낙하지만 배에 선적한 모든 화물을 조사하려면 이 물건을 살 수 있는 10만 불($)을 가지고 오면 응하겠다고 조건을 달았다. 오계순은 우리가 이곳까지 오는 동안 통과했던 국가들의 목록 작성도 요구하였다. 영국에는 언제 돌아가며, 또 언제 다시 오는지에 대하여도 질문하였다." Gützlaff 일기, G69)

8월 5일 애머스트호에 승선하여 문정관으로 조사에 임한 3품 벼슬의 고관은 공충병사(兵使) 정환종으로 추정된다. 그는 이때의 조사결과를 1832년 8월 9일(음력 7월 14일) 조선왕조문서(일성록)에 "英吉利國船 問情馳啓"라는 제목으로 선적된 화물의 조사와 예물 등에 관한 4쪽의 보고서를 작성하였다. 따라서 그는 8월 2일 역관 오계순과 동행한 인물로 보인다.

교역청원서와 예물의 전달 의식에 대하여 린제이는 다음과 같이 기록하였다.

"나는 지금 이 예물을 보내면 그대로 전달될 것인가를 물었다. 예물은 세(3) 상자에 포장하여 고관들 앞 돗자리 위에 내려놓았다. 나는 일어나 예의를 갖추어 손을 올리고 제일 높은 고관 앞으로 걸어가 청원서를 그의 손에 전달하였다. 그리고 빠른 시일 안에 청원서와 예물이 약속대로 헌상되기를 요청하였다." Lindsay Report, L35)

이 같은 절차로 청원서와 예물을 접수한 수군우후는 귀츨라프 일행에게 답례 인사를 하였다. 이에 대하여 귀츨라프는 다음과 같이 일기에 기록했다.

"공문과 예물을 공식적으로 전달 받은 고관들(수군우후, 홍주목사)은 우리(귀츨라프 일행)에게 술과 통 마늘을 선물로 내놓고, 위탁받은 물품은 조속히 진상하겠다고 약속하였다. 얼마 후 그들은 우리에게 돼지 두 마리와 쌀과 생강을 보내왔다. 우리에 대한 그들의 만족스런 호의 표시였다. 외국인들이 주거지역에 들어오는 것은 엄연히 국법에 금지되어있음에도 불구하고 우리를 도처에서 우의를 가지고 맞아 주었다." Gützlaff 일기, G40)

한편 조선 정부 측 자료에는 위와 같은 내용의 기록은 찾아 볼 수 없다. 그러나 수군우후 김형수와 귀츨라프 일행이 7월 26일 교역에 관한 만남이 있었다는 사실 만은 일성록에 수군우후 김형수의 증언 형식으로 기록되어 있다.

7월 26일(음력 6월 29일)에 홍주목사 이민회와 함께 이양선에 승선하여 또 문정을 하였는데, 저 사람(귀츨라프 일행)은 교역에 관한 말만 소상하게 거듭 말하였고 나머지 다른 사정에 대해서는 물어도 답하지 않았다. 그래서 종일토록 말한 것이 교역에 관한 이야기뿐이었다. (二十九日與洪州牧使李敏會 同上彼船又爲問情 彼人但以交易之言 縷縷更伸 他餘事情 有問無答 終日所言 不過交易). 日省錄, 1932년 9월 1일, 음력 8월 7일)

그러나 주문(교역청원서)과 예물의 접수와 취급에 대하여 조선 정부문서(일성록)에는 다른 증언들이 기록되어 있다. 이 증언들의 주인공은 홍주목사 이민회와 수군우후 김형수의 증언으로 의금부에서 변명을 위해 사실과 다르게 한 것으로 추정되며, 그 내용은 다음의 '다' 및 '라' 항에 기술하였다.

다. 홍주목사 이민회의 증언

"주문(奏文)과 예물(禮物)을 직접 받아 두었다는 일로 말하면, 이는 실로 전에 없던 예(例)이고 바르지 않은 일이기 때문에 엄하게 말하여 물리치고 갖가지로 거절하였는데도 저 사람들이 포구 가에 이를 옮겨다 놓고 갔습니다. 해가 진 모래사장에서 이것들이 물에 쓸려가 버릴까 염려되어 부득이 우선 동임(洞任)이 사는 곳으로 옮겨다 놓고 한편으로는 잘 지키도록 하고 한편으로는 감영에 보고하였습니다."
日省錄⑥, 1832년 9월 1일; 음력 8월 7일)

위 기록에서 '주문'이란 교역청원서이며, '예물'이란 고급 모직물(4필), 고급 천(6필), 옥양목(14필), 망원경(2개), 유리그릇(6세트), 단추(12세트), 성경책(2질), 전도책자 등이 3상자에 들어있는 다양한 품목을 말한다.

라. 수군우후 김형수의 증언

"주문과 예물의 문제는 이렇습니다. 7월 27일(음력 7월 1일) 저녁에 저 사람이 갑자기 그것을 포구 가에 옮겨다 놓고는 조정에 올려 보내 달라는 뜻을 적어 보여주었습니다. 그래서 일의 체모로 보아서 그래서는 안 된다고 꾸짖고 도리로 보아도 그래서는 안 된다고 타이르면서 누차 엄하게 물리쳤는데도 저 사람은 거두어 가지 않고 그냥 배를 타고 지레 돌아가 버렸습니다. 해 저문 바닷가에 바닷물이 밀려오기 시작하는데 주인 없는 물건을 그대로 떠내려가게 놔둘 수가 없어 부득이 동임이 사는 곳에 가져다주고 잘 지키도록 하였습니다." ⁽日省錄, 1832년 9월 1일, 음력 8월 7일⁾

선물의 전달 일자에 대하여 린제이 기록에는 7월 26일 오후로 되어 있다. 그러므로 갑자기 옮겨놓고 조정에 올려 보내 달라는 증언은 역사적 사실과는 다른 것으로 확인되었다.

즉, 7월 26일 공식적으로 예물 전달 의식이 있었으며 이 자리에는 수군우후 김형수 홍주목사 이민회와 지방관 2명이 배석하였다. 그리고 린제이와 귀츨라프를 비롯하여 스티븐스 과장도 함께 자리하였다는 기록이 있다. 따라서 이 같은 증언은 중(重)한 문책이 두려워 변명한 이야기로 해석할 수 있다.

마. 연원직지(燕轅直指)에 기록된 이야기

1832(순조 32)년 11월 연원직지 출강록(出疆錄)에는 귀츨라프 일행의 주문과 예물의 전달 과정 등에 대하여 다음과 같은 3가지 이야기가 있다.[4]

"주문(奏文) 한 봉투와 예물 세 상자를 굳이 거절하고 받지 않았더니, 심지어는 그 종선(從船)에다 옮겨 싣고 보내오기를 몇 차례인지 모르며, 쫓아 보내기를 또한 한 두 차례가 아니었다. 끝내 그만두지 아니하고 마침내는 강가에 실어다 두므로 주문 및 예물을 우선 동임의 집에 봉하여 주고 엄하게 수직(守直)하도록 단속하여 처분을 기다리기로 하였다." (其奏文一封 禮物三封 牢却不受 則甚至移載於其從船 送來者不知幾次 逐送亦非一再 而終不止 畢竟輸置於江邊 故奏文及禮物 姑爲封授於洞任家 嚴飭守直 以待處分) ⁽燕轅直指, 출강록, 1832년 11일⁾

한편 1832년 7월 24일(음력 6월 27일) 작성되었다는 린제이(胡夏米)의 청원서

(편지) 내용에 대하여 붉은 인장이 함께 찍혔다고 하였다.

"대영국 선주 호하미는 삼가 수군절도사 이대인(李大人)에게 품합니다. 현재 영국배가 여기에 이르렀는데, 문서와 아울러 미미하나마 드릴 토산물을 조선국왕 전하께 받들어 올릴 것이 있습니다. 이에 간청하오니 관원을 시켜 보내어 우리들을 응접 인도하여 조정에 문서를 받들고 가 주달하게 하여 주시면 위덕이 적지 않겠습니다." (大英國船主胡夏米 敬稟于水軍節度使李大人 現在英吉利國船到此 有文書幷微獻土宜 奉上朝鮮國大王殿 玆懇差官員前來 接引我們 以便奉文達奏朝廷 威德不淺)
_{燕轅直指, 출강록, 1832년 11월}

또한 헌물의 내용에 관하여 "미미한 물품을 바쳐 올립니다. 삼가 바라건대 대왕 천세 폐하께서 은혜를 내리시어 멀리 버리지 말아 주소서. 애석하게도 기묘한 진품(珍品)이나 보배롭게 보아주실 성상의 하람에 받들어 올릴 만한 것이 없습니다. 오직 이것으로 삼가 공경하는 뜻을 펴고 아울러 배에 싣고 온 물화의 견본을 보여 드릴 따름입니다." (上獻微物 伏望大王千歲陛下賜恩 勿爲遐棄 惜無奇珍寶玩 勘奉上 聖覽 惟是伸謹敬之意 幷以見本地船載貨之樣子而已矣) _{燕轅直指, 출강록, 1832년 11월}

4. 원산도 전역에 대한 현지답사

귀츨라프 일행의 원산도 답사는 7월 27일, 7월 30일, 8월 1일의 3차에 걸쳐 시행되었는데, 날짜별로 요약하면 다음과 같다.

1) 7월 27일에 섬 안으로 걸어 들어가자 병졸이 제지했지만 텡노가 나무라자 쓴 웃음을 지으며 물러섰다. 자연환경을 살펴보고, 묘지도 둘러보고, 산위에 있는 석조건물인 당집도 보았다.
2) 7월 30일은 오후에 씨감자를 심은 후에 가까운 곳을 답사하였다. 언덕 위의 있는 당집도 방문하였다.
3) 8월 1일에는 빈집에도 가보고, 주민도 만나고, 꽃과 잡초와 포도넝쿨도 보았다.

다음으로 답사내용을 요약하면, 1) 들판, 2) 당집, 3) 묘지로 나누어 볼 수 있다.

섬을 답사한 경과를 보면 섬의 크기, 지형, 토양, 마을, 식생 등을 확인할 수 있기 때문에 이 섬이 어떤 섬인지를 확인하는데 결정적인 자료를 얻을 수 있게 된다.

가. 7월 27일 제1차 들판 답사

귀츨라프 일행은 7월 27일 섬을 둘러보고, 섬의 좋은 기후와 비옥한 토지자원을 보면서 축산(畜産)을 위한 목야지(牧野地)로 활용되지 못하고 있음을 매우 안타까워하였다. 이에 대하여 1832년 7월 27일 귀츨라프 일기에는 다음과 같이 기록되었다.

"우리는 이 섬(원산도)을 걸어서 두루 돌아보았는데 마을 부근의 좁은 땅에만 농사를 짓고 있었다. 대부분의 넓은 땅은 풀과 덤불(herbs)로 무성하여 염소를 기르기에 아주 훌륭한 목야지가 될 것 같았는데 염소는 한 마리도 볼 수가 없었다. 식생(植生, vegetation) 상태로 보아 중국의 해안보다 조선의 해안은 한결 비옥(肥沃)해 보였다. 중국 해안은 바위가 많아 땅을 경운(耕耘) 할 수 없는데 비하여 이곳은 땅이 비옥한데도 주민들이 경작을 하지 않는다. 식물학 연구 분야에서도 이곳은 <땅 끝(Remote part of the world)>의 풍족한 보고(寶庫)이다." Gützlaff 일기, G44)

귀츨라프가 기록한 염소를 기르기에 아주 좋은 땅이라고 한 곳은 원산도의 점촌과 진촌 구간 주위로서 충청해안 어느 섬에서도 찾아볼 수 없는 목야지로서의 적지 요건을 구비하고 있었다. 특히, 땅이 비옥하고 식생상태가 좋았으며, 낮은 구릉지로서, 원산도는 1425년부터 245년간 말(馬)을 사육한 목장으로 사용된 역사적 근거도 있었다.

원산도 말 목장 조성 근거에 대하여 "1425년(세종 7년) 7월 11일 세종실록에는 병조에서 아뢰기를, 제주도에서 생산된 몸집이 큰 암말 50마리와 수말 6마리를 홍주 원산도에 가져다 넣어 방목하여 번식시키고, 그곳에서 생산된 새끼 말 중에서 만약 몸집이 작거나 흠이 있는 것은 곧 잡아내 버리도록 하되, 그 일을 고만도(高巒島) 만호(萬戶)에게 전담시켜서 살피게 하도록 청합니다. 하니 그대로 따랐다." (兵曹啓 請於洪州元山島 以濟州體大 雌馬五十匹 雄馬六匹 入放孳息 所産兒馬 若體小有咎者 卽便捉出 令高巒島萬戶專管考察 從之.) 世宗實錄, 1425년 음력 7월 11일, 고만도는 원산도 옛 지명임)

또, 귀츨라프의 8월 11일 일기에는 "소를 많이 기르고 있어 이곳에 들리는 선박은 항상 쇠고기를 먹을 수 있으며"라는 구절도 있어 좋은 목야지가 있음을 알려주고 있는 것이다.

나. 7월 27일 첫 번째 당집을 바라보다

귀츨라프 일행이 1832년 7월 27일 바라본 당집은 진촌 당산의 당집으로 추정된다. 이 당집에 대한 귀츨라프의 기록은 "작은 산꼭대기에 석축 건물을 보았는데 나중에 알고 보니 당집이었다"라고 씌어있다. (On the top of the hill, we saw a stone building, which we afterwards ascertained to be a temple.) Gützlaff 일기, G45

이 당집에 대한 기록은 1846년의 것으로 다음과 같은 것이 남아있다.

진촌 당집에는 만령당(萬寧堂)이란 현판이 있고, 원산신당중수기(元山神堂重修記)라는 액판이 있는데 "역인간(歷人間)을 보호하는 것은 영(靈)이요 영이 머무는 곳은 당(堂)이니 이곳 당에 영을 안치하고 그 영에게 풍어 풍농 우순풍조와 제 질역을 물리쳐 주기를 기원한다."는 내용이 쓰여 있었다 한다. 그리고 현판 말미에 1846년 6월(헌종 12, 도광 26, 丙午)이라 하였다.[1]

진촌 당집에 대한 조사에 의하면 "진촌의 당집은 아주 오래되었다. 그런데 지금은 당집이 무너져 오래된 사실을 증명해 내기가 쉽지 않다. 당산에 올라보면 사방으로 담이 둘러쳐있고 그 가운데에 1평 남짓한 당집이 있다. 문은 떨어져 나갔고 지붕은 상당부분 훼손되어 흔적만 남아있다."라고 하였다.[2]

다. 7월 27일 묘지 등의 답사

귀츨라프 일행은 1832년 7월 27일 당집을 돌아 본 뒤 부근의 묘지 주변도 답사하였다. 이때 그는 흙무덤으로 조성되어 조화(調和)를 이루지 못하고 무질서하게 산재한 묘지를 지나서 걸어갔다. 그리고 독이 있어 보이는 뱀 한 마리가 튀어 나왔는데 이때 린제이가 총으로 쏴 죽였다. 이곳 주민들은 뱀을 아주 무서워했다. Gützlaff 일기, G46

귀츨라프 일행이 답사한 묘지는 오봉산(五峰山, 오로봉이라고도 함) 산자락으로 추정된다. 대(代)를 이어 200여년을 관가(官家) 마을에 거주하였다는 82세의 박의화(朴義和, 노인회장) 옹의 증언(2008년 11월 18일)을 청취하였다. 그는 선대의 묘지가 오봉산과 중미산(中美山)에 위치한다고 하였다.

이를 뒷받침하는 밀양박씨 별좌공파(別坐公派) 족보에 박의화를 중심으로 희선(熙善) 등 아들이 있고, 그 선대(先代)로 아버지(永旭) – 할아버지(判鎭) – 증조부(基彬) – 고조부(貴煥) 등으로 계보(系譜)되고 이들 묘가 오봉산과 중미산 산자락에 있음을 확인하였다.[3] 이는 박씨 가문도 귀츨라프 내한 이전에 이곳에 이미 정착하였음을 의미한다.

라. 7월 30일 두 번째 당집의 답사

귀츨라프 일행은 7월 30일에도 또 다른 언덕위에 있는 당집을 답사하였다. 이에 대하여 귀츨라프 일기는 다음과 같다.

"우리는 오늘 언덕위에 당집을 방문하였다. 사방을 종이로 바른 작은 한 칸의 당집인데 가운데에는 소금에 절인 고기 한 마리가 있었다. 바닥에는 금속으로 만든 용이 눕혀 있고 다른 우상은 보이지 않았다. 바깥쪽 벽에 새겨놓은 글로 보아 이 당집은 도광 3년에 건축되었음을 알았다. 돈을 기부한 사람들의 명단과 중국의 화폐단위로 그 액수가 기록되어 있었다." Gützlaff 일기, G58)

이 같은 당집은 특히 섬 주민들의 풍어(豊漁)와 안녕을 기원하는 토속 신앙으로 당제의 행사장이다. 원산도의 경우 주민들의 외형적인 생활 형태는 거의 동일하지만 마을마다 서로 다른 신을 섬긴 것으로 조사되었다.

예를 들면 진촌 마을에서는 말신(馬神)을 1989년까지 섬기다가 신물 도난으로 폐지되었다. 진고지 마을에서는 당 할머니를 섬기다가 1990년대에 이를 폐지하였다. 초전 마을은 고양이 할머니를 섬기다가 신물 도난으로 1990년대 후반에 폐지되었다. 선촌, 점말, 저두에서는 호랑이(山神) 신을 섬겼다.[4]

따라서 모든 마을에서 풍어와 안녕을 위하여 섬기는 신격(神格)이 다른 당집이 있었다. 이 중 용(龍王)을 대상 신으로 섬긴 마을은 진고지, 초전, 마을 등이 있다. 따라서 이날 귀츨라프 일행이 답사한 당집은 정박 장소에 인접한 "진고지(津串之)" 당집으로 추정된다. 그러나 현재 당집이 없어지고, 기록도 보존되지 않아 자세히 알 수 없다.[5]

마. 8월 1일 제2차 들판의 답사

귀츨라프 일행은 8월 1일 섬을 두루 거닐면서 비옥한 땅을 돌아보고 도처에 야생으로 자라는 아름다운 꽃들과 곳곳의 덤불사이에 휘감긴 머루 덩굴을 보았다. 그리고 인간은 이 거친 자연을 변화시켜 에덴동산으로 바꿀 수 있다고 하였다. ^{Gützlaff 일기, G66}

세종지리지에는 "원산도 말 목장은 그 둘레가 40리 인데, 바다 가운데 있어 물(水)과 풀(草)이 모두 넉넉하므로 국마(國馬) 100마리를 방목하였다." ^{世宗實錄地理誌. 충청도 홍주목편}

5. 식수의 조달과 물품의 공급

가. 7월 28일의 식수조달 장소와 관가마을

사람이 살아가는데 식수는 없어서는 안 된다. 많은 양을 오래 저장할 수 없으므로 일반적으로 현지에서 신선(新鮮)한 물을 공급 받는다. 그렇다면 귀츨라프 일행은 충청해안에서 장기간 정박하며 물 문제를 어떻게 해결하였을까? 이에 대한 해답은 7월 28일(음력 7월 2일) 린제이 보고서에서 찾아 볼 수 있다.

즉, 귀츨라프 일행은 원산도의 동쪽 개갱(점촌)에 정박하면서 반대 방향의 서쪽에 위치한 진촌의 관가 부근에서 주민들의 친절한 도움을 받으면서 신선한 음용수(飮用水)를 공급 받은 것으로 추정된다.

이 같은 근거와 배경은 첫째, 관가 부근에는 수군우후 등 진촌과 관가마을 사람들이 이용한 가장 오랜 역사의 샘이 있고, 둘째, 충청 해안 여러 섬 중에서 잠깐 동안 주민들이 수백 명 모일 정도의 지역은 이곳이 가장 유력하다고 추정하였고, 셋째 귀츨라프 일행의 활동 중심지를 개갱과 관가로 보았기 때문이다.

식수의 조달 부분에 대하여 린제이 보고서는 다음과 같이 기록하고 있다.

"7월 28일 (음력 7월 2일) 우리 일행은 물을 길으러 섬의 반대편으로 갔다. 그곳에는 신선한 샘물이 있었다. 가까운 곳에는 마을이 없었지만 수백 명이 금방 모여들었다. 그들은 귀찮아하지 않고 동이(buckets)에 물을 채워 배(boat)로 나르는 일을 즐겁게 도와주었다.

그들은 물을 나르며 인도 선원들이 항상 하듯이 단조로운 노래를 부르고 있었다.

주민들의 친절한 행동을 보게 되니 조선인들을 상상했던 것과 달리 천성적으로 낯선 사람을 싫어하는 민족이 아니라고 생각되었다. 주민들은 자발적으로 아주 유쾌하게 외국인을 도와주었다." Lindsay Report, L45)

나. 물품의 공급

7월 26일에 공문(교역청원서)과 예물을 공식적으로 전달 받은 고관들(수군우후, 홍주목사)은 귀츨라프 일행에게 술과 통 마늘을 선물로 내놓고, 위탁받은 물품은 조속히 제공하겠다고 약속하였다. 그리고 돼지 두 마리와 쌀과 생강을 보내왔는데, 이는 그들에 대한 만족스런 호의 표시라고 하였다. Gützlaff 일기, G40)

주

1) 차경철, 오천의 어제와 오늘
2) 충남대학교(마을연구단), 보령원산도, pp. 180-181, 2007년 12월 26일
3) 밀양박씨 별좌공파 족보. 박의화(노인회장) 제공
4) 충남대학교(마을연구단), 보령원산도. p. 175, 2007년 12월 26일
5) 리진호는 이 당집이 고대도에 위치한 것이라고 하였다.

제 7 장

개신교 최초의 선교지 원산도(후반기 활동)

귀츨라프 일행이 1832년 7월 25일 원산도 해역에 도착하여 8월 12일 퇴거할 때까지의 활동을 전후반기로 나누었다. 전반기는 제6장에서 다루었다. 여기서는 후반기 활동을 다룬다. 후반기는 8월 1일부터 8월 12일까지이다. 조선의 현지 관리들이 왕께 올리려는 교역청원서와 예물이 정부에서 거절되었다. 그리고 이를 추진한 현지 관리들을 문책하려는 것과 특사 오계순이 거절 통보를 하러 올 것이라는 소식이 알려지면서 잔반기 때의 우호적 분위기가 사라진 것이 변화의 핵심이 되었다.

1. 후반기 활동의 특징

가. 충청 지방관의 태도 변화

후반기 기간 동안 충청 지방관과 귀츨라프 일행간의 우호적이고 평화적인 긴밀한 협력 관계가 있었고, 이 같은 만남은 동양과 서양의 문물(文物) 교류를 위한 미래지향적 정보를 교환하는 계기가 되었다. 1832년 7월 24일 고대도 만남을 시작으로, 7월 25일 원산도 개갱으로 이동하여 정박하면서 7월 31일까지 여러 장소에서 빈번하고 우호적인 만남을 가졌다.

그러나 1832년 8월 1일부터 충청 지방관의 우호적 태도는 크게 변화하였다. 조정으로부터 교역 청원이 거부되었기 때문이며, 이 같은 태도 변화에 대하여 8월 1일 귀츨라프는 일기에 다음과 같은 내용으로 기록하였다.

"8월 1일, 우리를 방문하는 관리들과 주민들의 행동이 뚜렷하게 달라졌다. 그들은 매우 말이 없고 어떤 질문에도 대답에 신중하였다. 전에는 우리들의 선물을 기쁘고 반갑게 받았으나 이제는 어떤 선물도 거절하고 오히려 받은 선물도 되돌려 주려고 애썼다. 조정에서 어떤 금지 명령이 하달된 것이 분명한 것 같으나 그 사실 여부는 확인할 수 없었다. 린제이는 매일 조선말을 배우고자 어휘집(語彙集)을 수록하였는데 이제는 아주 짧은 낱말이나 글을 주고받는 것조차 거부하였다. 이는 우리가 조선말을 배워 의사소통이 되면 정책에 영향을 미칠까 염려하는 것 같았다. 이 같은 어린아이 같은 태도 변화에 어리둥절하였으나 우리는 마음을 다시 조정하였다. 이제까지 어느 외국인도 우리처럼 특별한 대우를 받은 경우는 없었기 때문이다." Gützlaff 일기, G62)

이와 같은 충청지방관의 갑작스런 태도변화는 린제이도 감지하였다. 그의 보고서에 다음과 같은 내용을 기록하였다.

"7월 31일부터 모든 사안에 대하여 관리들의 제약이 늘어났다. 우리에게 해안에 상륙하지 말아 달라고 여러 차례 강력하게 요구하였다. 우리는 건강을 위해 운동이 필요하다고 양해를 구하고 매일 해안에 상륙하였다. 그러나 이때까지 어떤 금지 시도는 없었다." Lindsay Report, L53)

그리고 린제이는 태도변화의 이유에 대하여 "충청수사(장군)는 우리에게 강요되고 있는 제약에 대해 유감을 표시했으며, 그것은 상급기관에서 받은 지시 때문이다."라고 하였다. Lindsay Report, L54)

나. 원산도 등 후반기 활동 요약

귀츨라프 측에서도 접촉하는 관리들의 태도가 방어적으로 바뀌면서 관리들을 만나는 빈도가 줄어들고 활동에 제약도 생기면서 천수만이나 오천성 등 다른 지역으로 활동지역을 바꾸고 원산도에는 상륙하지 못하였다.

<표 7-1>에서 보면 활동 장소가 전반기와 달리 대부분 애머스트호에서 이루어지고 있음을 알 수 있다. 이를 살펴보면 (1) 관청(원산도 진촌) 방문은 작별 인사차 1회, (2) 외부는 2회, 즉 천수만과 오천성 방문, (3) 관리들의 애머스트호 방문은 교역청원서와 예물의 반환을 위해 4회, 작별 인사차 1회에 한정되어 있다.

그리고 기록의 근거는 대부분이 귀츨라프 측의 것들이고 조선 정부의 기록은 천수만 해양조사와 퇴거에 대한 것 2개가 있을 뿐이다.

이런 상황에서 세 가지의 결론을 얻을 수 있는데,

(1) 천수만 해양조사 기록을 통해 그들의 해양조사 출발지, 즉 정박지가 고대도보다는 원산도라는 확신을 주었고,
(2) 조선 관리들이나 귀츨라프 일행이 작별인사를 우호적으로 하여 양측 모두가 양반이고 신사임을 확인할 수 있게 하였으며,
(3) 교역청원서와 예물의 반환 거부, 즉 물질적 이득을 끝까지 거절한 귀츨라프 측의 뚝심을 알 수 있게 하였다.

<표 7-1> 애머스트호 원산도 등 후반기 활동

일 자	활 동 요 약	장 소	근 거
1832. 8. 2.	50인의 감기 든 노인들에게 약을 줌	애머스트호	귀츨라프 일기
1832. 8. 3.	오계순과의 1차 만남	애머스트호	귀츨라프 일기
1832. 8. 5.	오계순과의 2차 만남	애머스트호	귀츨라프 일기
1832. 8. 7.	천수만 조사팀이 떠난 후에 수군우후가 방문하여 교역청원서와 예물 반환을 시도했으나 선장이 거절	애머스트호	귀츨라프 일기
1832. 8. 7.~8. 새벽	천수만 해양조사 및 전도(천수만 북단까지 왕복, 천수만북단이 2개로 갈라짐을 확인)	천수만 간월도 창리	순조실록/ 귀츨라프/ 린제이 보고
1832. 8. 9.	조정특사 오계순과 수군우후가 방문하여 교역청원 거절 통보(교역청원서와 예물 반환 시도를 거절)	애머스트호	귀츨라프/ 린제이 보고서
1832. 8. 10.	정박지에서 가까운 섬의 산 위의 성채(성은 돌담 형태로 쌓았고 주민이 많아 오천성으로 추정)	산위에 있는 성채 (오천성 으로 추정)	귀츨라프 일기
1832. 8. 11. 아침	교역청원서와 예물 반환을 위해 4인의 고관들이 다시 방문했으나 반환 거절(오계순, 공충수사, 수군우후, 홍주목사)	애머스트호	린제이 보고서
1832. 8. 11. 오후	작별인사차 수군우후 등을 방문	관청 (원산도 진촌)	린제이 보고서
1832. 8. 12. 오전	공충수사가 홀로 작별인사차 방문	애머스트호	린제이 보고서
1832. 8. 12. 오후	퇴거(애머스트호 남쪽으로 출발)	개갱 앞바다	순조실록

<그림 7-1> 원산도 등 후반기 주요 활동 추정 위치도

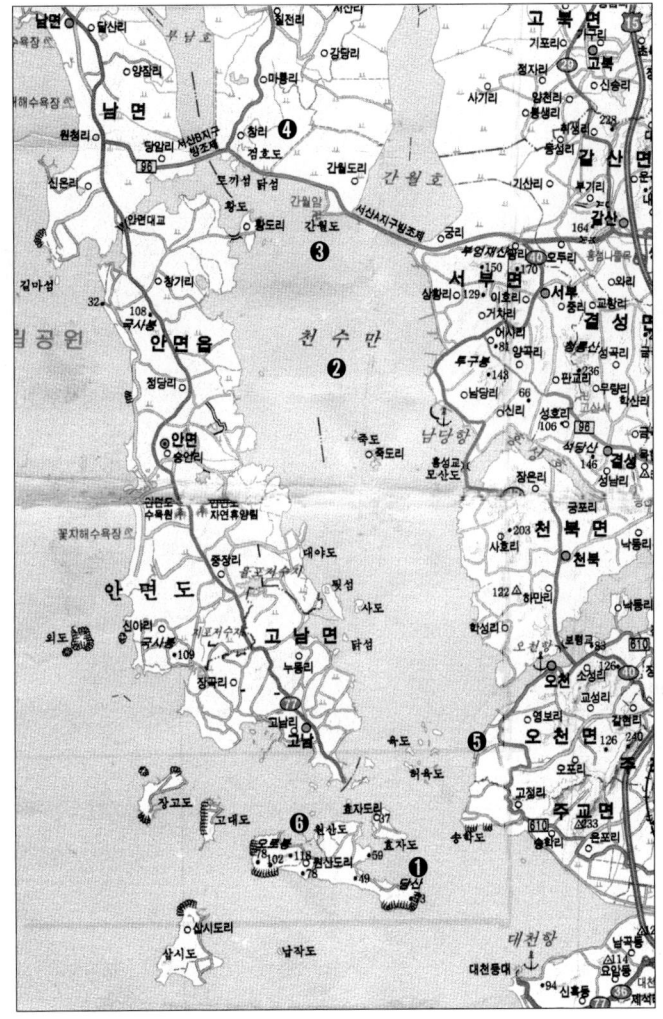

[자료: 국립지리정보원]   ① 애머스트 정박지   ② 천수만
　　　　　　　　　　　③ 간월도　　　　　　④ 창리
　　　　　　　　　　　⑤ 오천성　　　　　　⑥ 관청(진촌)

2. 교역청원서 및 예물의 반환 시도

가. 8월 3일 조정 특사 일행의 1차 만남

1832년 8월 1일(음 7월 6일) 비변사(備邊司)에서는 공충감사 홍희근의 긴급 보고에 따라 충청해안에 항해하고 있는 귀츨라프 일행(영국인)을 문정(問情)할 역관을 파송하여 달라고 의정부에 청원하여 국왕의 윤허를 받았다.[1] 이에 따라 조정에서 특사(特使)와 역관 오계순(吳繼淳)이 임명되었다.

조정특사와 오계순의 임명 과정을 살펴보면 다음과 같다.
1) 녹도(鹿島) 근해를 감시하던 녹도 별장(別將)이 7월 22일(음력 壬辰 6월 25일) 처음으로 영국 국적의 이양선 출현을 탐지하고, 원산도에 머물고 있는 직속 상관 수군우후에게 이를 급히 보고(馳報)하였다.[2]

2) 7월 23일(음력 壬辰 6월 26일) 수군우후 김형수는 이양선이 불모도(不毛島)에 항해하고 있다는 사실을 홍주목사에게 통지(甘結)하였다.[3]

3) 공충감사 홍희근은 7월 23일(음력 6월 26일) 이양선이 고대도 뒷바다(후양)에 항해하고 있다고 조정에 보고하면서 역관을 시급히 파송하여 달라고 청원하였다.[4]

위와 같은 과정으로 임명된 특사(特使) 일행은 8월 2일 충청해안으로 급파되었다. 이에 대하여 귀츨라프 일기에는 다음과 같이 기록되었다.

"8월 2일, 아침 일찍 새로운 배가 수도(首都)로부터 도착하여 특사가 우리를 만나기 위하여 방문한다는 전갈(傳喝)을 받았다. 특사는 호박(琥珀)의 아름다운 끈을 늘어뜨린 3품 벼슬의 문관이었다. 주민을 대하는 행동으로 보아 교만하기 짝이 없고, 야만적인 오만함이 있었다. 우리와 회담하도록 조정에서 임명된 우(Woo)라는 관리가 그 뒤를 따랐다. 그는 아주 사람이 좋게 보였고 깨끗하고 우아하게 옷을 입었지만 그의 질문은 갈팡질팡하였다." Gützlaff 일기, G67)

나. 8월 5일 조정 특사 일행과의 2차 만남

8월 5일 귀츨라프 일행과 애머스트호 배 안에서 다시 면담하였다. 이에 대하여 귀츨라프는

"역관 오계순(Woo)의 질문은 조리가 서지 않아 답변하기가 매우 곤란하였다. 그는 모든 선원들이 가진 트렁크의 조사와 배에 선적한 짐 전부를 조사하여야 한다고 고집하였다. 이에 대하여 귀츨라프는 선원들의 짐 조사는 승낙하지만 배에 선적한 모든 화물을 조사하려면 이 물건을 살 수 있는 10만 불($)을 가지고 오면 응하겠다고 조건을 달았다. 오계순은 우리가 이곳까지 오는 동안 통과했던 국가들의 목록 작성도 요구하였다. 영국에는 언제 돌아가며, 또 언제 다시 오는지에 대하여도 질문하였다." Gützlaff 일기, G69)

8월 5일 애머스트호에 승선하여 문정관으로 조사에 임한 3품 벼슬의 특사는 공충 병사(兵使) 정환종으로 추정된다. 그는 이때의 조사결과를 1832년 8월 9일(음력 7월 14일) 일성록에 "英吉利國船 問情馳啓"라는 제목으로 선적된 화물의 조사와 예물 등에 관한 4쪽의 보고서를 작성하였다. 따라서 그는 8월 2일 역관 오계순과 동행한 인물로 보인다.

다. 8월 7일 수군우후의 방문

8월 7일에 린제이와 귀츨라프가 천수만 조사를 위해 떠난 후에 수군우후(Old Kin)가 애머스트호를 찾아왔다. 귀츨라프 일행이 국왕에게 보낸 교역청원서와 예물, 그리고 그 동안 지방관리들이 받았던 선물을 모두 가지고 와서 되돌려 주려고 하였으나, 리스 선장이 이를 받지 않았다.

다음날 린제이가 그를 섬으로 찾아가 만났을 때, 그는 선물을 전달하겠다고 약속한 일로 인하여 자신의 신변이 매우 위태롭게 되었다고 하였다. 그리고 "머지않아 높은 자리의 고관이 도착하여 모든 일을 잘 처리할 것이다(In a very short time a mandarin of high rank will arrive, who will settle the whole business)."라고 하였다.[5]

3. 교역청원의 거부 및 국왕에게 드리는 경위서

가. 8월 9일 교역청원서 등의 반환 시도

1) 교역청원의 거부

역관 오계순은 귀츨라프 일행과 8월 3일과 5일에 두 차례 면담한 후 교역청원의 거부를 위한 최종 협상이 8월 9일 개경에 정박한 애머스트호에서 있었다. 공식회담에는 공충수사, 수군우후, 홍주목사와 함께 4인이 참석하였다. 영국 측에서는 린제이와 귀츨라프 선교사가 참석하여 6자 회담 성격이 되었다.

회의에서는 교역청원에 대한 거부 통지와, 거부 통지의 부적절성에 대한 반론이 제기되었다. 이 부분에 대하여 8월 9일 린제이 보고서에는 다음과 같이 기록되었다.

"8월 9일, 우리는 오래 기다리던 특사의 공식적인 방문을 받았다. 특사는 우리의 통상 요청에 대한 결정(회답)을 가지고 왔다. 특사는 수군우후(김), 수사(장군), 홍주목사(이)가 동행하였다. 홍주목사는 지난 10일 동안 보이지 않았는데, 아마 수도에 갔던 것 같다. 특사의 성명은 오계순이며 약 40세 정도의 중국 비단옷에 우아한 차림이었다." Lindsay Report, L66, L67)

여러 의례 형식과 인사 소개가 있은 다음 고관들은 선실로 안내되었다. 갑판 위에는 조선 측 요청으로 카펫을 깔았다. 이때 대화가 있었는데 나는 한자로 한마디 한마디를 기록하였다. 그 내용은 조선인들의 진실성의 결여(무관심)에 관한 부분과, 조선 조정이 외국인들과의 교역을 거부한 내용이 포함되었다. 이 대화는 특사 오계순이 주도하였다." Lindsay Report, L66, L68)

8월 9일 조정의 특사와 귀츨라프 일행간의 회담 내용에 대하여 귀츨라프는 구체적으로 다음과 같이 기록하였다.

"우리는 마침내 조정에서 보낸 특사와 선상(船上)에서 만나게 되었다. 특사는 우리에게 정중하게 인사말을 한 다음 "당신들의 통상교역 청원과 선물을 받는 것은 비합법적이다. 당신들이 이일을 맡긴 두 고관도 비합법적인 잘못된 처사로 문책을 받지 않을 수 없게 되었다. 그러므로 이 일 자체가 불법이므로 국왕께 청원서와 선물을 전달할 수 없으므로 이를 되돌려 주는 것이다. 우리나라는 중국의 속국(dependent state of China)으로 중국 황제의 명령 없이는 아무것도 할 수 없는 것이 우리의 법이다. 따라서 우리는 외국인과 교섭을 한 전례가 없었는데 지금이라고 어떻게 그것을 감행(敢行)할 수 있겠느냐"고 하였다. Gützlaff 일기, G74)

조정 특사 오계순의 발언에 대하여 귀츨라프 선교사는 다음과 같이 반론을 제기하였다.

"우리가 반문할 차례가 되어 왜 조정의 회답을 핑계로 우리를 오래 기다리게 하다가 이처럼 우리의 떠남을 늦게 했느냐고 물었다. 조선이 중국, 일본 등 이외의 외국과 어떤 교섭이나 통상을 해본 일이 없다는 것은 사실이다. 그러나 우리가 여기에 온 목적은 이들 나라들처럼 조선과 영국의 공동 이익을 위하여 교섭하러 온 것이다. 더욱이 조선은 중국의 속국이 아니라 그저 공물(供物)만 바치고 있다. 조선 스스로 국법이 있으니 결코 중국 황제의 명령에 따를 필요가 없다. 난처한 외국인의 요구를 직접 거절하기가 거북하다하여 공직자가 자기 나라를 그토록 비하(卑下)하는 것은 자기 나라의 명예를 손상시키는 것이라고 지적하였다. 이 같은 우리의 지적이 그의 아픈 곳을 찔렀던지 외국인 면전에서 스스로 부끄러워하며 두 번 다시 조선이 중국의 속국이라는 것은 필담에 나타내지 않았다." Gützlaff 일기, G75)

이 같은 교역협상의 결렬에 대하여 귀츨라프는 매우 아쉬워하였다. 그동안 한국에서의 노력이 시간 만 낭비하여 매우 유감스럽다고도 하였다.

"우리가 정박하고 있는 동안 드나들던 고관들의 행동은 전혀 일관성이 없었다. 처음에 우리가 항구 아닌 곳에 정박한 것을 걱정하여 안전한 항구로 인도해 주었다. 또 우리를 위해 보급품도 공급해 주었다. 그리고 우리가 체념하려고 돌아가려고 하였을 때 그들은 좀 더 기다려 조정의 답변을 받도록 간청하였다. 그런데 이제 와서 우리의 청원을 국왕에게 보고하지도 아니하였다고 하니 어처구니가 없다. 아무 목적(성과)도 얻지 못하고 시간만 낭비하였다는 사실이 유감스럽다." ^{Gützlaff 일기, G76)}

나. 국왕에게 드리는 경위서

린제이는 자기들에 관련된 사안에 대한 진실과 정확한 설명을 국왕에게 전달하여 해명이 되도록 하기 위하여 8월 10일 귀츨라프로 하여금 한문으로 문서를 작성하고 영어로도 만들고, 사본을 네 개 만들어 8월 11일 아침에 교역청원서와 예물을 반환코자 가지고 온 오계순, 공충수사, 수군우후, 홍주목사에게 각각 주었다.

한문으로 쓴 것의 제목은 "호하미여조선관원서(胡夏米與朝鮮官員書)"이고 영어 제목은 "A Memorial for the Inspection of the King" 이다.[6]

상당히 긴 글이지만 전체적인 상황을 파악하기 좋은 것임으로 아래에 수록하였다.[7]

공자는 "친구가 멀리서 찾아오면 즐거운 일이 아닌가? (有朋自遠方來 不亦樂乎)" 하였습니다. 영국 선박이 수 만 리 떨어진 곳에서 서한과 예물을 싣고 찾아왔는데, 당신들은 이를 기뻐해서는 안 되는 것입니까?

우리 영국인들이 귀국의 변방인 장산에 도착했을 때, 우리는 평민들만 만났을 뿐 어떤 관리도 교섭할 수 없었습니다. 그래서 우리는 거기에 머무르지 않고 녹도동소도로(고대도)로 갔습니다. 거기서 관리들이 우리를 찾아와서 Gan-keang으로 들어가게 했습니다. 거기서 우리는 '김(수군우후)'과 '이(홍주목사)'라는 관리들을 만나 우리의 서한과 예물을 전하고 그것을 국왕전하께 보내달라고 정중하게 요청했습니다. 그들은 이것을 약속했습니다. 우리가 오랫동안 바다에 머물렀기 때문에 우리에게 필요한 물품을 공급해달라고 요청했습니다. 관리들은 그렇게 하겠다고 약속했습니다. 며칠 후 연락관들이 배로 찾아와서 서한과 예물이 수도로 발송되었다고 알려왔습니다. 우리가 어떻게 의심할 수 있었겠습니까? 위임받은 관리들이 계속 찾아와 우리 배에 관한 특별한 사항을 조사했고, 우리나라와 관련된 여러 가지 일을 물었습니다. 관리들은 이것이 국왕전하께 보고할 정보라고 말했고, 명확한 답신이 내려올 것이라고 했습니다. 그들은 떠날 때마다 우리의 청원에 대한 답변을 조용히 기다리도록 우리에게 지시했습니다. 이제 수석역관인 오대인이 우리 배로 찾아와서 다음 사항을 전해주었습니다.

첫째, 조선은 중국의 속국이며 중국 황제의 명령에 복종해야 한다.
둘째, 이 나라의 법은 중국을 제외한 모든 외국인과 교섭하는 것을 금지하고 있음으로 관리들은 감히 국왕 전하께 그 내용을 보고할 수 없다.

첫 번째 사항은 오류입니다. 당신들은 자국의 지위를 공연히 낮추고 있습니다. 조선왕국은 그 자신의 법률과 자신의 국왕에 의해 통치되고 있다는 것을 우리는 잘 알고 있기 때문입니다. 조선은 결코 외국통치자의 명령에 복종하지 않습니다. 중국의 통계 문서에 따르면, 조선과 샴(태국)은 조공국일 뿐 그 이상은 아닙니다. 그러나 코친차이나(베트남)과 샴은 조선과 마찬가지로 중국에 조공을 바치고 있지만, 우리는 이들 나라와 통상관계를 유지하고 있습니다. 왜 조선과는 이것이 안 되는 것입니까? 일본은 외국인이 아닙니까? 그러나 여러분은 중국을 제외한 모든 외국과 무역하는 것은 불법이라고 주장합니다. 고관들은 자신들이 이를 감히 보고할 수 없다고 말합니다. 그러나 귀국의 수도는 그리 멀리 떨어져 있지 않기 때문에 외국 선박이 도착했다는 이례적인 상황에 대한 소문을 국왕 전하께서 들은 적이 없었다는 것은 납득하기 어렵습니다. 그리고 만일 국왕 전하께서 이 소식을 들었는데도 관리들이 그 상황을 보고하지 않았다면 더욱 이상한 일입니다.

예물에 대하여 말하자면, 여러분은 처음에는 공식적으로 받았지만, 그 뒤로는 아무런 격식도 차리지 않고 그것을 거절했습니다. 그러한 행동은 가장 선량한 의도로 찾아온 이방인들을 모욕하는 일이며, 모든 예의범절을 무시하는 것입니다. 관리들이 국왕 전하와 의논하지도 않고 자신들의 책임 아래 그런 행동을 했다고 주장한 오대인(조정특사)의 경우는 더욱 그렇습니다.

우리는 관리와 주민들에 대해 우호적인 감정을 품고 있습니다. 우리는 어떤 악의적인 의도도 없습니다. 그런데 왜 여러분의 적인 것처럼 의심을 품고 우리를 대합니까? 우리가 물으면 여러분은 대답을 거절합니다. 우리가 마을로 들어가는 것을 금지하고, 사람과 대화하는 것도 어떻게든 막으려고 합니다. 어제는 우리 배를 방문했다는 이유만으로 죄 없는 사람들이 처벌받았습니다. 우리는 이것이 우리를 모욕하는 일이라 생각하지 않을 수 없습니다. 우리는 호의를 증명하기 의해 여러분들에게 교육적이면서도 재미있는 천문학, 지리학 그리고 역사에 관한 논문을 포함한 여러 서적을 주었습니다. 그리고 우리의 종교적 교리와 참된 하나님과 예수의 계시를 담고 있는 책자들도 주었습니다. 이 책들을 마음씨 고운 사람들이 주의 깊게 읽어본다면 매우 유용한 가르침을 담고 있음을 알게 될 것입니다.

공자는 "사해의 모든 인류는 형제다(四海地內 皆兄弟也)"라고 했습니다. 당신들은 이 가르침을 존중합니다. 그러나 당신들이 이에 따라 행동한다면, 어떻게 외국인과의 통상을 금할 수 있습니까? 아마 외국인과 주민들이 거래하는 것이 오랜 관습과 법을 위배하는 일이라고 말할지도 모릅니다. 여러분들의 관습과 외국의 관습을 비교해보아 어느 것이 더 좋은지 살펴보는 것이 좋지 않습니까? 그래서 만일 여러분의 관습이 가장 좋다면 그것을 유지하고, 그렇지 않다면 어떤 변화를 시도하는 것이 유리할 것입니다.

아마 여러분은 "우리나라는 가난한데, 어떻게 당신들과 교역할 수 있겠는가?"라고 할지도 모릅니다. 이 점에 대해서 우리는 다음과 같이 답합니다.

이곳에서 우리나라 사람들에게 교역을 허락하면 금과 은이 이 나라로 흘러들 것이고 정부의 수입은 늘어날 것이며, 국가의 부와 번영은 급속히 증대할 것입니다. 이런 이유로 중국과 일본은 외국무역을 장려합니다. 왜 여러분들은 이웃나라의 좋은 사례를 따르지 않습니까?

결론적으로 오 대인의 주장에 따르면, 고관인 김과 이는 늙고 우매하였습니다. 그들의 무지와 과오 때문에 우리가 이곳에 억류된 것입니다. 귀국과 우리나라 양국은 모두 노인이 존경을 받아야 한다고 가르칩니다. 이 두 관리는 경험이 풍부하고 국법을 잘 알고 있기 때문에 당국의 허가 없이 그렇게 행동하지 않았을 것입니다.

우리 외국인들이 여러 나라와 교역해 온 경험으로 보아, 이곳만큼 제약과 비밀이 많은 곳은 보지 못했습니다. 이는 무익한 일입니다. 왜냐하면 우리는 귀국의 지도와 귀국의 고대사와 관습에 대한 책을 가지고 있기 때문입니다. 이곳에 도착한 이후 우리는 근처 여러 곳을 방문했습니다. 어디서나 몇 안 되는 가난한 주민들이 비천한 오두막에서 사는 것과 나무와 숲은 풍부하지만 경작지는 거의 없는 것을 보았습니다. 이 나라와 이웃 왕국 사이에는 너무나 큰 차이가 있습니다. 이것은 외국과 교역하는 것을 금지하고 차단하는데서 비롯된 것으로 보입니다. 이런 관습이 지속되는 한 이 나라는 이웃나라보다 번영하고 발전하기를 기대할 수 없습니다.

마지막으로, 앞으로 어느 영국 선박이 식량이 필요하여 이곳에 당도한다면 지체 없이 공급해 주시기를 간절히 바랍니다. 불행을 당한 영국선박이 귀국의 해안에 난파하게 되면 선원들의 목숨을 구해주고, 따뜻하고 친절하게 대우하고, 그들을 북경으로 보내 거기서 본국으로 돌아갈 수 있게 해주시기를 간절히 바랍니다. 그렇게 하신다면, 자신의 백성들의 생명을 소중히 여기는 대영제국의 황제께서 여러분에게 큰 은혜로 보답할 것입니다. 어떤 경우일지라도 이런 선행을 베풀어 주시길 진심으로 바라는 바입니다. 우리는 이제 아무 보람도 없이 시간만 허비한 채 이곳을 떠나려 합니다. 여러분 모두의 번영과 행복을 기원합니다.

胡夏米 [Hugh Hamilton Lindsay]
甲利 [Karl F. A. Gutzlaff]
도광 12년 음력 7월 15일[1932년 8월 10일]

다. 식량의 무상 공급

식량의 공급 부분과 관련하여 귀츨라프는 8월 11일 일기에 다음과 같이 기록하였다.

"우리가 요구한 보급품(식량)을 조달하는데 큰 어려움을 겪고 있다는 소식을 들었다. 여하튼 우리는 식량을 공급하여주어 만족하였다. 대화 끝에 우리는 특사에게 한문으로 그들의 과오(거짓)를 낱낱이 기록하고 이 같은 모욕은 참을 수 없다는 강경한 서면을 특사 앞으로 써 보냈다. 이 같은 항의는 바라던 효과가 나타났다. 그들은 겸손해져 8월 9일 회의에서의 언행을 사과하였다. 조정에서 파견된 오계순은 용기를 잃어버렸다. 그는 지나치게 설쳤는데 이제 자신의 잘못을 사과할 길이 없다고 과실을 자인하였다." Gützlaff 일기, G80)

식량을 조달해 준 내용에 대하여 그 품목과 수량이 순조실록에 자세하게 기록되어 있다.

저들이 식량, 반찬, 채소, 소, 닭, 돼지 등의 물목(物目)단자 한 장을 써서 내면서 요청하였기 때문에, 소 2마리, 돼지 4마리, 닭 80마리, 절인 물고기 4담, 갖가지 채소

20근, 생강 20근, 파뿌리 20근, 마늘 20근, 고추 10근, 백지 50권, 곡물 4담, 맥면 1담, 밀당 50근, 술 100근, 입담배 50근을 들여보내주었다. (1담은 60kg) 純祖實錄, K12, 1832년 8월 16일, 음력 7월 21일)

라. 재난구조 협조 요청과 수용

조정 특사의 실책으로 입지가 약화된 조선 측은 재난구조의 요청에 대해서도 일방적으로 영국선박에 유리한 조건을 수용하였다. 즉, 조선 근해에서 영국의 선박이 재난을 당하면 구조해 달라는 상대방 요구를 전폭적으로 수용하였다.

영국선박 조난 시 재난구조 협조 과정에 대하여 귀츨라프는 8월 11일 일기에 다음과 같이 기록해 놓았다.

"우리는 만약 영국 선박이 조선 해안에 표류해오면 즉시로 그 배에 필요한 양식을 보급해 준다는 약정을 하자고 요구하였다. 그들은 이에 대하여 일체의 대가를 받지 않는다는 조건으로 곧 동의하였다. 또한 조선 해안에서 영국 선박이 난파했을 경우 조난당한 선원을 구제하여 북경(北京)으로 송환해 달라는 요청에도 동의하였다." Gützlaff 일기, G81)

귀츨라프 일행은 또, 공충수사를 만나 "만약 영국선박이 이곳에 들리면 인도적으로 대하고 식량도 충분히 공급해 달라"고 재차 요청하자 전적으로 동의하고 우리의 정중한 작별 인사를 받았다. Gützlaff 일기, G84)

마. 8월 11일 오계순 등의 내방

조정의 특사 일행 4명은 8월 11일 다시 개갱에 정박하고 있는 귀츨라프 일행을 찾아갔다. 이때 이미 받았던 교역청원서와 예물도 되돌려 주려고 가지고 갔으나 귀츨라프 일행은 그것들을 배위로 가지고 올라오는 것조차 거부하였다.

그리고 공식적인 문서가 수반되지 않는 한 차라리 선물을 되돌려 받는 것을 포기하기로 결심하였다고 하였다. 결국, 외교 경험이 없는 조선정부의 무능한 관리가 매끄럽지 못한 서툰 발언으로 외국인에게 좋지 못한 인상만 준 결과가 되었다.

이 부분에 대하여 8월 11일 린제이 보고서에는 다음과 같이 기록되었다.
"8월 11일 아침 일찍 4명의 고관들이 우리가 제출한 편지(교역청원서)와 예물을 다시 가지고 배로 왔다. 나는 이들에게 경위서 사본을 한 장식 나누어 주었고 이들은 그 내용을 주의 깊게 읽었다. 장군(공충수사)은 매우 영리한 사람이었으며 몇 구절을 소리 내어 읽고 여기에 대한 평을 하였다. 그는 내용에 대하여 불쾌하게 생각하는 것 같지 않았다." Lindsay Report, L69

반면에 오계순은 걱정을 많이 하고 긴장한 것처럼 보였다. 특히 배의 현문(舷門)에 있는 보초가 예물을 배위로 가지고 오는 것을 거절하자 더욱 긴장한 것 같았다. 그의 간절한 청에 대하여 나는 이미 의사 표시를 분명히 하였으며 공식적인 문서가 수반되기 전까지는 그것을 거부할 것이라고 하였다. Lindsay's Report, L70

나는 솔직히 이 문제에 대하여 이미 결심을 분명하게 하였기 때문에 이것이 그렇게 빨리 거부되지 않기를 바랐다. 그러나 결과는 그와 반대였기 때문에 나의 말을 반복하는 것보다는 차라리 선물을 되돌려 받는 것을 포기하기로 하였다." Lindsay Report, L71

4. 천수만 조사 및 정박지 인근의 성채 답사

가. 8월 7일 천수만의 탐사

귀츨라프 일행은 간갱(개갱)에 정박하면서 1832년 8월 7일 아침, 밀물이 들어올 때 종선(從船)을 타고 북서 방향으로 이동하여 천수만(淺水灣) 일대의 해양 형태를 탐사하였다. 이때 간월도(看月島)와 창리(倉里) 등에 상륙하였고, 창리에서는 전도 문서를 나누어 주었다.

귀츨라프 일행의 탐사 경로는 <그림 7-2>과 같으며 8월 7일 밤에는 바다에서 정박하여 밤을 보내고 8월 8일 아침에 간갱(개갱)으로 되돌아 왔다.

귀츨라프 선교사는 8월 7일 일기에서 "지도(Jesuits' charts)에 표시된 만(bay)이 반도 내륙으로 얼마나 깊게 들어가 있는가를 정확하게 탐사하고자 종선을 타고 항해하였다"고 하였다. 이 기록은 천수만의 탐사 목적과 항해 과정을 상세하게 기록하였으나 상륙한 지명은 밝히지 못했다.

"지금 우리가 정박하고 있는 만(灣)이 내륙과 얼마나 떨어져 있는가를 정확히 탐사하기 위하여 우리는 종선으로 옮겨 탔다. 예수회 지도에 의하면 반도(半島)의 내륙지방으로 꽤 많이 들어간 것으로 표시되었기 때문이다. 좁은 해역을 얼마 들어가지 않았는데 만은 점점 넓어졌다. 마을은 드물었으며 경관은 아주 거칠게 보였다. 북서 방향으로 계속 항해하니 이곳의 만은 더욱 넓게 전개되었다. 언덕으로 상륙하여 사방을 둘러보아도 어디가 어디인지 분간할 수가 없었다." Gützlaff 일기, G71)

린제이 보고서에도 천수만 일대의 탐사 과정에 대하여 귀츨라프 일기와 유사한 내용으로 기록되었다. 다만 여기에는 탐사한 지명을 "마아저리뱅크스

<그림 7-2> 천수만 옛 지도

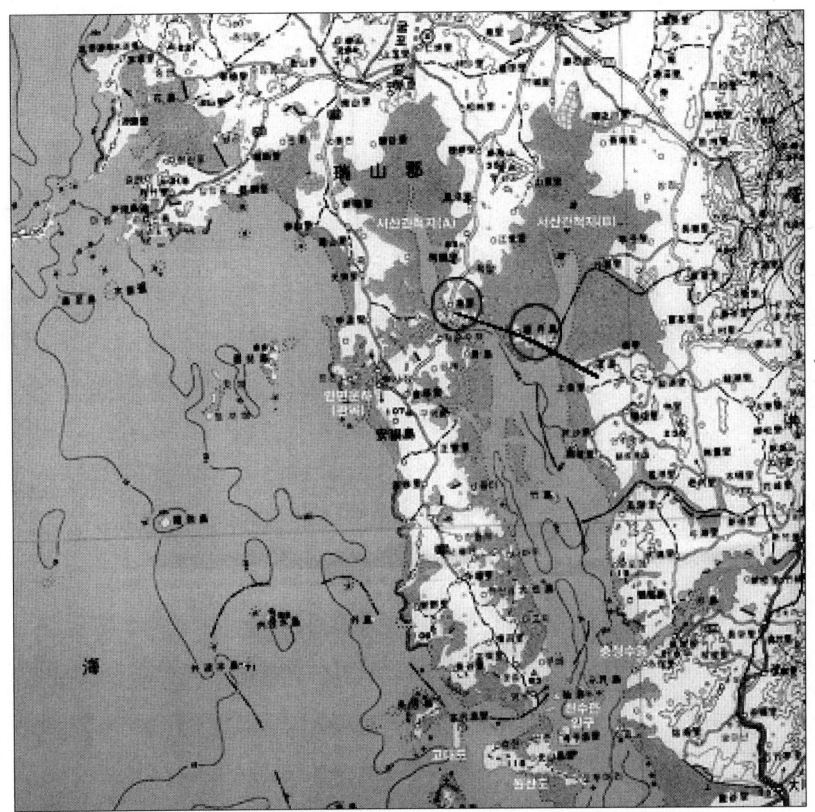

자료: 국토지리정보원. (1965년 2월) 귀츨라프 일행이 1832년 8월 7일 개갱을 출발하여 간월도와 창리 등 본토에 상륙한 부근의 위치도이다. 이 지역에서 복음과 성서를 전하고 안면운하까지 답사하였다. 현재 서산 간척 사업으로 상당부분이 육지화 되었다.

(Marjoribanks)"라 하였다. 그리고 이 지명의 유래는 그가 소속된 동인도회사 회장의 이름을 딴것이라고 하였다.^{Lindsay Report, L55)}

린제이는 1832년 8월 7일 당시의 천수만과 그 배후지에 대하여 항해기(Extract from Journal)에 다음과 같이 기록해 놓았다.

"오전 8시 반 우리는 새로 불어오는 서남풍을 받으며 출항하여 힘찬 밀물과 함께 빠른 속도로 항해하였다. 우리는 만의 서쪽을 따라 항해하였다. 그곳은 수많은 아름다운 초록색 작은 섬들이 있었다. 대부분이 농경지로 경작되어 사람들이 살고 있었다. 마을의 모습들은 거의 같았으며 모두 높은 울타리로 둘러싸여 있었다. 독립가옥의 경우에도 같았으며 오직 보이는 것은 초가지붕 뿐이었다. 서쪽 방향에는 좋은 소나무 숲으로 빽빽이 들어차 있었다. 많은 나무들은 둥근 재목감으로 적합하였다. 용재림(用材林)으로 재질(材質)은 최상이었다. Lindsay Report, L56)

우리의 항로는 하나의 만으로부터 다른 만으로 계속 진행되었다. 삼림(森林)의 모양은 아름다운 초록색으로 경관을 이루고 있었다. 산 아래 쪽에는 보통 하나의 마을이 자리 잡고 있었다. 우리가 만을 거슬러 올라가자 그 폭은 점점 넓어 졌다. 만의 입구에서는 폭이 8km(5마일) 정도였다. 그런데 16km(10마일) 정도 올라가니 그 폭은 거의 두 배가 되었다. 만의 수심도 다양하였다. 만에는 모래톱과 바위가 많이 있었다. 이 만을 적절하게 조사한다면 어떤 규모의 선박도 접근이 가능할 것으로 보였다. 상태가 좋은 바다(海床)의 깊이는 14~21m(8~12 fathoms) 정도로 확인할 수 있었다. Lindsay Report, L57)

만의 입구로부터 약 27km(16~18마일) 위치에서 둘로 갈라져 커다란 두개의 만으로 형성되어 있었다. 서쪽은 육지로부터 뻗어 나온 긴 섬 사이에 형성된 운하(narrow passage)가 있었다. 우리는 서쪽 해안을 따라 갔으며 우리의 목적 중의 하나는 이 만을 형성하고 있는 땅이 섬인지 아닌지를 확인하는 것이었다." Lindsay Report, L58)

순조실록에도 8월 7일 귀츨라프 일행이 천수만 일대에서 활동하였다는 기록이 있다. 여기에는 출항(出航) 시간, 항해 방향, 정박한 지명 등이 기록되었다.

이번 8월 7일(음력 7월 12일) 묘시(卯時)에 종선을 타고 북쪽으로 항해하였다.

또 모양이 이상한 작은 배 한 척이 서산의 간월도 앞 바다로부터 태안의 수군이 있는 창리 앞 포구에 도착하여 정박하였다. (以今十二日卯時 乘從船往北方 有異樣小艇一隻 自瑞山看月島前洋來泊泰安舟師倉里前浦) 純祖實錄, 1832년 8월 17일, 음력 7월 21일, 卯時는 오전 5~7시 사이)

위와 같은 여러 기록들을 종합할 때 귀츨라프 일행은 1832년 8월 7일 '마아저리뱅크스' 즉, 천수만(淺水灣, Shoal gulf)을 탐사하였다는 사실이 입증된다.[8]

'마아저리뱅크스'가 천수만이라는 근거는 린제이 보고서에서 확인할 수 있다. 예를 들면 "8월 7일 탐사를 시작한 만의 입구의 폭은 약 8km(5마일) 정도였으나 16km(10마일) 정도 거슬러 올라가니 그 폭은 거의 두 배가 된다. 그리고 만의 입구에서 약 27km(16~18마일) 더 진입한 위치에서는 만이 둘로 갈라져 있었다."고 하였다.

이 같은 기록을 종합 검토한 결과 국토지리정보원에서 제작(2006년)한 지도 등과 대부분 일치하였다. 특히 저자도 만(bay)이 둘로 갈라져 있다는 위치에 대하여 현장을 답사하였다. 그 결과 만(灣) 하나는 서산시 부석면 창리의 돌출 부분에서 동쪽으로 홍성군 서부면 궁리 사이의 구간을 확인하였다. 그리고 또 다른 한 개의 만은 창리에서 서쪽으로 태안군 남면 신온리까지 구간으로 확인되었다.

그러나 이들 두개의 만은 1984년 대단위 간척사업 시행으로 총 길이 7,686m(부남호: 1,228m, 간월호: 6,458m)의 방조제가 완성되어 4,064ha(부남호: 1,560ha, 간월호: 2,504ha)의 담수호가 조성되고, 10,191ha(부남호: 3,745ha, 간월호: 6,446ha)의 새로운 농지로 간척되어 있었다.

나. 안면운하 탐사

귀츨라프 일행은 태안반도의 안면운하 주변의 해양 상태도 탐사하였다. 그리고 이 곳이 서해로 통하는 운하(運河)가 있다는 사실을 확인하였다. 이 부분을 귀츨라프는 다음과 같이 기록하였다.

"결국 우리는 커다란 돌출 부분이 섬이며, 즉 바다로 흘러들어가는 물길에 의해 육지로부터 분리되었음을 알게 되었다. 만약 우리가 이곳에서 북동쪽으로 더 간다면 우리는 서울(首都)에 도착할 것이 확실하다. 그렇지 않더라도 최소한 몇 시간 안에 도착할 수 있는 지점까지 접근할 수 있을 것이다. 왜냐하면 고관들이 탄 모든 배들이 이 방향에서 오기 때문이다. 지방관들에게 우리가 수도에 가까이 갔었느냐고 물었을 때 처음에는 그렇지 않다고 하였지만 얼마 후 사실이라고 시인하였다." Gützlaff 일기, G73)

"우리가 머물던 높은 언덕에서 우리는 서쪽 방향으로 넓은 바다를 볼 수 있었다. 만의 서쪽 방향에 길게 뻗어 있는 곶(串, point) 부분이 육지로부터 운하에 의하여 분리된 것을 볼 수 있었다. 산과 나무숲은 이곳에서 끊어지고, 반대편에는 경작지와 약간의 나무가 있었다.

서쪽 방향의 만은 12km(7~8마일) 정도 뻗어 있었다. 우리는 동쪽 부분의 끝은 볼 수 없었다. 계속 북북동 방향으로 뻗어 있었다. 만약 지도상의 서울(首都)의 위치가 정확하다면 이 만(첫 번째)은 서울로 약 130km(80마일)까지 이어져 있어야 할 것이다. 우리는 관리들을 실은 모든 배들이 이쪽의 방향으로부터 오는 것을 관측할 수 있었다.

더 이상 시간여유가 없었기 때문에 언덕위에 모여 있던 주민들과는 접촉을 하지 못한 채 우리는 언덕으로부터 배로 돌아 왔다.

우리는 그 후 반대편 해안으로 건너와 상륙하였다. 우리가 본 작은 만이 바다와 통하는지를 확인하기 위한 것이었다. 여기 육지의 좁은 부분의 폭은 1.6km(1마일)가 되지 않았다.[9]

주민 몇 명을 만났는데 그들이 이야기하기를 길이가 약 32km(20마일)되는 큰 섬으로부터 이 섬을 분리시키는 운하(수로)가 있다고 하였다. 큰 섬의 폭은 9 km(6마일) 등으로 일정하지 않고 어떤 경우에는 2km(1~2마일) 되는 경우도 있다고 하였다. 주민들의 말로는 그곳은 밀림이며 호랑이도 있다고 하였다.

밀물이 들어와 우리는 귀항하기 시작하였으나 바람이 반대편으로 불고 있었기 때문에 우리는 16km(10마일) 이상 속도를 낼 수 없었다. 만의 중앙에 있는 여러 섬이 모여 있는 곳의 해안에서 정박하고 밤을 보낸후 다음날 6시에 애머스트호로 돌아왔다."

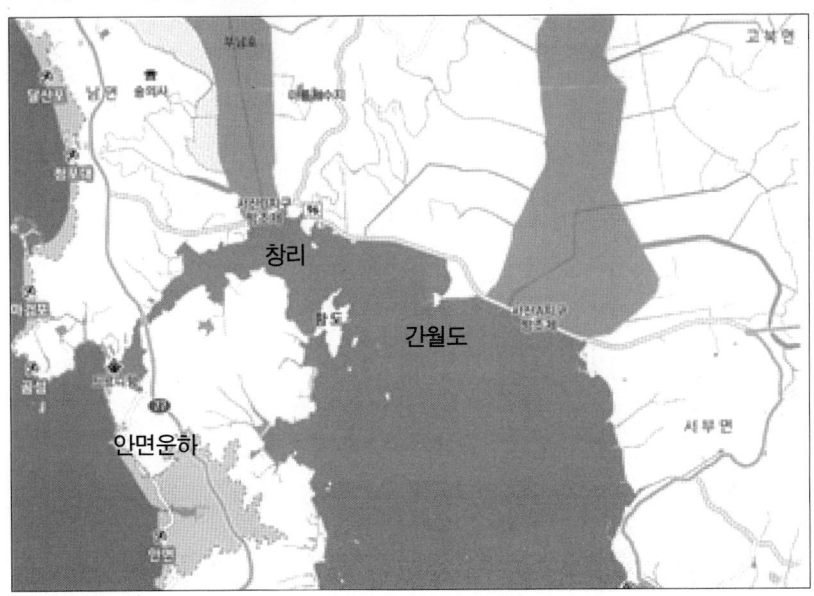

<그림 7-3> 창리, 간월도 및 안면운하

그리고 8월 8일 새벽에 간갱(개갱)에 돌아왔을 때는 지방관리들이 물으니 "8월 7일 (음력 7월 12일 卯時)에 종선을 타고 북쪽으로 갔다가 바다 가운데에서 밤을 새우고 8월 8일 (음 13일) 날이 채 밝지 않은 시간(未明)에 돌아왔고, 같이 간 사람은 7명이고 책자 4권을 주었으나 받은 사람의 이름은 알지 못한다"고 대답하였다. 純祖
實錄, 1832년 8월 16일, 음력 7월 21일)

다. 8월 7일 간월도와 창리에서의 활동

귀츨라프 일행은 8월 7일 서산시 부석면에 소재한 창리를 비롯하여 태안군에 위치한 남면의 안면운하 부근에 상륙하여 이 지역 주민들에게 복음을 전하고 책자를 나누어 주었다는 기록이 있다.

첫째, 창리 등에서의 선교에 대하여 귀츨라프 일기에는 다음과 같이 기록하였다.

"대체로 이곳 주민들은 조심성이 많은 편이다. 우리를 만나기만 하여도 그들은 곧바로 서둘러 피하여 버렸다. 그러나 맞은 편 해안에서는 우리 일행에게 찾아와 우리가 주는 몇 권의 책을 기쁘게 받았다." Gützlaff 일기, G72)

한편 순조실록에도 간월도와 본토 선교 과정에서 전도 책자를 배포하였다는 자세한 기록이 있다. 즉

"8월 7일(음력 7월 12일), 이양선 한 척이 서산의 간월도 앞 바다로부터 태안의 수군 주둔지 창리 앞 포구에 와서 이 마을 사람들을 향하여 지껄이듯 말하며 (복음을 전하며) 물가에서 책자를 나눠 주고 이양선을 돌려 돌아갔다. 이때 마을사람들에게 준 책자는 모두 4권인데 이 중 2권은 표지를 합하여 각각 7장이었다. 또 한권은 표지를 합하여 12장이었으며 또 한권은 표지 없이 겨우 4장뿐이었다."라고 하였다.

(又於七月十二日 有異樣小艇一隻 自瑞山看月島前洋 來泊泰安舟師倉里前浦 向本里民人 作語 投諸冊子於洲邊 仍卽回船以去 而所投冊子 合四卷內 二卷幷匣各七張 又一卷幷匣爲十二張 又一卷無匣 而只爲四張云) ^{純祖實錄, 1832년 8월 16일, 음력 7월 21일}

저자는 귀츨라프 일행이 방문했던 창리와 간월도 등의 행적지를 답사하였다. 그러나 이곳은 대단위 간척사업으로 지형이 너무 많이 개조되었다.

첫째, 주사(舟師) 창리의 경우에는 현재 충청남도 서산시 부석면에 속하고 있으며, 이 마을은 천수만의 해안 평지에 자리잡고 있었다. 서해와 통하는 안면운하와 가까운 곳에 위치하여 있고, 운하의 기능은 상실되어 있었다. 주사 창리 지명 유래는 조선시대 수군이 주둔하고 있었기 때문이며, 이 마을 지명을 창리, 창말, 창촌 이라고도 부른다.[10]

귀츨라프가 8월 7일 상륙한 간월도
귀츨라프 일행이 1832년 8월 7일 답사한 간월도이다. 이때 창리등 본토 내륙에도 상륙하여 선교활동을 하였다. 저자 촬영.

둘째, 간월도의 경우 창리의 현황과 유사하였다. 행정구역은 서산시 부석면 간월리로 편입되어 있다. 이곳은 귀츨라프 일행이 상륙했던, 조선시대에는 천수만 안에 있는 아주 작은 외딴섬에 불과하였다. 그러나 현재 이곳은 섬이 아니라 육지와 연결된 본토(本土) 기능을 가지고 있었다.

이는 대단위 서산(A지구) 간척사업이 시행되어 1984년 3월부터 육지로 전환되었기 때문이다. 간월도를 중심으로 남동쪽과 북서쪽에 2개의 방조제 총 길이 6,458m(1조: 3,316m, 2조: 3,142m)로 가로 막아 천수만 북쪽의 바다를 육지로 바꾸어 놓았다. 2,504 ha의 담수호와 6,446ha의 농경지가 조성되어 새로운 평야가 형성되었다.[11]

이로 인하여 철새들의 먹이가 풍부해져 오늘날에는 유명한 철새의 도래지가 되었다. 이곳은 한국개신교 최초 선교사가 이곳에 와서 복음을 전한 선교 행적지로서 역사적 가치가 매우 큰 곳이다. 이곳에도 귀츨라프 기념사업이 진행되기를 기대한다.

라. 8월 10일 정박지 인근의 성채 답사

귀츨라프 일행은 1832년 8월 10일 오천성(鰲川城)을 답사한 것으로 추정되는바 그의 일기는 다음과 같다.

"우리는 정박지 근처에서 가장 큰 섬의 언덕에 올라가 그곳에 구축한 성(城)을 답사하였다. 이 성은 돌 벽으로 쌓았고 그 사이에는 흙으로 채워져 있었다. 그러나 총이나 어떤 다른 무기는 갖추지 않았다. 이곳은 잘 경작되고 있었으며, 사람들도 조밀하게 살고 있었다." Gützlaff 일기, G78

저자는 이곳이 어디인지 확인하기 위해서 충청해안의 가장 큰 섬으로 태안군의 안면도를 비롯하여, 홍성군의 홍주성 등에 이르는 본토 내륙을 광범위하게 조사하였다. 그 결과 보령의 오천성 형태가 귀츨라프 기록 내용과 상당히 일치한다는 결론에 도달하였다.

그 근거를 찾기 위해 먼저 오천성의 역사를 살펴보니, 오천성은 조선 초기 수군첨절제사(水軍僉節制使)의 군영으로 설치되고, 그 후 왜적의 침입에 대비하여 1509년(중종 4년) 이장생(李長生)에 의하여 축성이 시작되었다. 이 성은 고소성(姑蘇城)이라고도 불리는데 바다에 면한 곳에 서문을 만들고, 내륙의 산비탈로 통하는 곳에 남문을 만들었다. 동쪽 마을로 통하는 곳에 동문과 바다로 나갈 수 있는 북동문 등 사대문을 만들어 충청 수영(水營) 방어의 본진으로 구축하였다. 이 성은 당초 흙으로 쌓은 토성이었으나 후에 돌로 다시 석축(石築)하였다. 성의 형태는 중형식 성곽(中形式 城郭)으로 높이가 3m 정도이고, 둘레는 3km 정도이며 16년에 걸쳐 축성되었다고 전해진다.[12]

이 성은 임진왜란 이후 계속 쇠퇴하였고, 1832년 무렵에는 공충수사영(公忠水使營)이 소재하였으나, 1896(고종 33)년 7월 폐영(廢營)되었다. 현재 서문의 석문(石門) 등이 남아 있어 지방문화재 제10호로 지정되어 사적지로 보존되고 있다.[13]

이런 사실에 맞추어보면, 이곳이 다음의 이유로 오천성이라고 추정할 수 있다.

1) 당시 귀츨라프 일행이 활동할 수 있는 행동반경(行動半徑)에 한계가 있었다. 이때 이들이 답사 가능한 범위 내에 일정한 규모를 갖춘 성은 유일하게 오천성 뿐이었다.

2) 성(城)의 구조가 처음에 흙으로 쌓았다가 나중에 돌로 개축하였다는 기록과, 돌 벽으로 되어 있고 흙으로 채워져 있었다는 귀츨라프 선교사의 기록을 비교

한바 내용이 일치하였다.

3) 성 주위에 사람들이 조밀하게 살고 있었으며, 그동안 보아온 성 중에서 가장 잘 갖추어져 있다는 귀츨라프 선교사의 기록과 현장 조사와 증언 청취 결과 타당성이 인정되었다.

귀츨라프 일행이 오천성을 답사할 무렵 이 지역 주민들의 태도는 처음에 비하여 크게 달라졌다. 이전에는 수군우후를 비롯한 지방관과 주민들이 귀츨라프 일행에게 우호적인이고 친절하게 대해 주었다. 그러나 8월 2일 조정에서 파송된 특사(오계순)가 이곳을 방문한 이후 지역 주민들은 매우 배타적이고 적대적(敵對的) 모습으로 돌변하였다.

이 같은 태도의 변화 요인은 귀츨라프 일행이 요청한 통상 청원이 조정에서 거부되고, 이를 추진한 당시 공충수사, 수군우후, 홍주목사 등의 문책(問責)이 예상되었기 때문으로 분석된다.

또한 조정의 쇄국정책을 강력히 실현하려는 의지와 이에 따르지 않을 경우 주민들에게 형벌을 가할 것이라는 우려에서 취한 행동으로 보여진다. 이 부분에 대하여 귀츨라프 일기는 다음과 같이 기록이 있다.

"주민들은 우리를 보자 이 성을 답사하지 못하도록 경계하였다. 많은 주민들이 언덕까지 뛰어 올라 우리 일행을 둘러쌌다. 우리가 마을로 들어가려하자 그들은 빈틈없이 경호하고 몇 번이나 엉뚱한 길로 유도하였다. 이렇게 하도록 명령을 받은 것이 분명한 것 같았다. 처음에는 아주 우호적이었고 자기들 권한 안에 할 수 있는 모든 편의를 제공하였었다." Gützlaff 일기, G79)

<그림 7-4> 오천성의 배치도

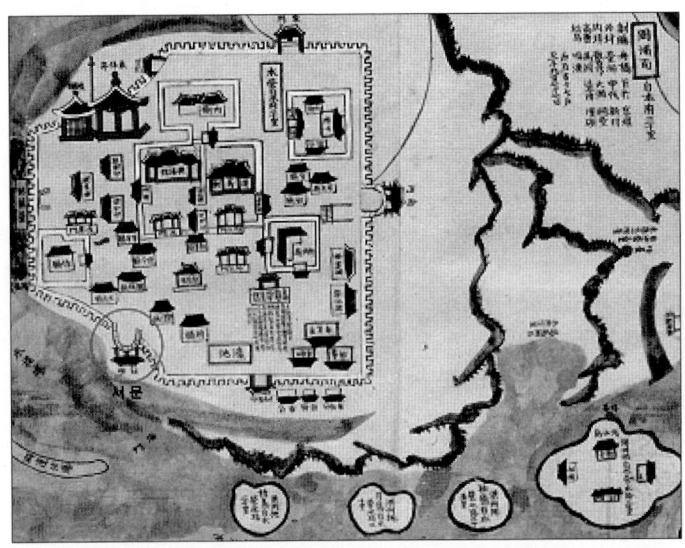

자료: 보령부 지도. 1872(규장각 소장) 공충수사의 본진 오천성의 구조와 관할 섬으로 원산진 등이 표시된 1872년 발행된 고지도이다.

오천성(서문) 보령시 지방문화재 제10호

5. 작별인사와 애머스트호의 퇴거

가. 8월 11일 관청(진촌) 예방

귀츨라프 일행은 7월 25일 충청해안의 간갱(개갱)(원산도)에 도착하여 8월 12일까지 19일간 체류하였으며, 조선 방문 기간 중 가장 오랜 기간을 이곳에 체류하면서 그들이 계획한 3대 목표사업을 추진하였다.

이들의 3대 계획 목표는

1) 린제이 함장을 중심으로 조·영간 통상교역을 청원하여 이를 실현하고자 최선의 노력을 경주하였다.

2) 귀츨라프 목사를 중심으로 조선 땅에 하나님의 영광스러운 진리의 씨앗을 뿌려 하나님의 자비가 임하도록 하고, 십자가의 도를 애써 전하여 이 땅에 광명의 아침이 찾아오도록 힘썼다.

3) 리스 선장(Captain Rees)을 중심으로 우리나라 서해안의 수심(水深) 측량과 해양 상태를 조사하여 동·서간의 문물 교류 통로의 길잡이가 되도록 해도(海圖)를 작성하는 일이었다.

그리하여 린제이가 추진한 통상교역의 청원은 조정의 쇄국정책과 중국의 영향권에서 벗어나지 못한 높은 벽에 걸려 당장에 효과를 거두지는 못하였다. 그러나 이것은 1884년 3월 8일 조·영 통상조약 체결의 역사적 배경이 되었다.

귀츨라프 선교사가 뿌린 하나님의 영광스러운 복음의 씨앗은 소멸되지 아니하고

자라서 우리나라 기독교 신앙 성장의 초석이 되었다. 리스 선장이 조사하여 작성한 해도는 동·서간 문물 교류와 조선 서해안 연구에 도움을 주었다.

귀츨라프 일행은 조정 특사로부터 통상교역 청원이 거절되자 더 이상 조선에 체류할 필요성이 없다고 판단하고 1832년 8월 11일 오후 작별인사차 진촌에 있는 관청으로 고관들(we visited the chiefs)을 예방하였다. 그들은 우리를 매우 정중하게 맞이하였으며 다시 한 번 그들이 원하는 것을 내가 들어 주도록 유도하려고 하였다.
Lindsay Report, L72)

나. 8월 12일 공충수사의 애머스트호 방문

"귀츨라프 선교사 일행이 8월 12일 아침 떠나려고 배를 잡아맨 것을 풀고 있는 동안 장군(공충수사)이 혼자 왔다. 군복이 상쾌한 인상을 주었으며 그의 신사다운 품격이 우리 모두의 존경과 선의의 대상이 되었다. 공충수사는 오늘(12일)은 이전처럼 과묵하지 않았으며 이러한 상황에서 우리와 헤어지는 것을 진정으로 섭섭해 하는 것 같았다. 그리고 필담으로 "그대들은 아주 먼 곳으로부터 우리에게 선물을 가지고 왔다. 그러나 우리는 그렇게도 가당치 않은 태도로 그대들을 대우하였다. 그러나 어찌 하리오. 그것이 우리의 법인 것을… 유감이다."라고 하였다. Lindsay Report, L73)

이때 공충수사와 작별 인사 과정에서 린제이는 다음과 같은 대화도 하였다.

"나(린제이)는 공충수사에게 왕궁에 중국인들이 있는지 물었다. 장군은 몇 명 있다고 대답하였다. 그렇기 때문에 중국인들이 간섭하여 국왕으로 하여금 우리와 어떤 관계도 맺지 못하도록 하고 있는지도 모른다."고 생각했다. Lindsay Report, L74)

린제이는 조선의 지난 역사를 인용하여 원나라가 우리나라 사람들에게 몽고인 스타일의 옷을 입고 머리까지 원나라 식으로 하도록 압제하는 것을 용기 있게 저항하고 요동까지 몰아낸 고려의 역사를 써서 보여주었다. 그리고 공충수사는 이것을 읽으면서 눈빛이 빛나고 몇 번이나 "그렇지"라고 하였다는 것이다. 이는 우리나라 역사에서 중국을 물리친 것을 말하는 것인데 린제이는 어디에서 이런 역사를 알고서 왔는지 궁금한 일이다. Lindsay Report, L75)

린제이가 공충수사를 비롯하여 수군우후와 홍주목사를 위하여 몇 박스의 술을 보내려고 하였다. 이때 공충수사는 거절하면서 진정으로 말하기를 "우리는 그대들을 그렇게 홀대하였는데 그대들은 우리를 친구처럼 대해주고 선물로서 대접하고자 한다. 감사! 감사!" 그리고 한때 그는 거의 울먹였다. Lindsay Report, L76)

그리고 린제이는 마지막 작별시에 공충수사에게 말하기를 " 조정(朝廷)의 행위에 대하여 아무리 우리가 유감으로 생각하더라도 우리는 장군과 그리고 우리에게 항상 우호적이고 친절했던 수군우후(Kin)와 홍주목사(Le)에 대하여 좋은 기억을 간직할 것이다"라고 말하였다. Lindsay Report, L77)

이 부분에 대하여 8월 11일의 귀츨라프 선교사 일기 내용은 다음과 같다.

"이제까지 배에 찾아온 고관 중에서 공충수사 만큼 예의바르고 분별 있게 처신한 사람은 없었다. 그는 항상 신중하였으며 질문에 대답할 때나 질문할 때 요령이 있었다. 관찰력은 정확하였으며 그가 반대하는 데는 반박할 수 없는 것이 있었다. 외국인이 자기 나라와 교역할 수 없는 것은 심히 유감스럽다고 말하면서 이는 관리(官吏)의 직권 밖의 일이고, 오직 국왕만이 교역 여부를 결정할 수 있다고 하였다. 이는 우리에게 새삼스러운 것이 아니다. 전제국가에서 군주의 의사는 곧 그 나라의 법이기 때문이다." Gützlaff 일기, G85)

다. 8월 12일 애머스트호의 퇴거

조선정부문서(순조실록)도 귀츨라프 일행이 1832년 8월 12일(음력 7월 17일) 충청해안에서 퇴거(退去)하였다는 사실을 기록했다.

조정에서 파송된 역관 오계순의 조사 보고에 의하면, 문서와 예물을 저들이 끝내 되돌려 받지 않으려 하여 여러 날을 서로 실랑이를 하다가 8월 12일(음력 7월 17일) 유시(酉時)에 이르러 조수가 물러가기 시작하자 저들이 일제히 떠들면서 우리 배와 매 놓은 밧줄을 잘라버린 뒤에 닻을 올리고 돛을 달고 서남쪽으로 향하여 곧장 가버려 황급히 쫓아갔으나 저들 배는 빠르고 우리 배는 느려서 뒤쫓아 따라붙지 못하고 문서와 예물은 결국 돌려 줄 수 없었다. (自京別定譯官吳繼淳 馳往問情 手本以文書禮物 彼人終不肯還受 屢日相持 至十七日酉時 潮水初落 則彼人輩一齊譁去我船之繼繩 擧碇揭帆 直向西南間而去 故蒼黃追往 則彼船捷利 我船質鈍 追之不及 文書禮物 竟不得還傳云) 純祖實錄, 1832년 8월 16일, 음력 7월 21일)

라. 해도(海圖) 작성

귀츨라프 일행은 서해안을 항해하고 체류하면서 리스 선장을 중심으로 수심측량과 해양상태를 계속 탐사하여 해도를 작성하였다. 그리고 1832년 8월 12일 충청해안(개경)을 떠나 제주도 방향으로 항해하면서도 해양 조사는 계속(2일간)하여 해도를 완성하였다.

이때 린제이는 해도의 작성에 대하여 다음과 같이 기록했다.

우리는 작별을 하고 남쪽을 향하여 항해하였으며 조선 열도를 벗어났다. 반도 외곽의 섬들을 가능한 한 정확하게 표시하기 위한 것이었다. 다행이 이틀간 날씨가 청명하고 바람도 약하게 불었다. 리스 선장이 작성한 해도는 그의 탐사 결과가 잘 나타나 있다. 장차 이곳 해안을 접근하는 항해자들에게 도움이 될 것이다. ^{Lindsay Report, L78)}

주

1) 備邊司謄錄, 1832년 8월 1일(음력 7월 6일)
2) 日省錄, 1832년 9월 1일(음력 8월 7일)
3) 日省錄, 1832년 9월 1일(음력 8월 7일)
4) 純祖實錄, 1832년 8월 16일(음력 7월 21일)
5) Rev. Gützlaff 일기, p. 348, 1832년 8월 7일
6) 민경배, 대한예수교장로회 백년사, p. 32
7) Mr. Lindsay's Report, pp. 252-256, 1832년 8월 7일
8) 린제이는 천수만을 Marjoribanks라 하였으며(1832년), Guerin이 이끈 프랑스 군함(Virginie)은 수심이 얕은 만이라고 "Shoal gulf"라고 함(1857년).
9) 안면 판목은 1645-1647년경에 굴착되었고 길이는 1km 정도이다. 참고로 스에즈 운하는 168km로 1869년, 파나마 운하는 82km로 1914년에 건설되었다.
10) 주사(舟師)는 수군(水軍)을 의미한다. 주사창리에 위치했던 수군부대에는 大廳 3칸, 軍器庫 13칸, 什物庫 5칸이 있었다는 기록이 있다.
11) 한국농어촌공사 내부자료
12) 차경철, 오천의 어제와 오늘
13) 보령시 홍보자료

제8장

감자의 최초 재배와 농축산업에 대한 관심

1. 씨감자를 원산도에 최초로 심어주다

귀츨라프 일행은 통상교역청원서를 제출하고 회신을 기다리는 동안 원산도의 농업, 농촌 선교에 크게 이바지하였다. 특히 서양의 감자를 처음으로 들여와 심고 그 재배법을 가르쳐준 공로는 우리나라 농업사(農業史)에 한 획을 그을만한 위대한 과업이었다.

<그림 8-1> 감자의 첫 파종지로 추정되는 원산도

위치: 북위 36° 22′, 동경 126° 24′ 저자 촬영. 귀츨라프와 린제이 기록을 정밀 분석한 결과 감자를 최초로 파종한 장소로 추정한 곳이다.

그가 씨감자를 처음으로 우리나라에 심었다는 기록은 김창한(金昌漢)의 원저보(圓藷譜)에서 "馬鈴薯가 조선에 수입된 것은 1832년, 유명한 귀츨라프가 이식한 것이 最初이었다."라는 기록이 있다.[1]

김양선은 귀츨라프에 의한 씨감자의 첫 파종과 보급의 역사적 의미에 대하여 "귀츨라프 목사가 도민(島民)에게 감자 종자를 주고 그 심는 법과 재배법을 써주어 감자가 충청도 일원에 퍼진 것은 서양 식물(植物) 도래에 좋은 예가 된다."고 하였다.[2] 라고 하였다.

그리고 귀츨라프의 첫 감자 파종에 대하여 린제이는 그의 보고서에 다음과 같이 기록하였다.

"오찬(dinner)을 마친 후 우리 일행은 감자를 심기 위해 상륙하였다.[3] 귀츨라프 선교사는 감자 재배 방법을 자세히 적어 왔다. 우리는 가능한 한 가장 좋은 땅을 선정하여 100개가 넘는 감자를 심었다. 수백 명의 주민들이 둘러서서 놀라운 표정으로 이를 지켜보고 있었다. 우리는 재배방법을 기록한 종이를 땅주인에게 주었다. 그는 이것을 잘 관리하겠다고 약속하였다. 다음날 나는 그 주위에 울타리가 둘러쳐진 것을 보고 매우 기뻤다. 감자재배의 방법대로 따른다면 이 훌륭한 농작물은 조선에 널리 확산될 것으로 기대된다. 조선의 토양과 기후는 감자 재배에 매우 적합해 보였다. 돌아오는 길에 고관들이 해안에 앉아 우리를 기다리고 있었다. 우리는 고관들과 함께 포도주 한 잔씩 마셨다."라고 하였다. Lindsay Report, L43, L44

한편 귀츨라프 선교사 자신도 7월 30일, 일기에 씨감자를 심어주며 그 재배방법을 가르쳐 주었다는 내용을 다음과 같이 기록하였다.

"오늘 오후 우리는 해안에 감자를 심으러 갔으며, 성공적인 감자 재배 방법에 대하여 필요한 내용을 글로 써 주고 파종하였다. 이 같은 유익(有益)한 활동마저도 처음에는 완강하게 거부되었다. 이 나라 국법에 어떤 외국 농작물의 수입도 금하고 있었기 때문이었다. 그러나 우리는 이 거부 행위에 개의치 아니하고 '혁신(innovation)에서 수익(benefits)이 발생한다'고 그들이 수긍할 때 까지 열심히 설명하자 말없이 승복하였다. 이리 저리 돌아다니며 감자에 대한 재배법을 설명하는 동안 찾아오는 주민의 접근을 막지 못한 이유로 그 임무를 맡았던 군졸이 우리가 앉아 있는 앞에서 체벌을 받게 되었다. 그러나 우리들의 간곡한 만류로 체벌은 집행되지 않았다. 이 같은 행위는 그들의 엄격한 규율과 벼슬이 높은 사람이 얼마나 권력이 크며 무서운가를 외국인에게 과시하는 것 같이 보였다."라고 하였다. ^{Gützlaff 일기, G56, G57}

> **혁신(innovation)과 수익(benefit)**
>
> 혁신이라 낱말은 21세기의 것으로 알고 있는데 19세기 초에 조선에 온 귀츨라프 선교사가 씨감자를 심기 위해 반대하는 사람들을 설득하며 "혁신에서 수익이 발생한다(the benefits which might arise from such innovation"고 했다니 참 감격스러운 장면이다.
> 감자는 60여명의 승선 인원을 위한 식량으로 준비해 온 것이고 바다를 항행하는 선박은 식량 공급을 받기도 쉽지 않아 아껴 두어야 할 것인데, 자신들의 손해를 따지지 않고 씨감자 심기를 반대하는 낯선 사람들에게 새로운 작물을 전하려는 마음이 "혁신"이라는 낱말과 함께 감동적으로 다가온다.

린제이는 우리나라에 씨감자를 처음 심으면서 "이 훌륭한 감자는 조선에 널리 확산될 것으로 기대 된다.(It may be hoped this fine vegetable will be propagated in Corea)."라는 말을 남겼다. ^{Lindsay Report, L44}

저자는 씨감자를 처음 심어준 귀츨라프 일기와 린제이 보고서 내용을 연구 검토하면서, 고구마를 처음 들여온 예조참의 조엄의 일기(1764년 7월 16일, 음력 6월 18일) 내용 중 "우리나라에 널리 보급하기를 문익점이 목화를 퍼트린 것처럼 한다면 어찌 우리 백성에게 큰 도움이 아니겠는가(廣布於我國 與文綿之爲 則豈不大助於東民耶)"라는 기록을 상기하였다.

2. 감자 문헌의 계보

과거의 기록에는 감자와 고구마의 한자(漢子) 이름이 감저(甘藷)라는 용어로 혼용되기도 하였다. 그리하여 감저라는 고문헌을 잘못 분류하거나 해석하여 감자의 역사에 고구마 역사가 인용된 사례가 있다.

우리나라에 감자가 들어온 전래 역사를 정확하게 살펴보려면 우선 고문헌에 표기된 감자에 붙여진 이름과 내용을 잘 분류하여 살펴 볼 필요가 있다. 감자의 문헌을 계보(系譜)한 사례는 다음과 같다.

<그림 8-2> 감자와 고구마 문헌 계보

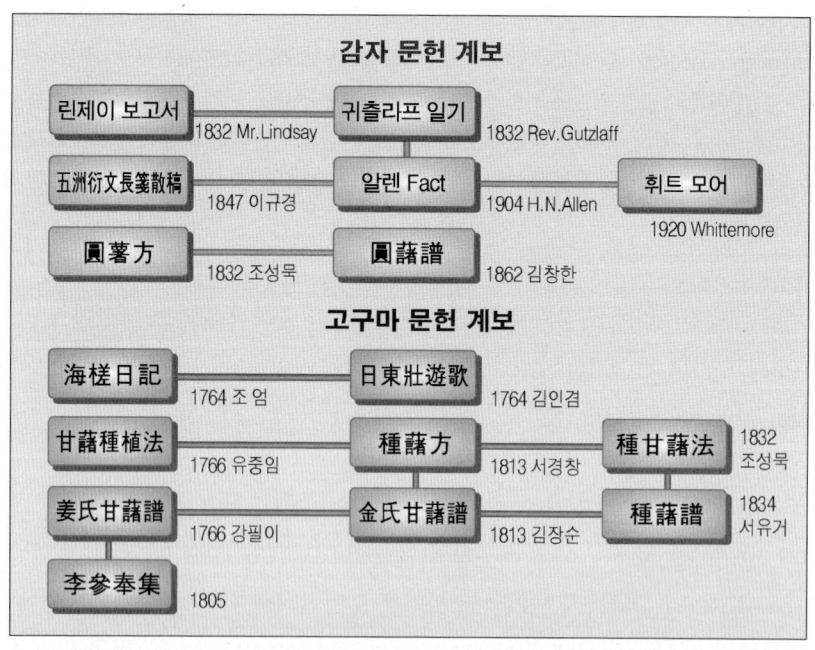

자료: 韓國食經大典. p. 449 田川孝三 자료를 재구성하였음. 감자 문헌 계보는 저자 작성. 감자와 고구마를 혼동하여 감자의 도입역사를 왜곡한 사례가 있다. 귀츨라프가 감자를 최초로 도입한 역사를 규명하기 위하여 관련문헌을 계보화한 것이다.

감자는 마령서(馬鈴薯, White potato)라고도 한다. 북쪽에서 들어왔다고 하여 북감저(北甘藷) 또는 북저(北藷)라고 하며, 모양새가 둥글다하여 원저(圓藷), 달걀처럼 생겨 란저(卵藷)라 부르며. 오랑캐 나라에서 들어 왔다는 의미로 번서(蕃薯)라고도 한다. 여름의 하지(夏至) 계절에 수확한다 하여 하지감자라고도 부른다. 서양에서는 아일랜드에서 가장 먼저 식용으로 재배하고 주식(主食)으로 삼았다하여 'Irish potato'라고 한다.

특히 감자는 오늘날 주요 식량작물로서 뿐 아니라 각종 암 예방 등에 탁월한 효과가 있고, 비타민 C 등이 풍부하여 장수(長壽) 식품으로 100세가 넘을 정도의 오래 사는 나라 사람들은 감자를 많이 먹는다는 공통점이 있다. 그리고 고혈압, 당뇨, 동맥경화, 심근경색, 위염, 간염, 변비 등에 효능이 있다는 기록이 있다.[4]

3. 감자 전래 역사에 얽힌 기록들

감자는 남미 페루가 원산지이고, 스페인 정복자들에 의하여 1532년 유럽에 알려졌다. 유럽에서 식용작물로 가장 먼저 재배한 나라는 아일랜드이다. 그 후 독일과 프랑스로 전해졌다. 미국에 감자가 빠른 속도로 보편화 된 것은 토마스 제퍼슨(Thomas Jefferson)이 프랑스 대사로 있을 때 감자요리를 맛본 이후 그가 대통령이 되어 백악관 손님들에게 감자 요리를 선보이면서라고 한다. 아시아에 감자가 전해진 것은 17세기 후반 네덜란드 선교사에 의하여 중국으로 전해진 것으로 알려져 있다.[5]

감자는 유럽에서도 구황식품으로 큰 역할을 하였다. 아일랜드에서는 감자가 사람들을 죽음에서 구하였다. 영국의 크롬웰이 혁명하여 찰스 1세를 처형하고 공화국을 수립하면서 아일랜드 인을 황무지로 내 몰았을 때(1640~1660) 감자가 없었다면 한사람도 살아남지 못했을 것이라는 이야기가 있다. 독일(프로이젠)에서는 굶주림에서 구해냈을 뿐만 아니라 통일에 이바지하고 독일을 감자의 나라로 바꾸어 놓았다고 한다. 프랑스에서는 궁중에서 감자 꽃을 장식으로 치장하였으며, 루이 16세는 감자 먹기를 장려하여 대기근에서 프랑스를 구제하였다는 이야기가 있다.[6]

우리나라에 감자가 최초로 전래된 것은 1824년과 1832년의 두 가지 설이 있다. 이를 뒷받침하는 문헌은 이규경의 『오주연문장전산고』이다. 보다 구체적인 문헌은 김창한의 『원저보(圓藷譜)』 등이 있다.

외국인의 기록은 1832년 우리나라를 방문한 린제이와 귀츨라프가 직접 기록한 씨감자 심기에 관한 내용이 실감난다. 그리고 알렌(H. N. Allen)은 그의 저서에서 1832년 귀츨라프가 성서와 함께 감자를 심고 재배법을 설명해 주었다고 하였다. 감자 관련 문헌은 다음과 같다.

가. 오주연문장전산고(五洲衍文長箋散稿)

1847년 이규경(李圭景)은 오주연문장전산고(五洲衍文長箋散稿)에서 '북저변증설'과 '불모도파종설'을 통하여 우리나라에 감자가 들어온 이야기를 기록하였다.

여기에서 북저변증설(北藷辯證說)이란 "감자(北藷)는 두만강을 건너 북쪽 지방에서 들어왔으니, 우리나라 순조 갑신년(1824)에서 을유년(1825) 사이인 듯하다. 이는 영조 을유년(1765)부터 순조 갑신~을유년(1824~1825) 까지 이미 60년이 지났다. 그리고 순조 갑신~을유년(1825)부터 현재 헌종 정미년(1847) 까지 또 23년이 지났다."라는 내용이다. (北藷則越豆滿入于北塞 似在我純廟甲申 乙酉之間 自英廟乙酉 距純廟甲申 乙酉之間 則已經一甲 而自純廟甲申乙酉之間 距今當丁未 則又過二十三年矣) _{이규경, 오주연문장전산고, 만물편, 초목류 곡종, 1847년}

북저 변증설

그리고 불모도파종설이란 "임진년(1832년, 순조 32)에 영국 선박이 홍주목(洪州牧, 충청도) 관내(고대도)에 정박하였는데 불모도에 이 작물을 심어 우리나라에 들어 왔다고 한다."는 내용이다. (又有一種訛言 壬辰英吉利國船 泊於洪州牧古大島也 漂黃種此物於不毛島中 而入於我東) _{이규경, 오주연문장전산고, 만물편, 초목류 곡종, 1847년}

불모도 파종설

제8장 감자의 최초 재배와 농축산업에 대한 관심

이 같은 오주연문장전산고는 우리나라에 감자가 들어온 역사를 규명하는데 귀중한 자료적 가치가 있다. 그러나 이 자료는 육하원칙 측면에서 살펴볼 때 언제, 누가, 어떻게 들어왔다는 구체적 내용이 없다. 그리고 23년이 지난 뒤에 기록하면서 관련 문헌이나 근거 등 출처도 밝히지 아니하였다. 그러므로 이는 '설' 또는 전해지는 이야기 정도로 보아야 할 것이다.

그러나 이규경의 1832년 불모도 파종설은 우리나라에 감자가 처음 들어 왔다는 기록의 원저보를 비롯하여 알렌의 저서, 귀츨라프의 일기, 린제이 보고서 등과 일치하므로 근거가 확실하다.

나. 원저보 (圓藷譜) (1862)

1862년 김창한(金昌漢)의 『원저보』에는 우리나라에 감자가 들어온 것은 "1832년(순조 32)에 영국 상선 애머스트호가 전북 해안에서 약 1개월간 머물고 있었는데 이 배에 타고 있던 네덜란드 선교사 귀츨라프가 의약서적과 함께 씨감자를 민중에게 나누어주고 재배법을 가르쳤다"고 하였다. 그런데 김창한은 자기 아버지가 그 당시 재배법을 습득하여 전파시킨 내력과 재배법을 편집하여 30년 후인 1862년에 원저보를 세상에 내 놓았다는 것이다.[7] 그러나 애머스트호가 전북해안에서 약 1개월 머물고 있었다는 기록은 충청해안으로 수정되어야 할 것이다.

이 기록은 '북저변증설'에 비하여 보다 근거가 확실하다. 그러나 감자의 파종 장소와 내용 일부는 사실과 다르다고 생각한다.

따라서 "북방으로부터 감자가 이 땅에 들어 온지 7~8년 지난 1832년에 영국 상선 애머스트호가 전북 해안에 약 1개월간 머물고 있었는데, 이배에 타고 있었던 네덜란드 선교사(귀츨라프)가 김창한의 아버지에게 씨감자를 주면서 그 재배법을 가르쳐주었기에 그 감자를 재배하게 되었다."[8]는 원저보 기록을 여과(濾過) 없이 인용한다면 파종 장소 등에 대하여 역사적 사실이 잘못 전해질 수 있다.

다. 원서방(圓薯方) (1832)

조성묵(趙性默)이 지은 『원서방』에는 감자를 번서(蕃薯) 또는 란서(卵薯)라고도 하며 "우리나라에 감자가 처음 들어온 것은 北開市 寧古塔이기 때문에 北甘藷라고 한다."고 하였다. 감자는 배고픔을 없애고 기(氣)를 도울 뿐 아니라 위장에 부담을 주지 않고, 허약(虛弱)을 보하며, 정력을 강화하고, 가래와 기침(治痰, 鎭咳)에 효능을 지니고 있다."라는 이야기도 있다.[9] (我國之初得此種 於北開市自寧古塔 出來故 名以北甘藷云) 이성우, 한국식경대전, 1981년 10월 25일)

라. 알렌의 기록 (1904)

알렌(Horace N. Allen)의 저서 'Korea: Fact and Fancy, Chronological Index'에 의하면 "1832년 영국 선박 애머스트호가 조선을 방문하였으며, 이 배에 타고 있던 귀츨라프 선교사가 1개월간 전라도에 머물면서 성경 등의 책과 의약품과 종자를 나누어 주었다. 귀츨라프는 감자를 심어주고 재배법을 주민들에게 설명해 주었다"고 하였다. (The British ship 'Lord Amherst' visited Korea and the Rev. Charles Gutzlaff, a Dutch Missionary who was on board, stopped one month in Chulla Do and distributed books, medicine and seeds. He planted potatoes and explained their use and method of cultivation on the people.) Dr. Horace N. Allen, Fact and Fancy, Chronological Index (Part 1), 1904년)

이 기록은 귀츨라프가 우리나라에 "1832년, 성서와 함께 전해준 감자"의 역사에 대해 그 근거를 확인하는 중요한 자료이다. 그러나 전해진 장소는 전라도가 아닌 충청해안으로 수정되어야 할 것이다.

마. 휘트모어 기록 (1920)

휘트모어(N. C. Whittemore) 선교사는 1920년 1월 발표한 논문에서 귀츨라프 선교사의 행적에 대하여 "그는 조선에 도착하여 한문을 사용하여 쉽게 의사소통을 할 수 있었다. 그는 한문에 유식하고 병을 고칠 재주가 있어 여러 섬과 내륙에 들어 갈 수 있었다. 그래서 전도문서와 단추와 약품을 거저 나누어 주었고, 감자를 심어 재배법을 가르쳐 주었다."[13] 고 하였다.

바. 귀츨라프와 린제이 기록 (1832)

귀츨라프는 1832년 7월 30일(음력 7월 4일) 일기에 충청해안(원산도)에서 주민들을 설득하여 씨감자를 심어주고 그 재배방법을 설명하고 기록하여 주었다고 하였다.

린제이 보고서에는 충청해안에서 주민들과 함께 감자 100개 이상을 심고 재배법을 종이에 써 가르쳐 주었다고 하였다.

결론적으로 우리나라에 감자가 전래된 것은 북방에서 1824~1825년 사이라는 설이 있다. 이는 충분히 가능성이 있다. 그러나 역사는 확실한 근거를 가지고 기록되고 전해져야 하기 때문에 불확실한 기록을 토대로 역사로 정립하는 것은 불합리하다. 따라서 감자 전래 역사는 7~8년 뒤 늦기는 하지만 근거가 확실한 1832년이 합리적이라 생각한다.

이 같은 주장의 근거는

첫째, 이규경의 오주연문장전산고에 1832년 충청해안 불모도에 씨감자를 파종했다는 기록이 있고,

둘째, 김창한의 원저보에 영국 선박 애머스트호가 1832년 1개월간 머물 때에 귀츨라프 선교사가 씨감자를 주면서 재배법을 습득하게 하였다는 기록이 있으며,

셋째, 알렌의 저서에 성서와 함께 씨감자를 1832년에 귀츨라프 선교사가 파종하였다는 기록 등에서 찾아볼 수 있다. 그리고 휘트모어(N. C. Whitemore)도 1920년 발표한 논문에서 귀츨라프의 감자 파종을 인정하였다.

특히 직접 감자를 심어준 1832년 7월 30일 귀츨라프의 일기는 그 근거가 충분히 입증되었다. 또한 감자를 함께 심은 린제이가 공식 보고서 기록에도 우리나라에 감자가 전래된 역사를 확립하는 데 충분한 조건이 된다.

따라서 우리나라에 감자가 처음 들어온 공식적인 역사는 1832년 7월 30일, 충청남도 보령시 오천면 원산도로 기록되어야 할 것이다. 귀츨라프 일행은 이곳 주민 수백 명이 참여하고 군관들이 입회한 가운데 씨감자 100개 이상을 주민들과 함께 심고 그 재배법도 설명해 주었다.

결론적으로 귀츨라프에 의한 감자의 전래는 1832년 7월 30일이며 그 장소는 충청해안의 원산도이다. 저자의 연구 조사에 의하면 북위 36° 22′, 동경 126° 24′ 부근으로 추정된다. 귀츨라프는 우리나라에 들어온 최초의 외국 선교사로서 성경과 함께 감자를 전해준 고마운 인물로 기록되어야 할 것이다.

4. 농업용지가 있는 원산도

귀츨라프 일행은 정부에 제출한 교역청원서에 대한 회신을 기다리는 동안 농업 분야에서 조선 땅에 씨감자를 심어주고 재배 방법(clear directions)를 써주었다.[10] Lindsay Report, L43) 그리고 포도의 재배법과 가공 기술을 가르쳐 주기도 하였다.[11]

그는 조선의 좋은 기후와 비옥한 토지자원을 돌아보면서 축산(畜産)을 위한 목야지(牧野地)로 활용되지 못하고 있음을 매우 안타까워하였으며, 1832년 7월 27일 (음력 7월 1일) 귀츨라프 일기에는 다음과 같이 기록하였다.

"우리는 이 섬(원산도)을 걸어서 두루 돌아보았는데 마을 부근의 좁은 땅에만 농사를 짓고 있었다. 대부분의 넓은 땅은 풀과 덤불(herbs)로 무성하여 염소를 기르기에 아주 훌륭한 목야지가 될 것 같았는데 염소는 한 마리도 볼 수가 없었다. 식생(植生, vegetation) 상태로 보아 중국의 해안보다 조선의 해안은 한결 비옥(肥沃)해 보였다. 중국 해안은 바위가 많아 땅을 경운(耕耘) 할 수 없는데 비하여 이곳은 땅이 바

〈그림 8-3〉 농업 용지로 적합한 원산도

위치: 오천면 원산도리 (귀츨라프 행전 p. 212)

옥한데도 주민들이 경작을 하지 않고 있다. 식물학 연구 분야에서도 이곳은 <땅 끝 (Remote part of the world)>의 풍족한 보고(寶庫)이다." ^{Gützlaff 일기, G44}

귀츨라프 일행이 7월 27일 농업용지로 적합하다고 기록한 답사 지역은 본 저자가 관련 자료를 종합 분석하고 현장을 정밀하게 조사한 결과 이곳은 고대도가 아니라 원산도 라고 추정하게 되었다. 이 같은 근거와 배경을 살펴보면 다음과 같다.

첫째, 귀츨라프 일행이 정박하였던 원산도 개갱(점촌)에 인접한 지역은 넓은 들로 되어 있다.

둘째, 원산도의 점촌과 진촌 구간의 야산 구릉지대는 충청 해안 어느 섬에서도 찾아 볼 수 없는 유일한 넓은 목장용지 등 농업 용지로 적합한 장소였다.

셋째, 원산도는 역사적으로 1425년(세종 7년)부터 1669년(현종 10년)까지 245년간 말을 사육한 목장으로 활용된 목장용지였다. 세종실록지리지에 의하면 "원산도는 둘레가 40리인데 바다 가운데 있어 물과 풀이 모두 넉넉하므로 국마(國馬)

<그림 8-4> 농업 용지로 부적합한 고대도 급경사지

위치: 오천면 삽시도리 (귀츨라프 행전 p. 213)

100마리를 방목하였다. (元山島 周回 四十里 在海中 水草俱足 放國馬一百匹)."[12] 는 기록도 있다.

넷째, 현장조사 결과에 의하면 원산도의 점촌과 진촌 구간은 바위가 없고 토질이 비옥하며 초지자원이 풍부하다.

다섯째, 이에 반하여 고대도의 지형은 급경사지(急傾斜地)로 바위가 많고 땅이 좁아 농사짓기에 부적하며 목장용지로 흠이 있으며 귀츨라프의 기록과 전혀 부합되지 않는다.

과수원이 없었던 시절의 옛 이야기

귀츨라프 선교사는 7월 31일, 원산도의 숲속을 거닐면서 야생 복숭아와 산포도 덩굴을 보았다. 그러나 과일나무를 심은 과수원을 보지 못하여 참으로 이상한 일이라고 생각하였다. 요지음은 과일나무를 심고 과수원을 만드는 것이 당연한 일로 알지만, 1832년 경에는 사람이 나무를 심는다는 것은 생각조차 아니한 것임을 알 수 있다. 지금도 우리가 모르는 어떤 분야에서는 이 같은 미련함에 빠져 있는 일이 없는지? 깊이 생각해볼 만한 이야기이다.

5. 귀츨라프 농사개량 지도

귀츨라프 일행은 1832년 7월 31일(음력 7월 5일), 그들이 정박했던 원산도 개갱 인근의 다른 지역을 답사(踏査)하였다. 이곳은 기후도 좋고 토질도 비옥한데 과수원이나 텃밭(garden)은 볼 수 없었다고 했다. 야생 복숭아와 산포도를 보았으나 인공으로 재배하는 과수원(果樹園)은 보지 못했다.

귀츨라프는 포도나무 재배법과 포도즙 만드는 방법(juice of the grape)을 주민에게 가르쳐 주었고, 좋은 기후와 비옥한 토양에서 여러 가지 농작물을 재배하지 않는 것이 대단히 유감스런 일이라고 하였다. 이 같은 그의 답사 결과는 우리나라 농업기술의 수준이 채취농업(採取農業) 단계에 불과하며, 서방의 재배농업(栽培農業) 기술수준과 차이가 있었음을 의미한다. 따라서 귀츨라프는 과수원에 분야에서도 상당한 지식을 가지고 포도의 재배법과 가공법을 가르쳐 준 농업선교사라 할 수 있다.

그는 농업의 생산성 향상에 관심을 가지고 7월 31일(음력 7월 5일) 일기에 다음과 같이 기록하였다.

"오늘은 우리가 육지와 가까이 있는지 여러 섬 가운데 있는지 확인하고자 주변을 배를 타고 탐사하였다. 처음에 도착한 곳은 나무숲이 울창한 용재림(用材林)으로 들어차 있었다. 그 인근에 사람이 산 흔적은 없는 것 같다. 우리가 이제까지 돌아다니는 동안 과수원이나 텃밭은 한군데도 찾아 볼 수 없었다. 우거진 숲속에서 야생 복숭아나무를 보았고 산포도 넝쿨도 볼 수 있었다. 그런데 이와 같이 유용(有用)한 과실나무를 왜 이곳 주민들은 재배하지 않는지 모를 일이다. 그리고 이 나무에 사람의 손길이 간 흔적도 찾아 볼 수 없으니 참으로 이상한 일이다. 이따금 산포도 열매들을 따먹긴 하지만 이것으로 포도주를 만드는 방법은 모르고 있다.

나는 이 좋은 포도나무 재배법을 상세히 기술하고 포도즙 만드는 방법을 글로 써 주었다. 그러나 이곳 사람들은 배(船上)에서 마셔보았던 포도주는 단 맛이 있었는데 이같이 시디신 산포도에서 단 맛이 난다는 것은 믿을 수 없다고 하였다. 대체로 이 민족은 식량이 충분하지 못한 것 같다. 이곳은 기후도 좋고 토질도 비옥하여 수천종을 재배할 수 있을 터인데 불과 수백 종 밖에 없는 것은 개탄(慨歎)할 일이다."

Gützlaff 일기, G60, G61)

주

1) 金昌漢, 圓藷譜. 1862(철종 13) 참고: 李圭景의 五洲衍文長箋散稿에도 귀츨라프 감자 도입설이 기록되어 있다.
2) 김양선, 한국기독교사연구, pp. 42-43, 1971년 10월 11일
3) dinner는 저녁으로 해석하지만 원래 午餐의 正餐도 의미하므로 필자는 이 경우 점심으로 해석한다.
4) 조현묵, 감자 내 몸을 살린다, p. 43, 2008년 6월 30일
5) 전수미, 감자, pp. 17-26, 2004년 11월 2일
6) 김영기, 감자의 역사적 고찰(한국 감자산업의 현재와 미래), pp. 89-94, 1997년 10월 2일
7) 이성우, 韓國食經大典(김창한의 원저보, 1862년), pp. 448-449, 1981년 10월 25일
    참고: 충청해안에서 런던선교회 선교사 귀츨라프가 성서 등 책과 의약품을 나누어 주면서 감자를 파종하였다.
8) 조현묵, 한국의 재래종 감자에 대한 고찰(한국 감자산업의 현재와 미래), p. 47. 1997년 10월 2일
9) 이성우, 한국식경대전(조성묵의 원서방, 1832년), p. 445, 1981년 10월 25일
10) Mr. Lindsay's Report, Report of proceedings on a Voyage to the Northern ports of China in the ship Lord Amherst (Mr. Lindsay's 보고서), p. 236, L43
11) Rev. C. Gützlaff, Journal of Three Voyages along the coast of China in 1832 & 1833, with noticed of Corea (Rev. C. Gützlaff 일기), p. 344, 1832년 7월 31일, G61
12) 世宗實錄地理誌(제149권), 충청도 홍주목, pp. 18-19, 1454년
13) N. C. Whittemore, Notes on the Life of Rev. Karl F. A. Gützlaff. First Protestant. p. 17, 1920.

제 9 장
귀츨라프의 선교활동과 조선의 개방시도

1. 조선시대 후기에 활동한 개신교 선교사

　귀츨라프 선교사가 내방한 1832년은 우리나라 개신교 역사의 시작일 뿐 아니라 조선의 개방을 위한 첫 번째 시도라는 점에서도 의미가 있다. 비록 성공하지는 못했지만 최초로 국왕께 성경책을 포함한 예물을 올렸고, 교역을 요청하는 공적 문서를 작성하였으며 원산도에서는 주기도문을 한글로 번역하였으며, 씨감자를 보급하기도 하였다.

　개신교 선교사들은 귀츨라프 선교사와 토마스 선교사처럼 처음에는 교역을 위해 조선을 방문하는 선박의 통역, 의료 등을 담당하면서 단기간에 방문하는 형태로 만나는 사람들에게 성경이나 전도지를 나누어 주는 정도의 수준으로 전도를 하는 한계를 지니고 있었다.

　그 후에 주한미국공사관 의사 알렌과 아펜젤러, 언더우드 선교사 등은 조선 당국의 허가를 받고 병원, 교회, 학교 등을 세우고 성경을 번역하는 등 제약 없이 제대로 된 선교활동을 할 수 있었다.

　조선시대 후기에 활동한 개신교 선교사는 다음과 같다.

가. 귀츨라프 선교사(Karl F. A. Gützlaff, 郭實獵, 1803-1851)

독일인으로 애머스트호의 통역 및 의사로 합류하여 1832년 7월 17일부터 8월 12일까지 조선의 황해도와 충청도 연안에서 한문으로 된 성경과 전도지를 전하고 주기도문 한글 번역을 처음으로 시도하여, 조선의 개신교 최초 선교사로 인정받고 있다. 그리고 동행한 린제이 함장을 도와 조선정부에 교역청원서를 작성 제출하기도 하였다. 그는 백낙준 박사의 저서인 『한국개신교사(1832-1910)』에서 '우리나라 개신교 역사'를 시작한 선교사로 기록되고 있다.

나. 로버트 토마스(Robert J. Thomas, 崔蘭軒, 1839-1866)

영국에서 1863년 6월 4일 목사로 안수를 받고 중국에서 선교 활동 중 조선인 천주교 신자들을 만난 것을 계기로 1865년 9월에는 조선에 잠입해 성경을 배포하며 선교 활동을 벌이기도 했다. 중국에 돌아간 후에는 베이징에 있는 선교회 산하 학교에서 교장으로 부임했다가 1866년 8월 미국의 상선인 제너럴셔면호에 항해사 겸 통역으로 탑승하여 다시 조선으로 왔다. 제너럴셔면호는 대동강에 진입하여 수위가 낮아져 배가 움직이지 못할 때 조선의 관군과 주민들과 충돌하면서 제너럴셔면호는 불에 타버리고 토마스 목사는 1866년 9월 2일 대동강변에서 순교하였다.

다. 알렌(Horace N. Allen, 安連, 1858-1932)

첫 의료선교사로 1884년 9월 20일 제물포에 도착하였는데, 그는 1883년 미국 오하이오 주에 있는 마이애미(Miami) 의과대학을 졸업하고 중국에서 선교활동을 하다가 미국공사관 공의 신분으로 조선에 입국하였다.

한편 미국인으로 병원과 학교를 설립하는 일을 청원(1884년 6월 24일)하여 고종 임금의 윤허(7월 3일)를 받은 것은 미국인 매클레이(Robert S. Maclay)이었다. 매클레이는 일본 주재 미국 감리교 선교사로 조선에 미국 감리교 선교를 위해 조선을 방문했던 것이다.

알렌이 의료 활동으로 조선정부와 깊은 관계를 맺게 된 것은 1884년 12월 4일 일어난 갑신정변(甲申政變) 때문이었다. 이때 조정의 신임을 받던 민영익(閔泳翊)이 칼을 맞아 생명이 위태롭게 되었을 때 알렌의 의술과 극진한 치료로 회복되고, 이로 인하여 국왕의 시의로 임명되고, 1885년 4월 10일에는 광혜원(廣惠院)이 설립되어 의료 활동을 본격적으로 하게 되었다. 그 후 주한 미국공사 등을 역임하고 1905년 6월 10일 귀국하였다.

그의 저서 『Korean Facts and Fancy(1904)』에는 1832년 귀츨라프 선교사가 조선에 와서 감자를 심어주고 주민들에게 재배법을 가르쳐 주었다. 라는 기록이 있다.

라. 아펜젤러(Henry G. Appenzeller, 亞扁薛羅, 1858-1902)

미국에서 출생하여 1884년 미국 감리회 선교회에서 조선으로 파견하는 선교사로 임명되어 아내 D. 엘라와 함께 1885년 4월 5일 제물포에 도착하였다. 1886년 6월 8일에 학당을 설립해 처음에는 2명의 학생을 가르쳤으나 이듬해 20명으로 늘어나자 고종황제는 '배재학당(培材學堂)'이란 이름을 하사했다. 1887년 10월 9일에는 한국감리회 최초의 정동제일교회를 설립하였다. 한국의 문화연구와 독립운동을 적극지원하였다. 협성회(協成會)가 조직되어 서구식 의회법이 소개되었다. 그리스도 회보를 한글로 창간하였다. 목포에서 열리는 성경 번역자 회의에 참석코자 일본 선박(구마가와 마루호)를 타고 항해 도중 서해안에서 선박 충돌사고로 1902년 6월 11일 별세하였다.

마. 언더우드(Horace G. Underwood, 元杜尤, 1859-1916)

영국 런던에서 출생한 미국 북장로교 최초 선교사로 1885년 4월 5일 조선에 왔다. 의료선교사 알렌을 도와 광혜원(廣惠院)에서 물리와 화학을 가르쳤고, 1886년에는 고아학교를 세웠다.

1915년에 조선기독교대학을 세우고 1916년에는 연희전문학교로 인가를 받았다. 그는 조선기독교대학에서 초대 교장을 지냈고, 장로교 최초의 새문안교회 설립, 그리스도 신문의 창간, 조선성교서회를 설립했으며,「한국어문법」, 우리나라 최초의「영한사전」을 간행했고, 또 성서번역위원회를 조직하여 성서 번역사업도 주관하였다. 1916년 10월 12일 미국에서 별세하였다.

귀츨라프와 목을 베는 시늉을 한 양씨 이야기

귀츨라프 선교사의 설득으로 7월 27일, 주기도문 번역에 협력한 양씨는 막상 종이에 써놓은 주기도문을 보자 상관이 이것을 알면 처벌받아 죽게 된다고 손으로 목을 베는 시늉을 하며 그것을 없애달라고 애원하였다. 귀츨라프 선교사는 만나는 사람들로부터 여러차례 이 같은 목을 베는 시늉을 하는 것을 보았다. 이는 "형벌로 목 베임을 받아 죽는다"는 표현의 동작이다. 1832년 경의 사형 방법이 "칼로 목을 베는 것" 이었기 때문에 평민은 물론이고 관리마저도 그런 동작을 하였을 것이다. "목을 베는 시늉"이 무엇인지 모르고 안정적으로 살아가는 현대인들에게 교훈적인 이야기이다.

2. 귀츨라프 선교사의 원산도 선교활동

가. 국왕께 드리는 예물에 성서를 포함

1832년 7월 26일에 교역청원서와 함께 예물을 공식적으로 드리기 위하여 예물을 준비하면서, 국왕께 드릴 예물에 성경책을 넣고, 배에 찾아온 사람들에게 책을 나누어 주었다.

국왕께 드릴 예물을 포장하면서 성경 한 질과 전도용 소책자를 다른 선물과 함께 넣었다. 이 예물은 전달의식을 통해 교역청원서와 함께 수군우후와 홍주목사에게 전달되었다. 결국, 국왕에게 올라가지는 못하고, 그 후의 행방도 모르지만 조선 땅에 성경책이 접수되었다는 것은 사실이다. 그리고 귀츨라프 선교사는 배에 올라온 사람들이 나누어주는 책을 기쁘게 받는 것을 보고 만족했고 통치자가 하나님의 말씀을 읽는 은혜를 누리기 바란다고 하였다. Gützlaff 일기, G35)

나. 7월 27일 저녁 주기도문의 한글번역

린제이 기록에 따르면 귀츨라프 선교사는 7월 27일 저녁 오랜 설득(persuasion) 끝에 서기관(Yang yih)으로 하여금 한글 자모(Corean alphabet)를 쓰도록 하는데 성공하였다. 이때 귀츨라프 선교사는 주기도문(Lord's Prayer)을 한문으로 써주고 서기관은 이것을 소리 내어 읽으면서 토를 달아 한글로 번역하였다. 서기관은 번역한 뒤에 상관이 이것을 보면 목이 잘린다고 반복적으로 자기 목을 베는 시늉을 하며, 그 종이를 없애달라고 사정하였다. 린제이는 그를 안심시키기 위해 이 종이를 상자에 넣어 잠그고 아무도 볼 수 없다는 것을 확인시켰다. Rindsay Report, L52)

이것은 최초의 한글 성경 번역이라 할 수 있다. 귀츨라프 선교사는 서기관으로 부터 또는 접촉하는 조선인으로부터 배운 한글을 1832년 11월의 중국 선교잡지(The China Repository)에 "조선어에 대한 소견(Remarks on the Corean Language)"이라는 제목(소논문)으로 발표하였는데 이는 지볼트(P. F. Siebold)와 함께 한글을 서양에 알린 최초의 과학적이고 체계적 논문이라는 평가가 있다.[1] 그리고 귀츨라프 선교사는 한글은 완전한 표음문자이며 글자의 짜임새가 매우 간단하면서도 착상이 교묘하다고 하였다.[2]

다. 복음을 전하고 조선의 밝은 앞날을 소망

1) 원산도에서

귀츨라프 선교사는 조선을 방문한 개신교 최초의 선교사로서 모든 기회를 이용하여 성경과 전도지를 나누어 주었고 복음을 전하였다. 방문 기간이 너무 짧아 뚜렷한 성과는 볼 수 없었으나 그는 성경의 보급과 복음전도에 대하여 확실한 신념을 가지고 그 효과를 기대하였다.

귀츨라프 선교사는 조선인의 빈곤과 열악한 생활환경에 대하여 만약 "외국인과 교류하도록 허락하였다면 그들의 현재 삶은 어떻게 되었을까?"라고 생각했다. 결국 쇄국주의적인 우민정책(愚民政策)은 외국의 문화를 수용할 수 없게 만들었고 생활환경의 개선이나 삶의 질 향상에 도움이 못되었다고 판단했다. 그는 자연의 주인인 인간으로 이를 부끄럽게 개탄하며 "에덴동산"이 만들어지기를 소망하였다.

그러기 위하여 "이 땅에 복음의 말씀이 스며들고 진리로 받아드려 비참한 생활이 종지부를 찍어야 한다."고 했다. 이는 귀츨라프 선교사의 선교 목표가 "에덴(Eden)동산"을 만들어 조선인의 삶의 질이 개선되기를 희망한 것이다.

귀츨라프 선교사는 8월 1일 일기에 다음과 같이 기록하였다.

"조선인들의 삶의 실태가 빈곤하고 열악한데 외국인들과 교류를 허락하였다면 그들의 삶은 어떻게 되었을까? 쇄국주의(鎖國主義)는 외국 문화를 수용할 수 없게 만들고, 또한 열악한 생활환경을 개선하지 못했다. 이 섬의 비옥한 땅을 두루 거닐면서 도처에 피어있는 아름다운 들꽃과 잡초와 덤불사이에 휘감긴 포도덩굴(vine)을 보았다. 우리는 '자연의 주인'인 인간으로 나태(懶怠)함에 부끄러움을 개탄한다. 인간은 이 거친 자연을 변화시켜 에덴의 동산으로 만들 수 있기 때문이다. 이 땅에 복음의 말씀이 스며들도록 하자, 그것이 진리로서 받아들여진다면 이 비참한 생활은 끝날 것이다." Gützlaff 일기, G66)

그는 조선에 "어둠이 가고 새벽이 와서 밝은 날이 오기를 기대한다"고도 하였다. 이 같은 내용에 대하여 그의 8월 11일 일기에는 다음과 같이 기록되었다.

"다른 어떤 외국인들도 우리처럼 이 나라에서 사람들을 자유롭게 접촉하지는 못했을 것이다. 우리가 행한 이 사역이 이 나라의 집권자로 하여금 앞으로의 정책에 변화를 가져오도록 자극을 주었으면 하는 바람이다. 조선인은 이해력은 많으나 프라이드와 냉담한 감정을 가지고 있다. 많은 사람들이 술을 지나치게 마신다. 영생하시는 하나님의 큰 섭리로 자비로운 방문을 받을 날이 있을 것이다. 이것을 기대한다면 우리는 모든 수단을 동원하여 영광스러운 십자가의 진리를 전파하도록 서둘러야 한다. 국왕이 처음에 받기를 거부하였던 성경을 아직도 갖고 있는지? 혹은 읽고 있는지? 모르지만 Gan-keang(개갱)의 관리들과 주민들은 성경을 받았다. 성경이 우리에게 가르친 대로 비록 보잘 것 없는 시작이지만 하나님께서 축복해 주실 것이라는 것을 확신한다. 이 나라에 어둠이 가고 새벽이 속히 와서 밝은 날이 오기를 우리 모두 희망으로 기대한다." Gützlaff 일기, G89, G90)

귀츨라프 선교사의 조선 전도와 관련하여 백낙준 박사는 그의 저서에서 귀츨라프 선교사의 조선 방문은 짧은 기간이었기 때문에 뚜렷한 성과는 볼 수 없었다. 그러나 한반도를 방문한 최초의 프로테스탄트 선교사는 굳센 믿음으로 이러한 말을 남겼다고 하였다.

"어쨌든 이는(그의 방문) 하나님의 역사(役事)였다. 이 땅에 뿌려진 하나님의 진리의 씨가 소멸(消滅)되리라고 나는 믿지 않는다. 하나님의 영원한 섭리(攝理)로서 그들에게 하나님의 자비(慈悲)가 미칠 날이 오고야 말 것이다. 우리는 이 날을 기다리고 있다. 이 날을 오게 하기 위하여 십자가의 도를 애써 전파(傳播)하지 않으면 아니 될 것이다. 하나님께서 이 미약(微弱)한 첫 방문사업도 축복할 수 있다고 성경은 가르치고 있다. 우리는 조선 땅에 광명(光明)의 아침이 찾아오기를 기다려야 한다." [3]

또한 해리 A. 로드 선교사도 그가 발표한 논문에서 "귀츨라프는 조선을 방문한 최초의 선교사일 뿐 아니라, 선교 여행에서 목적을 달성한 것이 분명하다. 그는 모든 기회를 이용하여 성경과 전도지를 주었고 복음을 전파하였다."라고 하였다. [4]

2) 제주도를 지나며

귀츨라프 선교사는 1832년 8월 17일 일기에 제주도에 공장 및 선교기지를 구축하는 소망을 아래와 같이 기록하였다.

"이곳은 잘 경작되고 편리한 곳에 위치하여 만약 공장을 설치한다면 일본, 조선 본토, 만주, 중국과 교역하는 것이 아주 쉬울 것이다. 그렇게 되지 않더라도 선교기지로 될 수 있지 않겠는가? 조선 정부가 이 섬에 어떤 억제정책을 쓸지 알 수 없으나 이곳에 선교의 기반을 구축하기만 한다면, 뉴질랜드나 래브라더, 그린랜드에서 경험한 것보다 덜 위험하다는 것을 확신한다. 한 가지 확실한 것은 제주도가 기독교를 수용하지 못할 아무런 이유가 없다는 것이다." Gützlaff 일기, G91)

라. 귀츨라프 선교사가 본 조선인의 종교성

귀츨라프 선교사는 조선인의 종교성(宗敎性)에 대한 관찰과 평가를 조선에 도착한지 불과 10여일이라는 짧은 기간과, 서해안의 몇 개 도서(島嶼)를 지나면서 살펴본 결과를 가지고 개념을 정립하였다고 볼 때 예리한 통찰력이라 할 수 있다.

이는 그가 조선 선교를 위하여 미리부터 치밀하게 준비하고 연구해 오면서 조선의 선교 정책을 조선인의 종교 성향(性向)에 맞도록 기본적인 부분부터 체계적으로 입안(立案)하여 복음 전도를 성공적으로 이룩하려는 의도로 풀이할 수 있다.

귀츨라프 선교사는 1832년 7월 27일 한국인의 종교 성향에 관한 부분을 다음과 같이 기록하였다.

"조선인들은 공자(孔子, Confucius)의 가르침을 신봉하고 있으며, 우상을 숭배하지만 불교는 싫어하고, 도교(Taoism)는 잘 모르고 있다. 영혼은 불멸한다고 믿고 있지만 어떻게 불멸하는지에 대한 중요한 대목은 설명하지 못하였다. 우리는 조선인 가정집에서 우상의 흔적은 조금도 발견하지 못했을 뿐더러 어떤 종교적 의식도 찾아볼 수 없었다. 이러한 모든 것으로 보아 조선인은 비종교적(irreligious) 민족으로 보여진다. 생(生)과 사(死)에 대한 위로가 될 수 있는 어떠한 교리도 알고자 하지 않는다." Gützlaff 일기, G48, G49

"우리는 조선인들에게 인류의 구세주(Savior)에 관하여 기회 있을 때 마다 자주 이야기하고, 기독교가 시작되었던 시대에 대하여 설명하였다. 하나님의 아들 예수 그리스도가 우리의 구원자(Redeemer)임을 거듭 읽고, 들려주고 하였지만 그들은 관심을 보이지 않았다. 이 같은 무관심은 조선인의 두드러진 특징처럼 보였다. 그러나 원하는 사람들에게 성경를 포함한 책과 전도지를 준비하여 나누어 주었는데 이 책을 받는 사람들은 정성 드려 읽겠으며 소중하게 간직하겠다고 약속했다." Gützlaff 일기, G50

이때 귀츨라프 선교사가 나누어 준 책들은 기독교 서적들이었고, "한문 신약성경의 견본"이 포함되었다고 한다.[5]

귀츨라프 선교사는 7월 27일에 고관들에게서 어떤 책이나 물건도 주고받아서는 안 된다는 금지 조치를 당하자, 오히려 금지령으로 인하여 이 전에 이미 많은 사람들이 '생명의 말씀, the word of life'을 받았음으로 성경의 가치가 더 높아지고, 읽고자 하는 열성도 더 많아질 것이라고 내다보면서 조선 땅에 뿌려진 복음의 씨앗이 뿌리 내릴 것이라고 다음과 같이 기록하였다.

"나를 슬프게 한 것은 고관들이 더 이상 어떤 책들이나 물건이라도 받으면 안 된다고 금지시킨 것이다. 그래서 나는 단추 하나라도 줄 수가 없었다. 그러나 이 명령이 내리기 전에 이미 여러 군관과 서기들은 '생명의 말씀'을 받았다. 성경을 줄 때에 역사와 지리책도 함께 나누어 주었다. 나는 이 금지령으로 책의 가치가 높아졌으며 읽고자 하는 열성이 더 많아졌다고 확신한다. 이 모든 일들은 내가 늘 기도로써 간구한 결과 하나님의 은혜로운 섭리로 이루어 주신 하나님의 역사(役事)이다. 조선 땅에 씨 뿌려진 하나님의 진리가 완전히 소멸될 것인가? 나는 그렇지 않다고 믿는다."
Gützlaff 일기, G51)

그리고 귀츨라프 선교사는 가는 곳마다 복음을 열정적으로 전하면서 하나님의 약속하신 때에 열매가 있을 것이라고 믿었다. 이 나라의 쇄국정책이 거두어져서 우리가 이 '약속의 땅(promising field)'에 들어갈 수 있다고 기대하기도 하였다.

"조선 땅에 씨 뿌려진 하나님의 진리는 주님께서 '약속하신 때(time appointed of the Lord)' 열매를 맺을 것이다. 이 나라는 신분이 가장 낮은 서민들까지 글을 읽을 줄 알고, 또 책 읽기를 좋아한다는 사실이 나를 흥미롭게 하였다. 조선인 들은 다른 종교가 들어오는 것을 질투할 만큼 편협한 것 같지도 아니하였다. 그들은 상급자들이 우리가 준 책 들을 받는 것을 보고 하급자들도 그 책을 받으려고 밀려왔다. 이는 거의 어떤 종교도 피하려는 이 나라에 복음을 전하는 방법을 보정(補正)해야 한다는 교훈이 된다. 전능하신 하나님께서는 정치적 장애물(鎖國政策)을 제거하여 우리가 이 '약속의 땅'에 들어가게 허락하실 것이다." Gützlaff 일기, G52)

마. 의료선교 활동

귀츨라프 선교사는 1832년 2월 마카오에서 영국 선적의 애머스트호 편으로 중국 해안을 경유하여 조선으로 오면서 의사(Surgeon)로서 그리고 목사(Chaplain)와 통역(Interpreter)의 자격으로 임무를 잘 수행하였다. 그러나 그가 조선에서 의료 선교 기록은 별로 찾아 볼 수 없다.

다만 귀츨라프 선교사는 조선에서 약을 나누어 주는 등 소극적 의료 활동은 계속한 것으로 보인다. 이 같은 근거는 1832년 8월 2일 다음 일기에서 찾아 볼 수 있다.

"오늘은 어느 날 보다 더 많은 인원의 방문객이 찾아 왔다. 그중에는 건방져 보이는 말을 함부로 하는 청년들도 있었다. 나는 지금까지 약을 나누어 주는 일을 계속하여 왔다. 오늘은 독한 감기에 시달리고 있는 약 60명의 노인들로부터 약을 많이 달라는 요청을 받았다." Gützlaff 일기, G68)

귀츨라프 선교사의 의료 선교 등에 대하여 휘트모어(N. C. Whittemore)는 "그는 한문이 박식하고, 병을 고칠 재주가 있어 몇 군데 섬과 내륙에 들어갈 수 있었다. 그래서 전도문서와 약품을 무료로 나누어 주었으며 감자를 심어 재배법도 가르쳤다"고 하였다. (Being a good Chinese scholar and well equipped with medical knowledge he was able to land on several of the islands as well as on the mainland. Here he distributed presents of books, buttons, medicines and

planted potatoes and taught the Koreans their cultivation.) N. C. Whittemore, Notes on the
Rev. Karl F. A. Gützlaff 일기, p. 17, KMF 1920. 1)

3. 원산도 이외의 선교활동

가. 몽금포에서 어부에게 성경를 전하다

  귀츨라프 선교사는 개신교 선교사로 1832년 7월 17일에 조선의 황해도 연안에 와서 몽금포 부근에서 낚시하고 있던 어선을 만났다. 그 어선에 올라가 처음으로 어부 두 사람과 필담(筆談)하면서 몽금포에서 바라보이는 곳의 지명이 장산임을 알게 되었다.

  이때 귀츨라프 선교사와 처음 만난 어부는 김대백(金大伯)과 조천의(趙天義)이며 이들에게 책 몇 권과 사자 무늬가 있는 단추를 선물로 주었다. 이 부분에 대하여 귀츨라프 선교사는 1832년 7월 17일 일기에 다음과 같이 기록해 놓았다.

  "우리는 바질 만 북쪽에 있는 장산에 닻을 내렸다. 주위가 적막에 싸여 마치 사막의 고요함 같았다. 우리가 위험을 무릅쓰고 해변을 향해 조심스럽게 다가가서 처음으로 만난 것은 허술한 어선과 남루한 옷차림을 한 이 지방에 거주하는 어민이었다. 우리는 이 어민들과 말로는 통할 수 없었지만 한문 글씨로 필담을 나눌 수 있었다. 우리는 그중 연상자에게 책 몇 권과 사자 무늬가 있는 단추를 주었더니 아주 좋아했다." Gützlaff 일기, G9)

  이렇게 하여 귀츨라프 선교사 일행과 한국인의 최초의 만남은 7월 17일 몽금포에서 이루어졌으며 이 지방에 거주하는 어민에게 성경책이 처음으로 전달되었다.

  귀츨라프 선교사는 이때 전달한 책을 구체적으로 어떤 책이라고 내용을 기록하지 아니하여 확실하게 성경이라고 단정할 수는 없지만 그는 목사와 통역의 신분으로 한국 땅에 처음 상륙하였으며, 내한의 주목적(主目的)이 선교사로서 복음 전도를 위한 선교의 사명을 제일 목표로 삼았다고 볼 때 그가 처음으로 전달한 책은 성경이 포함되어 있었을 것은 의심의 여지가 없다.

다만 책의 수량에 대하여 린제이 함장의 보고서에 의하면 어민에게 주었다는 책은 몇 권이 아니라 "한 권의 책"으로 기록되어 있었다. 이때 어민들은 책과 단추를 받고 기뻐하면서 자발적으로 답례의 선물로 그들이 잡은 "몇 마리의 생선을 주었다"고 하였다.[6]

이때 귀츨라프 선교사가 어민으로부터 선물로 받은 생선은 "농어 세 마리"라는 흥미로운 기록이 있다. 조선 정부 문서에 기록된 어민 김대백과 조천의의 증언 내용은 다음과 같다.

"1832년 7월 17일(음력 6월 20일) 포시(哺時)에 작은 배를 함께 타고 몽금포에서 낚시를 하고 있었는데, 갑자기 큰 배 한척이 서남쪽 바다로부터 점점 다가와 중류에 닻을 내렸습니다. 그래서 그 배를 멀리서 바라보니, 길이가 10여파(把, 1파는 두 팔을 벌린 길이)나 되었고, 앞, 가운데, 뒤 세 군데에 노를 세워 놓았는데, 우리나라 배는 아니었고, 또 중국 배와도 달라 마음속으로 매우 의심스럽고 겁이 나 막 배를 돌려 달아나려 하였습니다. 그 때 저 배에 탄 사람들이 그들 배에 딸린 작은 배를 타고 쏜살같이 따라와 눈 깜짝할 사이에 다가왔습니다. 그 중 한사람이 우리 배로 옮겨 타 배 안을 살피다가 마침 낚시한 농어 세 마리를 보고, 손으로 입을 가리키는 것이 마치 먹고 싶은 생각이 있는 듯 하여 우리는 두려운 마음이 들어 그것을 주었습니다." (故遙望其船長可十餘把 前中後立三掉 旣非我國船 又與唐船不同 心甚疑惻 方欲移船回避之際 彼船中諸人 桑其所隨挾船 疾追如飛然來接 其中一人 移登渠船 搜覓船中 適見所釣鱸魚三尾以手指口 似有欲食底意 渠等不無畏惻 果爲出給) 日省錄, 1932년 9월 5일, 음력 8월 11일)

일성록에 기록된 황해감사 김난순(金蘭淳)의 보고서(馳啓)에는 몽금포에서 7월 17일(음력 6월 20일) 이양선과 처음 만난 어민은 조니진(助泥鎭)에 거주하는 김대백과 조천의라 밝히고 있다. (則助泥鎭鎭底居 漁民金大伯趙天義等招內 渠等六月二十日哺時 同乘小艇 釣魚於本鎭三十里 夢金浦矣 忽有大船一隻 來自西南外洋) 日省錄,
1932년 9월 5일, 음력 8월 11일)

그러나, 황해감사는 이 책을 회수하여 불태우면서 성경라는 표현 대신에 "이단좌설(異端左說)"이라 하였으며 "한 권의 책"이라 기록하였다. 그리고 이 책이 민간에 두어서는 안 되는 것이므로 감영(監營)의 마당에 가져다 불태워버렸다고 하였다. (所謂一券冊子 似是異端左說 旣非民間留置者 故取來營庭 己爲燒火 緣由馳啓) 日省錄,
1982년 9월 5일, 음력 8월 11일)

귀츨라프 선교사가 조선에 와서 처음으로 주었던 책이 이렇게 불태워지고 복음의 전파에 활용되지 못한 것은 참으로 안타까운 일이다.

나. 창리 등 내륙 선교

귀츨라프 선교사 일행은 천수만 북부의 창리倉里)에 와서 책자를 나누어 주고 돌아갔는데 이것은 귀츨라프 일기와 순조실록(1832. 8. 16)에 모두 나오며, 순조실록의 기록이 더 자세하게 되어 있다.

"또 7월 12일(양 8월 7일)에 모양이 이상한 작은 배 한 척이 서산(瑞山)의 간월도(看月島) 앞 바다로부터 태안(泰安)의 주사창리(舟師倉里) 앞 포구(浦口)에 와서 이 마을 백성들을 향하여 지껄이듯 말을 하면서 물가에 책자(冊子)를 던지고는 바로 배를 돌려 가버렸는데, 던진 책자는 도합 4권 중에서 2권은 갑(匣)까지 합하여 각각 7장이고 또 한 권은 갑까지 합하여 12장이었으며 또 한 권은 갑도 없이 겨우 4장뿐이었다 하기에, 고대도(古代島)의 문정관(問情官)이 이일로 저들 배에 다시 물으니, 답하기를, '금월 12일 묘시(卯時)에 종선(從船)을 타고 북쪽으로 갔다가 바다

가운데에서 밤을 새우고 13일 미명(未明)에 돌아왔는데 같이 간 사람은 7인이고 책자 4권을 주었으나 받은 사람의 이름을 알지 못한다."고 하였다."

다. 고대도에서의 선교활동 여부

귀츨라프 선교사가 고대도에서 선교활동을 하였을까? 라고 질문하면 먼저 그가 과연 고대도에 상륙했을까? 하는 문제부터 확인이 되어야 한다. 어느 특정 일자에 고대도 후양이나 안항에 정박했다는 것은 조선 정부 기록에 나오지만 여기에는 다음과 같은 몇 가지 문제점이 있어, 고대도에서의 귀츨라프 선교활동은 전혀 없었다고 확실하게 대답할 수 있다.

1) 섬이나 해안에서는 정박과 상륙은 같은 뜻이 아니므로 고대도 후양과 안항에 정박했다고 기록된 것이 상륙을 동시에 의미하지 않는다는 것이다. 조선 측의 기록과 귀츨라프 측의 기록 모두에서 고대도 상륙이란 기록이 없으니 귀츨라프 일행은 고대도에 상륙한 일이 없고 따라서 고대도에서 선교활동을 한 일이 없었다고 판단할 수밖에 없다.

2) 정박 일자를 특정한 것에서도 문제가 생기는데, 다음의 한자 기록에서 보듯이 고대도 후양에서 정박한 것은 7월 22일(음력 6월 25일) (公忠監司 洪義瑾狀啓 六月二十五日 何國異樣三帆竹船一隻 來泊於洪州古代島後洋) 純祖實錄, 1832. 8. 16, 음력 7. 21), 고대도 안항에서 정박한 것은 7월 23일(음력 6월 26일)이니 7월 24일부터는 어디에 정박했는지를 정확하게 알 수가 없는 것이다. 사람도 짐승도 선박도 오늘 여기 있다고 내일도 여기 있을 것이라고 장담하는 것은 불가능하기 때문이다. 따라서 귀츨라프 선교사가 기록한 선교활동기간 동안 애머스트호가 어디 있었는지부터 찾아내야 한다. (水軍虞候 洪州牧使 牒呈 六月二十六日 異樣船一隻 到泊於 古代島安港) 純祖實錄 香文, 1832년 8월 16일, 음력 7월 21일)

3) 귀츨라프 일행이 조선 측의 지방관리들을 처음 만난 곳이 고대도 해역이라는 조선 측의 기록이 있고 이 만남의 다음날에 애머스트호가 Gan-keang이란 곳으로 이동하였다는 귀츨라프 측의 기록으로 보아 귀츨라프의 선교활동 기간에는 애머스트호가 고대도 부근에 정박해 있지 않았음이 분명하다.

4) 지방관리들이 고대도 해역에 정박한 애머스트호 안에서 귀츨라프 일행을 만났고, 언어가 통하지 않아 글로 써서 소통하였다는 사실은 비변사등록, 일성록, 승정원 일기에 다음과 같이 기록되어 있다. 수군우후, 홍주목사, 공충감사가 조정에 순차로 보고하면서 고대도라는 지명이 확정되었고, 다음에 애머스트호가 Gan-keang이란 곳으로 이동한 것은 조정에 보고되지 않아서 계속 고대도라는 지명이 사용되었다고 볼 수 있다.

 1932년 8월 3일: 水虞候 洪州牧使 牒呈以爲 古代島引泊漂人 言語難通 以書問情 則要請設誼交易云 ^{備邊司謄錄)}

 1932년 8월 3일: 公忠監司馳啓 古代島漂人引泊 後彼人 處問情則 言語難通 以書問情 ^{日省錄)}

 1932년 8월 3일: 水虞候 洪州牧使 牒呈以爲 古代島引泊漂人 言語難通 以書問情 ^{承政院日記)}

5) 애머스트호의 최종 정박지인 Gan-keang은 귀츨라프 선교사가 고대도 해역에서 지방관리들을 만나고 다음날 간 곳으로, 린제이 보고서(7월 24일)에 의하면, 고대도 해안에 있을 때 방문했던 텡노가 "당신들은 위험에 노출된 곳에 있으니 내가 안전한 항구로 안내하겠다"고 하였고 또, "30리 거리에 있는 만으로 즉시 이동해야한다"고 재촉하였다는 것이다. 이를 근거로 해석할 때, 고대도에서 30리 거리에 있는 만이라면 원산도 동쪽의 만으로 추정할 수밖에 없다.

이와 같은 사실에도 불구하고 귀츨라프 선교사의 선교활동이 상륙도 하지 않은 고대도에서 있었다고 주장하며, 고대도에서 기념사업을 벌이는 것은 적절하지 않다.

4. 조선의 쇄국정책과 개방 시도

가. 외국인과 주민들의 접촉 금지

귀츨라프 선교사는 서해안에 도착하여 성경을 나누어 주면서 예수 그리스도의 복음을 전하는 일에 열중하였다. 그런데 7월 27일 고관들에 의하여 어떤 책이나 물건도 주고받아서는 안 된다는 접촉 금지령이 내려져 유감스럽게 되었다고 하였다. 귀츨라프 선교사는 이때 관리들의 움직임에 대하여,

"우리가 상륙 허가를 받으려 하였을 때 어떤 어려운 문제가 있음을 감지하였다. 우리가 상륙하자 군졸을 만났는데 그는 우리를 제지(制止)하였다. 그러나 우리는 이를 무릅쓰고 전진을 계속하자 당황한 군졸은 목 베는 시늉과 배를 째는 시늉을 하며 상륙을 허락하면 자신이 형벌을 면치 못한다고 호소하였다. 우리를 안내한 텡노가 그 군졸에게 무어라고 나무라자 억지웃음을 띠었다." Gützlaff 일기, G43)

한편 린제이는 조선인과 이방인(外國人) 간의 접촉 금지와 관련하여 그 이유를 설명 들어 보려고 여러 차례 노력하였으나 헛수고였다고 하였다.

나는 고관들에게 여러 가지 질문을 하였다. "당신들은 외국인들이 이 마을 안에 들어오는 것을 왜 그렇게 두려워합니까?" 이 질문은 그들을 당황하게 만든 것 같았다. 그들은 여러 번 서로 협의하면서 서기관(Yang-yih)은 붓을 잡고 몇 자 쓰다가 또 지우곤 하였다. 마침내 짤막하게 "이전에는 그렇지 않았다(Formerly it was not so)"라고 대답하였다. 그들이 밝힌 제지 이유에 대하여 어떤 설명을 들어보려고 여러 차례 노력하였지만 헛수고였다. 무거운 형벌이 따르는 어떤 중요한 이유 때문에 외국인에 대한 이러한 두려움이 그렇게 강력하고 보편화 된 것이 틀림없었다. 가장 인적이 드문 섬을 비롯하여 어느 곳을 가든지 손으로 목을 자르는 똑같은 몸짓을 볼

수 있었다. 이것은 조선인들이 자신들이 사는 곳에 외국인의 출입을 허용하였을 경우 형벌을 받게 될 것이라는 것을 가리킨다. Lindsay Report, L39)

나. 쇄국정책의 뿌리

청나라에 올린 자문을 보면 다음과 같은 구절이 있다.

주거(舟車)가 통하는 곳에서 유무(有無)를 교역하는 것은 나라의 떳떳한 일이나, 번신(藩臣)은 외교(外交)가 없고 관시(關市)에서 이언(異言)을 살피는 것이 더욱 수방(守邦)의 이전(彝典)에 속하는데, 소방(小邦)은 대충 분의(分義)를 아는 만큼 각별히 후(侯)의 법도를 지켜 비록 해마다 의례히 열리는 개시(開市) 에 있어서도 오히려 반드시 칙자(勅咨)의 지휘를 기다려서 행하고 있습니다. 이번의 영길리국은 지리상으로 동떨어지게 멀어 소방과는 수로(水路)의 거리가 몇 만여 리가 되는지 모르는 처지에 망령되이 교린을 핑계하고 교역을 억지로 요구하였으니, 사리에 타당한 바가 전혀 아니고 실로 생각 밖의 일이었습니다. 경법(經法)에 의거하여 시종 굳이 방색(防塞)하였더니, 저들도 더 어쩌지 못함을 알고 바로 돌아갔습니다. 교역에 관한 한 조항에 대해서는 더 말할 것이 없겠으나, 변경(邊境)의 정세에 관한 일인 만큼 의당 상세히 보고해야 하겠기에 이렇게 이자(移咨)하는 바이니, 귀부(貴部)에서 자문 내의 사리(事理)를 조량하여 전주(轉奏) 시행하기를 바라고 이에 자문을 보내는 바입니다." 純祖實錄 1832년 8월 16일)

이를 보면 조선은 외교를 임의로 할 수 없다는 것이며, 이에 따라 외국인, 외국문물, 교역 등은 청의 허락 없이는 안 된다는 것임으로 쇄국정책은 불가피하였을 것이다.

이는 국가의 문호개방 필요성을 조선의 조정이 알지 못하고 따라서 교역을 시작하려는 의욕도 없었음을 방증하는 것이었다고 볼 수 있다. 무조건 안 된다고 할 것이 아니라 교역에 대해 알아보기라도 했으면 좋았을 텐데.

귀츨라프 선교사가 씨감자를 심으면서 '혁신(innovation)에서 수익(benefits)이 발생한다'고 사람들을 설득했다는 것이 다시 생각난다.

다. 교역 활동을 위한 조선의 개방 시도

1800년대는 유럽 각국이 아시아로 몰려오던 시기인데, 조선에는 린제이와 귀츨라프 선교사가 애머스트호를 타고 1832년 7월에 충청도 원산도에 와서 최초로 교역청원서를 제출하였으나 조선 조정의 거절로 그대로 돌아갔다.

그리고 34년 후인 1866년에는 미국의 상선인 제너럴셔먼호가 대동강에 와서 교역을 요구하다 조선관군 및 주민과의 충돌로 불에 타버렸으며 이 때문에 5년 후인 1871년 신미양요(辛未洋擾)가 발생하여 미군이 강화도를 침범했고 조선군이 많이 희생되었다. 신미양요의 원인은 미국이 제너럴셔먼호 사건을 보복하고 통상 개방을 요구하기 위한 것이었으나 조선의 거절로 미군이 강화도에 상륙했으나 얼마 후에 돌아갔다.

프랑스의 경우는 1866년 병인박해로 천주교 조선교구장 베르뇌(4대)와 다블뤼(5대)를 포함한 프랑스 선교사 9인이 처형된 것을 보복하기 위하여 프랑스군이 그해 가을에 강화도를 침범한 것을 병인양요(丙寅洋擾)라 하는데, 여기에 통상 개방에 대한 것은 관련이 없다. 프랑스군도 얼마 후에 강화도에서 문화재를 약탈해 가지고 스스로 물러갔다.

이와 같은 우여곡절 끝에 조선은 조미수호로통상조약을 1882년에, 조영수호통상조약을 1883년에, 조불수호통상조약을 1886년에 각각 체결하였고, 이후로는 교역도 종교도 개방되어 조선의 쇄국정책은 사라지게 되었다.

린제이와 귀츨라프 선교사가 1832년 교역청원을 하고 1882년에 조미수호통상조약이 체결된 것까지는 50년이 소요되었는데, 이는 조선정부가 급변하던 세계정세를 모른 채 우물 안 개구리로 지내기에는 너무 긴 기간이었다.

5. 주민들의 생활상태

가. 열악한 주거 및 생활환경

귀츨라프 선교사 일행은 1932년 7월 26일에 교역청원서와 예물을 전하기 위해 섬에 올랐을 때 마을의 골목길을 지나며 보니 수수가지로 만든 12피트의 담으로 집이 둘러싸여 집 안이 보이지 않았다고 하였다. 그 후 해변에서 차일을 치고서 교역청원서와 예물을 받으려는 것을 반대하고 설득하여, 다른 집 안으로 들어가 교역청원서와 예물을 전하였다고 하면서, 이 때 본 것도 울타리가 높았다는 것이다.

이와 같이 해안지역에서 높은 울타리를 치는 것은 해풍으로부터 집을 보호하고 아늑한 거주공간을 만들기 위한 것으로 귀츨라프 일행에게는 낯선 광경이었을 것이다.

귀츨라프 선교사 일행은 1932년 8월 1일 (음력 7월 6일) 그들이 정박하였던 인근 지역의 주거환경을 탐사하였다. 귀츨라프 선교사는 조선인이 살고 있는 방(房)의 구조를 마치 "오븐(ovens)" 같다고 비유하였다. 이곳에 사는 사람들은 초라한 마을의 규모로 보아 일생을 빈곤 속에서 살아가고 있다고 하며, 다음과 같이 기록하였다.

"우리는 마을을 답사하는 중에 근래에 비어있는 몇 채의 집을 돌아보았다. 보통 방이 둘이 있는데 그 모양은 흡사 오븐 같았다. 부엌은 달아내어 별채로 붙어 있었다. 겨울에 난방(煖房)을 위하여 방바닥에 온돌을 만들고 적당한 양의 나무를 때면 방 전체가 따뜻하여 진다. 집들의 울타리는 마른 대나무로 하였다. 마을의 집들은 네모로 매우 밀집되어 있으며, 좁은 골목길이 그 사이 사이로 통하고 있었다. 이 같은 초라한 집들로 미루어 보아 조선 사람들은 불결과 빈곤 속에서 일생을 살아간다는 것을 짐작할 수 있었다." Gützlaff 일기, G63

우리가 만난 많은 조선인들의 피부는 마치 한 달 동안 씻지 않은 것처럼 때꼽이 끼어 있었다. 우리들 앞에서도 옷 속에서 이를 잡아내어 죽이는 것을 서슴지 않았다. 또한 가구(家具)도 가짓수가 적을 뿐 아니라 형편없었다. 그들의 각종 생활도구도 엉성했으며, 그릇은 거의 흙으로 만든 질그릇이었다. 그 이상 아무것도 없었다. 우리가 이곳에 있는 동안 한 개의 동전도 보지 못했다." Gützlaff 일기, G64)

이 잡는 일과 때꼽

　해방 후 DDT가 나올 때까지는 이 잡는 일과 때꼽이 끼는 일이 시골에서 일상적인 것이었다. 이는 두 엄지손톱으로 눌러 죽이고, 많으면 뜨거운 인두로 옷의 안쪽 솔기를 다리면 톡톡 소리가 나면서 없앨 수 있었다. 인두로 다리면서 톡톡 소리를 들으면 쾌감도 느낄 수 있었다.
　때꼽은 겨울동안 몸을 물로 씻어내지 못해서 생기는데, 귀츨라프 선교사가 왔던 여름에도 때꼽이 있었다는 것은 섬 지역에 개울도 없고 물도 풍족하지 않아서 그랬던 것 같다.
　요즘 사람들은 여름이면 바닷물로 씻을 수 있다고 하겠지만 그 시대에는 해수욕이란 것을 몰랐고, 짠물인 바닷물로 씻으면 다시 민물로 씻어내야 하니 그것도 쉬운 일이 아니었을 것이다.

나. 외국인에 대한 여성들의 호기심과 두려움

　우리는 높은 언덕으로 올라가 넓은 경관을 즐길 수 있었다. 먼저 나의 시야(視野)에 들어오는 것은 약 1.6km(1마일) 거리의 언덕에 떼를 지어 서둘러 사람들이 넘어가고 있는 것을 보았다. 망원경으로 자세히 보니 이들은 모두 여성들이었다. 어떤 여인은 아이를 등에 업고 있었으며, 또 어떤 이는 나이가 들어 지팡이를 짚고 뒤뚱거리며 걸었다. 둘러보니 여러 무리의 사람들이 다른 길에서도 서둘러 걸어갔다. 그러나 그들 중 남자는 한 명도 없었다.

이는 우리가 갑자기 나타났기 때문에 이곳 사람들이 당황하는 것이 틀림없었다. 이들이 이렇게 유별나게 의심하고 놀라는 이유와 생각이 무엇인지 알기는 힘들었지만 아마 정부 당국의 훈육(訓育)에 의하여 이들 마음속에 깊이 뿌리박힌 편견과 강압적인 형벌에 기인하는 것으로 생각되었다.

우리의 배 앞에 있는 마을에서 우리는 여자들이 계속 일하는 것을 볼 수 있었다. 곡식을 키질하고 아이들을 돌보는 일을 하였다. 우리가 해안에 상륙하였을 때에도 울타리 뒤에서 외국인인 우리를 빠끔히 내다보는 점으로 볼 때 여성으로 특이한 호기심을 보여 주었다.

그러나 남자들은 여성을 거칠게 쫓아버렸다. 여성들의 옷은 마카오 노예 옷과 비슷하였는데 위 저고리는 짧고 치마는 연결되지 않았다. 모자는 쓰지 않고 머리는 장식 없이 매듭으로 묶고 있었다. 그러나 우리는 800m(1/2마일) 보다 가까운 거리에서 망원경을 통하여 그들을 자세하게 볼 수 있는 기회는 없었다.

그들은 건강해 보였으며 남자들로부터 별로 대우를 받고 있는 것처럼 보이지는 않았다. 여성들은 마을 앞에서 여러 가지 일을 하였으나 남성들은 어슬렁거리거나 자리에 기대어 있었다. 일하는 여성을 돕거나 이야기하는 법도 없었다. 우리의 배가 해안에 접근할 때마다 여성들을 마을 안으로 몰아넣기만 하였다. 우리는 이렇게 조선인들을 쳐다보기만 해도 몹시 두려워하는 이상한 행동에 대하여 그 이유가 무엇인지 알아보려고 몇 번이나 시도하였다.

귀츨라프 일행이 천수만을 조사할 때, 여성들이 외국의 선박이나 외국인에게 호기심과 함께 두려움을 갖는 것은 그 시대로서는 당연한 일이었으나 그것을 망원경을 통해서 본 귀츨라프 일행은 이해하기 어려웠던 모양이다.

남자들은 여자들과 아이들을 보호하려는 차원에서 고개를 넘어 피하도록 했을 것이고 외국인 눈에 뜨이지 않도록 했을 것이다.

또 귀츨라프 일행의 관찰에서 남자들은 일을 안 하고 어슬렁거리며, 여자들은 일한다는 것에서 그 시대의 여성의 지위를 말할 수 있을 것 같다.

다. 삶의 질 향상과 조선의 밝은 미래에 대한 소망

귀츨라프 선교사는 조선인의 빈곤과 열악한 생활환경에 대하여 만약 "외국인과 교류하도록 허락하였다면 그들의 현재 삶은 어떻게 되었을까?"라고 생각했다. 결국 쇄국주의적인 우민정책(愚民政策)은 외국의 문화를 수용할 수 없게 만들었고 생활환경의 개선이나 삶의 질 향상에 도움이 못되었다고 판단했다. 그는 자연의 주인인 인간으로 이를 부끄럽게 개탄하며 "에덴동산"이 만들어 지기를 소망하였다. 그러기 위하여 "이 땅에 복음의 말씀이 스며들고 진리로 받아들여 비참한 생활이 종지부를 찍어야 한다."고 했다. 이는 귀츨라프의 선교 목표가 "조선을 에덴(Eden)동산"으로 만들어 조선인의 삶의 질이 개선되기를 희망한 것으로, 귀츨라프 선교사는 8월 1일 일기에 다음과 같이 기록하였다.

"조선인들의 삶의 실태가 빈곤하고 열악한데 외국인들과 교류를 허락하였다면 그들의 삶은 어떻게 되었을까? 쇄국주의(鎖國主義)는 외국 문화를 수용할 수 없게 만들고, 또한 열악한 생활환경을 개선하지 못하게 했다. 이 섬의 비옥한 땅을 두루 거닐면서 도처에 피어있는 아름다운 들꽃과 잡초와 덤불사이에 휘감긴 포도덩굴(vine)을 보았다. 우리는 <자연의 주인>인 인간으로 태만함에 부끄러움을 느껴야 한다. 인간은 이 거친 자연을 변화시켜 에덴의 동산으로 만들 수 있기 때문이다. 이 땅에 복음의 말씀이 스며들도록 하자, 그것이 진리로서 받아 들여진다면 이 비참한 생활은 끝날 것이다." Gützlaff 일기, G66

주

1) 오현기, 한국에서의 첫 개신교 선교사 귀츨라프, p. 25, 2008년 11월 1일
2) 허호익, 청풍, p. 158, 1998년 10월 30일
3) 백낙준, 한국개신교사, pp. 43-44, 1993년 3월 5일
4) Harry A. Rhodes, The first protestant Missionary to Korea, pp. 223-228, The Korean mission field, 1931년, Nov.
5) 오현기, 한국에서의 첫 개신교 선교사 귀츨라프, p. 24, 2008년 11월 1일
6) Mr. Lindsay's Report, p. 215, We gave him a book and a few lion buttons, which he gladly received, and voluntarily offered us some fish in return,

제 10 장

애머스트호에 대한 조사 등

1. 애머스트호 선박구조와 승선자 등의 조사

가. 애머스트호의 선박구조와 제원

귀츨라프 일행이 승선한 애머스트호의 규모에 대하여는 몇 가지 견해가 있다. 예를 들면, 1천 톤 급 무역선(김인수, 한국기독교회사, p. 71)이라는 견해와, 1천 톤 급 군함(리진호, 귀츨라프와 고대도, p. 39)이라는 견해와, 5백 톤 급 크기(오현기, 논문)라는 견해 등이 있다. 린제이(H. Lindsay) 함장은 통상에 관심을 많이 갖고 있던 주 아모이 수석 관리 신분으로 동인도회사 소속 상선을 통역관(선교사) 귀츨라프와 동승하였다(김현수, 논문)는 기록도 있다. 이 부분의 보다 자세한 내용은 별도 연구가 필요하다.

다만 여기에서는 애머스트호의 규모에 대한 구조와 제원(諸元) 및 선적물(船積物)에 대하여 충청 수군우후와 홍주목사가 조사(問情)한 내용을 중심으로 살펴보고자 한다. 일성록 1832월 8월 3일(음력 7월 8일)과 순조실록 1832월 8월 16일(음력 7월 21일)의 기록된 내용은 다음과 같다.

배의 재료는 대추나무 목재를 사용하고 배의 형체는 표주박을 쪼개 놓은 것 같이 생겼으며, 뱃머리와 꼬리 부분은 뾰족한데 길이는 30파(把, 1파는 두 팔을 벌린 길이)이고 폭은 6파이며 삼(杉)나무 판자를 붙인 것은 쇠못으로 박았고, 상층과 중층의 칸 수는 큰 것이 10개이고 작은 것은 20개였으며, 배의 앞부분과 뒤 부분은 각각 건영귀(乾靈龜, 지남철)를 설치했고, 배 안에는 흑백의 양(羔, 염소)을 키우며 오리와 닭의 홰를 설치하고, 돼지우리도 갖추고 있었다. 선수와 선미에는 여러 색의 기(旗)를 꽂고 작위(爵位)가 있는 자의 문 앞에는 한 사람이 갑옷 모양의 옷을 입고 칼을 차고 종일토록 꼿꼿이 서서 출입하는 사람을 제지하였다. 급수선(汲水船) 4척을 항상 좌우에 매달아 놓고 필요할 때에는 물에 띄워 놓았다. 앞, 가운데, 뒤의 범죽(帆竹)은 각각 3층을 이루고 있고 흰 삼승범(三升帆)도 3층으로 나뉘어져 있었으며, 사용하는 그릇은 그림이 그려진 접시(畵器)와 잔(樽, 컵)과 병(甁)은 유리였으며 숟가락은 은(銀)으로 만들었고, 배안에 실은 무기(兵器)는 칼(還刀) 30자루, 총 35자루, 창 24자루, 대포(大火砲) 8문(座)이 있다. 純祖實錄.

암호스트호 선박의 제원

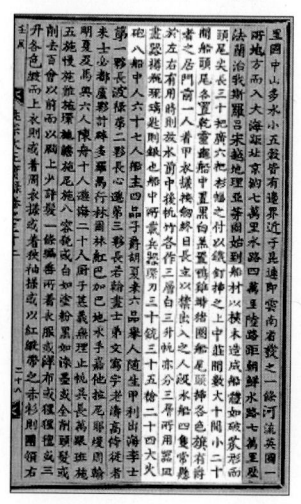

1832년 8월 16일, 음력 7월 21일)

나. 애머스트호의 승선자

애머스트호에는 67명이 승선하였다. 그 명단은 순조실록(1832년 8월 16일, 음력 7월 21일)과 일성록(1832년 8월 3일, 음력 7월 8일)에 기록되어 있으며, 연원직지(1833년 1월 15일, 음력1832년 11월 25일)에도 기록되어 있다. 이를 요약하여 정리하면 다음 표와 같다.

여기서 린제이, 귀츨라프, 리사 등 대표적 인물들의 나이가 30세 전후라는 것에 관심이 가는 것은 그들의 항해 목적이 크고 담대한 것이었기 때문이다. 그리고 전체

<표 10-1> 애머스트호 승선자 명단

번호	이름	나이	직책	
1	린제이(胡夏米) Hugh Hamilton Lindsay	30	함장, 4품(品) 자작(子爵)	영국, 런던
2	귀츨라프(甲利, 郭實獵) Karl Gutzlaff	29	6품 거인 수생 (擧人隨生)수행비서	영국, 런던
3	스티븐슨(李士)/Thoma Rees	32	출해(出海)/선장	영국, 런던
4	스티븐스(波臣)/Stephens	38	제1과장	영국, 런던
5	심손(心遜)/Simpson	22	제2과장	영국, 런던
6	요한(若翰)/Johan	20	제3과장	영국, 런던
7	제문(弟文)	19	화사(畵士)/그림 담당	영국, 런던
8	노도고(老濤高)		사자(寫字)/기록담당	영국, 런던
9	미사(米士)	15	시종자(侍從者)/비서	영국, 런던
8	필도로(必都盧)	20	시종자(侍從者)/비서	영국, 런던
9	벽다라(辟多羅)	40	과계(夥計)/잡역부	인도
10	마행(馬行)	26	과계(夥計)/잡역부	인도
11	임이(林爾)	30	과계(夥計)/잡역부	인도
12	임홍(林紅)	34	과계(夥計)/잡역부	인도
13	파가(把加)	26	과계(夥計)/잡역부	인도
14	파지(巴地)	29	과계(夥計)/잡역부	인도
15	가타(嘉他)		수수(水手)/갑판원	인도
16	랍니(拉尼)		수수(水手)/갑판원	인도
17	야만(耶?)	20	수수(水手)/갑판원	인도
18	주한(周翰)	21	수수(水手)/갑판원	인도
19	명하(明夏)	44	수수(水手)/갑판원	인도
20	마홍(馬興) 마시 마시	25 26 25	수수(水手)/갑판원	인도

번호	이름	나이	직책	
21-30	10인		진주(陳舟)	인도
31-51	20인		손해(遜海)	인도
52	모의(慕義)	50	주자(廚子)/요리사	인도
53	무리(無理)	30	주자(廚子)/요리사	인도
54	오장만(吳長萬)	21	지범(止帆)/돛 담당	인도
55	시오(施五)	59	근반(跟班)/하인	인도
56	시만(施慢)	19	근반(跟班)/하인	인도
57	시환(施環)	16	근반(跟班)/하인	인도
58	시니(施尼)	18	근반(跟班)/하인	인도
59	시난(施難)		근반(跟班)/하인	인도
60	시섬(施譫)		근반(跟班)/하인	인도
61	시팔(施八)		근반(跟班)/하인	인도

인원 중에서 영국인은 귀츨라프를 포함해서 8인이고 나머지는 모두 인도인이었으며, 15세의 소년을 포함한 10대 소년이 영국인, 인도인 모두 합해서 5명이나 되는 것도 눈길을 끈다.

승선자들의 외모와 옷차림에 대한 조사내용도 순조실록에 기록되어 있는데, 용모는 더러는 분(粉)을 발라 놓는 것처럼 희기도 하고, 먹물을 들인 것처럼 검기도 하였으며, 어떤 사람은 머리를 박박 깎기도 하였고, 백회(百會) 이전까지는 깎고 정상(頂上)에서 조그만 머리카락 한 가닥을 따서 드리운 자도 있었다. 입고 있는 의복은 양포(洋布), 성성전(猩猩氈), 혹은 3승(升)의 각색 비단을 입고 있었는데, 웃도리는 두루마기 같은 것을 입기도 하고, 소매가 좁은 모양을 입기도 하고, 혹은 붉은 비단으로 띠를 두르기도 하고, 적삼은 단령(團領)을 오른섶하고 옷섶이 맞닿은 여러 곳에 금단추(金團錘)를 달았으며, 소매는 좁기도 하고 넓기도 하였는데, 작위(爵位)가 있는 사람이 입는 문단(紋緞)은 빛깔이 선명하였다. 머리에 쓴 것은 호하미(胡夏

米)의 경우는 푸른 비단으로 족두리처럼 만들었는데 앞쪽은 흑각(黑角)으로 장식하였고, 그 외의 사람은 붉은 전(氈)이나 흑삼승(黑三升)으로 더러는 감투 모양으로 더러는 두엄달이(頭掩達伊) 모양으로 만들었고 혹 풀(草)로 전골냄비 모양으로 엮기도 하였다. 버선(襪子)은 흰 비단으로 만들기도 하고 백삼승(白三升)으로 만들기도 하였으나 등에 꿰맨 흔적이 없었고, 신(鞋)은 검은 가죽으로 만들었는데 모양은 발막(發莫) 과 같았다. ^{純祖實錄, 1832년 8월 16일, 음력 7월 21일)}

다. 애머스트호의 기타 정보

애머스트호에서 조사된 각종 내용들은 아래 표와 같이 정리할 수 있다. 이와 같은 조사가 가능했던 것은 조선의 관리들이 처음부터 귀츨라프 일행을 적대적으로 또는 방어적으로 대하지 않고 그들의 교역청원서를 받아서 정부에 제출하는 것을 도와주

단추의 문화

애머스트호에 있는 물품 중에서 수량이 가장 많은 것은 사자 문양이 새겨진 단추이다. 10,000여개라고 하지만 크기가 작은 것이어서 전체 부피나 무게는 그다지 크지 않을 것이다. 그렇다면 단추가 왜 중요한 교역상품인가에 대해 알아볼 필요가 있다.

위키피디아 사전에서 보면 장식용 단추는 BC 2800-2600에 인도에서, BC 2000-1500에 중국에서 사용되기 시작하였고, 옷에 쓰이는 단추는 13세기 독일에서 시작하여 14세기에는 전체 유럽에 전파되었고, 중국 등 동양에는 19세기에 인기 있는 상품이었기 때문일 것이다.

우리나라도 6.25 전쟁 전까지 시골에서 바지저고리 입고 살던 시절에는 단추를 알지 못했으나 전쟁 때 군복 때문에 단추가 대량 보급되고 그 편리함 때문에 필수품이 되었다고 할 수 있다.

1830년대에 사자 문양이 새겨진 단추는 한 개면 옷에 다는 장식용으로, 여러 개면 실용으로 사용할 수 있었을 것인데, 이것을 처음 받아 본 사람들이 그 새로운 물건을 무척 신기해하고 소중하게 여겼을 것이다.

<표 10-2> 애머스트호의 조사내용
(단위 : 담(担)은 100근(斤)=60kg)

영국이 교역하고 있는 나라	우라파국(友羅巴國)·법란서국(法蘭西國-프랑스)·아임민랍국(阿壬民拉國)·자이마미국(者耳馬尾國)·대여송국(大呂宋國)·파이도사국(波耳都斯國)·아비리가국(亞非利加國-아프리카)·식력국(寔力國)·영정도국(佮仃都國)·대청국(大淸國-중국)
영국이 교린하는 나라	아라사국(我羅斯國-소련)·법란치국(法蘭治國-프랑스)·하란국(荷蘭國-네덜란드)·파려사국(波呂斯國-페르시아)
배안에 실은 병기	환도(環刀) 30자루, 총 35자루, 창 24자루, 대화포(大火砲) 8좌(座)
배안에 있는 물품	유리그릇 500개, 화약 1,000 담(?), 화석(火石) 20 담, 화포(花布-꽃무늬 천) 50필, 도자(刀子-칼) 100개, 전자(剪子-가위) 100개, 납촉(蠟燭-초) 20 담, 등대(燈臺-등 받침대) 30개, 등롱(燈籠-초롱) 40개, 단추 10,000여개, 요도(腰刀-허리 칼) 60개
국왕 예물	대니(大呢) 홍색 1필, 청색 1필, 흑색 1필, 포도색 1필과 우모(羽毛) 홍색 1필, 청색 1필, 포도색 1필, 종려색(棕櫚色) 1필, 황색 1필, 양포(洋布) 14필, 천리경(千里鏡) 2개, 유리기 6건(件), 화금뉴(花金紐) 6배(排)와 본국의 도리서(道理書) 26종
애머스트호에 공급해준 물품	식량·반찬·채소·닭·돼지 등의 물목 단자(物目單子) 한 장을 써서 내면서 요청하였기 때문에, 소 2두, 돼지 4구(口), 닭 80척(隻), 절인 물고기 4담(担), 갖가지 채소 20근(斤), 생강(生薑) 20근, 파부리 20근, 마늘뿌리 20근, 고추 10근, 백지(白紙) 50권, 곡물 4담, 맥면(麥麵) 1담, 밀당(蜜糖) 50근, 술 1백 근, 입담배 50근을 공급

려 하였고, 또 귀츨라프 측은 왕에게 각종 상황을 조사하여 보고한다는 것에 대해 거절할 수 없었기 때문이다. 그래서 인원이나 배안에 실은 병기 같은 비밀 내용도 조사에 응했던 것으로 추측할 수 있다.

2. 애머스트호 승선자의 역할

가. 린제이 (Hugh H. Lindsay, 胡夏米)

린제이는 제1인자로 나이가 30세, 한자 이름이 호하미(胡夏米)이고, 벼슬이 4품 자작(四品子爵)이라 하였는데, 이 벼슬은 영국 관직의 등급인 공(公), 후(候), 백(伯), 자(子), 남(男)의 5개 직급 중 제4 등급에 해당하며, 그는 애머스트호의 항해 목적인 탐사와 통상에 관련한 최고 책임자였다. 그는 조선을 다녀간 후에 "Report of Proceedings on a Voyage to the Northern Ports China in the Ship Loard Amherst (1833) (이 책에서는 "Lindsay 보고서 또는 린제이 보고서"라고 함)"라는 책을 지었다.

나. 귀츨라프(Karl F. A. Gützlaff)

귀츨라프는 제2인자이며, 선교사(목사)로 의사(船醫)와 통역관(隨生)을 겸한 직책을 가졌고 나이는 29세, 한자 이름은 곽실렵(郭實獵), 또는 갑리(甲利), 곽사립(郭士立), 길사립(吉士笠)이라 하고 6품 거인(擧人)이라 하였다. 조선에 복음을 전하는데 전력을 다하고 가는 곳마다 만나는 사람들에게 전도책자를 나누어 주고 국왕에게 드리는 예물 속에는 성경책도 넣었다. 그는 "하나님께서는 이 미약한 시작도 축복하신다는 것을 믿으라고 성경에서 가르치시니, 조선 땅에 속히 광명의 아침이 찾아오기를 소망하자!"고 하였다.

그는 조선을 다녀간 후에 "The Journal of Three Voyages along the Coast of China in 1831, 1832 & 1833 with Notices of Siam, Corea and Loo Choo Island (1834) (이 책에서는 "Gützlaff 일기 또는 귀츨라프 일기"라고 함)"라는 책을 지었

다. 또한 조선에 있는 동안에 배운 조선말을 가지고, 1832년 11월 중국의 선교잡지 (The China Repository)에 Remarks on the Corean Language (조선어에 대한 소견)이란 제목의 소논문을 발표하여, 우리말을 서양에 최초로 알렸다.

다. 리스(Thoma Rees, 李士)

리스는 제3인자로 애머스트호를 운행하는 선장이다. 한자 이름은 이사(李士)이며 나이는 32세였다. 그는 선박 운행의 책임자로 수심측량과 해도 작성도 주관하여 단순히 운행만 하는 것이 아니고 필요한 장소에서는 해도를 만들었다.

라. 심손(Simpson)과 스티븐스(Stephens)

심손과 스티븐스는 과장으로 린제이와 귀츨라프가 국왕에게 올리는 교역청원서와 예물을 수군우후와 홍주목사에게 전달할 때도 군관 텡노와 서기관 양씨와 함께 참석하였다.

3. 조선 관리들의 역할

가. 군관 텡노(Teng no)

텡노는 1832년 7월 24일에 처음으로 배를 타고 고대도 해역에 정박 중인 애머스트호를 방문한 관리이다. 한문을 아는 사람으로 처음 승선하기 전에 "바람과 궂은 날씨에 고생하고 오셨습니다. 우리는 위협하기 위해 온 것이 아닙니다"라는 쪽지를 주어 안심을 시킨 후에 올라왔고, 어느 나라에서 왔는지 등등을 필담으로 물었고, 영국사람으로 국왕께 교역을 희망하는 공문과 예물을 드리기 원한다는 방문 목적을 알게 되었다.

서로 간에 필담이 오갔고 텡노는 현재 정박 중인 곳이 위험한 곳이므로 안전하고 고위관리를 만날 수 있고 식량도 구할 수 있는 곳으로 이동해야 한다고 강권하였고 귀츨라프 측이 날씨 등을 이유로 다음 날로 미루자 이를 수락하였다.

텡노는 다음날 아침에 도선사를 데리고 와서 애머스트호를 Gan-keang이라고 하는 안전한 곳으로 인도했고, 그 후에도 조정관으로 서기관 양씨와 함께 양측의 공식 회의에 참여하고 애머스트호와 탑승 인원, 무기현황 등을 조사하는데 참여하였다.

그는 처음부터 친절하게 쪽지를 써서 준 후에 애머스트호에 승선하고 귀츨라프 일행을 편안하게 대했고 외국인에 대한 방어적 태도를 나타내지 않아서 조사에 협조하기 어려운 무기현황 정보 등 비밀사항도 수집할 수 있었다.

그는 7월 27일에 귀츨라프 일행이 섬 안으로 걸어 들어가자 병졸이 제지했는데, 이때도 병졸에게 길을 열어주라고 지시하는 등 귀츨라프 일행의 활동에 도움을 주었고, 양측의 공식, 비공식 모임에 고관들을 수행하여 참석하였다.

나. 서기관 양씨(Yang yih, Yang chih)

서기관 양씨는 귀츨라프는 Yang yih로, 린제이는 Yang chih로 그 이름을 다르게 기록하고 있다.

양씨는 한문에 능통한 젊은이로 키가 작고 민첩한 서기관이었다. 텡노가 도선사를 데리고 가서 애머스트호를 Gan-keang(개갱)으로 인도해 온 후에 처음 만나서 수군우후와 홍주목사가 방문할 것을 통보했고, 그 후에도 텡노와 함께 고관들을 수행하고 귀츨라프 측에 대한 조사에 참여하였다.

다. 역관 오계순

역관 오계순은 귀츨라프 측과의 언어불통으로 통역관이 필요하니 보내달라는 홍주목사와 수군우후의 요청으로 조정에서 보낸 특사와 함께 8월 2일 현지에 도착하였다. 그 후 8월 5일에는 특사와 오계순이 배에 싣고 있는 선원들의 트렁크와 모든 화물을 조사하자고 하였으나 화물조사는 거절하고 선원들의 트렁크만 조사하라고 하였다.

8월 9일에는 교역청원에 대한 공식적인 회담이 오계순, 수군우후, 홍주목사, 공충수사, 그리고 린제이와 귀츨라프가 참석한 가운데 있었다. 조정에서 교역청원을 거절했다는 것이 통보되고, 린제이 측은 교역청원서 거절의 부당성을 제시하는 등 논의가 있었다.

오계순은 너무 외교에 대해 무지하여 "우리나라는 중국의 속국이니 중국황제의 명령 없이 아무것도 할 수 없는 것이 우리의 법이다"라며 교역청원 거절을 합리화하다가, 귀츨라프 측으로부터 "자기 나라를 비하하는 것은 자기 나라의 명예를 손상시키는 것"이라는 핀잔을 듣게 되었고, 이 때문에 회담의 주도권을 상실하고 말았다. 귀츨라프는 오계순의 나이를 40세 정도로 보았다.^{Lindsay Report, L67}

라. 홍주목사 이민회(李敏會)

홍주목사는 공충감사 산하의 원산도, 고대도, 불모도 등의 지방 행정 책임자로 수군우후의 보고를 받고 애머스트호가 온 것을 알았으며, 그 후에 수군우후와 함께 귀츨라프 일행을 만나고 여러 가지 조사에 참여하고, 교역청원서(주문)와 예물을 받는 데, 그리고 식사 등에 참여하였다. 특별히 단독으로 한 일은 보이지 않지만 교역청원서(주문)와 예물을 공식적으로 받을 때 함께 하여 결국 수군우후와 함께 관직에서 파출을 당하고 말았다.

마. 수군우후 김형수(金瑩綬)

수군우후는 텡노의 상관으로 텡노를 처음으로 애머스트호에 보냈고, 그 후 계속하여 홍주목사와 함께 귀츨라프 일행을 접촉하며 식사도 두 번이나 대접하고(한번은 공충수사와 함께) 우호적으로 대하였다.

그가 한 일 중 가장 큰 일은 왕께 올려달라는 린제이 측의 교역청원서(주문)와 예물을 공식적으로 받아준 것이었다. 이 청원서와 예물을 받을 때 공충수사의 사전 허락을 받았는지는 알 수 없지만 이것 때문에 후에 의금부에서 조사도 받고 결국 관직에서 파출당하고 말았다.

수군우후는 미리 공식적으로 교역청원이 거절됨과 처벌이 있을 것을 알고 공식회담이 있기 이틀 전인 8월 7일에 애머스트호를 방문하여 "주문(奏文)과 예물을 전달하겠다고 받아 놓은 일 때문에 신변이 위태롭게 되었다"고 하고, 주문과 예물을 반환하겠다고 요청했으나 거절당하고 근심하면서 돌아가기도 하였다.

그는 귀츨라프 일행과 친밀감을 유지함으로써 여러 가지 조사에도 역할을 하였다.

바. 공충수사 이재형(李載亨)

공충수사는 이재형인데 귀츨라프는 Kim, 린제이는 Kin이라고 기록하였다. 귀츨라프는 3품의 장군(tseang-kean)이라고 스스로 밝혔다고 하는데 성이 바뀐 것은 이해하기 어렵다. 공충수사는 수군우후를 대동하고 7월 30일 처음으로 애머스트호를 방문하였으며, 그는 귀츨라프 일행의 노고를 위로했고 오찬을 대접하였다. 귀츨라프는 그가 50세 정도이고 준수한 외모에 은빛 수염이 달린 단정한 옷차림의 장군이라고 기록하였다.

장군은 7월 31일에 다시 찾아와서 상부에서 엄한 지시가 내려왔으니, 지금부터는 해안에 상륙하지 말아달라고 하였다. "당신들은 우리 손님입니다. 손님은 주인의 규칙을 지켜야 합니다"라고 쓴 글을 주었는데, 귀츨라프 측에서 "주인은 자기 손님에게 돌아다니고 편안하게 지낼 자유를 주어야 한다"는 예기(禮記)의 글을 써서 보여주니, 장군은 "좋다. 좋다"라고 소리치고, 그 후는 이 문제를 다시 거론하지 않았다.
_{Gützlaff 일기, G59)}

한편 귀츨라프 일행과 충청수사가 7월 31일(음력 7월 5일) 만난 것에 대한 기록은 정부 문서(일성록)에 기록되어 있다. (又接水使李載亨 今月初五日) _{日省錄, 1832년 8월 6일, 음력 7월 11일)}

이 같은 만남으로 충청수사가 귀츨라프 일행을 잘못했다는 사유로 조정(廟堂)으로부터 1832년 8월 13일(음력 7월 18일) 징계에 회부되는 불이익을 받았다. 죄목은 "邊情未免失當 水使李載亨罪 狀請令廟堂稟處"였다.

공충수사의 조선말을 기록한 귀츨라프와 린제이

귀츨라프 일기와 린제이 보고서에서는 조선말을 들리는 대로 영어로 쓴 것이 여러 개 보이는데, "장군(tseang-keun)", "좋다, 좋다(hota, hota)", "그렇지, 그렇지(kow-chee, kow-chee)", "괴이한, 괴이한(kohan, kohan)" 등이다. 이는 그들이 조선말을 배우려는 노력이 있었고 또 언어에 관심이 컸음을 알려준다.

1) 린제이가 공충수사를 7월 30일 처음 만났을 때 "그는 자신을 장군(tseang-keun)이라고 말했다(He stated himself to be a tseang-keun)고 기록하였다.

2) 귀츨라프는 공충수사가 7월 31일에 방문하여 이제 더 이상 육지에 상륙하지 말라고 했을 때, 예기(禮記)에 있는 글을 써서 보여주니 감동하여 그가 이 글을 읽으면서 '좋다. 좋다 (hota, hota)'라 소리치고, 더 이상 그 문제를 다루지 않았다는 것이다 (We quoted some passages from the book of rites, which enjoin the host to give his guest the fullest liberty to walk about and to be at ease. When he read this he exclaimed, "Hota, hota!" (good, good) and never touched that point again).

3) 공충수사가 8월 12일 애머스트호를 방문했을 때, 린제이는 조선 사람들은 용기 있게 저항하여 원나라를 물리쳤고 요동지방까지 황폐시켰다고 써서 보여주니, 공충수사가 이것을 읽고 눈이 빛나면서 여러 번 '그렇지, 그렇지' 하고, "이는 나라에 관한 일이다. 나는 그 상황을 모른다"라고 썼다. (This the Coreans resisted with much courage, and finally not only expelled the Chinese Tartars from the country, but ravaged a great part of Leaou-tung. When the general read this, his eyes brightened, and he repeated several times with much energy, 'Kow-chee', "So it is." But he then took a pencil and wrote, "These are the affairs concerning the nation; I am ignorant of the circumstances.")

4) 린제이는 공충수사가 홀로 8월 12일 작별인사차 방문하여 필담으로 "그대들은 아주 먼 곳으로부터 우리에게 선물을 가지고 왔다. 그러나 우리는 그렇게도 가당치 않은 태도로 그대들을 대우하였다. 괴이한, 괴이한, 그것이 우리의 법인 것을 (You have come from a distance of so many myriads of le, bringing us presents, and we have treated you in so unworthy a manner. 'Kohan, kohan', (alas, alas,) such are our laws.). 여기서 Kohan, kohan은 괴이한, 괴이한 또는 고얀, 고얀으로 볼 수 있지 않을까? 정확한 조선말이 무엇인지 찾아내지 못하였다.

4. 조선 관리들의 파직

가. 충청도 지방관리들의 처벌

현지 관리들이 교역청원서를 받고 또 애머스트호에 대해 조사한 것들은 공충감사 홍희근에게 보고되었고, 공충감사는 이를 종합하여 조정에 보고하였다. 그는 보고하면서 말미에 교역청원서와 예물을 받아 문호(門戶)를 개방하려고 노력한 수군우후와 홍주목사에 대하여 귀츨라프 일행을 일찍이 물리치지 못한 것을 죄로 다스려야 한다고 건의하였다. 純祖實錄, 1832년 음력 7월 21일)

이로 인하여 통상 교역청원서가 접수된지 19일 뒤 즉, 1832년 8월 13일 (음력 7월 18일) 지휘 책임자 공충수사(公忠水使) 이재형이 파직(罷職)되고, 수군우후와 홍주목사는 그 직(職)을 그만두고 물러나게 하는 파출(罷黜) 처분되었다.

이들의 죄명은 "외국 배가 항구에 처음 들어 왔을 때 사정을 묻는 것을 명령에 따라 수행하는 일이 늦어지고, 앞뒤를 바꾸어 처리하여 그르치게 한 죄 '問情時 擧行 之稽 滯顚錯之罪'"라 하였다.

이 같은 징계 처분은 당시 지방관이 조정의 쇄국정책(鎖國政策)에 따르지 않았다는 것을 의미한다. 역사는 가정이 없다지만 만약 조선 조정이 이때 이들을 징계하여 파면하지 말고, 통상 교역 청원을 받아들여 쇄국정책을 탈피하였다면 우리나라는 보다 빨리 서방국가와 협력 관계를 맺고 새로운 문물(文物)을 받아들여 여러 분야에 더욱 발전되었을 것이다.

수군우후 김형수와 홍주목사 이민회가 파직된 뒤 9월 1일 (음력 8월 7일) 의금부에서 치죄(治罪) 당할 때 귀츨라프의 기록과 상치된다. 진술한 내용은 다음과 같고,

수군우후 김형수의 진술에 의하면

"주문(奏文)과 예물의 문제는 이렇습니다. 1832년 7월 27일(음력 7월 1일) 저녁에 저 사람이 갑자기 그것(예물)을 포구 가에 옮겨다 놓고는 조정에 올려 보내 달라는 뜻을 적어 보여 주었습니다. 그래서 일의 체모로 보아서 그래서는 안 된다고 꾸짖고 도리로 보아도 그래서는 안 된다고 타이르면서 누차 엄하게 물리쳤는데도 저 사람은 거두어 가지 않고 그냥 배를 타고 지례 돌아가 버렸습니다. 해 저문 바닷가에 바닷물이 밀려오기 시작하는데 주인 없는 물건을 그대로 떠내려가게 놔 둘 수가 없어 부득이 동임이 사는 곳에 가져다주고 잘 지키도록 하였습니다. 그런데 감영에 보고하면서 뜻이 제대로 전달되지 않아 마치 잘 받아둔 것처럼 되었습니다. 제가 아주 어리석은 사람이긴 하지만 그래도 변경의 사정에 관계되고 전례도 없는 일인데 어찌 감히 멋대로 그냥 받아둘 생각을 할 수 있었겠습니까?" (제6장 3절 라항 참조)

이민회의 진술에 의하면

"주문과 예물을 직접 받아 두었다는 일로 말하면, 이는 실로 전에 없던 예이고 바르지 않은 일이기 때문에 엄하게 말하여 물리치고 갖가지로 거절하였는데도 저 사람들이 포구 가에 이를 옮겨다 놓고 갔습니다. 해가 진 모래사장에서 이것들이 물에 쓸려가 버릴까 염려되어 부득이 우선 동임(洞任)이 사는 곳으로 옮겨다 놓고는 한편으로는 감영에 보고 하였습니다." 日省錄⑥, 1832년 9월 1일, 음력 8월 7일)

나. 황해도 지방관리들의 처벌

충청도에서 이양선이 문제가 되어 공충수사, 수군우후, 홍주목사 등의 처벌 논의가 있게 되자, 황해 감사 김난순(金蘭淳)도 장계를 올려 수사 윤우현(尹禹鉉)과 장연현감 김성익(金星翼) 및 본 진장(鎭將)의 죄를 논하고, 그 결과 모두 심문을 받고 처벌을 받았다.

이 경우의 처벌은 충청도의 경우와 달리 이양선에 대해 상세한 조사를 하지 않고, 상세한 보고도 없이 이양선(중국의 배)이 왔다 간 것으로 보고한 것이 잘못이라는 것이었다.

"지난 6월 21일 이양선(異樣船) 1척이 장연(長淵)의 조이진(助泥鎭)에 와서 정박하자, 관내의 어부(漁夫)들이 생선과 서책을 서로 바꾸고 그 진(鎭)의 이교(吏校) 역시 필찰(筆札)로 문답한 일이 있었는데도 수사(水使)와 지방관은 다만 예사로운 당선(唐船)이 왔다 간 것처럼 보고하였는데, 추후에 들은즉 배의 제작과 인물·언어·복색 등이 홍주(洪州)에 정박한 영길리(英吉利) 배와 다름이 없었으나 상세히 문정(問情)하지도 않은 채 임의로 떠나게 하고 끝내 사실에 의거하여 낱낱이 보고하지도 않은 것은 변정(邊情)과 관계가 있다."라며 처벌을 요청하였다. 純祖實錄, 1832년 음력 8월 11일)

서양인과 동양인의 입맛 차이에서 비롯된 이야기

귀츨라프 일행은 7월 26일 오후, 교역청원서와 예물을 조선 관리들에게 전달하고 저녁에는 수군우후가 준비한 만찬에 일행 전원(67명)이 초대되었다. 마른 고기, 술, 콩 음식 등이 제공되었는데 외국인 입맛에 맞지 않고 메스꺼워 한 사람도 손을 대지 않아 모두가 민망해 하였다. 그 후 7월 30일, 공충수사가 준비한 오찬에는 쌀밥, 떡, 국수, 꿀, 돼지고기, 참외와 수박 등을 잘 준비해서 귀츨라프 일행 모두가 맛있게 먹을 수 있었다. 동양인과 서양인의 입맛이 다르다는 것을 알게되고, 음식 준비와 대접도 상대에 따라 세심한 배려를 하면 성공 할 수 있다는 교훈적인 이야기이다.

5. 귀츨라프 선교사를 통해 배울 점

귀츨라프 선교사가 1803년 출생하여 1851년에 소천할 때까지 48년의 삶을 살면서 잘 한 일, 어려움을 이겨낸 일, 실패한 일 등을 살펴보고 그것들을 통해서 어떤 배움을 얻는다는 것은 가치있는 일이다. 그가 한국 최초의 개신교 선교사이기 때문에 우리가 그의 업적을 기리고 찬양할 뿐만 아니라 그를 더욱 확실하게 아는 것은 중요하기 때문이다.

1) 정신적 상처를 극복한 유소년기와 선교사의 꿈

귀츨라프 선교사는 1803년에 출생하여 네 살 때 어머니를 여의였고 다섯 살 때부터 계모 밑에서 자랐다. 동서양을 불문하고 계모 밑에서 자란다는 것은 아무리 착한 계모라도 아이에게는 상처받는 일이 될 수밖에 없다. 그러나 귀츨라프 소년은 이를 잘 극복하고 15세 때에 어느 선교사로부터 선교에 대한 열정적인 설교를 듣고 선교사가 되기로 결심을 하였다.

2) 충성의 시를 황제에게 바친 용기와 능력

17세 때에 고향에서 가까운 스테틴이란 도시에서 당시의 황제 프리드리히 빌헬름 3세 황제가 참석하는 군대 열병식이 있었는데 여기에 참석하여 친구 헤르만과 함께 "충성의 시"를 지어 바쳤다. 이 시를 통해 인정을 받고 황제로부터 계속 공부할 수 있는 장학금을 받아 베를린신학교에서 20세까지 공부를 하였는데 6개 국어를 배울 만큼 열심을 다했다. 충성의 시나 6개 국어를 배웠다는 것을 통해 귀츨라프는 뛰어난 능력을 가진 학생이었고 또 용기와 열심을 지닌 학생이었음을 알 수 있다.

3) 외국으로 가서 네덜란드 선교회의 선교사가 되는 결심

네덜란드 선교회가 선교사를 모집한다는 소식에 20세에 타국인 네덜란드로 가서 복음주의 루터파 소속의 목사와 선교사가 되었다. 선교사가 되려는 꿈을 이루기 위하여 다른 나라로 가는 결심을 한 것을 높이 평가할 수 있다. 그리고 24세 때 인도네시아에 와서 선교를 시작하였으나 별다른 성과가 없자 25세 때, 네덜란드 선교회를 떠나 태국 방콕으로 옮겼다.

4) 중국어 배우기와 중국선교

귀츨라프 선교사는 인도네시아에 있는 동안에 중국어를 배우기 시작하였고 방콕에 있는 동안에는 중국인 쿠오(Kwo)씨의 양자가 되어 중국어를 배우고 법적으로 중국인이 되었다. 이는 장차 중국선교를 위한 준비를 꾸준히 하였다는 증거로 볼 수 있다. 또, 방콕에 있는 동안 성경을 태국어로 번역하는 일을 했던 것은 그가 언어에 타고난 재능이 있었다는 것을 의미한다. 조선에 와서도 조선어에 대한 그의 관심이 큰 것을 볼 수 있는데 그는 타고난 언어능력자일뿐 아니라 언어에 대한 열심을 가졌다고 할 수 있다. 또 동료들과 함께 성경을 중국의 한자로 번역하여 비록 사후이지만 태평천국의 통치이념을 만드는데 기여하였다.

5) 중국 내륙선교의 꿈과 좌절

1844년에 홍콩에 중국인 내륙선교사 양성을 위한 학교를 세웠는데 이는 넓은 내륙지방의 복음화를 위한 큰 꿈을 실현하기 위한 것이었다. 졸업생들이 현지에서 복음을 받아들인 사람들의 숫자를 보고하면 그만큼 성경책을 무료로 주었는데 일부 졸업생들은 거짓으로 성경책만 받아 인쇄소에 팔아 아편을 하고 귀츨라프는 이 책을 다시 사서 주는 것이 되풀이되었다.

이 사기사건은 귀츨라프가 선교비 모금을 위해 유럽에 있는 동안에 발각되어 시끄럽게 되었고 귀츨라프 선교사는 상심하여 홍콩에 돌아온지 몇 년 뒤에 소천하였다.

이는 넓은 내륙지방에서 전도 내용의 실질적인 확인이 불가능하고 그 당시 아편에 노출된 사회 환경 때문에 발생한 것이지만 돌이켜보면 귀츨라프의 선교팀 관리 능력의 부족이라고 할 수도 있는 것이다. 지금도 후진국 선교에서 성과없이 비용만 나가는 선교사업이 있을 수 있다고 가정해 볼 수 있다. 어떤 사업에나 돈이 나가면 그 결과를 지속적으로 확인하는 것이 필요함을 알려주는 사례가 된다.

6) 귀츨라프 선교사가 남긴 영향

귀츨라프 선교사의 글과 선교보고회의 강연, 그리고 그가 동료들과 함께 번역한 한문 성경으로 영향을 받은 것들을 열거하면 다음과 같다.

- 아프리카 최초 선교사인 영국의 리빙스턴이 선교사가 되기로 결심하는데 도움을 주어 결과적으로 아프리카 선교에 도움
- 독일의 카를 마르크스가 중국에 대해 관심을 갖고 배우는데 도움
- 성경을 한문으로 번역하여 태평천국의 홍수전이 통치이념을 만드는데 도움
- 중국선교의 아버지로 알려진 영국의 허드슨 테일러(Hudson Taylor) 선교사(1832-1905)가 중국 선교사로 오는데 영향을 주어 귀츨라프의 중국 내륙 선교의 꿈을 실현

특히, 허드슨 테일러 선교사는 1852년에 세워진 중국전교회(中國傳敎會, Chinese Evangelization Society)가 파견한 선교사로 1854년에 중국에 도착하여, 50여 년간 중국 내륙선교를 하였는데 귀츨라프 선교사를 중국내륙선교의 할아버지(Grandfather of the China Inland Mission)라고 칭하며, 그의 업적을 높이 평가하였다.

6. 애머스트호의 내방에서 배울 점

지금부터 185년 전인 1832년에 귀츨라프 선교사가 황해도와 충청도 서해안을 방문하여 활동하는 과정에서 나타난 사건, 인물 등에서 배울 점을 찾아보는 것은 중요하고 흥미 있는 일이다.

어떤 사건에 대해서는 긍정적인 것으로 배우고 따라가야 할 것들이 있고, 부정적인 것으로 그런 실수나 과오를 되풀이 하지 않게 하는데 도움이 되는 것들도 있다.

또, 잘잘못을 따져 한쪽은 추켜세우고 다른 쪽은 비하하는 경향이 있을 수 있고, 그 시대적 특성을 무시하고 현재의 상황에서 비판을 하게 되는 일도 있는데 이런 것들은 주의하여야 한다.

귀츨라프 측과 지방 관리들이 만나는 과정 속에서 일어나는 사건들을 볼 때도 단순 비교가 아니라 다음과 같은 어쩔 수 없는 차이를 미리 알고 인정해야 올바른 판단을 할 수 있다.

1) 귀츨라프 측은 이미 여러 나라를 다녀본 경험과 관록이 있는 국제적 인물들인데, 지방 관리들은 우물 안 개구리 같은 국내 인물이다. 즉, 전문가와 아마추어의 차이가 나는 것이다.

2) 귀츨라프 측은 교역과 선교라는 뚜렷한 목적을 가지고 왔는데, 지방 관리들은 잠자다가 뛰어나온 격이라, 마치 기습공격과 우왕좌왕 수비의 경우와 같은 것이다.

3) 귀츨라프 측은 상부의 간섭이 없는 자치정부와 같은 조직으로 자기 결정권을 가지고 있었지만, 지방 관리들은 조선 조정에 보고하여 결정을 구해야 하고, 또 쇄국정책과 국법의 한계 안에서 행동해야만 했다.

4) 귀츨라프 측은 시간적으로 즉석에서 결정을 하지만 지방 관리들은 상부의 눈치를 보거나 지시를 기다려야 함으로 시간을 낭비하여 귀츨라프 측의 불평을 받을 수밖에 없었다.

가. 귀츠라프 선교사 측으로부터의 배울 점

이제 귀츨라프 측에서 배울 점들을 찾아보면 다음과 같다.

1) 원산도의 들판을 돌아보며 개발이 안 된 것을 아쉬워하고, 염소를 기르든가 포도 과수원을 만들었으면 좋겠다며 조선의 발전을 희망했다. 수군우후나 공충수사는 군대의 일을 관장하여 관계없을지 모르나, 홍주목사는 그 고을 백성들의 수령임으로 국법에 걸리는 일이지만 감자를 포함하여 새로운 농업 축산 기술을 의논하고 잘 받아들였으면 좋았을 것이다.

2) 국왕께 드릴 예물에 성경책을 넣었으며, 끊임없이 조선이 복음화 되기를 간구하였다. 귀츨라프는 여러 사람들에게 전도지를 나누어주고 조선이 발전하기를 기원했다.

3) 귀츨라프를 포함하여 평균나이 28세의 영국인 10명이 57명의 인도인들을 고용해서 장기간의 항해를 하는 모험심이 있었다. 함장인 린제이는 30세, 귀츨라프는 29세로 조선국왕에게 공문(교역청원서)과 예물을 올렸다.

4) 국왕께 드리는 교역청원서의 전달식 등에서 예절과 품위를 지킴으로써 지방 관리들의 존중을 받아냈다. 어떤 일에든 전통과 격식을 지키는 것은 권위를 지키는 것이며 자유라는 이름으로 이를 버리는 것은 안정된 사회의 파괴를 불러온다.

5) 자신들의 소중한 식품 재료인 감자를 아끼지 않고 거절하는 사람들을 설득하고 씨감자로 심어주며, 재배법까지 가르쳐 주었다. 자기의 이익뿐만 아니라 다른 사람들의 이익을 위하여 도움을 베풀려는 마음을 읽을 수 있다. 특히, "혁신에서 수익이 발생한다(the benefits which might arise from such innovation)"고 씨감자 심기를 반대하는 사람들을 설득한 것은 배울만한 것이다.

6) 역관 오계순의 "조선은 청나라의 속국이다"라는 발언을 책망함으로써 회담의 주도권을 차지하였다. 외교관계에서 상대방의 무례나 잘못은 분명히 항의하고 지적하여야 한다. 이를 눈감아주는 것은 오히려 상대방에게 얕보이는 길을 열어주는 것과 같은 것이다.

7) 린제이는 원나라가 원나라 초기에 머리를 깎고 옷도 원나라 식으로 입도록 강제하고 압제할 때, 이에 용기 있게 저항하고 결국 그들을 요동지방까지 몰아냈다는 고려의 역사를 이야기할 정도로 미리 우리나라의 역사공부를 하고 왔다.

8) 귀츨라프 선교사는 주기도문의 한글 번역과 한글을 배우려는 노력의 결과로 얻은 한글 지식을 가지고 1832년 11월 중국의 선교잡지(The China Repository)에 Remarks on the Corean Language (조선어에 대한 소견)이란 제목의 소논문을 발표하여, 우리말을 서양에 최초로 알렸다.

9) 경제적 손실보다는 품위와 원칙을 지켜 예물을 되돌려 받지 않았다. 공식적인 공문을 주지 않으면 일단 보낸 교역청원서와 예물을 돌려받지 않겠다고 지방 관리들이 작은 배에 싣고 온 예물 등을 애머스트호에 싣지 못하도록 하였다.

10) 원산도를 떠나기에 앞서 관청을 예방하여 작별인사를 했고, 앞으로 영국 배가 와서 구조를 요청하면 잘 도와줄 것을 부탁하며 미래의 일까지 관심을 기울였다.

11) 귀츨라프 선교사는 제주도의 어디엔가 도착하여 경제적으로 제주도에 공장을 설치하면 조선, 일본, 만주, 몽고, 중국 등과의 교역이 용이할 것이라고 보았고, 종교적으로 기독교 전파의 근거지로 삼으면 큰 성과를 거둘 수 있다고 보았다. 그의 이러한 큰 비전은 참으로 배워야 할 일이다

나. 조선 관리들로 부터의 배울 점

1) 원산도가 개신교 첫 번째 선교지가 되는데 기여한 지방관리들

지방 관리들은 귀츨라프 일행을 친절하게 받아들여 충돌이 발생하지 않게 하였다. 특히, 황해도에서는 100여명의 사람들에게 둘러싸이고 위협을 받는 등 발도 못 붙이게 하였는데, 충청도에서는 텡노와 공충수사가 귀츨라프 일행을 처음 만날 때 고생하며 왔다고 위로하는 인사를 할 정도로 친절하게 대하였다.

귀츨라프 선교사가 원산도에 머물면서 씨감자도 심어주고 개신교의 선교를 할 수 있었던 것은 처음부터 수구우후와 공충수사가 귀츨라프 일행을 우호적으로 대하고 교역청원서를 받아주고 조정에 보내었으니 회신을 기다리라고 하여 원산도에 대기할 수 있는 기간을 주었기 때문이다.

또, 애머스트호와 승선인원에 대한 여러 가지 중요한 정보를 조사하고 배에 실린 무기까지 많은 정보를 조사해서 조정에 보고하는 성과를 얻어낸 것도 지방관리들의 공로로 볼 수 있다.

2) 지방관리들의 국법 준수 부실

 지방관리들은 귀츨라프 측이 국왕에게 올리는 교역청원서와 예물을 전달한다고 받아놓은 것이 잘못임을 뒤늦게 알고서 당황했지만 이미 때는 늦고 말았다.

 린제이가 왕께 올리는 교역청원서와 예물을 공충감사나 조정의 허락도 없이 받아놓은 것이 잘못된 일이라고 공충감사가 비변사에 처음 올리는 장계에서 처벌 요청을 한 것을 볼 때 공충수사, 수군우후, 홍주목사 등은 쇄국정책의 울타리 안에 있는 상황을 심각하게 고려하지 못했던 것 같다. 그 결과로 이들은 파직 또는 파출을 당한 것이 아쉽다.

3) 역관 오계순의 외교역량 부족

 역관 오계순이 "조선은 청의 속국이다"라고 한 것은 그 때부터 약 200년 전인 1636년 병자호란 때 항복하여 어쩔 수 없는 것이지만, 외국인과의 외교적인 접촉에서 이를 들어 낸 것은 큰 잘못으로 깨달아야 할 것이다. 지금도 자기 나라를 외국인 앞에서 비하하는 것은 자기 얼굴에 침 뱉는 것이라는 비난을 면치 못한다. 특히, 외교에 관련된 일을 하거나 외국인을 상대할 때 아무리 친해도 품위를 지키는 것은 상대에게 얕보이지 않기 위하여 대단히 중요한 일이다.

4) 쇄국정책이 주는 발전기회의 상실

 지방 관리들은 애머스트호를 밖에서 보고, 내부에 들어가 보고, 술도 먹어보고, 탑승자들과 접촉을 함으로써, 두려움이 사라지고 친절하게 그들을 대할 수 있었지만, 조정의 관리들은 먼저 외국의 선박이 국방에 위협이 되는 것으로 간주하는 경향이 있어 처음부터 선박의 정박 자체를 마땅치 않게 여겼을 것이다.

방어적인 태도를 가지고 있으면 새로운 문물을 받아들이는 것을 두려워하기 때문에 개인이든 단체든 국가든 발전의 기회를 잃을 수밖에 없게 된다.

다. 조선 정부로부터의 배울 점

1) 조선 정부의 비합리적인 사건 처리

애머스트호가 온 것에 대한 조정의 대응은 공충감사 홍희근의 장계에 따라 이른바 주문(奏文)과 예물(禮物)을 미리 받은 것은 잘못한 것이니, 수군우후 및 홍주목사를 처벌하자는 것이었다. 공충감사부터 처벌을 조정에 건의하는 상황이고, 보고를 받은 비변사는 이에 동조하여 처벌을 받도록 조치하는 것으로 사건을 마무리한 것을 볼 때 조정에서의 일처리가 종합적 분석 판단이 없고 법만 따지고 아주 기계적이어서 합리성을 가지지 못하였다고 볼 수 있다.

2) 애머스트호에 식량을 무료로 제공

비변사에서는 "주문과 예물 등속은 돌려주어서 즉시 돌아가게 하되, 여러 가지 양식과 공궤(供饋)하는 등의 일은 넉넉하게 접대하여 먼 지방 사람과 화목하려는 뜻을 보이도록 하소서"라며 아량을 베풀어 주었는데 이는 잘한 일이었다.

3) 애머스트호 내방사건 후의 조선 정부의 후속조치 부재

조선 정부는 쇄국주의에 따라 외국인과의 접촉을 금지했지만 해안지역의 관리들이 외국 선박이 나타날 때, 어떻게 행동해야 하는지 그 행동기준이나 지침을 자세히 만들어 관리들이 지킬 수 있게 하지 못했다.

물론 무엇을 금지해야 하는지, 무엇이 국법을 위반하며 처벌은 무엇인지는 다 알고 있었겠지만, 관리들의 대응이 황해도와 충청도에서 서로 달랐고, 또 양쪽 모두 처벌로 마무리하는 좋지 않은 결과를 가져왔으며, 사후 처리에 있어서도 자문(咨文)을 중국에 보내는 것 이외는 아무런 후속 대책을 마련하지 않았다.

애머스트호의 내방을 겪으면서, 앞으로 다시 유사한 사건이 발생할 때 지방관리들이 어떻게 할 것인가를 미리 대비하는 조치를 하여 두고 이를 잘 지키도록 했다면, 34년 후인 1866년에 대동강에서 발생한 미국 상선 제너널 셔만(General Sherman) 호를 불태우는 일이 없었을지도 모르고, 또 이 때문에 1871년 미군이 강화도를 침범하여 수많은 조선군사가 희생된 신미양요도 발생하지 않았을지 모른다.

이런 것들을 통해, 어떤 정부이든 기관이든 개인이든 현재의 사건이나 상황을 자세히 살피고 반성하여 미래를 내다보는 지혜를 찾는 것은 대단히 중요한 일임을 알 수 있다.

라. 기타 사항

1) 기록을 모두 진실로 볼 수 없다

우리는 조선왕조실록 등 역사서에 있는 기록을 진실 또는 사실로 받아들이는 경향이 있는데, 이는 지난 일이라 검증방법을 찾기 어렵기 때문이다. 그러나 귀츨라프 선교사의 조선 방문에 대해서는 귀츨라프 측의 상세한 기록이 있고 조선 정부 측의 기록도 비교적 많아 이들을 비교 검토해 보면 조선의 문서와 귀츨라프 측과의 접촉에서 거짓이 여러 개 나타남을 알 수 있다.

외교적 접촉이나 문서에서 국익을 위해 거짓된 것을 사용할 수 있지만 그것이 탄

로나지 않도록 하는 것은 필수이다. 탄로난 거짓은 상대에게 불신감을 심어주고 때로는 경멸을 자초하게 될 수도 있다.

- 텡노와 양씨는 교역청원서와 예물이 전달된 날의 밤 내방하여 귀츨라프 측과 질문과 대답을 하면서, 교역청원서의 회답을 받는데 30일이 걸리고 서울까지의 거리가 1,000리라고 했다가, 귀츨라프가 조선의 지도를 내놓자 놀라서 거짓이었다고 실토하여 스스로 품위를 낮추는 잘못을 하였다.

- 일성록에 의하면, 수군우후 김형수와 홍주목사 이민회가 주문(교역청원서)과 예물을 받게 된 경위에 대한 증언을 처벌받는 것이 두려워 귀츨라프 측의 기록과 아주 다르게 거짓으로 증언하였다는 것이다. 즉, 주문과 예물은 격식을 갖추어 받은 것이 아니고 안 받으니까 바닷가에 두고 가서 마지못해 가져왔다는 것이었다. 만약 귀츨라프 측의 기록이 없었으면 이들의 증언을 사실로 받아들였을 것이다.

결과적으로 수군우후와 홍주목사가 주문과 예물을 공식적으로 받았다는 사실은 조선 정부 측 문서에 나타나지 않아 귀츨라프 측의 기록이 발견될 때까지 오랫동안 비밀로 남게 되었음을 알 수 있다.

2) 청나라에 자문을 보냈다

자문(咨文)이란 조선시대 중국과의 사이에 외교적인 교섭이나 통보, 조회할 일이 있을 때에 주고받던 공식적인 외교문서이다. 애머스트호의 충청연안 도착과 교역청원에 대한 조치상황도 청나라에 보고하는 형태로 되어 있다.

애머스트호 사건에 대해 청나라에 자문을 보내게 된 동기는 교역을 청원하는 상선이 왔던 것을 청나라가 먼저 알면 책망을 받을지 모르니 후환을 방지하기 위해 미리 자문을 보낸 것이었다.

순조실록에는 "이번의 영길리국은 비록 대국(大國)에 조공(朝貢)을 바치는 열에 있지는 않는다 하더라도 그들이 바친 책자로 보면 민월(閩越)과 광주(廣州) 등지로 왕래하는 상선(商船)이 1년이면 6, 70척에 밑돌지 않는다고 하였으니, 이번에 우리나라에 와서 정박한 사실이 혹 대국에 전해질 염려도 없지 않으니 우리나라에서 먼저 발설(發說)하여 후환을 막지 않을 수 없습니다. 괴원(槐院)으로 하여금 사실을 매거(枚擧)하여 자문(咨文)을 짓게 하여, 형편에 따라 예부(禮部)에 들여보내야 하겠습니다."라고 그 이유를 설명하고 있다. 純祖實錄, 1832년 음력 7월 21일)

그 결과, 청나라의 예부(禮部)에서 상유(上諭)를 받들기를, "영길리 상선이 그 나라의 지역에 있으면서 교역을 하고자 하였으나 그 나라의 지방관이 '번신(藩臣)은 외교권이 없다.' 하고 여러 차례 개유하여 상선이 비로소 물러갔으며, 그 나라 국왕을 근실하게 번강(藩疆)을 지켜 대의(大義)를 크게 밝히고, 정경(正經)에 의거하여 법을 받들어 종시토록 변함이 없었으니, 그 성관(誠款)이 가상하므로 후한 상을 내려야 마땅하겠기에 그 나라 국왕에게 망단(蟒緞) 2필, 섬단(閃緞) 2필, 금단(錦緞) 2필, 소단(素緞) 4필, 수자단(壽字緞) 20필을 내려 가장(嘉獎)하는 뜻을 보인다."라고 하였다. 純祖實錄, 1932년 음력 12월 25일)

여기서 우리는 조선이 청나라를 마치 상급기관처럼 대한 것과 청나라는 상을 내린 것을 엿볼 수 있으며, 1636년의 병자호란의 결과가 196년이 지난 이 때까지도 이어지고 있음을 알 수 있다.

그렇다고 여기서 우리는 역사를 가지고 누구를 탓할 것이 아니라, 스스로 강한 나라가 되는 것에 국민 모두가 힘을 합해야 한다는 교훈을 찾아내야 할 것이다.

3) 미래에 대한 비전과 대비의 부재

귀츨라프 선교사는 조선 복음화를 위한 비전을 그의 일기 여러 곳에서 밝히고 있다. 선교문제뿐만 아니라 감자재배, 포도주 만들기, 과수원 재배, 놀고 있는 토지의 경작 등 여러 가지 할 일들을 제시하고 있다.

조선 정부에서도 교역요청에 대해 당시는 거절을 했을지라도 장래에는 어떻게 될 것인지 논의는 해볼 수 있지 않았을까 하는 아쉬움이 있다. 애머스트호가 돌아간 후 50년 만인 1882년에 미국과의 조미수호통상조약이 체결되고 다음 해 1883년에 조영수호통상조약이 체결된 것을 보면, 애머스트호의 내방을 계기로 그때 개방을 했더라면 그 후의 값비싼 희생을 피할 수 있었을 것으로 보인다.

역사에 가정은 없다지만, 이 50년의 지연으로 대동강의 제너럴셔먼호 사건과 병인양요, 신미양요 등 프랑스와 미국의 침범을 당하는 피해가 발생하였고, 결국은 조선이 부강해질 수 있는 기회를 놓쳐 1910년에 나라를 잃는 아픔을 당한 것이 아닌가 하는 생각을 하지 않을 수 없다.

단체나 개인의 경우도 10년, 30년, 50년 정도의 앞날을 내다보는 비전을 가지는 것은 필요하고 또 그것을 달성하려는 계획과 노력은 참으로 중요하다고 할 수 있다.

4) 나와 다른 것을 통해 배우지 못한 것

조선의 관리와 조정에서는 애머스트호를 이양선(異樣船), 즉 "다른 모양의 선박"이라고 기록하였다. 이는 조선의 선박과 다르다는 뜻인데, 조사할 때 선원의 조사 외에 선박의 크기, 사용재료 등에 대한 것도 포함되었다.

또, "배 안에는 흑백의 염소(羔)를 키우며 오리와 닭의 홰(塒)를 설치하고 돼지우리도 갖추고 있었다"고 조사 기록하면서, 모양이 다르다는 것만 보는데 그치지 말고 어떻게 만들었는지, 우리도 만들 수 있는지 등등 더 깊게 생각을 했다면 선박 제조 기술의 발전에 도움이 되었을 것이고, 조선의 근대화에도 크게 기여했을 것이다. 물론 조선에서는 애머스트호처럼 큰 선박의 필요성이 없었다고 말할 수 있겠지만 그래도 다른 것을 보는 안목을 키울 필요가 있는 것이다.

마찬가지로 다른 나라, 다른 사회, 다른 사람을 통해 그들의 장단점을 찾아보고 좋은 점을 배우려고 노력하는 것은 혁신과 발전의 지름길이 되는데, 다른 것은 배척하고 무시하며 아는 것만 지키려고 하는 폐쇄적인 태도는 국가든, 단체든, 개인이든 모두를 정체 속에 가두어 발전할 수 있는 길을 막아놓을 수밖에 없는 것이다.

귀츨라프 선교사를 보면 주기도문의 한글 번역을 시도하며 얻은 한글 지식을 가지고 1832년 11월 중국의 선교잡지(The China Repository)에 Remarks on the Corean Language (조선어에 대한 소견)이란 제목의 소논문을 발표할 정도로 자기와 다른 것을 통해서 배우고자 하였다.

조선의 폐쇄정책은 다른 나라를 통해 국가경영을 배우는 길을 원천적으로 봉쇄하여 조선이 망하는 결과를 가져왔고, 1960~70년대에는 독일의 아우토반을 보고 배웠기 때문에 우리나라의 고속도로가 빨리 만들어졌고, 일본의 제철소를 보고 배웠기 때문에 포항제철이 빨리 세워져서 오늘날의 발전된 대한민국을 이룩하는 기초를 다졌음은 누구나 다 아는 사실이다.

제 11 장
귀츨라프의 고대도 선교지에 대한 비평

1. 현재까지 발간된 귀츨라프 관련 저서

귀츨라프 선교사를 주제로 하는 단행본 저서는 4종 정도이다. 발행연도 순으로 보면, 리진호의 『귀츨라프와 고대도(1988)』, 신호철의 『귀츨라프 행전(2009)』, 허호익의 『귀츨라프의 생애와 조선선교 활동(2009)』, 오현기의 『굿 모닝, 귀츨라프 (2014)』 등이다.

이상의 저서 중에서 『귀츨라프와 고대도』는 1980년대에 나온 책으로 후속 서적보다 20년 이상 빨라 귀츨라프 연구의 선도적 역할을 했다고 할 수 있다. 제목에서 보듯 고대도를 귀츨라프 선교사의 활동무대로 정하는 큰 오류를 범하고 있다.

신호철의 『귀츨라프 행전』은 귀츨라프 선교사의 활동지를 원산도로 주장하는 최초의 저서로, 귀츨라프 선교사의 선교를 위한 일생을 신약성경의 바울의 사도행전에 비유하여 제목을 『귀츨라프 행전』이라 하였다. 역사적인 기록에 더하여 활동지의 자연환경조건과 인문환경조건을 살펴서 고대도라고 알려졌던 선교지를 원산도로 바꾸어 역사의 왜곡을 바로잡는 길을 여는데 큰 역할을 하였다.

허호익의 『귀츨라프의 생애와 조선선교 활동』은 발행 연도가 『귀츨라프 행전』과 같은 해이지만 조금 늦게 발간되어 신호철의 원산도 주장을 반박하는 내용을 포함하고 고대도가 귀츨라프 선교사의 활동지임을 강력하게 주장하였다.

오현기의 『굿 모닝, 귀츨라프』는 4개의 저서 중 최신작이지만 귀츨라프 선교사의 활동지가 고대도라는 전제아래 발간된 서적이다.

이렇게 귀츨라프 선교사의 활동지가 원산도와 고대로 나뉘어 있는 것은 귀츨라프 선교사 기념사업을 시행하는데 앞서서 하나로 통일되어야 한다. 그리고 원산도를 주장하는 것은 역사를 바로 세우는 데 필요하기 때문에 여기서는 이들을 비교하여 다루고자 한다.

2. 신호철의 『귀츨라프 행전(2009)』

신호철 장로의 『귀츨라프 행전』은 리진호 장로의 『귀츨라프와 고대도』가 발간된 후 21년 만에 나온 책으로 귀츨라프 연구에서 처음으로 그의 활동장소를 고대도에서 원산도로 바꾼 서적이었다는 점에서 그 큰 성과를 인정할 수 있다.

귀츨라프 일행에 관련된 조선 측의 일성록, 승정원일기, 비변사등록, 순조실록 등에 나타난 모든 기록과 귀츨라프 일기 및 린제이 보고서의 내용을 자세히 살펴서 귀츨라프 일행의 활동내용과 그런 활동이 이루어진 장소를 비교 검토함으로써 애머스트호의 정박지와 귀츨라프 일행의 활동장소를 찾아낸 것이다.

『귀츨라프 행전』의 표지(2009)

특히, 이 책은 귀츨라프의 섬에서의 활동에 초점을 맞추고, 원산도 및 고대도의 지리와 역사를 비교하고 지명들을 조사하였다. 선박과 관련하여 해양조건을 조사하였다. 섬 안에서의 귀츨라프 활동과 관련하여 토지조건을 조사하고 조선 지방 관리들과의 만남과 관련하여 관청의 위치 등 종합적인 연구로 원산도가 귀츨라프 선교사의 활동 장소임을 고증하였다.

3. 리진호의 『귀츨라프와 고대도(1988)』

리진호 장로가 쓴 『귀츨라프와 고대도』는 우리나라에 최초로 온 개신교 선교사와 충청도 해안 전도라는 귀츨라프의 한국선교 연구사(硏究史) 측면에서 처음으로 발간된 귀중한 단행본이다. 그러나 이 책에는, 옥에도 티가 있듯이 부분적으로 고증되지 않았거나 잘못되었다고 판단되는 부분이 있어 이 부분에 대하여 평론하면 다음과 같다.

가. 고대도 산당의 현지답사

리진호의 『귀츨라프와 고대도』에 따르면, 귀츨라프 선교사는 1832년 7월 30일 일기에 언덕 위에 절을 찾아 갔다는 것이다. 이를 확인하고자 리진호는 고대도에 가서 "언덕 위에 이 절 같은 것이 있어 안으로 들어가 주의 깊게 관찰하였으나 귀츨라프가 기록한 소금에 절인 고기나 기부자 명단은 없었다."고 기록하고 있다.[1]

위와 같은 리진호의 고대도 당집 현지답사 기록은 두 가지 측면에서 평론하여 볼 수 있다.

첫째, 리진호는 귀츨라프가 150여 년 전에 위치도 제시하지 않고 기록한 당집 방문을 확인코자 고대도의 당집을 방문하여 그 때 있었던 "소금에 절인 고기", "기부자 명단" 등의 유무를 찾아보았다고 하는데, 이는 그 당집이 귀츨라프 선교사가 방문했던 것이라고 확실하게 믿었기 때문일 것이다.

그러나 변하지 않는 지형, 확실한 기록 등도 없이 사라질 물건들을 입증 자료로 찾았다는 것은 역사를 다루는 바른 방법이 아니라고 볼 수 있다. 이는 "10년이면 강산도 변한다"는 속담이 있는데 하물며 그것의 15배가 되는 세월이 지난 것을 잊은 것이기 때문이다.

이 같은 현지답사 기록은 어디까지나 귀츨라프가 1832년 7월 30일 고대도에 머물러 있었고 고대도에는 당집이 하나라는 것이 전제(前提)되어야 한다. 그러나 귀츨라프가 7월 30일 체류한 장소가 고대도가 아니라 원산도에 체류한 사실이 확인된다면 귀츨라프 선교사가 찾아갔다는 언덕 위의 절은 원산도에 소재하였다고 볼 수밖에 없다.

『귀츨라프와 고대도 (1988)』의 표지

둘째, 리진호는 귀츨라프의 7월 27일 기록에 "언덕 꼭대기에 석조 건물이 있는데 뒤에 산사(山寺)라는 것을 알게 되었다."라고 기록한 것을 보면 [2] 그 섬에 2개 이상의 절 또는 당집이 있음을 나타내고 있다. 이는 고대도에 당집이 하나라는 사실과 맞지 않다. 때문에 귀츨라프 선교사가 방문했던 당집은 여러 개의 당집이 있는 원산도에 있었다고 해석할 수 있다.

그러므로 귀츨라프 선교사가 7월 30일 찾아갔다는 언덕 위의 당집과 리진호가 현지 답사하여 찾은 당집은 서로 다르다고 판단할 수 있다.

나. 원산도 귀츨라프 기념비에 관한 평론

리진호 저서에 따르면, "1982년 7월 17일은 원산도에서 귀츨라프 기념비 제막식이 있는 날이다."라고 기록하고, 제막식과 비문 내용 등에 대한 설명을 한 후에 다음과 같이 소개하였다.

"귀츨라프 선교사가 원산도에 상륙하였다는 것은 프랑스 신부 샤를르 달레의 『한국천주교회사(1874)』에 기록되어 있고 이를 백낙준 박사가 그의 저서 『한국개신교사(1973)』에 소개하였다."

"순조실록에 홍주목사가 국왕에게 보고한 바에 의하면 고대도(古代島)라고 기록되어 있다. 그러니까 이 대목에 한하여 달레의 기록은 신빙성이 적다."라고 기록한 것이다.[3]

이 같은 리진호의 주장은 귀츨라프 선교사가 원산도에 상륙하였다는 근거로 달레의 기록이 있으나, 순조실록에 고대도라고 기록되어 있으므로 귀츨라프 상륙지는 원산도가 아니라 고대도라는 뜻이 담겨 있다. 리진호의 이같은 견해에 대하여 저자는 다음과 같이 주장한다.

첫째, 리진호는 귀츨라프 선교사의 상륙지가 하나라는 점에 초점(焦點)을 맞추어 고대도로 접근하는 방식으로 조사한 것으로 볼 수 있다.

둘째, 그러나 귀츨라프 선교사의 상륙지(정박지)가 하나 이상일 수 있다는 관점에서 접근하여 고대도와 원산도를 비교 검토하여 보면 애머스트호는 7월 24일 고대도에 정박하였으며, 7월 25일에는 원산도에 정박한 것으로 쉽게 확인할 수 있다.

어떤 기록에도 귀츨라프 선교사 일행이 고대도에 상륙했다는 내용을 찾을 수가 없다.

정박과 상륙은 또 다른 문제인데, 달레의 기록만 원산도 상륙을 기록하고 다른 모든 기록은 고대도건 원산도건 상륙한 기록 자체가 없다.

다. 고대도와 원산도의 상황을 점검하지 않음

리진호는 7월 23일부터 27일, 7월 30일부터 8월 2일, 8월 5일, 8월 7일, 8월 9일부터 11일까지 일자별로 귀츨라프 일행의 활동내용을 기록하면서 그 다양한 활동들이 산이 대부분인 92ha 정도의 면적(여의도 면적의 약 1/3)을 갖는 고대도에서 가능한지를 과학적인 측면에서 검토하지 않고, 순조실록에 나오는 고대도라는 글자에 갇히고 말았다.

첫째로, "고관을 만나 무역 상담을 할 수 있는 곳"이란 바로 관청이 있다는 뜻인데 수군우후의 관청은 원산도에 있고 고대도에는 관청이 없는 것을 고려하지 못하였다.

둘째로 여기는 "소를 많이 기르고 있어 이곳에 들리는 선박은 항상 쇠고기를 먹을 수 있으며 이 점에 대하여 관리들도 아무런 이의가 없을 것이다."라는 기록을 보면 산이 대부분이고 면적도 작은 이 섬에서 소를 많이 기르는 것은 불가능하다.[4] 그러나 이웃의 원산도에는 조선조 초기에 선착장이 개설되고 말 목장이 운영되었다는 기록이 있다.[5]

원산도에서 말을 기른 기록은 1425년에 처음 제주의 암말 50마리와 수말 6마리를 들여와 길렀고 244년 후인 1669년 말 목장이 다른 곳으로 이전한 후에는 자연적으로 소를 기르게 되었음을 짐작할 수 있다.

셋째로 "우리는 섬 전체를 둘러보았는데 마을 앞만 일구었고 그 이외 넓은 땅은 풀이 무성하여 산양을 가르기에 아주 좋은 초지인데도 한 마리도 볼 수 없었다."[6]고 하였다.

세종실록지리지에 따르면 "원산도는 그 둘레가 사십리인데 초지와 물자원이 넉넉하여 말 100마리를 방목한다." 라는 기록등과 비교해 보면 풀이 무성한 넓은 땅이 있는 곳은 고대도가 아니고 원산도라는 사실을 간과하였다.

4. 허호익의『귀츨라프의 생애와 조선선교 활동(2009)』

허호익 교수의『귀츨라프의 생애와 조선선교 활동』은 귀츨라프 선교사의 조선선교 활동에 관한 귀중한 단행본이라 할 수 있다. 그러나 이 책은 귀츨라프 선교사의 원산도 활동지에 대하여는 충분한 연구와 고증되지 않은 부분까지 단언적(斷言的)으로 신호철의『귀츨라프 행전』에 제시된 내용을 반박하였다. 허호익은 "귀츨라프 일행이 1832년 7월 25일부터 8월 11일까지 정박하여 Gan-keang으로 알고 있었던 곳은 당시의 행정구역상 '고대도 안항'이 분명하다." [7] 라고 주장하였기 때문에 이를 사안별로 열거하여 다음과 같이 반론을 제기한다.

『귀츨라프의 생애와 조선 선교 활동』의 표지

가. 귀츨라프의 원산도 활동에 관한 반박 요약

허호익 교수는 그의 저서에서 "신호철 장로는 귀츨라프 선교사 일행이 1832년 7월 24일 고대도에 도착하여, 25일 원산도 Gan-keang 즉 개갱(개경촌)으로 이동했다는 새로운 주장을 제기하였다. 그래서 이에 대한 반박을 다루었다."고 하였다.[8]

허호익은 또 "원산도해수욕장 쪽에 개경촌(개갱)이라는 마을이 있고 그 맞은편에 수군우후 주둔지인 진촌이 있었기 때문에 Gan-keang은 원산도에 있는 개갱(앞바다)일 것이라고 주장한다. 그러나 이러한 주장은 귀츨라프 선교사와 린제이 기록이

나 조선 측의 여러 역사적 기록과도 모순되는 점이 너무 많은 것임을 지적하지 않을 수 없다."고 지적하고 다음과 같이 저자의 견해를 비판했다.[9]

1) 귀츨라프 선교사 일행은 Gan-keang을 만(bay)으로 지칭했다. 따라서 원산도 포구의 작은 마을 "개경촌"이 발음상 유사하다 하여 Gan-keang이라 추정하고 귀츨라프 일행이 정박한 곳이 원산도라고 주장하는 것은 무리이다. 1832년 경에는 원산도가 고대도보다 인구가 적었고, 원산도에 선착장이 개설된 시기는 최근이다.

2) 귀츨라프 선교사 일행은 7월 24일 고대도에 정박하였다가 25일 안전한 항구인 Gan-keang 즉 개경으로 이동하였다는 것도 역사적 기록과 일치하지 않는다. 7월 24일 정박한 곳은 고대도가 아니고 녹도이다.

3) 조선 측 관리들이 귀츨라프 선교사 일행의 행적을 모두 조사하였고, 67명 선원의 인적 사항을 조사하여 승정원에 보고하면서 그들이 정박한 지역이 원산도인데 고대도로 잘못 보고했을 리 만무하다.

4) 지방 관리의 보고 사항을 직접 조사하기 위하여 파송된 문정역관 오계순과 공충감사의 보고가 이를 바로잡지 못했다고 보는 것 역시 있을 수 없는 일이다.

5) 원산도 진촌은 수군우후가 상주한 곳이므로, 정황적으로 보아 수군우후가 대포로 무장한 외국선박을 자기 진영인 원산도 앞으로 이끌어 왔을 가능성은 군사적 측면에서 볼 때 아주 낮아 보인다.

6) 귀츨라프 선교사는 7월 30일 언덕 위에 당집을 찾아갔다. 고대도에는 지금도 신당(神堂)이 남아 있다. 리진호는 귀츨라프 선교사가 7월 30일 이 섬에 상륙하여 찾아간 언덕 위의 절이 바로 고대도에 지금도 남아있는 산당(山堂)임에

틀림없다고 확인하였다.

7) 귀츨라프 선교사 일행이 7월 28일 물을 길으려고 반대편 섬으로 갔을 때, 조선인 수백 명이 금방 모여들어 즐겁게 도와주었다는 이 섬은 원산도일 가능성이 아주 높다.

8) 프랑스 선교사 달레가 저술한 『한국천주교회사(1874)』에서 "그 해(1832) 여름에 조선 해안에는 상선 한 척이 충청도 서쪽 해안에 이루어진 만의 어귀 가까이에 있는 원산도에 접근해 왔다." 고 기록한 것은 정확할 리가 없을 것이다.

나. 원산도의 여러 가지 상황을 확인하지 않음

허호익은 귀츨라프 선교사의 활동지와 관련하여 자신이 주장하는 고대도가 아니고, 원산도라고 주장하는 신호철의 견해를 반박하려면, 원산도에 대한 기록 사실을 조사 확인하는 것이 첫 번째로 할 일인데, 그렇지 못했다.

허호익은 귀츨라프 선교사가 원산도에서 한 활동, 즉 들판을 들러보고 염소를 기를 만하다고 한 것이나, 당집도 한 개가 아니고 2개를 찾아낸 것을 외면했고, 또 그 섬이 소를 많이 기르고 있다는 것이나, 개갱이 1급의 좋은 항구라는 등의 귀츨라프 측의 기록을 외면했다고 추정할 수밖에 없다. 만약 귀츨라프 선교사 측의 기록을 주의 깊게 읽었다면, 이런 항목이 고대도에서도 가능하다는 합리적인 설명을 할 수 있어야만, 고대도 주장이 설득력을 갖게 되는 것이다.

추상적으로 1) 조선측 관리가 잘못 보고 했을 리 만무하다.
            2) 문정역관 등이 보고 내용을 바로잡지 못했을 리 없다.
            3) 원산도가 고대도보다 인구가 적었다.

4) 원산도에 선착장이 최근 개설되었다. 등등 보다는 원산도의 상황과 고대도의 상황을 비교해 보는 것이 필요한 것인데 이를 간과하였다.

1) 원산도는 소를 많이 기른다.

"소를 많이 기르고 있어 이곳에 들리는 선박은 항상 쇠고기를 먹을 수 있으며 이 점에 대하여 관리들도 아무런 이의가 없을 것이다.(As cattle are abundant, ships touching here can always be supplied with beef; and to this the mandarins will make no objection.)" 라고 귀츨라프 선교사는 기록하고 있는데 원산도와 달리 고대도는 소를 많이 기를 공간이 없는 것이 사실이다. 그리고 고대도의 면적이 원산도의 1/11 정도이고 경사가 급한 산이 대부분이기 때문이다.

2) 원산도에는 당집이 여러 개 있는데 고대도에는 1개밖에 없다.

귀츨라프 선교사가 본 당집은 2개이다. 따라서 귀츨라프는 당집이 2개 이상 있는 섬을 상륙했다. 고대도에는 마을도 하나이고 당집도 하나인데 비하여 원산도에는 여러개의 당집이 있다. 이것은 귀츨라프 선교사가 방문한 곳이 원산도임을 아주 간단하고 확실하게 알려주는 증거이다.

3) 염소를 기를만한 들이 있다.

귀츨라프 선교사가 기록한 "우리는 섬 전체를 둘러보았는데 마을 앞만 일구었고 그 이외 넓은 땅은 풀이 무성하여 염소를 가르기에 아주 좋은 초지인데도 한 마리도 볼 수 없었다."에서 비교하여 보면 풀이 무성한 넓은 들이 있는 곳은 원산도라는 것은 부정할 수 없는 사실이다.

고대도는 급경사의 산을 제외한 평지가 아주 작고 그것도 마을이 그 대부분을 차지하고 있어 염소를 기를 수 있다는 생각을 하기 어려운 지형이다.

4) 선착장이 최근에 개설되었다.

"선착장이 최근에 개설되었다'는 것은 현대식 선착장이 최근에 개설된 것으로 보면 맞는 말일 수 있지만, 배가 들고 나는 선착장은 세종대왕 시대에도 원산도에 말을 기르면서 있었을 것이다. 그러나 고대도에는 그것조차도 없었을 것이니, 선착장이 최근에 개설되었다는 주장은 적정하지 않다.

5) 타인의 주장을 비판하려면 자기주장과 타인의 주장에 대해 충분한 비교연구를 하여야 한다.

허호익은 신호철의 주장을 비판하면서 충분한 연구를 하지 못한 것 같다. 부실한 비판은 자기의 주장이 허술한 것임을 스스로 나타내는 경우가 많기 때문이다.

다. 원산도의 해양 및 인문환경을 확인하지 않음

허호익은 귀츨라프 선교사 측의 기록에 나타나 있는 인문환경과 해양환경에 대해 관심을 두지 않았다. 기록된 환경조건에 고대도와 원산도가 각각 얼마만큼 합치하는가는 아주 쉽게 확인할 수 있는 것인데 이를 제대로 조사하지 않고 원산도는 아니라는 주장만을 강조하였다.

귀츨라프가 조선 관리인 텡노와 처음 만났을 때, 텡노는 관청이 있는 곳, 물품을 공급받기 좋은 곳, 만으로서 바람막이가 잘 되어 선박의 안전한 정박이 가능한 장소로 이동하자고 권하여 다음날 도선사까지 데리고 와서 이동했는데 허호익은 이런 기록을 간과한 것으로 보인다.

위의 조건에 고대도와 원산도를 각각 비교해 보면 고대도는 하나도 맞는 것이 없고 원산도는 100% 맞는 것을 알 수 있는데 이런 검토를 하지 않았던 것이다.

라. 허호익 저서에 나오는 여러 가지 오류

1) 이양선이 고대도 내양(內洋)으로 정박하였다.[10]

"이양선이 고대도 내양으로 정박하였다"는 것은 한문해석의 오류로 보인다. 일성록에 나오는 한문 문구는 "二十八日 搖櫓前進 彼船所泊處 則彼船 擧帆向內洋下碇"로 고대도 내양에 정박하였다는 것이 아니다. "28일(양력 7월 25일) 노를 저어 전진해서 그 배가 있는 곳에 가니 그 배는 돛을 올리고 내양을 향하여 닻을 내렸다"는 뜻으로 고대도인지 원산도인지는 알 수 없지만 내양 쪽으로 향해서 정박해 있었다는 것으로 해석해야 할 것이다.

2) 7월 25일 고대도로 이동한 후 그 곳에서 8월 11일까지 머물렀다는 분명히 일치하는 다수의 역사적 기록이 있음.[11]

역사적 기록에 7월 25일 고대도로 이동한 기록이 있을 수 있지만 그곳에서 8월 11일까지 머물렀다는 기록은 어디에도 없다. 7월 25일 고대도 또는 원산도(Gan-keang)로 이동한 후에 8월 11일까지 그 곳에 계속 있었는지 없었는지를 알려주는 기록은 없음으로 "8월 11일까지 머물렀다는 분명히 일치하는 다수의 역사적 기록이 있다"고 쓴 것은 분명한 오류이다.

3) 우리는 고관이 기다리고 있다고 전해들은 큰 마을 가까운 곳에 정박하였다.[12]

귀츨라프 일행을 Gan-keang에서 고관이 기다리고 있다는 것은 당시의 상황에서 상식적으로 있을 수 없는 일인데, 이를 기록한 것은 생각을 깊이 하지 않았다는 것을 의미한다. 더구나 이것은 영문(the mandarins were staying)을 번역한 것인데 번역 자체를 틀리게 한 것이다. 영어로 stay는 "머물러 있다"는 뜻으로 "기다리는 것"과는 다른 것이다. 즉, 기다리는 것은 무엇인가 오는 것에 관련이 되지만, 머물러 있는 것은 이런 것보다는 장소와 관련이 있는 것이라 애머스트호가 오는 것을 기다리는 것과는 상관이 없는 것이다.

4) 차양, 천막 그리고 차일[13]

"20여명이 기둥을 세워 차양(遮陽)을 만드는 일을 하고 있는 해변을 가리켰다"는 구절이 나오는데, 차양(遮陽)은 집의 처마에 이어서 햇볕을 가리는 것으로 고정시설이기 때문에 원산도 바닷가에 세워진 것은 차양이 아니고 차일이다. 또, 천막(天幕)은 영어의 텐트를 가장 잘 나타내지만 고정시설도 임시설치도 가능하다.
60여 년 전에도 시골에서 마을 잔치를 하면 임시시설로 차일(遮日)을 쳤는데, 원산도 바닷가에 차양이나 천막은 어울리지 않는다. 역사를 다루면서 차일을 써야하는 경우에 차양이나 천막이라고 쓰는 것은 오류라고 하지 않을 수 없다.

5) 다른 저자의 저서에서 인용하며 그 내용을 바꾸는 것

다른 저자의 저서에 기록된 내용을 인용하는 것은 그 출처를 명시하고 내용을 왜곡하지 않으면 문제가 되지 않는다. 그러나 인용 내용이 달라지면 책망을 받을 수밖에 없다. 허호익 저서에는 리진호의 저서에서 인용한 것 중에 2개소의 오류가 있다. 이런 오류는 자기주장을 관철하는 데는 도움이 되겠지만 독자들을 속이는 것이 될 수 있다.

가) 선착장 설치에 대하여 허호익이 인용한 리진호의 기록에는 "고대도에는 옛 부터 어업을 주업으로 하였기 때문에 그 당시 선착장이 설치되었을 확률이 많다."라고 한 것을 허호익은 "선착장이 설치되어 있었기 때문이다"로 바꾸어 "확률을 기정사실로 만드는 오류"를 범했다.[14]

나) 허호익은 "리진호가 귀츨라프는 7월 30일 이 섬에 상륙하여 – – – '언덕 위의 절'이 바로 고대도에 지금도 남아 있는 당제를 지내던 산당임에 틀림없다고 확인하였다."라고 기록하고 있지만, 리진호 저서를 검토한바 그는 당집을 방문하여 발견한 상황을 기록했을 뿐이고 "당제를 지내던 산당임에 틀림없다고 확인하였다"라고 하지 않았다. 이것은 인용에 있어서의 오류라고 할 수 있다.[15]

5. 허호익의 잘못된 비판에 대한 반론

가. 원산도 개갱은 만(bay)이 아니라는데 대하여

허호익은 "귀츨라프 선교사 일행은 Gan-keang을 섬 또는 만(bay)으로 지칭했다. 따라서 원산도 포구의 작은 마을 '개경촌'이 발음상 유사하다 하여 'Gan-keang'이라고 추정하고 귀츨라프 선교사의 일행이 마지막으로 정박한 곳이 원산도라고 주장하는 것은 무리이다."라고 하였다.[16]

물론 Gan-keang이 만의 이름인가 하는 허호익의 주장에 일리가 있지만 Gan-keang 앞바다를 Gan-keang이라고 부를 수 있다고 본다면, 다음은 Gan-keang이 만인가 아닌가가 중요해진다.

귀츨라프 선교사가 만(a bay called Gan-keang)이라 지칭한 지형의 확인을 위하여 저자가 원산도의 점촌과 개경촌 사이의 개갱 앞바다의 해양환경을 조사한 결과 이곳은 확실하게 만으로 잘 형성되어 있었다.

또한, Gan-keang과 유사지명 조사를 위하여 고대도와 원산도의 총 224개 지명을 대상으로 현장을 광범위하게 답사하고 청문조사 등을 시행한 결과 Gan-keang과 비슷한 지명은 오직 개갱(촌) 한곳으로 탐지(探知)되었다, 이곳은 개갱, 개강, 간갱, 개경, 개건너 등 다양한 향토명으로 호칭되었다. 따라서 Gan-keang을 개갱이라고 해석하는 것은, Lok taou를 녹도라고 번역하는 경우와 비슷하다고 판단된다.

나. 녹도 정박 날짜에 대하여

허호익은 "귀츨라프 선교사 일행의 7월 24일에 정박한 곳은 고대도가 아니고 녹도이다. 24일 녹도를 방문한 텡노가 그곳에서 – "라고 하였다.[17]

일성록에 따르면 7월 22일(음 6월 25일) 녹도별장(別將)이 급히 보고하기를 "이양선 1척이 녹도를 지나 불모도 외양 쪽으로 항해하고 있다(六月二十五日 鹿島別將 馳報內 異樣船一隻 漂到於不毛島外洋云)"고 하였다.[18] 이 같은 기록은 귀츨라프 일행이 7월 22일 녹도에서 불모도 쪽으로 가고 있다는 입증 근거가 된다.

그리고 홍주목사가 7월 23일(음 6월 26일) 수군우후의 공문을 받아보니 이양선은 불모도 뒤 바다에 정박 중이다(原情以僞 李敏會卽渠於 六月二十六日夜 得見水虞候甘結有 異樣船來泊 于不毛島云) 라는 공문(甘結)은 애머스트호가 녹도에서 7월 23일에는 불모도에 도착하였다는 입증 근거가 됨으로 7월 24일 녹도에 정박하였다는 주장은 잘못된 것이다.

또, 다른 근거로 순조실록에는 이양선이 7월 22일(음 6월 25일)에 고대도 후양(뒷바다)에 정박했고, 7월 23일(음 6월 26일)에 고대도 안항에 정박했다고 기록되어 있음으로, 7월 24일의 녹도 정박은 순조실록의 기록을 부정해야 성립될 수 있는 것이다.

또한 7월 24일 녹도 정박 주장을 펴기 위한 인용 근거로 추정되는 린제이 보고서(1932. 7. 25)에는 "We had been anchored at are called Lok taou"[19] 라고 기록되어 있다. 이 기록의 날짜는 24일뿐 아니라 22일도 포함 될 수 있다(과거완료형(had been)으로 기록됨). 이 무렵 귀츨라프의 항해 경로와 일정 등을 실펴보아도 7월 24일 녹도에 정박하였다는 근거는 찾아 볼 수 없다.

또한 허호익은 자신이 쓴 논문(한국교회사 연구논문집 제12호, p. 82, 2003. 3)에서 "7월 22일 녹도 동쪽의 작은 불모도를 거쳐 고대도에 정박하였다."라고 모순되고 일관성 없는 주장을 하기도 하였다.

다. 조선측 관리의 보고에 대하여

허호익은 "조선 측 관리들이 귀츨라프 선교사 일행의 행적을 모두 조사하여 승정원에 보고하면서 그들이 정박한 지역이 원산도인데 고대도로 잘못 보고했을 리 만무하다."고 하였다.[20]

조선 측 관리의 보고는 (1) 애머스트호의 녹도통과, (2) 불모도 정박, (3) 고대도 문정 등 순차적으로 보고되었다. 그러나 7월 26일 교역청원서를 접수한 이후에는 국왕의 윤허(允許)와 조정특사의 도착 이전 까지는 보고 사항이 없는 것으로 보인다.

다른 한편 귀츨라프 선교사 일행은 7월 26일 이후 국왕의 교역허가를 기다리는 동안 정박지 인근의 토양조사, 식수조달, 주기도문 번역, 에덴동산의 구상, 씨감자 심기, 주변의 해양조사 등의 활발한 활동을 한 내용이 귀츨라프 일기와 린제이 보고서에 상세하게 수록되어 있다.

그러므로 귀츨라프 선교사 일행의 원산도 정박과 활동은 조선 측 관리가 최초로 문정(問情)한 이후의 상황이고, 관리들은 조정의 회신을 기다리는 중이므로 새롭게 보고할 필요가 없었다고 해석하여야 한다.

허호익이 고대도라는 주장을 지키기 위해, "그들이 정박한 지역이 원산도인데 고대도로 잘못 보고했을 리 만무하다."고 비판한 것은 적절하지 않다고 생각할 수밖에 없다.

라. 보고 내용을 바로잡지 못했을 리 없다는데 대하여

허호익의 "승정원에서 파송되어 현지에서 이양선을 자세히 조사한 문정역관 오계순의 보고나 공충감사 홍희근의 보고가 이를 바로 잡지 못했다고 보는 것은 있을 수 없는 일이다."라고 하였다.

그러나 문정역관 오계순은 보고사항을 바로잡기 위하여 파송된 것이 아니었다. 그는 8월 9일 선상 회담에서 "우리나라는 중국의 속국(a dependent state of China)으로 중국 황제의 명령 없이는 아무것도 할 수 없다."고 말한 인물이었다. 공충감사의 경우도 수군우후와 홍주목사의 보고사항을 조정에 진달(進達)하였을 뿐이다. 따라서 "이를 바로 잡지 못했다고 보는 것은 있을 수 없는 일이다."라는 식의 비판은 잘못되었다고 하지 않을 수 없다.

특히, 외국의 문물을 받아들이는 것을 조선의 조정에서 금지하는 상황이었고, 현지 관리들이 교역청원서와 예물을 받은 것을 처벌하려는 상태에서, 문정역관 오계순이나 공충감사 홍희근의 할 일은 교역청원서와 예물을 돌려주고 빨리 떠나가게 하는 것이었기 때문에, 귀츨라프 선교사 일행이 고대도에 있는지 원산도에 있는지는 관심 밖의 일이었고, 또 그들이 바다 위에 떠있는 배 안에서 지내기 때문에도 더욱 더 어떤 섬인가는 중요하게 생각하지 않은 것으로 보아야 할 것이다.

허호익이 타당한 증거를 제시하지 못하고, "잘못 보고했을 리 만무하다.", "있을 수 없는 일이다." 등의 애매한 문구로 다른 연구자의 주장을 비판하는 것은 역사적 기록을 다루는 학자로서의 올바른 태도라고 하기가 어렵다.

마. 군사적 대결의 정황으로 잘못 판단한 것에 대하여

허호익은 "원산도 진촌은 수군우후가 상주한 곳임으로, 정황적으로 보아 수군우후가 대포로 무장한 외국 선박을 자기 진영인 원산도 앞으로 이끌어 왔을 가능성은 군사적 측면에서 볼 때 아주 낮아 보인다."라고 하였다.[21]

군관 텡노는 처음 접촉한 현지 관리인데 그는 필담을 통해 귀츨라프 선교사 일행의 목적을 파악했을 것이고 군사적 측면보다는 선박의 안전에 더 관심을 기울여 안전한 곳으로 안내하겠다고 하였을 것이다.

미리 상관인 수군우후의 어떤 지시를 받고 한 것인지 자발적으로 한 것인지는 기록이 없지만, 그 지역에서 오랫동안 선박에 의한 군사적 위협을 받은 경험은 없었고 표류하는 선박은 많이 보아서 선박의 안전에 저절로 관심이 가서 안전한 곳으로의 이동을 강권했다고 추정할 수 있다.

그러나 달리 생각하면, 텡노가 군사적 입장에서는 잘못된 판단을 하여 애머스트호를 원산도의 안전한 만으로 안내해 온 뒤에, 외국 선박을 원산도 같은 중요한 곳으로 오게 한 것이 국법에 위반됨을 뒤늦게 깨닫고, 그 후부터는 애머스트호가 원산도 해역에 있음을 상부에 보고하지 않았다고 볼 수도 있다.

바. 당집을 고대도에서 확인하였다는 주장에 대하여

허호익은 "리진호는 귀츨라프 선교사는 7월 30일 이 섬에 상륙하여 씨감자를 심은 다음 찾아간 '언덕 위의 절'이 바로 고대도에 지금도 남아 있는 당제를 지내던 산당임에 틀림없다고 확인하였다."[22] 라고 기록하고 있다.

리진호 저서를 검토한 결과 그는 고대도의 당집을 답사하였으나 귀츨라프 선교사가 찾아간 당집에 "소금에 절인 고기는 말할 것도 없고 기부한 사람들의 명단도 없었다."고 하였을 뿐인데[23] 허호익은 "'언덕 위의 절'이 바로 고대도에 지금도 남아있는 당제를 지내던 산당임에 틀림없다고 확인하였다."고 써 놓아, 리진호의 관련기록을 잘못 인용하였다.

여하튼 7월 30일 귀츨라프 선교사 활동지는 고대도가 아닌 원산도로 확인되었으므로 귀츨라프 선교사가 찾아간 당집은 고대도가 아니라 원산도에 있는 당집으로 판단된다. 원산도에는 진고지 당집을 비롯하여 구찌, 풋살, 도투머리, 선촌, 점말 등 여러 개의 당집이 존재하였다.

사. 물을 길러간 장소의 반대 방향에 대하여

허호익은 "귀츨라프 선교사 일행이 7월 28일 물을 길으러 반대편 섬으로 갔을 때, 조선인 수백 명이 금방 모여들어 즐겁게 도와주었다. 이 건너편 섬이 원산도일 가능성이 아주 높다."라고 하였다.

이에 대해 물을 길으려고 간 곳이 원산도라는 추정에는 동의한다. 그러나 반대편 섬의 기점은 고대도가 아니라 원산도 개갱앞바다가 기준이 되어야 할 것이다. 왜냐하면 귀츨라프 선교사는 원산도에서 정박하며 활동하였기 때문이다.

아. 원산도 인구가 고대도 보다 적었다는 주장에 대하여

허호익은 1832년경에는 원산도가 고대도보다 인구가 적었다고 주장하고 있다.[24] 원산도는 조선조 초기의 1425년부터 국립 말목장으로 240여 년간 운영되면서 관련 종사원 등이 집합하여 살아온 곳으로 추정된다.[25] 1669년부터 조운선 점검기지로 전환되고 1792년에는 수군우후의 기지로 관청이 설치되어[26] 관원 등 인구가 집단으로 살아온 것으로 조사되었다. 그러나 고대도의 경우는 소수 어민이 분산하여 살아온 정도로 전해지고 있다.

원산도와 고대도의 인구가 많고 적음을 판단하기 위하여 우선 두 섬의 면적 통계를 살펴보았다. 그 결과 원산도(1,028ha)와 고대도(92ha)의 면적 비율은 11:1 로 원산도가 월등하게 넓어 많은 사람이 살 수 있는 토지기반이 형성되어 있음을 확인하였다. 행정구역의 단위도 원산도는 보령시 오천면의 리(里) 단위에 해당하지만 고대도는 삽시도리에 속한 불모도, 삽시도, 고대도, 장고도 중 하나의 작은 섬으로 현재도 고대도만의 통계 기록을 따로 확인하기 어려운 상황이다.

다음으로 두 섬의 농지기반을 살펴보았다. 그 결과 원산도는 수자원이 풍부하여 논과 밭의 넓은 농경지가 있어 많은 인구를 포용할 수 있으나, 고대도는 논은 전혀 없고, 밭도 급경사지와 바위 등으로 좁아 인구수용 능력이 부족하다. 어업의 경우도 상대적으로 원산도가 더 많았던 것으로 추정되었다. 그러므로 1832년경 고대도 인구가 원산도 인구보다 많았다는 주장은 설득력이 없다.

자. 선착장 개설 시기에 대하여

허호익은 "지리적으로 농업을 주로 하는 원산도에 선착장이 개설된 시기는 최근이며, 고대도는 어업을 주로 하였기 때문에 일찍이 선착장이 설치되어 있었기 때문이다."라고 하였다. 그러나 원산도에 선착장이 개설된 시기는 조선조 초기에 말 목장 운영과 운송에 수반하여 선착장이 있었다. 그 후 조운선 점검기지로 전환되면서 경상, 전라, 충청 등 조곡미의 입.출항과 수군들을 위한 선착장이 1669년 개설되었다.[27]

허호익은 원산도에 국가가 경영하는 말 목장이 조선조 초기부터 있었던 것을 모르고 원산도의 농업과 고대도의 어업을 대비하며 선착장의 설치시기를 거론하였는데 이는 완전히 잘못된 것이다.

더구나 허호익이 인용한 리진호의 기록에는 "고대도에는 옛부터 어업을 주업으로 하였기 때문에 그 당시 선착장이 설치되었을 확률이 많다."[28]라고 된 것을 허호익은 "선착장이 설치되어 있었기 때문이다."로 바꾸어 "확률을 기정사실로 만드는 실수"를 범했다.

개갱 앞바다에는 천마지라는 옛 항구가 있었으며,[29] 차경철 저서에도 육지와 연결된 해상통로로 왕래하던 나루터가 있었다고 기록되어 있다.[30] 그러므로 원산도에 선착장이 최근 개설되었다는 주장은 잘못된 것으로 확인되었다.

차. 달레의 원산도 기록에 대하여

선교사 달레(1829-1878)가 저술한 『한국천주교회사(1874)』에 "그 해(1832) 여름에 조선 해안에는 성서협회의 몇몇 간부들이 보낸 듯싶은 상선 한 척이 충청도 서쪽 해안에 이루어진 만의 어귀 가까이에 있는 원산도에 접근해 왔다." 고 기록되었는데 허호익은 이에 대해 "조선에 한 번도 온 적이 없는 그가 귀츨라프가 서해안에 온 지 40년이 지나서 정확한 출처도 없이 기록한 것이 정확할 리가 없을 것이다."라고 비판하였다.[31]

그러나 조선에 온 적이 없는 것과 40년이 지나서 정확하지 않다는 논리는 적절하지 못하다. 현지를 둘러본다고 더 알아낼 방법이 있는 것도 아니고, 허호익은 170년 이상 지난 상태에서도 연구를 하지 않았는가? 그 때라면 현재보다 더 좋은 자료를 가지고 있었을 수도 있는 것이다.

달레가 이용한 자료는 병인박해(1866) 때 한국에서 순교한 프랑스 신부 다블뤼(M. A. N. Laveluy, 한자명은 安敦伊, 경상도 지방에서 20여 년간 선교)가 수집하고, 파리 외방선교회 본부에 송부한 자료에 의거해서 작성한 것이므로 오히려 더 정확하다고 볼 수도 있는 것이다.

카. 귀츨라프 원산도 기념비에 대하여

허호익은 "'결론적으로 칼 귀츨라프 선교사는 1832년 7월 17일 이곳에 도착하여 한문으로 된 전도지와 주기도문 그리고 감자 종자를 이곳 도민에게 전함'이라는 원산도의 '선교사 칼 귀츨라프 기념비'의 내용은 역사적으로 정밀하게 검증되지 않은 것임을 확인할 수 있다. 따라서 귀츨라프 선교사의 기념비는 고대도에 다음과 같은 내용으로 세워져야 할 것이다."라고 하였다.[32]

"귀츨라프 선교사는 1832년 7월 27일부터 8월 11일까지 고대도에 머물면서 한문 성경과 전도 책자를 순조 임금과 관리 및 주민들에게 전하고 주기도문을 한글로 번역하고 감자 종자와 의약품을 이곳 도민에게 전함"

여기서 "비문에 7월 27일부터 8월 11일 까지 고대도에 머물렀다."는 것은 근거가 희박한 주장이다. 만일 고대도에 귀츨라프 기념비를 건립하려면 귀츨라프는 1832년 7월 24일 이곳에 정박하였다." 정도로 기록되어야 할 것이다. 왜냐하면 귀츨라프 선교사 일행은 7월 25일부터 8월 12일까지 원산도에 머물렀기 때문이다.

그리고 원산도에 이미 세워진 비문에서 1832년 7월 17일은 애머스트호가 황해도에 도착한 날임으로, 원산도 도착일인 7월 25일로 수정되어야 한다.

5. 오현기의 『굿 모닝, 귀츨라프(2014)』

오현기 목사의 저서 『굿 모닝, 귀츨라프 (2014)』는 가장 최근에 발간된 책으로 한국에 온 최초의 선교사 귀츨라프의 생애와 그의 신학적 활동에 관한 연구 측면에서 귀중한 단행본이라 볼 수 있다. 그러나 충청해안의 지역적(녹도, 고대도, 원산도 등) 활동에 대한 구체적 조사 연구는 미흡하며 다음과 같이 평론할 수 있다.

가. 녹도 정박 날짜와 불모도 경유에 대한 평론

『굿 모닝, 귀츨라프(2014)』의 표지

오현기 목사의 기록에 따르면, "귀츨라프 일행은 7월 23일까지는 녹도에 머물렀던 것으로 보인다. 녹도 다음의 정박지는 불모도이다. 수우후(水虞候) 감결에 7월 25일(음력 6월 28일) 고대도에 도착했다고 적었다. 이를 통해 적어도 7월 23일에는 녹도를 거쳐 불모도에 도착하였음을 알 수 있다."고 하였다.[33]

위와 같은 애머스트호의 녹도 정박 날짜가 7월 23일까지라는 주장에 대해 7월 22일까지라고 반론을 제기한다.

이 같은 반론의 근거는 7월 22일(음력 6월 25일) 녹도별장이 원산도에 주둔하고 있는 수군우후에게 급히 "이양선 1척이 녹도를 지나 불모도 쪽으로 항해하고 있다."라는 기록을 확인하였기 때문이다.[34]

그러나 녹도 다음의 정박지가 불모도라는 주장에는 동의한다. 이 같은 근거는 "홍주목사 이민회의 진술에 저는 7월 23일(음력 6월 26일) 수군우후의 공문(甘結)을 받아보니 이양선이 불모도 뒤 바다에 와서 정박 중이다."라는 기록이 확인되었기 때문이다.[35]

나. 귀츨라프의 고대도 도착 날짜에 대한 평론

오현기 저서에 의하면, "7월 25일(음력 6월 28일) 임시 정박지로 부터 조선인들이 제안한 안전한 항구로 출발해 7마일 거리에 있는 섬들을 통과하여 그들은 출발 당일 고대도에 도착했다. 그들이 도착한 곳을 귀츨라프는 안전한 선착장 곧 Gan-keang 이라고 했다. 이를 정리하면 그들은 7월 25일 불모도를 출발해 당일에 고대도에 도착하였다."라고 주장하였다.[36]

위와 같은 주장에 대하여 애머스트호는 7월 24일 고대도에 있었다고 반론을 제기한다. 왜냐하면 순조실록의 기록에 애머스트호는 7월 22일과 7월 23일에 이미 고대도(후양과 안항)에 정박하였다는 기록이 확인되기 때문이다. 즉,

- 공충감사 장계에 7월 22일(음력 6월 25일) 이상한 모양의 배 1척이 고대도 후양에 정박하였다(公忠監司 狀啓 六月二十五日 何國異樣船一隻 來泊於古代島後洋).[37]
- 수군우후의 보고에는 7월 23일(음력 6월 26일) 이양선 1척이 고대도 안항에 정박하였다(水軍虞候呈稱 六月二十六日 異樣船一隻 到泊於古代島安港).[38]

다. Gan-keang과 고대도 안항은 같은 곳이라는 주장의 반론

오현기는 "조선인들이 안전한 곳이라고 말했던 장소이자 귀츨라프가 강기항(Gan-keang)이라고 지칭한 곳을 고대도 안항이라고 볼 수 있다."[39]라고 주장하고 있는데, 이 주장에 대해 다음과 같이 반론을 제기한다.

첫째, Gan-keang이라는 지명의 유래(출처)는 귀츨라프 선교사 일행이 7월 24일 군관 텡노와 면담하는 과정에서 이곳은 배가 정박하기에 대단히 위험한 장소이므로 다음날(7월 25일) "Gan-keang 이라 부르는 만(a bay called Gan-keang)"으로 인도할 것이라는 기록에서 비롯되었다. Gan-keang은 만으로 배가 안전하게 정박할 수 있고, 고관을 만나 교역업무도 추진할 수 있다고도 하였다.[40]

둘째, 고대도 안항이라는 지명의 출처는 순조실록에 "수군우후와 홍주목사의 첩정을 첨부한 공충감사에 의하면 7월 23일(음력 6. 26) 이양선 1척이 고대도 안항에 정박하였다.(水軍虞候 洪州牧使 牒呈 六月二十六日 異樣船一隻 到泊於古代島安港)"라는 기록에서 처음 유래되었다. 그런데 고대도에는 Gan-keang과 같은 해양 환경을 가진 곳이 없다.

셋째, 고대도에서 귀츨라프 선교사 일행과 군관 텡노 사이에 면담하였다는 근거는, "수우후(김형수)와 홍주목사(이민회)의 첩정(牒呈)을 낱낱이 들어 고대도에 표류하여 도착한 사람들과 언어가 통하기 어려워 글로 문정하였는데 이들은 영국 사람으로 우의를 베풀어 서로 교역하기를 요청하였다(則枚擧 水虞候金瑩綬?洪州牧使李敏會 牒呈 以爲洪州地 古代島引泊漂人 言語難通 以書問情 則乃是英吉利國人 要請設誼交易云)"라는 기록에서 확인되었다.[41]

넷째, 린제이는 텡노를 만난 정박 장소에서 Gan-keang 까지 30리 거리이고 7월 25일에 이동한 방향이 북동방향이라고 기록하였으니 텡노와 만난 장소가 고대도이면 Gan-keng은 고대도 안항과 "같은 곳"이 절대로 될 수가 없다.

   이상과 같은 기록들을 종합하여 본 결과 우선 고대도 안항의 위치가 분명하지 않다. 이에 따라 고대도 전역의 해안을 조사해 본 결과 고대도에는 Gan-keang으로 부를 수 있는 바람막이가 잘 되고, 배가 안전하게 정박할 수 있는 만(bay)이 존재하지 아니하였다. 고관을 만날 수 있는 수군우후 등 주둔 본부와 교역의 협의와 식량을 공급 받을 수 있는 관청도 없었다.

   따라서 고대도 안항과 Gan-keang은 동일한 장소가 아닌 것임을 알 수 있다. 귀츨라프 선교사 기록에 7월 24일 정박지는 배가 정박하기에 위험한 장소(고대도 추정)이며 이곳에서 귀츨라프 선교사 측과 텡노와 면담한 다음날 이동 장소(원산도 추정)로 이동하여 교역청원서와 예물을 진달하였다고 하였다.

   따라서 고대도 해역은 7월 24일 귀츨라프 선교사 측과 텡노 간의 면담장소이고, Gan-keang으로 지칭되는 곳은 7월 25일 도착한 개갱만이라 판단된다. 특히, 원산도의 개갱 앞바다는 바람막이가 잘되고 배가 정박하기에 안전한 장소로 만(bay)도 확인되었기 때문이다. 그러므로 Gan-keang과 고대도 안항은 동일한 장소가 아니라고 결론지을 수 있다.

라. Gan-keang은 보통 명사라는 주장에 대한 반론

오현기는 "귀츨라프 선교사가 '안전한 기항지'를 Gan-keang으로 표기했는데 이 단어는 지명을 나타내는 고유명사가 아닌 안항의 성격적 특성을 보통명사화한 단어로 볼 수밖에 없다."는 주장을 하고 있다.[42]

그런데 뀌츨라프 선교사의 1832년 7월 24일자 기록에는 텡노가 'we will bring you to a bay called Gan-keang, where you may find safe anchorage, meet the mandarins, adjust to the affairs of your trade, obtain provisions."라고 했다는 것이다. 즉 Gan-keang이라고 불리는 만(bay)으로 데려가겠다는 것이다.

만약 Gan-keang이 보통명사라면 '불리는(called)'이라는 단어를 앞에 붙일 이유가 없고, 고유명사이기 때문에 붙인다는 것은 누구나 쉽게 알 수 있다. '홍길동이라 불리는 남자'는 맞지만 '효자라고 불리는 남자'는 좀 어색하듯이, '개갱이라고 불리는 항구'는 맞지만 '안전한 기항지'라고 불리는 항구'는 억지 표현이 될 뿐이다.

더욱이 말로 하는 것이 아니고 한자로 필담으로 의사소통을 하는 경우, 영문으로 쓴 기록에 '불리는(called)'이란 단어가 앞에 있으면 그 뒷 단어는 한자로 쓸 수 없는 고유명사임을 알아야 할 것이다.

마. 귀츨라프의 활동지역이 고대도라는 주장의 반론

오현기에 따르면, "귀츨라프 일행이 8월 12일 고대도 안항에서 퇴거하여 8월 17일 제주도 근처에 도착하기 전까지 고대도는 귀츨라프가 조선 방문 일정의 절반 이상을 들여 선교활동을 진행한 곳"이라 주장하고 있다.[43]

이 같은 주장에 대하여 애머스트호는 7월 25일 고대도에서 원산도로 이동하여 8월 12일 까지 원산도에서 활동하였다고 다음과 같이 반론한다.

첫째, 오현기는 "고대도 안항을 기점으로 하여 주변 섬들과 내륙 특히 천수만과 창리를 방문하여 전도책자를 전달하기도 했다."[44] 라고 기점을 설정하였으나 잘못된 것으로 확인되었다. 왜냐하면 귀츨라프의 8월 7일 기록에 "우리가 정박한 만이 내륙과 얼마나 떨어져 있는지 알고자 출항하였다 (how far the bay where we were at anchor)"는 기록에서 "좁은 해역"을 얼마 들어가지 않았는데 만은 점점 넓어지고[45] 만의 입구에서 약 27km 더 진입한 위치에서 만은 둘로 갈라져 있었다.[46] 고 하였다. 조사결과 이곳은 천수만 북쪽의 서산시 부석면 간월도 북쪽의 만과 내륙에 연한 서산시 창리 서북쪽의 2개 만으로 확인되었다. 따라서 귀츨라프의 천수만을 향한 출항 "기점"은 고대도가 아니라 원산도 개갱만을 지칭한 것으로 보는 것이 타당하다.

둘째, "당너머해수욕장과 당산너머의 동산을 보면서 "귀츨라프가 묘사했던 하나님의 정원 또는 에덴동산이라 불렀던 곳이 바로 이 동산과 해수욕장이 아닐까 싶다."고 하였으나 이 같은 추정도 잘못된 것으로 판단된다.

그 근거는 귀츨라프 선교사가 8월 1일 답사지에 대하여 "비옥한 땅을 두루 거닐면서 도처에 피어있는 꽃들과 덤불 사이에 휘감긴 덩굴들을 돌아보며 인간은 이 거친 자연을 변화시켜 에덴동산을 만들 수 있다."는 기록과 반(反)하기 때문이다.[47] 그리고 해수욕장, 즉 바닷가 모래밭을 보면서 에덴동산이라 하는 것은 지금 세대에게는 통할지 모르지만 배고픔을 견디며 살던 옛 세대에게는 상상할 수도 없는 일이었다. 지금도 관광시설이 개발되지 않은 모래 해변은 적막한 바닷가일 뿐이다.

바. 몽돌해수욕장 앞바다 정박지 추정에 대한 평론

오현기에 따르면, "귀츨라프 선교사가 정박한 안항이 몽돌해수욕장 앞바다일 것으로 추정 된다."라고 하였다.[48]

이 같은 애머스트호의 고대도 정박 장소는 7월 24일 하루에 한한다고 평론할 수 있다. 왜냐하면 7월 25일 이후에는 원산도에 정박한 것으로 고증되기 때문이다.

한편 몽돌해수욕장 앞바다는 귀츨라프 선교사와 린제이가 기록한 Gan-keang의 조건, 즉 만(灣), 바람막이, 배가 안전하게 정박할 장소 등의 해양여건과 너무 다르다. 따라서 이곳에 500톤급 이상의 배가 여러 날 정박하였다고는 볼 수 없다고 판단된다. 몽돌해수욕장의 지명 표기도 보령의 지명(25개)[49] 또는 국토정보지리원 발행 지도에 표기된 객관성이 있는 지명으로 표기하는 것이 합리적이다.

사. 고대도 당산의 산당에 대한 평론

오현기는 고대도 교회 뒤편에 나지막한 산이 하나 있는데, 이 산 정상에 산당이 있다 하여 당산으로 불린다며, 이는 7월 30일 귀츨라프 선교사가 올랐던 산이며 그곳에서 본 산당이 "언덕 위의 산당(temple)이다."라고 기록하고 있다.[50] 귀츨라프는 "올라가본 산당"과 "바라본 산당"에 대해 기록하였는데 이는 2개의 산당이 있다는 뜻으로, 위의 설명은 타당성이 없는 것으로 보인다.

아. 귀츨라프의 활동에 대한 빈약한 설명

오현기는 그의 저서 "굿모닝 귀츨라프"에서 제8장 "귀츨라프의 섬, 고대도"라고 하였지만 그 내용은 고대도의 현재 상태를 설명하는데 비중을 두었고 귀츨라프 선교사 일행의 고대도에서의 행적을 찾아서 제시하지는 않았다. 따라서 귀츨라프의 섬은 고대도가 아니고 원산도임을 찾아내지 못하였다. 물론 제 6장, 3항에서 "귀츨라프 선교사의 '고대도 안항' 정박에 대한 근거"에서 고대도에 대한 분석이 많았지만 그것은 "조선인들이 안전한 곳이라고 말 했던 장소이자 귀츨라프 선교사가 강기항(Gan-keang) 이라고 지칭한 곳을 고대도 안항이라고 볼 수 있다."는 것은 고정관념에서의 설명이고, 고대도 안항에 머문 것이 사실일지라도, 그 후에 다른 곳으로 이동하여 여러 날 동안 활동한 것은 무시함으로써 귀츨라프 선교사 활동의 주 무대인 원산도를 찾아내지 못하였다.

귀츨라프 선교사 일행이 수군우후의 관청을 방문한 것이 두 번, 섬의 넓은 들판을 걸어 다닌 것이 두 번인데 이들 활동은 고대도에서는 불가능한 것이고 관청이 있고 들판이 있는 원산도에서만 가능한 것이기 때문에, 원산도가 귀츨라프 선교사 활동의 주 무대임은 쉽게 증명할 수 있다.

6. 고대도 선교지 주장에 대한 종합적인 반론

귀츨라프 선교사 일행이 고대도에서 활동하였다는 주장은 조선 측 기록에 근거한 것인데, 이 근거가 빈약하다는 것을 크게 세 가지로 나누어 검토할 수 있다.

첫째는 조선 측의 기록에서 시간적으로 연속성이 없는 것, 둘째로 조선 측의 기록의 내용은 애머스트호의 도착, 정박, 퇴거만을 기록한 것, 세 번째로 조선 측의 기록에는 귀츨라프 측의 활동들이 거의 없다는 것이다.

가. 조선측 기록은 연속성이 없다

조선측 기록에 나오는 애머스트호의 운행 일자는 다음 표와 같이 한정적이다. 따라서 7월 24일부터 8월 11일까지는 19일 정도 비어 있다. 이 기간 중 어디로 갔는지, 어디에 있었는지는 아무도 알 수 없다. 애머스트호가 고대도에 그대로 있었다는 증거도 찾을 수 없다. 또, 7월 22일과 23일은 같은 날짜에 불모도도 나오고 고대도도 나와서 혼란이 되기고 한다.

반면에, 귀츨라프 측의 기록에는 연속성 있게 일자별로 정확한 활동 내용이 나오고 있다. 따라서 조선 측 기록은 귀츨라프 측의 기록에 비해서 그 가치가 작은 자료이다.

특히, 조선 측의 순조실록과 일성록의 기록에서 일자별 내용에 차이가 나고 있는데 순조실록의 기록은 2차적인 것임으로 일성록의 기록이 사실에 더 가깝다고 판단해야 할 것이다.

<표 11-1> 조선 정부 측 기록의 애머스트호 도착 및 정박지

일 자	내 용	근 거
7월 22일 (음 6월 25일)	불모도 외양에 표류도착	일성록(녹도별장의 보고)
	고대도 후양에 도착 정박	순조실록
7월 23일 (음 6월 26일)	불모도 후양에 정박	일성록(홍주목사의 증언)
	고대도 안항에 도착 정박	순조실록
7월 24일 ~ 8월 11일	기록 없이 비어있는 기간	
8월 12일 (음 7월 17일)	닻을 올리고 돛을 달고 서남쪽으로 가버렸다.	순조실록

아래는 애머스트호의 정박 등 조선 측의 기록을 도표로 일목요연하게 나타낸 것으로 전체적 상황을 파악하는데 도움이 될 것이다.

<그림 11-1> 귀츨라프 측 기록에 따른 일자별 활동

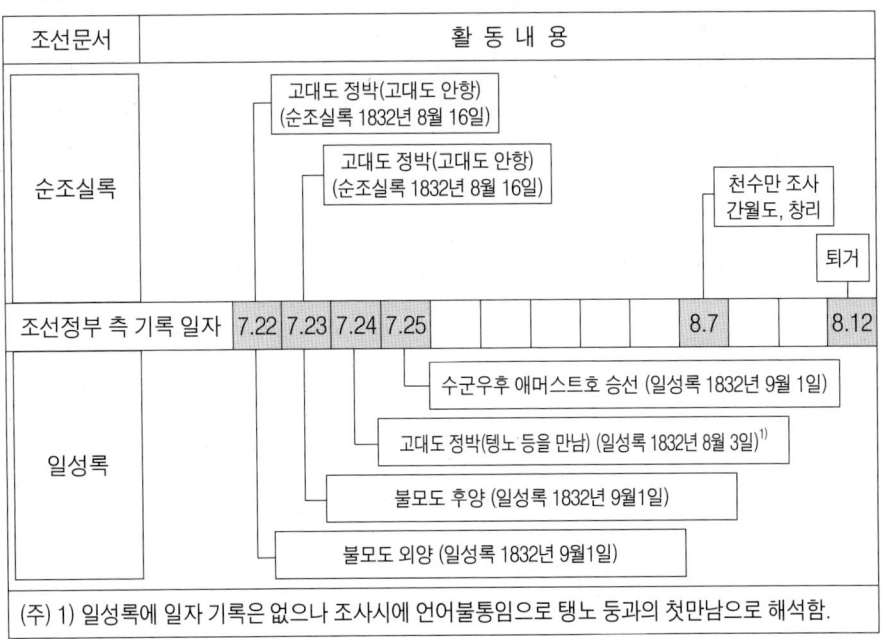

제11장 귀츨라프의 고대도 선교지에 대한 비평 295

다음은 귀츨라프 선교사 측의 기록에 따라 일자별 활동내용을 나타낸 것이다.

<그림 11-2> 애머스트호의 일자별 정박 조선측 기록

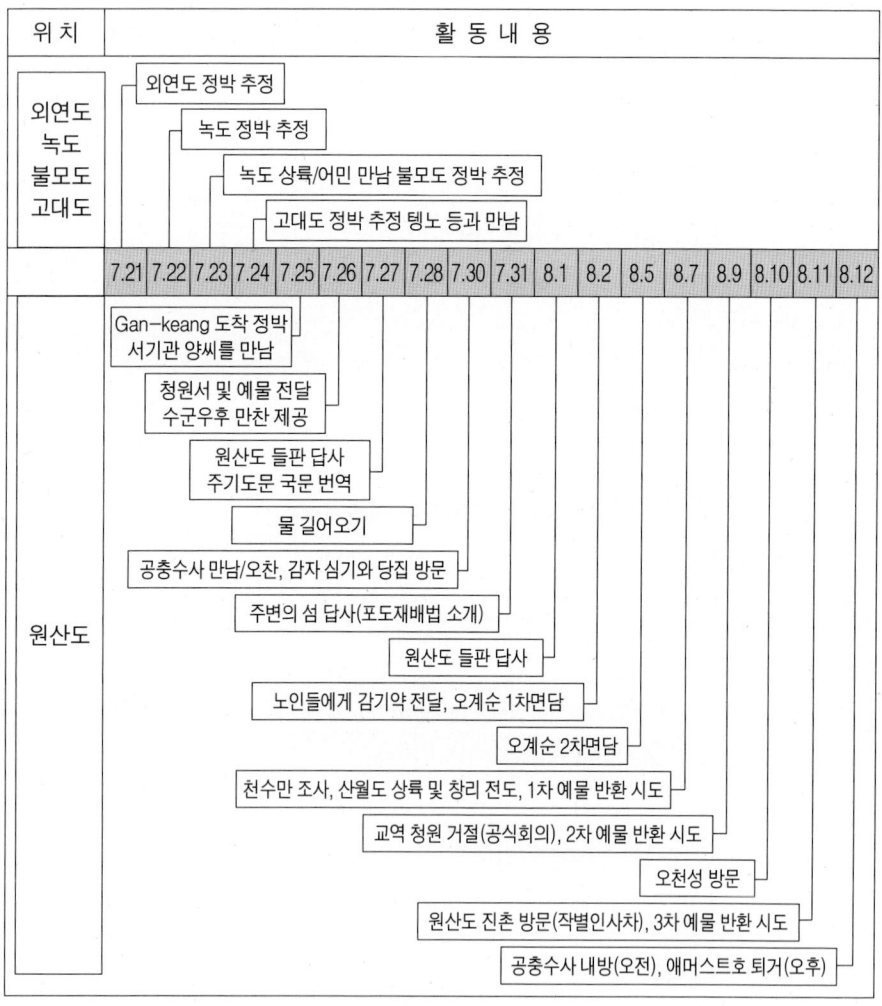

주) 1. 귀츨라프 일기 및 린제이 보고서에 따르면 7월 27일 수군우후와 홍주목사가 애머스호에서 식사
   2. 일성록에는 오계순이 8월 9일 원산도 도착임으로 귀츨라프 일기에 있는 8월 2일과 5일의 오계순 면담은 정확하지 않음

나. 조선측 기록의 내용이 부실하다

조선 측 기록의 내용은 도착, 정박, 퇴거뿐이고, 귀츨라프 선교사 일행이 무엇을 했는지 알 수 없게 되어 있다. 아주 작은 섬인 독도를 예를 들어도 "독도에 도착했고, 정박했고, 퇴거했다."는 말이 되지만, "독도에 올라가 들판을 걸었다."는 독도에 들판이 없기 때문에 말이 되지 않는다.

마찬가지로, 조선 측 기록에는 "섬에 들어갔다."나 "상륙했다."는 기록이 없기 때문에 고대도에 도착하고 정박한 것이 곧 섬에 올라가서 활동한 것을 의미할 수는 없다.

다. 인문 및 자연조건이 맞지 않는다.

고대도에 정박한 것을 고대도에 상륙한 것으로 보려면, 그 섬에서 귀츨라프 선교사 일행이 행한 활동들이 고대도에서 가능한가를 검증해야 한다.

서울의 여의도 면적(290ha)의 1/3보다도 작은 92ha의 면적에서 소를 많이 기를 수 있고, 염소도 기를 수 있는 들이 있는가, 또 귀츨라프 선교사가 본 2개의 당집을 당집이 하나뿐인 고대도에서 어떻게 찾을 것인가 하는 등등의 문제를 풀어야 한다.

따라서, 고대도를 귀츨라프 선교사 일행의 활동지로 주장하는 것은 실제로 활동하고 기록한 당사자들인 귀츨라프 선교사 측의 기록을 잘 파악하지 못하고 몇 개의 조선 측 기록만 보고 쉽게 판단한 것임으로 조속히 시정되어야 한다.

라. 애머스트호의 기록과 조선정부 기록의 불일치

허호익, 오현기 그리고 신호철의 주장과 순조실록, 일성록, 연원직지, 동문휘고의 기록들을 정리하면 표 11-2와 같다. 그런데 여기에는 아래와 같은 여러 가지 모순점들이 발견된다.

<표 11-2> 저자별 기록의 애머스트호 도착 및 정박지

구 분	7월 22일	7월 23일	7월 24일	7월 25일	비 고
허호익		녹도 도착	텡노의 방문 (녹도 정박)	녹도에서 고대도로 이동	(1)
오현기	녹도정박 추정	불모도 도착	텡노의 방문 (불모도 정박)	불모도에서 고대도로 이동	(2)
신호철	녹도정박	불모도 도착	텡노의 방문 (고대도 해역)	고대도에서 원산도로 이동	(3)
순조실록	고대도 후양	고대도 안항	-	-	-
일성록	불모도 외양	불모도 후양	-	-	-
연원직지	녹도	불모도	고대도 도착	-	-
동문휘고	-	고대도 안항	-	-	-
귀츨라프 린제이	녹도 도착	불모도 도착	고대도 도착	고대도에서 Gan keang으로	-

첫째로 7월 23일의 경우,

(1) 허호익의 경우 애머스트호가 7월 23일 녹도에 도착해 있었다고 하는데 순조실록에는 같은 날 고대도 안항에 있었다고 기록되고, 일성록과 연원직지에는 불모도에 있었던 것으로 되어 서로 상충된다. 순조실록의 기록에서 일자는 다른 기록과 잘 맞지 않는 것을 알 수 있다.

(2) 오현기의 경우 애머스트호가 7월 23일 불모도에 도착해 있었다고 하여 순조실록의 기록 이외에는 대부분 합치되는 것으로 보인다.

(3) 신호철의 경우 애머스트호가 7월 23일 불모도에 있었다고 하여 순조실록의 기록 이외에는 대부분 합치되는 것르로 보인다.

둘째로 7월 24일의 경우,

일성록의 1832년 8월 3일(음 7월 8일) 기록에 "고대도에 온 사람을 조사하는데 말이 통하지 않아 문자로 한다"는 뜻은 그들을 처음 만나는 상황을 의미하고, 텡노는 그들을 처음 만나는 지방관리임으로 당연히 만난 곳이 고대도 해역이 되어야 하는 것이다. (公忠監司馳啓 古代島漂人 引泊後彼人 處問情則 言語難通 以書問情)
日省錄, 1832년 8월 3일, 음력 7월 8일)

허호익과 오현기는 7월 24일 텡노와 만난 것은 인정하면서도 일성록의 고대도라는 장소는 부정하고 각각 녹도, 불모도라고 한 오류를 범한 것으로 나타난다.

셋째로 7월 25일의 경우, 텡노의 방문을 받은 다음날 이동했다는 것에 초점을 맞추면,

(1) 허호익이 녹도에서 텡노를 만나고 고대도로 이동했다는 것에서, 텡노를 만난 곳을 고대도로 수정하면 "고대도에서 고대도"로 이동한 것이 되어 불합리하다.

(2) 오현기는 불모도에서 텡노를 만나고 고대도로 이동했다는 것에서, 텡노를 만난 곳을 고대도로 수정하면 "고대도에서 고대도"로 이동한 것이 되어 불합리하다.

(3) 신호철의 경우는 고대도에서 텡노를 만나고 다음날 원산도로 이동했다고 보기 때문에 합리적이다.

위와 같은 이유로 허호익과 오현기가 주장하는 7월 24일부터 25일까지의 2일간의 애머스트호의 위치와 관련된 주장은 아주 틀린 것이며, 이에 따라서 귀츨라프 선교사의 선교지가 고대도라는 주장은 사라질 수밖에 없는 것이다.

(4) 허호익 등은 고대도 안항과 Gan-keang이 같은 곳일 것이라고 주장하면서도 그 구체적 증거를 제시하지 못한다.

고대도에서 귀츨라프 선교사가 활동하였다는 주장을 하는 데는 "Gan-keang이 고대도 안항과 같은 곳"이라는 전제가 충족되어야 한다. 왜냐하면 귀츨라프 측의 "Gan-keang" 기록이 과학적으로 아주 분명하여 이를 부정할 수 없고, 또 고대도 안항도 지리적으로 확정할 수 없으니 "안전한 항구" "안전한 기항지" 등으로 추정하여 같은 곳일 수밖에 없다는 불완전한 논리를 내놓는 것이다.

그렇다면 고대도가 귀츨라프 선교사의 활동지라는 과학적인 증거, 인문학적인 증거 등을 제시해야 하는데 오직 조선 측의 기록만을 가지고 주장하다보니 모순이 나타날 수밖에 없다.

주

1) 리진호, 귀츨라프와 고대도, p. 79, 1997년
2) 리진호, 귀츨라프와 고대도, p. 63. 1997년
3) 리진호, 귀츨라프와 고대도, pp. 80-82, 1997년
4) 리진호, 귀츨라프와 고대도, p. 73, 1997년
5) 세종실록, 1425년 7월 25일 (음력 7월 11일)
6) 리진호, 귀츨라프와 고대도, p. 63, 1997년
7) 허호익, 귀츨라프의 생애, p. 125, 2009년
8) 허호익, 귀츨라프의 생애, p. 15, 2009년
9) 허호익, 귀츨라프의 생애, pp. 121-125, 2009년
10) 허호익, 귀츨라프의 생애, p. 122, 2009년
11) 허호익, 귀츨라프의 생애, p. 123, 2009년
12) 허호익, 귀츨라프의 생애, p. 210, 2009년
13) 허호익, 귀츨라프의 생애, pp. 89, 90, 206, 208)
14) 허호익, 귀츨라프의 생애, pp. 121-122, 2009년
15) 허호익, 귀츨라프의 생애, pp. 124-125, 2009년
16) 허호익, 귀츨라프의 생애, p. 121, 2009년
17) 허호익, 귀츨라프의 생애, p. 122, 2009년
18) 日省錄, 1932년 9월 1일 (음력 8월 7일)
19) Mr. Lindsay's Report 1932. 7. 25.
20) 허호익, 귀츨라프의 생애, p. 123, 2009년
21) 허호익, 귀츨라프의 생애, p. 124, 2009년
22) 리진호, 귀츨라프와 고대도, p. 79 1997년
23) 허호익, 귀츨라프의 생애, p. 125. 2009년
24) 허호익, 귀츨라프의 생애, p. 121, 2009년
25) 世宗實錄, 1425년 7월 25일 (음력 7월 11일)

26) 正祖實錄, 1792년 1월 18일
27) 顯宗實錄, 1669년 3월 4일
28) 리진호, 귀츨라프와 고대도, P. 82
29) 충남대, 보령 원산도, p. 45, 2007년
30) 차경철, 오천의 어제와 오늘, 2000년
31) 허호익, 귀츨라프의 생애, pp. 126-127, 2009년
32) 허호익, 귀츨라프의 생애, p. 134, 2009년
33) 오현기, 굿모닝 귀츨라프, pp. 188-189, 2014년
34) 日省錄, 1832년 9월 1일 (음력 8월 7일)
35) 오현기, 굿모닝 귀츨라프, p. 189, 2014년
36) 純祖實錄, 1832년 8월 16일 (음력 7월 21일)
37) 純祖實錄, 자문, 1832년 8월 16일 (음력 7월 21일)
38) 오현기, 굿모닝 귀츨라프, p. 194, 2014년
39) Rev. Gutzlaff 일기, 1832년 7월 24일
40) 備邊司謄錄, 1932년 8월 3일 (음력 7월 8일)
41) 오현기, 굿모닝 귀츨라프, pp. 209-210, 2014년
42) 오현기, 굿모닝 귀츨라프, p. 211, 2014년
43) 오현기, 굿모닝 귀츨라프, p. 210, 2014
44) Rev. Gützlaff 일기, 1832년 8월 7일
45) Mr. Lindsay's Report, 1832년 8월 7일
46) Rev. Gützlaff 일기 1832년 8월 1일
47 오현기, 굿모닝 귀츨라프, p. 255, 2014년
48) 보령시, 보령의 지명(상), pp. 167, 176, 1988년
49) 오현기, 굿모닝 귀츨라프, p. 251, 2014년

제 12 장

한국 최초의 개신교 선교지 원산도에 관한 고증

이 장에서 저자가 앞에서 주장한 내용을 다시 정리하여 귀츨라프의 활동지역이 고대도가 아니고 원산도 임을 설멸하고자 한다.

1. 원산도와 고대도 정박 주장의 비교 검토

가. 기록에 의한 비교검토

귀츨라프 선교사가 1832년 7월에 충청도 해안의 고대도에 온 것에는 모든 연구자나 저자의 주장에 차이가 없는데 이는 순조실록과 자문에 고대도 후양 그리고 고대도 안항이라는 기록이 있고 그 이후의 장소 기록은 없기 때문이다.

그러나 조선에서의 귀츨라프 선교사의 활동지에 대해서는 고대도라는 주장과 원산도라는 주장이 있는데, 단순한 기록은 아래와 같이 여러 개 있지만, 왜 고대도인지, 원산도인지를 자세히 설명하는 기록들은 많지 않다. 왜 원산도인가를 설명하는 기록은 신호철의 『귀츨라프 행전』에만 나타나고 고대도라고 주장하는 기록은 리진호, 허호익, 오현기 등의 책자에서 볼 수 있다.

특히, 달레의 기록은 "만의 어귀 가까이에 있는 원산도"라는 한 구절이지만 그 의미가 크다. 신호철은 과학적 접근법으로 섬에서의 귀츨라프 선교사 일행의 활동 내용에 따라 그 활동 장소를 찾아내는 귀납적 방법으로 원산도를 찾아냈다.

<표 12-1> 선교지의 원산도 주장과 고대도 주장 비교

구 분	책 이름(기념탑)	저 자	기록 내용
원산도	한국천주교회사(1874) [1]	C. Dallet	"만의 어귀 가까이에 있는 원산도"라고 기록함
	한국개신교사(1973)	백낙준	C. Dallet의 기록 인용
	귀츨라프 선교 150주년 기념탑(1982)	김옥선 (주관)	원산도 점촌 해변에 기념탑 세움
	장로교회사(1995)	오덕규	"1832년에는 칼 귀츨라프가 원산도에 와서 복음을 전하였다" (p. 282에서 요약)
	한국기독교수용사연구 (1998)	이만열	"1832년 충남 홍주만의 원산도를 찾은 독일인"이라고 기록 함(p. 38)
	귀츨라프 행전(2009)	신호철	"제8장 충청해안 다섯 번째 정박지 원산도"라고 기록함
고대도	귀츨라프와 고대도 (1988)	리진호	책 제목이『귀츨라프와 고대도』
	귀츨라프의 생애와 조선 선교활동(2009)	허호익	"제4장"에서 원산도 주장 반박
	굿 모닝, 귀츨라프 (2014)	오현기	"제8장 귀츨라프의 섬 고대도" 라고 기록함

주: 1) C. Dallet의『한국천주교회사』작성은 병인박해(1866) 때 한국에서 순교한 프랑스 신부 다블뤼(M. A. N. Laveluy, 한자명은 安敦伊, 경상도 지방에서 20여 년간 선교)가 수집하고, 파리 외방선교회 본부에 송부한 자료에 의거 함.

고대도를 주장하는 연구자들은 순조실록에 쓰인 '고대도'라는 기록을 가지고 모든 것을 거기에 맞추었다. 귀츨라프 선교사가 고대도서 원산도로 갔고 그곳에서 많은 활동을 했다고 바꾸면, 순조실록의 고대도 기록도 맞고 원산도에서의 활동도 합리적으로 해석이 가능해지는 것이다.

고대도 주장에는 조선 정부 기록에 고대도 이후의 기록이 빠진 것을 인정하지 않는다. 즉 기록 없이 고대도에서 원산도로 간 것을 파악하지 못한 것이다. 특히, 귀츨라프 선교사 측의 기록에만 있는 Gan-keang을 무시할 수는 없으니까 Gan-keang이 고대도에 있는 곳이라는 불합리한 주장을 내놓는 것이다.

나. 종합적인 비교검토

귀츨라프 선교사 측의 기록을 보면 개갱 앞바다의 정박 여건, 개갱으로 이동하는 항로의 항행여건, 인문환경 등이 있으며, 이런 여건들을 원산도와 고대도가 얼마만큼 충족시키는가 하는 것이 개갱의 위치를 찾는 방법이 된다.

다음 표에서 Gan-keang을 원산도 개갱으로 볼 것인가, 고대도 안항으로 볼 것인가를 정리했다. 그 결과 Gan-keang이 원산도에 있다고 볼 때 완전히 일치하고, 고대도에 있다고 볼 때는 거의 합치하지 않는 것을 알 수 있다.

<표 12-2> Gan-keang과 원산도 개갱 및 고대도 안항의 여건 비교

구 분	Gan-Keang [귀츨라프, 린제이]	원산도 개갱 [신호철]	고대도 안항 [리진호, 허호익, 오현기]
정박여건	만이 있음 안전 정박 바람 막이 있음	만이 있음 안전 정박 가능 바람막이 있음	만이 없음 안전 정박 불가능 바람막이 없음
원산도 항행여건	항로를 아는 도선사는 하나뿐임	고대도에서 개갱으로 오는 항로는 복잡하고 장애물이 많음	녹도에서 고대도로 오는 항로는 장애물이 거의 없음
인문환경	고관을 만남 교역을 협의 함 식량을 조달 받음	관청이 있음 협의 가능 조달 가능	관청이 없음 협의 곤란 조달 곤란
천수만 조사 항로	정박장소에서 북쪽방향으로 항해	천수만에는 거의 그대로 북상할 수 있음	천수만에는 동쪽으로 7km 정도 간 후에 북상해야 함
출항지에서 창리까지 거리	16~18 마일 (26~29km)	약 28km	약 32km
지명의 유래	귀츨라프 일기 (1932. 7. 24.)	국토지리정보원 지도	순조실록(1932. 8. 16.)
지명의 호칭	Gan-keang	개갱 앞바다	고대도 안항

한마디로 요약하면, 고대도 주장은 귀츨라프 일행의 활동내용은 모르겠으나 조선 측의 문서에 쓰여 있으니 그렇게 주장한 단순논리이다. 그러나 원산도를 주장하는 쪽은 귀츨라프의 활동내용을 볼 때, 고대도에서는 불가능함으로 원산도일 수밖에 없다는 것이다.

2. 귀츨라프 일행의 선교지가 원산도인 증거들

가. 자연조건, 인문환경 등 기록에 나타나는 증거

귀츨라프 선교사 일행의 충청 해안 활동은 그 일정이나 여정으로 볼때 기존의 여러 연구와 대략적으로 합치되고 있으나, 가장 큰 쟁점은 애머스트호의 마지막 정박지, 즉 귀츨라프 일행의 활동지가 고대도인가, 원산도인가 하는 것이다. 지금까지는 고대도라는 주장과 원산도라는 주장이 혼재하고 있으나, 저자는 고대도가 아니고 고대도 동쪽에 있는 원산도라고 주장하면서 그 증거들을 다음과 같이 적시한다.

<표 12-3> 귀츨라프의 원산도 활동을 입증하는 기록

일 자	활동상황	비 고
1832. 7. 25.	고관이 머물고 있다고 전해들은 큰 마을 가까운 곳에 정박하였다 (Gan-keang에 처음으로 오는 날) (Lindsay Report)	고관이 머문다면 고대도 아닌 원산도임
7. 26.	고관이 임시로 거주하는 마을로 가서 조선인들이 있는 해안으로 상륙(Lindsay Report)	고관이 임시 거주하는 곳은 원산도임
7. 26.	저녁 8시에 텡노와 양씨가 내방하여 한밤중까지 각종 조사를 하고 갔다.(Lindsay Report)	정박지가 관청과 가까운 곳임을 의미함
7. 27.	섬 전체를 걸어서 돌아보았고, 풀이 무성해서 염소를 기를 수 있는데 염소를 볼 수 없었다(귀츨라프 일기)	염소를 기를 들판이 있는 곳은 원산도임
7. 27.	석조건물로 된 당집을 봄(귀츨라프 일기)	고대도에는 당집이 1개 뿐임으로 원산도 당집으로 해석됨
7. 30.	언덕 위의 당집을 방문함(귀츨라프 일기)	

일 자	활동상황	비 고
7. 28.	물을 길어왔다(Lindsay Report)	수 백 명의 주민이 도와 주고 지켜보았다.
7. 30.	사질양토의 좋은 땅에 감자 100여개를 심었다(귀츨라프 일기)	수 백 명의 주민이 지켜보았다.
8. 1.	비옥한 섬의 곳곳을 거닐면서 도처에 피어있는 아름다운 야생화와 덤불사이에 휘감긴 머루덩굴 등을 보며, 에덴동산으로 바꿀 수 있는 좋은 곳으로 생각했다(귀츨라프 일기)	고대도에는 넓은 들판이 없음으로 원산도임
8. 9.	소가 많고 항상 소고기를 공급받을 수 있는 곳이다(귀츨라프 일기)	소를 많이 기를 수 있는 들판은 원산도에 있고 고대도에는 없음
8. 11.	작별 인사차 관청에 있는 고관들을 예방하였다(Lindsay Report)	관청은 원산도에 있었음
8. 11.	"개갱은 넓고 안전한 1급 항구"라 기록하였다(귀츨라프 일기)	고대도에는 안전한 항구가 없음

표 12-3에 있는 고관이 머무는 큰 마을, 그리고 고관이 임시로 거주하는 마을은 같은 곳인지 아닌지는 모르지만, 원산도에 관청이 있고 고대도에 관청이 없는 것으로 보아 원산도가 틀림없고, 또 7월 26일 텡노와 양씨가 저녁 8시에 애머스트호로 찾아와 한밤중까지 조사를 하고 갔다는 것은 정박지가 관청이 있는 원산도임을 의미한다. 정박지가 고대도라면 음력 6월 29일의 캄캄한 그믐밤에 최소 4km 정도 이상의 바다를 배로 건너야 하는 것은 대단히 위험한 일이기 때문이다.

특히 8월 11일자 귀츨라프 일기에서 "우리의 정박지 개갱(Gan-keang)과 같은 넓고 안전한 항구는 제1급에 속한다 (Though there are spacious and secure harbours, among which, Gan-keang, the place of our anchorage holds the first rank"고 한 것은 Gan-keang(개갱)이 참 좋은 항구라는 뜻이다. 그러나 고대도에는 이런 위치를 찾을 수 없으므로 개갱은 원산도에 있다고 할 수밖에 없다.

그런데도, 고대도에 미련을 둔다면 원산도에 있는 관청을 고대도에서 찾으려한 셈이다. 또 고대도에도 인구가 많았다고 변명할 수 있겠지만, <표 12-3>에 제시된 조건을 만족시키는 곳이 원산도와 고대도 중 어느 곳인가 검토해보면 귀츨라프가 활동한 섬이 고대도가 아니고 원산도라는 것을 부정할 수 없게 된다.

고대도는 동서 최대 800여m, 남북 최대 1,700여m의 작은 섬(면적 92ha)으로 여의도 면적(290ha)의 1/3 이하이고, 또 대부분이 산이어서 이 섬에서 위 표에 나타낸 활동을 할 수 없고 수 백 명의 주민이 모일 수도 없다. 반면 원산도는 동서 최대 6,700여m, 남북 최대 3,200여m로 면적도 1,028ha 정도이고, 경작지, 샘, 관청도 있으며, 인구도 많아 위 표에서 보는 활동이 가능하다.

풀이 우거진 넓은 들판을 거닐며 염소 기를 것을 생각한 귀츨라프 이야기

귀츨라프 선교사는 7월 27일, 원산도의 넓은 들판을 거닐며 왜 염소를 기르지 않는가? 라고 궁금해 하였다. 우리가 후진국에 가보면 왜? 라고 하는 의문을 가질 때가 많다. 저자들도 1980년대 인도네시아 스마트라 섬의 농촌에서 근무할 때 왜 논을 트랙터나 소로 갈지 않고 여자들이 온종일 괭이로 논바닥을 파서 엎는가? 라고 궁금했던 때가 있다. 염소 기르는 것을 보았고 알았던 귀츨라프 선교사와, 염소 기르는 것을 모르고 생각하지 아니한 1832년 경의 원산도 주민과의 문화 수준 차이에서 비롯된 것이 아닌가? 생각되는 이야기이다.

나. 고대도 기록은 1832년 7월 23일까지만 나온다

귀츨라프 선교사 측 문서에는 고대도나 원산도 이름이 나오지 않고 조선 측 문서에만 고대도라는 기록이 그것도 7월 23일까지만 나오기 때문에 7월 24일부터는 고대도라 주장할 근거가 없게 된다.

7월 24일 이후에도 고대도에 있었다고 주장한다면 이것은 어제의 한 일을 가지고 오늘의 한 일을 아는 것처럼 말하는 것과 같다. 따라서 7월 24일 이후는 고대도라는 옛 기록을 그대로 적용할 수 없게 된다. 만약에 이를 받아들인다면 고대도라는 주장을 버릴 수 있게 되고, 그대신 원산도로 관심을 바꿀 수 있게 될 것이다.

다. 7월 25일 Gan-keang으로 이동한 것은 분명하다

귀츨라프와 린제이의 기록은 7월 24일 큰 배를 타고 온 텡노 등 지방관리들이 애머스트호에 올라왔고, 안전한 Gan-keang으로 가야 한다고 권해서 다음날 이동했다는 것이다. 만약 Gan-keang이 고대도에 있는 장소라면 7월 23일 고대도 안항에서 7월 25일 고대도의 Gan-keang으로 이동한 것이 되어 합리적이지 않다. 더구나 린제이 기록에 따르면 텡노는 Gan-keang으로 가는 거리가 30리라고 하였으니 고대도에는 Gan-keang이 있을 수 없는 것이다.

3. 귀츨라프의 선교지를 찾는 귀납적 연구의 방법

리진호 장로의 「귀츨라프와 고대도(1988)」와 허호익 교수의 「귀츨라프의 생애와 조선 선교활동(2009)」 그리고 오현기 목사의 「굿모닝 귀츨라프(2014)」는 귀츨라프의 조선 선교활동을 소개한 귀중한 단행본들이지만, 귀츨라프 일행의 활동장소가 원산도가 아니고 고대도였다는 고정관념에 근거를 두고 있다.

여기서는 고대도 활동 주장이 갖는 핵심적인 문제점들을 더욱 분명하게 밝혀서 고대도가 아니고 원산도가 귀츨라프 선교사 일행의 활동지였음을 재확인하고자 한다.

가. 관련 문서 자료의 분석 및 해석상의 우선순위

귀츨라프 선교사의 활동 거점을 찾는데 필요한 자료들은 귀츨라프 일기, 린제이 보고서, 조선 정부의 각종 문서가 있다. 그런데 정부 문서는 홍주목사, 수군우후, 공충수사, 공충감사 등이 정부에 올린 보고서에 근거를 두고 있다.

먼저 문서 작성에서 양쪽의 차이를 살펴보면, <표 12-4>와 같이 기록의 형태, 기록이 다루는 기간, 주요 내용, 기록의 양 등이 크게 다르다. 또, 조선의 문서는 외국인과의 접촉이 국법으로 금지된 상태에서 현지 관리들이 보고하는 문서임으로 사실을 기록함에 한계가 있다. 또 한자와 영문은 사실과 그 상세함에 차이가 있을 수 있다.

이렇게 양측의 문서를 조화롭게 해석하고 연결하는 것이 중요하며, 귀츨라프 일행의 활동 거점이 고대도인지 원산도인지를 찾는 데는 그 활동 내용에 초점을 맞추는 것이 가장 합리적이라고 본다.

<표 12-4> 조선 정부 측과 귀츨라프 측 문서의 특성

구 분	정부측 문서	귀츨라프측 문서
기록의 형태	한자로 현지 관리의 보고를 중앙 정부 기관에서 기록	보고 경험한 것을 일자 별로 영어로 구체적으로 기록
기록 기간	고대도까지 (1832. 7. 21, 1832. 7. 23), 그리고 퇴거시 (1832. 8. 12)	전체기간(1832. 7. 21 - 1832. 8. 12.)
주요 내용	배의 도착, 정박, 현지 관리의 처벌, 퇴거 등	현지 관리와의 만남, 일행의 섬에서의 활동 내용, 관찰 내용 등
기록시의 분위기	외국인과의 접촉이 국법으로 금지된 상태에서 현지 관리가 보고를 위해 기록	기록에 대해 억압이 없는 자유로운 분위기에서 기록
기록의 양	순조실록, 비변사등록, 일성록, 승정원일기 등 중복이 있음	귀츨라프 일기와 린제이 보고서로 분량이 많음
한문과 영문의 차이	한문의 특성상 기록 내용의 표현이 대략적임	영문의 특성상 기록 내용의 표현이 더 상세함
핵심 장소	고대도 안항(古代島 安港)	Gan-keang

　결국, 활동내용의 정확성, 내용의 범위 등은 귀츨라프 일기, 린제이 보고서 등이 우선순위가 높고 정부 문서는 그렇지 못하다. 날마다 쓰는 일기가 수시로 쓰는 보고문서보다 정확한 것은 누구도 부인하지 않기 때문이다. 귀츨라프 일기나 린제이 보고서는 전체 기간의 모든 활동상황을 다루었지만 정부 문서는 선박이 오고 간 것, 선박과 승선인원에 대한 점검, 교역청원서 및 예물 문제, 현지 관리의 처벌 등이 기록의 주 내용이다. 따라서 귀츨라프 일행의 활동과 그 거점을 찾는 데는 귀츨라프 일기와 린제이 보고서가 우선되어야 한다. 따라서 정부문서는 보조적 역할에 한정해야 하며, 상호 모순이 생길 때는 귀츨라프 일기 등을 따르는 것이 합리적이라고 본다.

나. 역사 기록 또는 행동의 검증

역사기록의 검증은 반드시 필요하다. 특히, 어떤 압박상태에서 쓴 글은 사실과 다를 수 있기 때문에 "그 때, 그 곳에서, 기록자가 어떤 상태"에서 기록했는지 꼼꼼하게 따져보아야 한다.

역사기록이 잘못되는 경우도 (1) 사실을 알면서 또는 실수로 틀리게 기록하는 것과 (2) 틀리게 기록하지 않았어도 어떤 것은 일부러 또는 모르고 빼놓고 기록하는 것이 있는데 두 가지 모두 역사의 왜곡을 불러올 수 있다.

귀츨라프 선교사의 조선 방문을 다루면서도 조선 정부의 기록이나 귀츨라프 측의 문서에서 불확실한 것들을 찾아볼 수 있다.

1) 고대도 안항

귀츨라프의 활동지에 대한 연구에서 가장 중요한 위치인 "고대도 안항"에는 과학적인 관점을 제쳐놓더라도 문서기록의 관점에서 몇 가지 문제점이 있음을 고려해야 한다.

첫째는 지방관리들이 애머스트호의 원산도 해역 진입을 상부에 보고하고 싶지 않았으리라는 것이다. 쇄국주의 때문에 외국인을 만나거나 선물을 받아도 처벌을 면키 어려운 상황에서 군관 텡노가 외국선박을 원산도로 안내해 왔다는 것이 알려지면 관련자 모두가 더 엄한 처벌을 받을 수 있기 때문이다.

둘째는 이미 고대도 후양 또는 고대도 안항에 애머스트호가 왔다고 보고를 했는데 다시 정정해서 보고할 필요성이 없었다고 보아야 할 것이다. 교역청원서와 예물을 올리는데 그리고 애머스트호에 대한 여러 가지 조사를 해서 보고에 모두가 관심을 두었기 때문에 고대도 해역에서 원산도 해역으로 이동한 것은 관심 밖의 일이었을 것이다.

2) Gan-keang (개갱) 앞바다

애머스트호로 귀츨라프 선교사 일행을 찾아온 텡노가 선박의 안전을 위해 Gan-keang (개갱)이라고 불리는 만으로 이동해야 한다고 권했다는, 귀츨라프 선교사의 기록에 처음 나오는, Gan-keang 도 자세히 살펴보아야 한다.

먼저 귀츨라프 선교사가 영어로 쓴 "a bay called Gan-keang"이 무엇을 의미하는지, 한문 글자로 서로 써서 주면서 필담을 하는 과정에서 called라는 낱말이 왜 들어갔는지 따져볼 필요가 있다.

Gan-keang 앞에 'called'가 들어간 것은 개갱을 한자로 써주지 못하고 말로 했으며, 귀츨라프는 들은 것을 영문으로 받아 써 놓은 것이라고 해석할 수 있다. 그러므로 이것은 개갱이라고 불리는 만 또는 항구로서 고유명사임을 나타낸다고 할 수 있다.

우리나라는 6.25 전쟁 이전에는 마을에서 행정업무가 별로 없고, 인구의 이동도 거의 없이 살았기 때문에, 마을 이름도 들어서 전달하는 것이지, 한자로 써서 나타내는 경우는 거의 없었다. 따라서 텡노도 개갱을 한자로 써서 보여줄 수 없었고 들은 대로 말해주었을 것이다.

특히, 섬 지역은 육지 쪽보다 더 보수적이어서 그 장소의 이름들이 더 잘 보존된다. 따라서 180년 전의 이름도 남아 있다고 볼 때 개갱이라는 발음이 비슷하고 만의 조건도 갖춘 곳이 지금도 있다는 것은 흥미 있는 일이다.

다음에는 Gan-keang에 도착한 후에 귀츨라프 선교사와 린제이 함장이 쓴 기록에서 Gan-keang이 고대도 있는지, 원산도에 있는지를 확인할 수 있다. 이들 모든 조건을 만족시킬 수 있는 곳은 원산도의 개갱에서만 있을 수 있으며, 고대도에서는 찾는 것이 불가능하다.

충북 진천군 문백면 구곡리 굴티 마을의 농다리

나는 고려 초기에 만들었다는 농다리(사진참조)가 있는 굴티마을 근처의 다람비라는 마을에서 태어나 대학에 가기 전까지 그곳에서 살았다. 구곡리까지는 한자로 써서 필담이 가능하지만 굴티는 한자로 쓸 수 없어 필담을 할 수 없다. 오래 전 미국에서 만났던 대만 청년과 한자로 필담을 나누어보니 재미있었던 기억이 나는데, 내가 십리길 학교를 12년간 다니면서 거치는 마을 이름들이 모두 순 한글식이었다. 그래서 한자로 필담을 나눌 수 없었던 귀츨라프와 텡노의 어려움이 이해된다. 이제는 굴티, 다람비, 장머리, 어링이, 소갈이, 범바위, 괸돌, 소강징이 등등 한자로 쓸 수 없었던 정겨운 이름들이 점점 사라져 가는 것이 아쉬울 뿐이다.

사진자료: 진천군청 홈페이지

가) 모든 바람에 대해 안전하고 편안한 정박지 (very convenient anchorage sheltered from all winds-Gützlaff 1832년 7월 25일): 고대도에는 모든 바람에 안전한 항구의 입지 조건을 정밀 조사한 결과 존재하지 않았다.

나) 고관들이 머물고 있는 큰 마을의 근처 (near a large village in which we are told the mandarins were staying - Lindsay, 1832년 7월 25일): 고관들이 관

청도 없는 고대도에 머물 이유는 없을 것이다.

다) 널찍하고 안전한 항구들, 그중에서도 우리가 정박한 Gan-keang은 1급 항구(spacious and secure harbours, among which, Gan-keang, the place of our anchorage, holds the first rank-Gützlaff, 1832년 8월 11일): 고대도에는 지형상으로 널찍하고 완전한 1급 항구가 존재할 수 없다.

3) 수군우후와 귀츨라프의 7월 26일의 상반된 기록

1832년 7월 26일 오후는 귀츨라프 기록에 따르면 교역청원서와 예물을 전달하고 수군우후와 홍주목사가 술과 통마늘을 선물로 내놓고 저녁 만찬까지 대접한 날이었다.
_{Gützlaff 일기, G40, 1832년 7월 26일)}

그러나 수군우후의 기록에는 음력 6월 29일(양력 7월 26일)에 홍주목사와 함께 이양선에 승선하여 문정하였는데 교역에 대한 것만 말하고 다른 것은 물어도 대답하지 않았으며, 종일토록 말한 것은 교역에 관한 이야기뿐이었다. (二十九日 與洪州牧使李敏會 同上彼船又爲問情 則彼人但以交易之言 縷縷更伸 他餘事情 有問無答 終日所言 不過交易) _{日省錄, 1832년 9월 1일, 음력 8월 7일)}

이 기록은 수군우후와 홍주목사의 파출에 대한 일성록의 기록이 8월 13일자인데 반해 9월 1일자인 것을 보면 처벌을 전후하여 변명으로 한 말로 추정되며, 내용에도 "교역이란 것 외에는 다른 말이 없었다."는 것과 "종일토록"이란 말이 강조되어 그날에 실제로 한 일을 감추려고 한 흔적이 보인다.

이는 조선 측의 기록에 누락과 왜곡이 있다는 것을 의미하고, 처벌이 관련되는 상황에서 사실대로 쓸 수 없었던 것으로 보인다. 그리고 조선측의 기록을 대할 때 검증이 필요하다는 사실을 알려주는 대목이기도 하다.

4) 텡노와 수군우후 등이 귀츨라프 선교사 일행을 배척하지 못한 이유

먼저 텡노가 애머스트호를 방문한 행동을 검증해볼 필요가 있다. 텡노가 상관의 지시를 받고 왔지만, 그도 쇄국정책에 따른 처벌을 알았을 것인데, 손님을 모셔 들이는 태도로 그들을 안전한 만인 개갱으로 인도하였다.

그는 귀츨라프 선교사 측을 첫 번째로 만난 관리로 그들이 조선에 해를 끼칠 위험이 없다는 것을 알았을 것이고, 배의 규모와 탑승인원, 그리고 배안에 있는 각종 선진 물품에 호감이 발동하였을 것이다.

린제이는 텡노 등 관리들에게는 옷감 선물을 주니 처음에는 목을 베는 시늉을 하며 몇 번 거절하다가 받았고, 선원들에게는 사자 문양이 새겨진 단추를 주니 기뻐하였다고 한다. 그 다음 술대접을 했는데 모두 다 술을 잘 마셨고 독한 술을 더 좋아하였다고 한다.

결국 텡노는 귀츨라프 선교사 측과의 접촉에서 친절하게 연락하고 조사하고 조정하는 업무를 잘 감당하였지만, 수군우후, 홍주목사, 공충수사 등이 애머스트호를 방문하고 귀츨라프 선교사 일행을 만나는 길을 열어줌으로써 세 사람의 수령들이 결국은 파직 또는 파출이라는 처벌을 받게 만들었다고도 할 수 있다.

둘째로 수군우후, 홍주목사, 공충수사 등이 애머스트호를 방문한 행동도 살펴볼 필요가 있다. 이들은 지방관청의 수령들로 외국인과 만나는 것이 국법 위반임을 알고도, 교역청원서와 예물을 받아주고, 조사한다는 차원에서 자주 애머스트호를 방문하고, 식사도 같이했다. 상식적으로 봐서 그들은 애머스트호를 빨리 퇴거시키는 일에 노력을 기울여야 했는데 그러지 않았고, 오히려 떠나려는 그들에게 교역청원서에 대한 조정의 회신을 기다리라고 하였다.

조정에서 자기들을 처벌하려는 것을 안 후에도 교역청원서와 예물을 돌려주려는 노력만 했지, 떠나가라고 요구하지 않았고, 떠나가는 날에는 공충수사의 경우 눈물을 감출 정도로 작별을 아쉬워하였다.

이와 같은 일은 이들 관리들이 귀츨라프 측과 자주 만나면서 그들의 합리성 있는 태도와 행동, 한문에 대한 지식, 그리고 배 안에서 본 여러 가지 좋은 물품 등에 대한 호감 등으로 친절하게 대할 수밖에 없었다고 해석할 수 있다.

귀츨라프 측이 조선 관리들에게 감동을 준 것들을 열거하면, 조선관리들은
- 60여명의 승선 인원을 가진 큰 배에 압도당했을 것이다.
- 배안에 있는 신기한 물품들에 호기심이 발동되었을 것이다.
- 필담을 할 때 "예기"의 문구를 사용할 정도로 한문 지식이 있었다.
- 국왕께 올리는 교역청원서와 예물을 전달할 때 국왕을 존중하는 격식을 차렸다.

문제는 학식과 경험이 많고 나이가 든 지방 관청의 수장들이 선진 문물이 있는 애머스트호에 들어가 많은 것을 보고 또 신사인 귀츨라프 측 젊은 사람들과 자주 만나면서, 조선의 쇄국정책이 갖는 문제점을 실감했기 때문에 적극적으로 그들을 배척하지 못하였다고도 추정할 수 있다.

다. 해양환경 등 측면에서의 접근

1) 원산도 Gan-keang의 해양환경 등
- 귀츨라프의 7월 25일 도착지 Gan-keang의 해양환경은 만(a bay called Gan-keang)으로 형성되어 있으며, 배가 안전하게 정박할 수 있고(to a safe anchorage), 바람막이가 잘된 곳이라고(sheltered from all winds) 할 수 있다.

7월 24일 정박 장소에서 Gan-keang으로 향하는 항로를 아는 사람은 오직 한 사람 뿐(only one understood the way)이라는 기록으로 미루어 귀츨라프 일행 스스로 항해할 수 있는 경로는 아닌 위험하고 복잡한 항로로 확인되었다.

2) 고대도 안항과 후양의 지명유래와 해양환경 등

'고대도 안항'의 지명 유래는 순조실록 자문(1832년 8월 16일 음력 7월 21일)에 "수군우후와 홍주목사의 첩정에 7월 23일(음력 6월 26일) 이양선 1척이 고대도 안항에 정박하였다." 라는 기록이다. (水軍虞候 洪州牧使 牒呈 六月二十六日 異樣船 一隻 到泊於古代島 安港) 純祖實錄, 1932년 8월 16일, 음력 7월 21일)

'고대도 후양(古代島 後洋)'이라는 근거는 순조실록(1832년 음력 7월 21일) "공충감사 장계에 7월 22일(음력 6월 25일) 어느 나라 배인지 이상한 모양의 배 1척이 고대도 후양에 와서 정박하였다."에서 유래하였다. (公忠監司狀啓 六月二十五日 何國異樣船一隻 來泊於古代島後洋) 純祖實錄, 1932년 8월 16일, 음력 7월 21일)

귀츨라프 선교사 일행을 군관이 문정(問情)하였다는 근거는 비변사등록(1832년 음력 7월 8일)에 "수우후와 홍주목사의 첩정(牒呈)에서 고대도에 정박한 사람들과 언어가 통하기 어려워 글로 문정하였는데 이들은 우의를 베풀어 서로 교역하기를 요청하였다."는 기록을 근거로 확인되었다. (水虞候 洪州牧使 牒呈 以爲古代島引泊漂人 言語難通 以書問情 則要請設誼交易云) 備邊司謄錄, 1932년 8월 3일, 음력 7월 8일)

귀츨라프 선교사 일행과 문정(筆談) 기록은 승정원일기(1832년 음력 7월 8일)에, "고대도에 인박한 사람들과 언어가 통하지 않아 필담으로 문정하였다." 그리고 일성록 기록에 "고대도에 인박한 외국인들과 언어가 통하지 않아 필담으로 문정하였다." 등에서 확인되었다. (水虞候 洪州牧使 牒呈 以爲 古代島引泊漂人 言語難通 以書問情) 承政院日記, 1932년 8월 3일, 음력 7월 8일)

(公忠監司 馳啓古代島漂人 引泊後彼人 處問情則 言語難通 以書問情) 日省錄, 1932년 8월 3일, 음력 7월 8일)

이상의 모든 기록을 종합하면 귀즐라프 선교사 일행은 7월 22일 고대도 후양에서 정박하고, 7월 23일에는 고대도 안항에 정박하였다. 그리고 이 기간에 귀즐라프 일행과 군관의 면담이 이루어졌다고 판단할 수 있다.

한편 허호익이 "Gan-keang으로 알고 있었던 곳은 고대도 안항이 분명하다."는 기록을 근거로 고대도 안항을 조사해본 결과,

- 고대도의 어느 해안에도 만(灣)은 형성되어 있지 않았다.
- 배가 안전하게 여러 날 정박 할 수 있는(to a safe anchorage) 곳도 찾을 수 없었다.
- 바람막이가 잘된 곳(sheltered from all winds)도 존재하지 않았다.

라. 사회환경 및 인문적 측면에서의 접근

1) 인문 및 역사적인 검토

귀즐라프 선교사가 충청도 연안에 오기 전의 원산도의 역사와 고대도의 역사를 비교하면 두 섬의 차이를 더욱 확실하게 판단할 수 있고, 이것은 귀즐라프 선교사의 활동지를 판단하는데 도움이 될 것이다.

2) 인구, 마을과 당집

귀즐라프 선교사 일행의 활동지가 고대도인가 원산도인가를 결정하는 데는 두 섬의 인구수가 대단히 중요하다. 귀즐라프 일기에는 물을 길어올 때와 감자를 심을 때

수백 명의 사람들이 모여서 구경을 하거나 도와주었다고 기록되어 있기 때문이다. 이 기록에 따라 타당성 있게 먼저 인구상태를 분석할 필요가 있다.

<표 12-5> 원산도와 고대도의 인문 역사 비교

구 분	원산도	고대도
할 수 있는 일	고관들을 만날 수 있고, 교역에 관한 협의가 가능하며, 식량을 구할 수 있는 곳	이런 일들은 하기 어렵다.
관 청	수군우후의 관청이 설치되어 있었다.	관청은 없었다.
조운선 기지	조운선 점검기지로 운영되어 수군들을 비롯한 많은 사람이 거주하였다.	조운선 기지와는 관련이 없었다.
지 명	원산도 전체 199개 지명을 대상으로 국토지리정보원 발행의 지도와 현장 답사를 통하여 청문조사(원산도출장소장, 향토지리전문가, 고령자)를 병행한 결과 원산도에서 유일하게 Gan-keang과 개갱(촌)이 비슷한 것으로 탐지(探知)되었다.	고대도 전체 25개 지명을 대상으로 확인한바 Gan-keang에 비슷한 지명을 찾을 수 없었다.

여러 저자들이 제시한 인구수는 다음 표와 같은데 리진호와 신호철의 숫자는 귀츨라프 시대와 관련이 없는 시대의 자료이고 허호익, 오현기의 자료는 그 시대 이전의 것으로 서로 동일한 자료이다.

"1832년경에는 원산도가 고대도보다 인구가 적었다."는 허호익의 주장은 위의 인구 관련 표를 보면 타당하게 보이나, 두 섬의 면적 통계, 마을의 수, 당집의 수 등을 살펴보면 그렇게 보기가 어렵다. 이런 주장을 하려면 그 근거로 전체 토지면적, 경작지 면적 등을 비교하여 제시하여야 한다.

저자가 확인한바 원산도(1,028ha)와 고대도(92ha)의 면적비율은 11:1 정도로 원산도가 훨씬 컸다. 더구나 고대도는 산이 대부분이고 원산도에는 비교적 평지가 많아 "원산도가 고대도보다 인구가 적었다."는 주장은 논리적으로 부적절하다. 물론 숫자로 제시된 인구수로 주장을 할 수 있지만 사실과 부합하는 검증이 필요하다.

<표 12-6> 연구자들이 제시하는 마을, 당집, 인구수 비교

구 분	원산도	고대도
마 을	5/8개소 – 진촌, 구치, 초전, 점촌, 저두 (선촌, 진고지, 사창 – 19세기말 추가)	1개소 – 뒷장벌/앞장벌/어르금/윗말(연속된 마을)
당 집	6개소 – 진촌, 진고지, 선촌, 초전, 점촌, 저두	1개소 – 윗말 서쪽
인 구	허호익 – 189명(1765년) 신호철 – 1,175명(2008년 7월 31일 현재) 차경철 – 1,413명(2000년)	리진호 – 487명(연도미상) 허호익 – 227명(1765) 오현기 – 226명(1765) 신호철 – 241명(2008)
가구수	허호익 – 70가구(1765년) 신호철 – 560가구(2008년 7월 31일 현재) 차경철 – 469가구(2000년)	리진호 – 106가구(연도미상) 허호익 – 75가구(1765) 오현기 – 75가구(1765) 신호철 – 89가구(2008)
면 적	1,028ha(고대도보다 11배 넓다)	92ha(원산도의 1/8)

주) 1) 리진호, 귀츨라프와 고대도　　　　　　　4) 신호철, 귀츨라프 행전
　　2) 허호익, 귀츨라프의 생애와 조선 선교활동　5) 차경철, 오천의 어제와 오늘
　　3) 오현기, 굿모닝, 귀츨라프　　　　　　　　6) 원산도 면적은 고대도의 11배이다

경작지의 크기뿐만 아니고 원산도에는 그때 수군우후의 관청이 있었고, 면적이 크고 평지가 많아 먹는 물을 더 확보할 수 있었고, 또 고대도보다 육지에 더 가까워서 인구가 더 많을 이유가 있었다.

또, 당집은 신을 모셔둔 집으로 고대도에는 하나이고 원산도에는 여러 개가 있었는데, 당집은 마을의 수와 관계가 됨으로 자연스럽게 인구의 많고 적음에도 관련된다고 할 수 있다.

<그림 12-1> 고대도와 원산도의 크기 비교 (1:11)

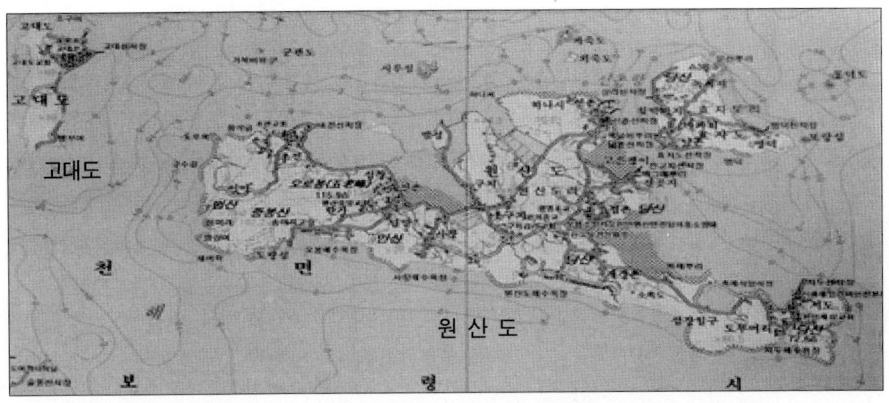

자료: 국토지리정보원 고대도는 여의도 면적의 1/3미만(92ha)으로 원산도(1,028ha)의 1/11정도에 불과하다.

마. 귀츨라프의 활동 기록을 통한 귀납적인 방법

조선 정부의 문서나 기존의 연구결과들을 보면 귀츨라프 선교사의 활동지가 고대도로 귀결되는 것이 당연하게 보인다. 특히, 순조실록 자문에 "고대도 안항"이란 장소가 기록되어 있어 의심의 여지가 없는 것으로 보이기 때문이다. 그러나 그 활동지에서 활동한 내용들을 재료로 내놓고 귀납적으로 고대도가 맞는지 검토하면, 고대도가 아니고 옆에 있는 원산도가 주 무대라는 것을 알 수 있게 된다.

귀츨라프 선교사 일행의 활동 중에서 관청을 두 번 방문한 것, 물을 길어온 것, 염소를 기를만한 들판을 두 번 둘러본 것, 두 개의 당집에 대해 기록한 것, 소가 많고 소고기를 구하기 쉽다는 것, 1급 항구였다는 것 등은 원산도에서는 가능한 것이지만 관청이 없고 들판이 없는 고대도에서는 불가능한 것들이므로, 고대도가 활동지였다는 주장은 타당성을 잃게 되는 것이다.

바. 애머스트호의 정박일자와 상륙일자

애머스트호 등 선박의 정박지 개념도 세밀하게 검토할 필요가 있다. 각 섬의 옆으로 지나가는 것과 정박하는 것, 그리고 상륙하는 것은 다른 개념인데 이를 혼동하여 사용함으로써 정확도가 달라지는 경우가 많다. 이를 혼동하여 바다에서도 정박이 상륙을 포함한 것으로 보았기 때문에 착오가 발생하는 것이다.

실제로 애머스트호가 황해도에 온 때부터 애머스트호의 정박과 귀츨라프 일행이 섬이나 육지에 상륙한 것을 기록에서 찾아보면 <표 12-7> 및 <12-8>과 같다.

<표 12-7> 애머스트호의 정박 일자 및 장소 관련 기록

정박일자	장소	활동 내용	근거
1832. 7. 17.	몽금포	정박	귀츨라프 일기/일성록
1832. 7. 21.	외연도/녹도	정박	영길리국 표선기
1832. 7. 22.	불모도 외양/고대도 후양	정박	일성록/순조실록
1832. 7. 23.	불모도 후양/고대도 안항	정박	일성록/순조실록 자문
1832. 7. 25.-8. 11.	개갱	정박	귀츨라프 일기/린제이 보고서

이 표에서 보면 귀츨라프 선교사 일행이 불모도와 고대도를 상륙한 기록이 없음을 알 수 있다. 물론 원산도 상륙을 고대도 상륙이라고 주장하려면 고대도가 귀츨라프 일행의 활동 내용에 맞는 조건을 갖추고 있다는 것을 증명해야 한다. 따라서 상륙을 기준으로 한다면 고대도는 귀츨라프 선교사와 관계가 없는 섬이라고 해도 틀린 것이 아니다.

허호익이 주장하는 녹도 도착의 경우도 녹도 별장의 보고에는 7월 22일 불모도 외양에 도착하였다는 것인데 어떻게 7월 24일 녹도에서 텡노를 만났다고 할 수 있는지 논리적으로 모순이 되는 일이다.

또, 린제이의 녹도 정박 기록을 믿으려면 녹도 별장이 이양선의 녹도 정박을 몰랐거나 보고하지 않았고, 불모도 외양의 외양선만 확인해서 보고한 상황이 된다. 이런 경우도 있을 수 있지만 날짜가 거꾸로 되어 있어 두개의 기록 중 한쪽은 사실이 아니라고 할 수밖에 없다.

<표 12-8> 애머스트호의 상륙 일자 및 장소 관련 기록

상륙일자	장소	활동 내용	근거
1832. 7. 17.	황해도 조니진	주민들 만남	귀츨라프 일기
1832. 7. 18.	황해도 조니진	관리들 만남	귀츨라프 일기 린제이 보고서 순조실록
1832. 7. 23.	녹도 (추정)	어민들에게 건어물과 술대접 받음	귀츨라프 일기
1832. 7. 26.	원산도 진촌	교역청원서 및 예물 전달	린제이 보고서
1832. 7. 27.	원산도 들판	염소 기르기 좋은 땅, 묘지 답사, 당집을 봄	귀츨라프 일기 린제이 보고서
1832. 7. 28.	원산도 샘	물 길어오기	린제이 보고서
1832. 7. 30.	원산도 점촌	씨감자 심고 당집방문	귀츨라프 일기
1832. 7. 31.	섬 또는 육지	삼림/무인지역 답사	귀츨라프 일기
1832. 8. 1.	원산도 들판	에덴동산으로 바꿀 수 있는 땅	귀츨라프 일기 린제이 보고서
1832. 8. 7.	태안 창리	천수만 조사 시에 상륙	귀츨라프 일기 린제이 보고서 순조실록
1832. 8. 10.	오천성	주민들이 진입 제지	귀츨라프 일기
1832. 8. 11.	원산도 진촌	작별 인사차 예방	린제이 보고서

사. 종합적인 접근 방법

귀츨라프 선교사 일행의 활동지를 고대도로 볼 것인가, 원산도로 볼 것인가는 실제로 활동한 주체인 귀츨라프 선교사와 린제이가 기록한 내용들을 충분히 검토하고 여기에 각종 정부 문서들도 참고로 해야 한다. 그 지역의 자연환경, 그 시대의 인문환경, 섬에서의 귀츨라프 선교사 일행의 활동내용 등을 종합적으로 검토 확인하고, 또 현지를 실제로 조사하여 결정해야 한다. 이런 과정을 제대로 거치지 못하면 오류가 생기게 된다.

지금까지 귀츨라프 활동지를 고대도라 한 것은 조선왕조실록(순조실록)에 고대도라는 기록 때문이다. 그래서 누구도 이의를 제기하지 못했다. 저자는 순조실록의 기록과 귀츨라프 선교사 등의 기록에서 나타나는 불합치를 바로잡고자 연구하는 중에, 귀츨라프 일행이 고대도 해역을 거쳐 원산도에 왔고, 거기서 대부분의 활동을 한 것을 찾아낼 수 있었다. 동시에, 순조실록의 기록은 고대도까지를 중점적으로 다루었음을 확인함으로써 양측의 기록이 다른 이유를 발견하게 된 것이다.

4. 원산도와 고대도의 귀츨라프 기념사업

귀츨라프의 활동지가 원산도라는 주장과 고대도라는 주장이 병존하기 때문에 원산도는 원산도대로, 고대도는 고대도대로 기념물이나 기념교회를 설립하게 되었고, 또 앞으로 더 확장하게 될 것이다.

그렇게 되면 하나는 가짜가 될 수밖에 없는데 이는 우리나라 최초의 개신교 선교 성지를 옳게 조명하는 것이 아니고, 기독교를 비난하고 공격하는 사람들에게 먹잇감을 제공하는 꼴이 되고 말 것이기 때문에 조심해야 할 일이다.

따라서 기독교인들이 합심해서 타당하고 확실한 귀츨라프의 선교 성지와 활동지를 결정하는 것이 필요하다.

<그림 12-2> 원산도 귀츨라프 선교사 기념탑

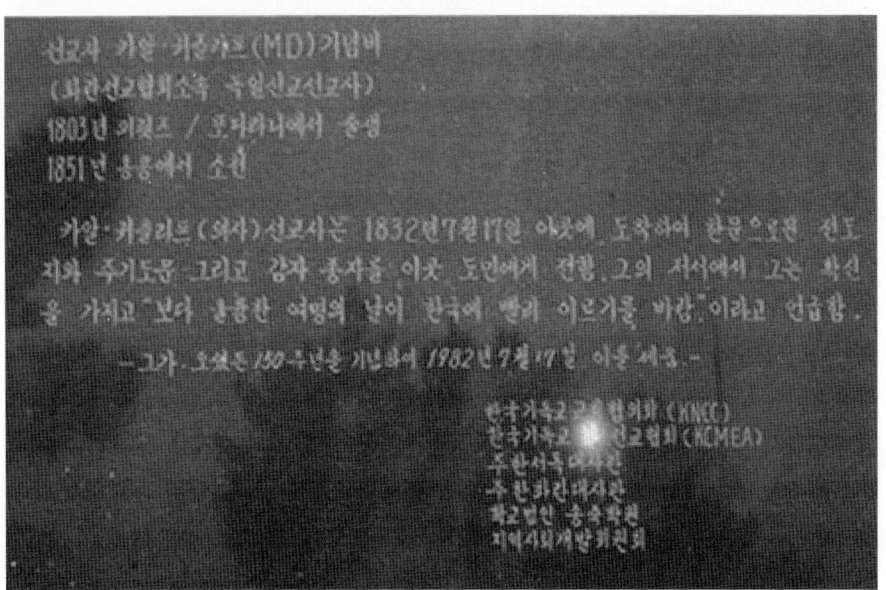

1982년 7월 17일 건립

> **원산도 귀츨라프 선교사 기념탑**
>
> "카알 귀츨라프 선교사는 1832년 7월 17일 이곳에 도착하여 한문으로 된 전도지와 주기도문 그리고 감자 종자를 이곳 도민에게 전함. 그의 저서에서 그는 확신을 가지고 '보다 훌륭한 여명의 날이 한국에 빨리 이르기를 바람'이라고 언급함."
>
> — 그가 오셨던 150주년을 기념하여 1982년 7월 17일 세움 —

가. 원산도의 귀츨라프 선교사 기념탑

현재 충청남도 보령시 오천면 원산도리에는 귀츨라프 한국 선교 150주년을 기념하여 1982년 7월 17일 건립된 기념탑이 있다. 이 기념탑은 한국기독교교회협의회(KNCC), 한국기독교선교협회(KCMEA), 주한서독대사관, 주한화란대사관, 학교법인송죽학원, 지역사회개발위원회 등의 공동명의로 건립되었다.

이 기념탑 건립 배경에 대하여 이 지역에서 정치가로서 제7대, 제9대, 제12대 국회의원으로 활동하였던 김옥선 장로는 "킬보른(Elmer Kilbourne) 선교사 이야기와 백낙준 박사의 설명을 통하여 귀츨라프 선교사가 1832년 7월 17일 한 손에 감자씨와 다른 한 손에 한문 성경을 들고 원산도에 정박하여 선교하였다는 사실을 알게 되었다." 그리하여 "이 일을 기념하여 선교 150주년이 되는 해에 원산도 점촌 해변에 기념탑을 세웠다."고 증언하였다.

150주년 기념탑은 대지 4각에 8기둥을 세우고, 화강암 좌대 기초위에 십자가를 각인하여 그 위에 오석으로 본 비를 조각하여 건립하였으며, 공사비는 서울의료선교단이 부담하였다고 한다.

그러나 이 기념탑은 귀츨라프 선교사의 도착일자를 1832년 7월 17일로 기록하였다. 이는 황해도에 도착한 날짜가 (7월 17일)이고, 원산도에는 7월 25일 도착한 것으로 고증되었으므로 이는 수정되어야 한다.

나. 고대도의 귀츨라프 선교사 기념물, 행사 등

귀츨라프 선교사가 직접 일기 형식으로 쓴 『귀츨라프 일기』에는 고대도도 원산도 도 그 지명이 기록된 것이 없고 오직 간갱(Gan-keang)이라는 장소의 이름만 나온 다. 따라서 간갱이 어느 섬에 있는지 찾아내는 것이 연구자들의 할 일이다.

순조실록에는 "고대도 후양", 자문에 "고대도 안항"이라는 기록이 나와서, 그 이름만 믿고 고대도라는 주장이 힘을 얻어, 고대도에서 귀츨리프 관련 행사와 기념물에 대한 논의도 있는 것으로 알려지는데, 이런 일들은 확실한 증거로 귀츨라프 선교사의 활동지가 고대도임이 확정된 뒤에 하여야 할 것이다.

이미 고대도에는 귀츨라프 선교사를 인용한 교회, 기념물이 있고 또 관련 행사 등이 진행되고 있다. 이 기념물에서도 7월 17일은 귀츨라프 선교사가 고대도가 아니고 황해도에 도착한 날이니 수정되어야 하고, "고대도에 정박하고 약 한달 간 머물면서 복음을 전하였다"는 내용도 사실과 다른 것임으로 바뀌어야 할 것이다.

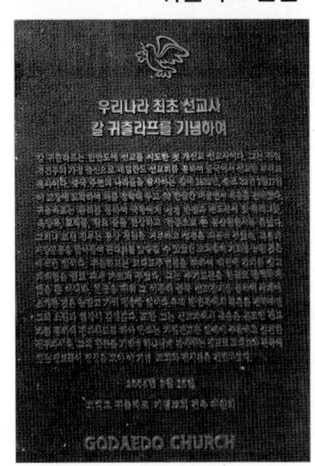

<그림 12-3> 고대도 교회의 귀츨라프 현판

2004년 9월 16일 제작

저자의 연구결과 귀츨라프 선교사의 활동지는 고대도가 아니고 원산도임이 확실하다. 귀츨라프 선교사 기념행사나 기념물 설치가 진행되는 것은 중지되어야 한다. 기왕에 설치된 것도 수정되어야 할 것이다.

귀츨라프 선교사가 고대도 해역을 지나갔다는 것만 가지고 기념행사를 하는 것은 무방하겠지만, 그러려면 외연도, 녹도, 불모도, 고대도, 원산도 해역을 모두 포함 범위를 넓혀서 진행하는 것이 타당하다고 본다.

5. 종합적인 결론

1832년 7월 17일, 조선의 황해도 몽금포에 영국의 린제이 함장(Hugh Hamilton Lindsay, 1802-1881)이 지휘하고 귀츨라프 선교사(Karl Friedrich August Gutzlaff, 1803-1851)가 통역을 담당하며, 승선인원이 67인인 애머스트호(Lord Amherst)라는 선박이 들어왔다.

그러나 황해도에서의 주민들이나 관리들에 대한 접촉이 여의치 않아 서해안을 따라 남하하다가 원산도 해역에 와서 7월 25일부터 8월 12일 떠날 때까지 19일간 원산도 개갱이라는 항구에 정박하고 원산도와 그 근처에서 여러 가지 활동을 하였다.

그들이 조선에 온 주 목적은 조선과 교역을 하기 위한 것으로 국왕에게 교역청원서(주문)를 올려서 승낙을 받는 것과 개신교를 전파하는 것이었다. 따라서 지방 관리들을 만나 교역청원서와 예물을 국왕께 올려달라고 전달하고 그 청원이 승인되기를 기다리며, 애머스트호를 방문하는 관리나 사람들과 원산도의 주민들에게 기회가 되는대로 전도책자를 나누어 주어, 원산도는 귀츨라프 선교사의 조선 최초의 개신교 선교사가 활동한 성지가 된 것이다.

그러나 조선의 조정에서 교역청원이 거절되고, 교역청원서와 예물은 조정에 전달되지도 못하고 지방 관청에 보관되었던 것을 알고 귀츨라프 일행은 시간 낭비를 했다고 불평하다가 조선 조정에서 제공하는 식량 공급을 받은 후에 원산도를 떠나갔다.

한편, 그들은 원산도 개갱 항구에 정박하고 있는 동안에는 지방 관리인 텡노, 양씨, 홍주목사, 수군우후, 공충수사 등을 만나며 조선의 음식도 대접받고, 또 관리들의 조사에도 응하면서 상호 우호적으로 지냈고, 교역청원이 거절된 후에는 관리들과의 만남도 줄어들고 서먹한 관계가 되었다.

그리고 원산도에서는 관청도 방문하고, 당집도 방문하고, 가정집도 살펴보고, 염소를 기를만한 들판도 답사하고, 묘지도 둘러보고, 물을 길어 배에 싣고, 씨감자를 심어 조선에 감자를 전파하는 큰일을 하였다.

교역청원이 거절된 것을 안 뒤에는 원산도에 들어가는 것도 금지해 달라는 요청을 받고, 천수만과 오천성으로 추정되는 성채 등을 탐방하였고, 특히, 천수만의 경우 사람들에게 전도지도 나누어 주었다.

귀츨라프 선교사의 활동을 육하원칙으로 따져보면, 언제, 어디서, 누가, 무엇을, 어떻게 했는가? 중에서 어디서 했는가를 제외하면 상세한 기록이 있는 귀츨라프 일기와 린제이 보고서에서 쉽게 찾아볼 수 있다.

그러나 활동장소의 문제는 귀츨라프 측 책자에서는 간갱(Gan-keang)이라는 표현으로 기록되고, 조선 정부 측 기록에서는 고대도 안항(古代島 安港)이라는 기록으로 나타나 양쪽 모두 애매모호하다. 이 때문에 개갱을 고대도 안항에 맞추려는 시도를 하는 연구자들이 있고, 고대도 안항을 무시하고 개갱이 원산도에 있다고 하는 주장이 있다.

이 책에서는 귀츨라프 일행의 19일간의 활동을 분석 검토함으로써 귀납적인 방법으로 그 활동지를 찾아냈는데, 그것이 바로 원산도의 개갱이다. 이는 위의 2절과 3절에서 자세히 설명되었지만, 반론의 여지가 없는 증거들을 다시 요약해 보면 다음과 같다.

1) 처음 애머스트호에 승선하여 귀츨라프 일행을 만난 조선 관리인 텡노는 고관을 만날 수 있는 곳, 즉 관청이 있는 곳으로 안내하겠다고 했는데 수군우후의 관청은 원산도에 있었다.

2) 귀츨라프 일기에 소를 많이 기르고 염소를 기를 수 있다고 하는 들판이 고대도에는 없고 원산도에는 있었다.

3) 귀츨라프가 섬에 올라가 방문하거나 바라본 당집은 2개인데 고대도에는 당산과 마을이 각각 1개씩이므로 이 섬은 고대도는 아니고 당집과 마을이 여러 개 있는 근처의 원산도일 수밖에 없었다.

4) 개갱에는 만이 있다고 한 텡노의 안내와 개갱에서 애머스트호가 정박해 본 후에 개갱 항구는 넓고 안전한 항구로 제1급에 속한다는 귀츨라프의 경험적인 기록이 있는데, 이런 장소는 고대도에 없고 원산도에만 있었다.

고대도는 이들 요건을 한 개도 충족시키지 못하지만 원산도는 이 모든 요건을 동시에 충족시키는 것을 보아도, 원산도가 귀츨라프 일행의 활동지라는 것에는 이론의 여지가 없는 것이다.

그리고 연구자들 간에 귀츨라프 활동지에 대한 논쟁이 있는 것은 큰 문제가 되지 않지만, 고대도에 귀츨라프를 빙자한 기념물이 생긴다면 이는 돌이키기 어려운 과오로 남을 수 있기 때문에 정확한 귀츨라프 활동지의 조속하고 공식적인 결정은 대단히 중요한 일이다.

부 록

1. 귀츨라프 일기 ·· 334
2. Lindsay 보고서 ··· 361
3. 조선 왕조실록 ··· 389
4. 일성록, 비변사 등록, 승정원 일기 ················ 399

부록 1

귀츨라프 일기

Karl F. A. Gützlaff, The Journal of Three Voyages along the Coast of China in 1831, 1832 & 1833 with Notices of Siam, Corea and Loo Choo Island.

(London: Frederick Wesley & Davis, 1934, pp. 316-355, 1832년 7월 17일-8월 17일)

<1832. 7. 17. 조선의 소개>

G1 A stiff breeze brought us in sight of Corea. A merciful providence has protected us through many dangers, along the coast of China, and O that we were truly grateful!

G2 Before entering on any details of our transactions with this singular nation, I will give some account of the country.

G3 Corea, called by the natives, Chaou-seen, as well as by the Chinese, who besides name it Keaou-le, is separated from Mantchou Tartary by a wooden wall. The waters on the western coast are spotted with islands, which on the charts of the Jesuits have been blended with the mainland, so that the longitude of this peninsula is placed two degrees too far westward. Those parts of the country which we saw were very fertile and well watered; but thinly inhabited, and still less cultivated. Though this was, indeed, but the outskirts of the kingdom, we cannot think the interior is as thickly inhabited as the maritime provinces of China. Their state of barbarism, cherished by the odious system of exclusion, which has nowhere, by a maritime nation, been carried farther than at Corea, does not admit of a numerous and flourishing population; nor do we think there are any large cities to be found.

G4 The king may well be styled "the sovereign of ten thousand isles," for the whole coast is studded with islands of every shape. Though his kingdom is powerful enough to maintain itself independent, he had long submitted to pay tribute to the Celestial Empire four times a year.

G5 The kingdom was known to the Chinese as early as the times of Yaou. At different periods they attacked the "middle kingdom," and often proved victorious. It was natural that they should early adopt the Chinese writing character, the use of which prevails among them to this time. Several domestic broils, which seem to have been fomented by Chinese policy, together with the variety of tribes inhabiting the country, seem to have kept this kingdom in barbarism, from which it did not emerge; while their neighbours, the Chinese as well as the Japanese, made rapid advances in civilization. As soon as the Ming dynasty ascended the Chinese throne (A. D. 1368), the Coreans sent an ambassador to Hungwoo, the emperor, desiring the inauguration of their king with the imperial seal. This was readily granted, and Corea was henceforth considered a tributary kingdom. During the reign of Tai-kosama, the warlike emperor of Japan, Corea was repeatedly invaded by the Japanese, and finally conquered, the Chinese tried in vain to expel the Japanese, for they maintained themselves with the utmost bravery; and so far from yielding up Corea, they disquieted all the Chinese coast with their fleet. It was at this time that Christianity, or rather Popery, was first promulgated in Corea; for the generals of the Japanese, and many of the soldiery, were Christians.

G6 When Tai-kosama died, the Japanese general-in-chief withdrew to his own country (1598) after the war had raged seven years. Thus were all the fruits of the repeated victories lost to the Japanese. The Chinese did not fail to establish their authority as supreme masters, to whom all the earth should bow. Since that time the country has undergone little change. The king cannot reign without the imperial sanction, nor can he himself confirm the choice of a colleague or successor; all these must be sanctioned by the court of Peking. In other respects it is an independent kingdom, and the Chinese meddle very little with their internal administration. Its subjects are not allowed to visit other countries, nor are even Chinese admitted to settle among them. They trade with the frontiers of Japan at Tuymataou, which is opposite to the Corean island of Kin-shang. Their trade with Chinese and Tartars is carried on at Fung-hwang-ching, the frontier town of Mantchou Tartary. This traffic is conducted with great secrecy and circumspection, lest one nation should spoil the other, and thus tend to subvert their ancient regulations.

G7 Nothing is more ridiculous than to see the people so tenacious of ancient and useless forms, rather than desirous to keep pace with the march of improvement.

G8 We could never discover the staple articles of export from this country. Judging from the climate and from what we have seen, we think there must be a great variety of the productions which we find in southern Europe. The natives were very desirous to persuade us that their country produced nothing for exportation; but their trade with Japan and Mantchou Tartary proves the contrary. Full allowance should, however, be made for the uncivilized state of the country. Instead of allowing the Chinese to come over from Shang-tung to cultivate a large quantity of waste but arable land, they choose to live on salt fish rather than to have intercourse with foreigners. As long as this system of exclusion of which they boast continues, they must always remain in the lowest rank of nations.

G9 We came to anchor at Chwang-shan, an island north of Basil's Bays. The silence of the desert seemed to reign every where. We ventured towards the shore, and the first thing we met was a fishing-boat, miserably constructed, with two natives in it clothed in rags. Though we could not communicate with them orally, yet we could use the Chinese character in writing. We gave the old man a few books, and lion buttons, which highly delighted him.

G10 As soon as we had landed on a small island several natives came down from a hill, wearing conical caps of horse-hair, with jackets and browsers similar to the Chinese, but wider and without buttons. Nothing could exceed the gravity of their look and demeanour. An elderly man, who held a staff, bade us sit down by repeating several times "tshoa." After complying with his request, he made a long harangue, of which we understood not a syllable, but in which he seemed very earnest. From his unequivocal gestures, and from a young man whom we had the happiness to find, who understood a few Chinese words, we afterwards learned that he was pointing out to us the regulations of his country, and the duties of strangers on their arrival.

G11   They thought to be able, by persuasion, to keep us on the beach but how great was their astonishment to see us hastening up the hill! When we turned in the direction of their dwellings they made a firm stand, and would by no means permit us to proceed. What suggested this precaution of not allowing us to look at their miserable clay hovels we could not find out however, we desisted from the attempt to intrude. On the hill we found a species of lily and rose growing wild, but no appearance of the least cultivation, though the soil was evidently fertile. When we descended they offered us pipes and tobacco, and seemed satisfied with our obedience. They inquired very minutely into our ages, our surnames, and our country. The old man was anxious to impress us with the grandeur of Keaou-le-wang (king of Corea), that everybody ought to fear him, and to be inspired with awe at the mention of his name.

⟨1832. 7. 18. 황해도 상륙⟩

G12   July 18. We started for a village which we saw yesterday from a hill. As soon as we stepped ashore, some persons took the trouble to conduct us to their village. Many of them wore large brimmed black hats most elegantly plaited. Their frocks, made of a sort of grass cloth, reached down to their ankles, and had very long and wide sleeves, which served also as pockets. Most of them wore stockings and shoes very neatly fitted to their small feet. They are not tall, but of middle stature, have Tartar features, and the most symmetrical shape. They tie their hair on the crown of the head, and if married put a conical cap over it; but unmarried persons wear long queues, like the Chinese, but do not shave the head. The females, whom we saw at a distance, wore short jackets, and had the hair plaited in different ways, and in appearance they were inferior to the males. Considering the degrading state on which they are kept by their husbands, it is no wonder that they are destitute of those attractions which belong to the sex on enlightened countries.

G13 Among the people who came to us was a man with a matchlock of European manufacture. He had also a powder-horn, and seemed well acquainted with the use of fire-arms. We could not make out from whence he had gotten this piece; it seemed very old, and of a superior quality. If we might conjecture that some European ship had stranded on this coast, and the natives had thus possessed themselves of some European articles, it might account for the indifference with which they examined some of our curiosities.

G14 More than two centuries ago a Dutch ship was lost upon this coast, and the crew detained for several years, till one escaped and published at Amsterdam an account of his sufferings.

G15 A few Jesuits were also permitted to enter the kingdom during the last century, but we do not remember that any European nation has traded to this peninsula.

G16 Some priests proposed to the late queen of Portugal to send an embassy hither, with some gentlemen versed in mathematics, that they might benefit the country both in a religious and scientific way. There were at that time men of high rank at the court of Corea, who had professed Christianity, and would have used their influence to promote the objects of a foreign power in establishing commercial intercourse. This plan never succeeded.

G17 According to all accounts which we could collect, there are at present no Europeans at the capital, and Christianity is unknown even by name. We do not know how far we may credit the detailed accounts of persecutions which the Corean Christians endured, and endured with heroic firmness. If so many thousands as is said had been executed on account of their belief, Christianity would live in the recollection of the natives, at least as a proscribed creed. but we could discover no trace of it. The same misanthropic system of restriction is continued till this day, nor do we know when it will please Providence to remove these insurmountable obstacles.

G18 We were anxious to walk up to the village, but were stopped near a miserable hovel, where several natives, in a respectable dress, met us. We were desirous to barter for some cattle, which were abundant here, and were inquisitive to know the residence of a great mandarin, to whom we might hand a petition addressed to his majesty.

G19 On the plea of bearing a letter to the monarch, we wished to be treated with civility. They wrote down, "Please to communicate to us the contents." Answer, "How dare we communicate the affairs of so great a king to his subjects?" They replied, "Report it to the mandarins, and they will report it to the king." We then desired them to call a mandarin of the first rank, to whom we should communicate our intentions. They pointed out to us the residence of such an officer, who lived only a few miles to the north, and bade us get immediately under way, to free them from such troublesome company, and to gain our object. Another told us plainly, if we did not immediately retire he would call soldiers to drive us instantly away, and our lives would be endangered.

G20 I asked him what rank he held to entitle him to use such language, and threatened to report his insolence to the mandarins. This softened him, and he asked simply, "what time do you think to depart?" Several natives made the sign of beheading when we offered some trifles for their acceptance; others secretly pocketed some buttons, and one received a book, and immediately returned it, exclaiming, "pulga," which we interpreted to mean fire, or burn it! There was very little chance of giving books in a direct way.

G21 Their conduct formed a contrast with the behaviour of the Chinese. Had we now left the peninsula, we should have reported to the world, in addition to the accounts of other travellers, that the Coreans were the most misanthropical people in the world, with courage enough to repress every intruder, so that threatening and injury were all which could be obtained there. From our first interview with them, I very much doubted this, but had no sufficient reasons to urge in supporting my opinion of their cowardice, and willingness to yield anything firmly demanded. Though they very plainly showed their inhospitable feelings towards us, we could yet perceive a conflict in them while treating inoffensive strangers like enemies; for the native feelings of humanity, which are in the breast of every mortal, can never be entirely eradicated.

G22 We got under way again visited a large fishing-boat which was at anchor. The structure of these boats is very rude, and in a high sea they are entirely unmanageable. We could not conceive how they could hold together, as no iron, not even a nail, is used to unite the parts. There is neither order nor cleanliness aboard; they are as slovenly in their persons as in their boats. As the boatmen were under no restraint from the observation of their countrymen, they showed us a great deal of cordiality. Unable to repay a present of books which we made them, they gave us tobacco leaves, highly delighted that we condescended to accept them. At every place where we afterwards met with Coreans alone, we found them as good-humoured and obliging as these fishermen.

G23 Thus we ought to ascribe the hostile feelings shown towards strangers, to the iron rules which the government inculcates. We cannot think that those signs of decapitation, made by the people on shore, were merely for pretence, but begin to believe, from the universal adoption of this gesture, that the government would punish every transgressor with death, who dared to cultivate friendship with strangers.

<1832. 7. 23. 녹도 도착, 어민들 만남, 불모도 이동>

G24 July 23. After coming to anchor between rocks and numerous islands, we visited one of the peaks near us. When we had left Changshan, we examined some picturesque caves formed by the dashing of the waves. There were pillars, many of them as regular as if formed by art, which were composed of a very hard, brownish basalt. Some parts had the appearance of a regular church, built in Gothic style, but in ruins; many formed small niches, and others were like the fragments of pedestals and cornices.

G25 We amused ourselves a long time among these wonderful works of nature, till some seals, which were frisking about in the bay, caught our attention. They feared no assault from us, whom they had long eyed with a great deal of curiosity we shot and caught one, which furnished a great quantity of oil for consumption on board.

G26 During all this time the fogs were very dense, rendering the navigation among the numerous rocks and islands dangerous. The wind often blew very fresh, and dispersed the mists for a short time, after which we were again involved in impenetrable darkness.

G27 During the afternoon, it cleared up a little, and some fishermen came from a village to the right of our anchorage, to make us a visit. They invited us to come ashore. We accepted their invitation, and hastened towards their wretched dwellings, to partake of a collation which they offered us. When we had overcome their scruples, we ascended a hill, and seated ourselves on a sloping spot in front of their houses. But to render the visit as harmless as possible, this house had been previously evacuated, and we only caught by chance the sight of a woman, who ran up the hill at full speed. We were regaled upon dried salt fish, and a sour liquor, in common use among the Tartars. But before entertaining us, they partook of the fare themselves; they were greatly troubled, therefore, that our Lascars would not taste the things offered them. They would not believe that it was religious superstition, which caused them to refuse this present; for, possessing very few religious feelings themselves, they find it hard to believe that others are guided by them.

G28 During all the time, we made many inquiries about the country, the residence of the mandarins, &c., but had the mortification to find, that, though we amply satisfied their curiosity, they gave us no satisfactory answer to the most trivial questions. All this conversation was carried on by writing the Chinese character, which, though differently pronounced by the Coreans, conveys to them the same meaning as to the Chinese.

<1832. 7. 24. 지방관리와 첫 필담 내용>

G29 July 24. A large boat came along-side, and before the people came on board, they sent up a slip of paper, expressing their sympathy with us in our hardships from the winds and weather, and assuring us that they did not come to intimidate us. Those who entered the cabin called themselves mandarins, and made very free with the rum. They inquired politely our country, and remarked that we had anchored in a very dangerous place, adding, we will bring you to a bay called Gan-keang, where you may find safe anchorage, meet the mandarins adjust the affairs of your trade, and obtain provisions. We did not follow their advice in going to-day, because the weather was very hazy, but promised to follow their direction to-morrow.

G30 The principal man of this company was very communicative; yet he would not tell us the name of the king, but simply said that he had reigned thirty-six years, and ruled over three hundred cities. They know the Chinese money, "cash," which they said was also current among them, but they had never seen a dollar, "In our country," said they, "there is silver as well as copper found." One of them explained to us a Chinese classic in his own native dialect, reading very fluently. We showed him a Chinese statistical work, which stated that the king of Corea sent a tribute four times a year to China, and asked him whether this was true. He answered, without hesitation, this is the fact.

<1832. 7. 25. 고대도 해역에서 원산도 개경으로 이동 및 정박>

G31 July 25. The clouds dispersed, and we enjoyed again a little sunshine; our friends also returned and brought pilots aboard. When their excessive desire for spirits was satisfied, we got under way, and, with wind and tide favouring, soon reached Gan-keang, and found very convenient anchorage, sheltered from all winds. Our pilots were numerous and clamorous, since all wished to command, but only one understood the way.

G32   As soon as we had anchored, several mandarin boats came along-side. A brisk little fellow, named Yang-chih, who styled himself a mandarin, set down all the questions and answers which Teng-no, the man who came yesterday, had already recorded. All seemed cheerful and happy that we had come, and promised that we should soon have an audience of the great mandarins, to whom we might deliver the letter. The capital was stated to be only three hundred lees distant, so that we might expect a speedy answer. They were particularly anxious to gain our friendship, and gave us great hopes that we had not come in vain.

<1832. 7. 26. 예물과 교역청원서 제출>

G33   July 26. Fresh boats came along-side; and the same questions were repeated till the two great mandarins arrived. They were both elderly men, of venerable aspect; in their dress no way distinct from the common people, except a small piece of bamboo, hanging down their side, on which their rank and station were written. Both of them wore cloaks, made of transparent skin, well adapted to protect from rain; their large hats were also covered with the same material. They inquired particularly the time we sailed, and came purposely to console us for the hardships endured in so long voyage. We had to explain to them why England was called Great Britain, and why India was called Hindostan. Their questions were very brief, and imported little; we were therefore glad that they left us shortly afterwards.

G34   How surprised were we, when about dinner time, small dishes were handed aboard, containing dried fish, soy and liquor, which were placed upon low tables, and we were requested to sit down and partake of a meal. This peculiar mark of hospitality we regretted that we were obliged to refuse, since it was absolutely nauseous to our taste. All the sailors were invited, but nobody dared to touch what the natives themselves must have found difficult to swallow.

<예물 준비>

G35 As we intended, as soon as possible, to deliver the letter and presents to his majesty, we employed a great part of this day in packing them up. Mr. L. very kindly requested me to make up a set of the Bible, and of all the tracts which I had, to send them in the present to his majesty. I had hitherto enjoyed the great satisfaction of seeing the people who came aboard, receive our books gladly; and now I strongly hoped that the ruler of so secluded a country might be benefited with the perusal of the oracles of God. Could he receive a greater gift than the testimonials of God's love in Christ Jesus, offered to sinful creatures? I highly rejoiced to have an opportunity of communicating to him those doctrines, which had rendered me happy for time, and, I hope, for eternity.

G36 Accompanied by out two negotiators, Tengno and Yang-chih, we set off with the presents, consisting of cut glass, calicoes, camblets, woollens, &c., and the letter written in Chinese character, and wrapped in red silk.

<진촌 마을 방문>

G37 Arriving in front of a paltry village, we were told that we could not expect an audience. Then, we replied, we shall wait till their return; and proceeded towards one of the lanes which led through the village. There we were met by a soldier, wearing a large-brimmed hat, with a great quantity of red hair hanging down. He held a trumpet, and as soon as he perceived us, began to blow upon it, both to give notice of our arrival, and to frighten us away. Mr. L., who was by no means intimidated by this martial music, entered into one of the houses. Meanwhile, the two mandarins, one of the military class, whose surname was Kin, and the other of the literary class, surnamed Le, both made their appearance, sitting on an open sedan chair, carried by four men. They immediately ordered that the sentinel stationed at the lanes, who had suffered us to proceed so far, should be punished. The poor fellow threw himself down upon the ground before the chair, and awaited his punishment, which was to be inflicted by blows, with an instrument similar to an oar. At this critical moment, we interceded, and told the mandarins, that if this innocent man was punished on account of us, we should immediately withdraw. Such an interposition had the desired effect, and the soldiers desisted from inflicting the punishment. The spectators were delighted with this act of humanity, and we were now going to transact our business.

<예물과 교역청원서 전달>

G38 But the mandarins ordered that a shed should be set up on the beach, and mats spread on the sand, for us to sit upon, whilst our hosts had seated themselves on tiger skins. We very soon explained to them that such incivility, in not permitting us to enter a house to settle public affairs, quite surprised us; and that, if our letter and presents could not be respectfully received, we were ready to withdraw.

G39 This had the desired effect. They sent one of their creatures to empty a house, and finally introduced us to the outside of one, where we squatted down upon the "sloping place." Before we entered, a poor fellow was seized, laid prostrate before the mandarins, and received two strokes over his thighs, under the pretence of improper behaviour in public business, but, in reality, to impress us with due awe of mandarin authority

G40 After our formally delivering the letter and presents, they handed us raw garlic and liquor, and promised speedily to forward the things entrusted to their charge. Meanwhile, they sent us two pigs, and a little ginger and rice, aboard, a very satisfactory proof of their good intentions. Though apparently their laws do not permit foreigners to enter their dwellings, we met every where with as much friendship as could well be expected from barbarians.

⟨군관과 서기관의 재 방문⟩

G41 Teng-no and Yang-chih came during the night, to make further inquiries. They were anxious to know how many kingdoms a ship must pass, in coming from England to Corea? Of how many cantons and districts the English dominions consist? "How far does your relation with China extend? Are you also tributary to the 'middle kingdom?'"

G42 On inquiry, we found that their whole system of government is on the Chinese model. They have the same examinations, the same ranks and offices. Anxious to ascertain how soon an answer from the capital might arrive, we were told, there was some chance in thirty days, for it was now one thousand lees distant, (yesterday it was only three hundred.) To show them the incorrectness of this assertion, we showed them the map, and pointed out the capital. Astonished at the knowledge which foreigners possessed of their country, they confessed, after some evasions, that they had told us a falsehood. Lying seems to be as common a vice here as in China. The behaviour of their mandarins is equally inconsistent as the Chinese, if not more so. When we beg, nothing is granted; when we demand, everything is obtained.

⟨1832. 7. 27. 복음의 씨앗과 전도⟩

G43 July 27. The names and ages of all our ship's company were again noted down with great precision. We were informed that all these things would be properly stated to the king, though we could not find the reason that his majesty was so anxious to know the name of every Lascar. They asked most minutely what communications we had at Chang-shan, why we had not delivered our letter there, and how many people we had seen. These two chiefs dined with us: the inferior one behaved very rudely; but Kin, the military man, showed much decency. We found some difficulties in procuring their permission to go on shore. As soon as we stepped ashore we were met by a soldier, who intended to stop us; but when he saw that we hurried on, then made the sign of beheading, and ripping open the belly, as the unavoidable punishment awaiting him if he suffered us to proceed. However, our guide Tengno upbraided him, and his sour face forced itself into a smile.

<목장의 적지 확인>

G44 We walked over the whole island, of which only the small part in the immediate vicinity of the village is cultivated. The greater part is overgrown with grass and herbs, and would furnish excellent pasturage for goats; but we saw not one. In point of vegetation, the coast of Corea is far superior to that of China, where barren rocks often preclude any attempt at cultivation; but here, where the land is fertile, the inhabitants do not plough the ground. The field for botanical researches, in this remote part of the world, is very rich.

G45 On the top of the hill, we saw a stone building, which we afterwards ascertained to be a temple.

G46 We walked over the silent habitations of the dead, which are here merely mounds of earth, thrown up without any regularity. A very venomous serpent, which infests this place, was shot by Mr. L. The natives showed great dread of them.

G47 About nine o'clock, our usual examiners Yang-chih and Tengno, arrived. They desired to know of what wood the ship was made, the height of the mast. the number of cabins, "What do you intend to do with all your cargo?" We wish to sell the whole. "What do you wish to receive in return?" Either gold or silver, copper, drugs, or any other commodity which would suit our market. To this they replied: "Our gold comes from China, our copper from Japan: we have very little silver; but iron we have. For Chinese commodities, we give paper and straw cloth."

<조선인의 종교성>

G48 From their statement, it appeared, that the tenets of Confucius were the popular belief. They have temples erected in honour of the founder; believe his doctrines infallible; and though they worship idols, they detest Budhism, and are unacquainted with Taouism.

G49 In avowing their belief of the immortality of the soul, they did not explain themselves upon this important point, but grew angry when we expressed out doubts of their entertaining any serious thoughts upon so consolatory a doctrine. We never discovered in their houses any traces of idolatry, nor did we ever witness them performing any religious rites. From all it appears that they are a very irreligious nation, and by no means anxious to become acquainted with the salutary doctrines which may afford consolations in life and death.

<구원자>

G50 We had frequently opportunity of speaking to them of the Saviour of mankind, whilst we explained to them the time of the commencement of our Christian era. They heard and read repeatedly, that Jesus Christ, God over all, was also their Redeemer; but their affections were never roused. Such callousness of heart bespeaks great degree of mental apathy which seems to be very characteristic of the Coreans. Yet I provided those who were willing to receive the gospel, with books, and they promised to bestow some attention to the subject, and took great care to keep possession of their books.

<복음의 씨앗과 전도>

G51 To my great sorrow, our visits were afterwards prohibited by the mandarins from receiving any more books, or any thing whatever; so that they did not dare take even a button. Previous to the issuing of this order, however, all the officers and clerks had received the word of life. At the same time, I had given them small treatises on geography and history, and I feel confident that the prohibition will enhance the value and increase the eagerness to read the books. At all events, it is the work of God, which I frequently commended in my prayers to his gracious care, Can the divine truth, disseminated in Corea, be wholly lost? This I believe not.

G52 There will be some fruits is the time appointed of the Lord. It is highly interesting to know, that the people, even of the lowest classes can read, and delight in reading. They seem by no means so bigoted to their own, as to be jealous of the introduction of another creed. When the people saw that their chiefs received the books, they pressed forward to obtain the same gifts. This encourages us to try again to devise ways to introduce the gospel amongst a nation apparently almost devoid of any religion. Our Almighty God will remove those political barriers, and permit us to enter this promising field.

G53 Our friends were greatly apprehensive that we might tell the mandarins what we had learned from them of their king. They said repeatedly, " Should they hear that we told you he has one wife, and that the capital is only three hundred lees distant, we shall lose our heads." By promising the most profound silence, we induced them to ask several things about our capital; but they were highly dissatisfied that we could not give the exact number of military officers stationed there.

<1832. 7. 30. 공충수사의 오찬>

G54 July 30.Two mandarins, of whom one was a general by the name of Kim, and stationed at the Tsee-che-to district, came to visit us in order to console us for our hardships. Both of them were dressed in most elegant silks. Kim wore a string of amber beads to fasten on his hat, in which was stuck a peacock feather. They showed much dignity of behaviour, and never interfered in any business which did not concern the immediate object of their missions.

G55 Our old friend, Kin, meanwhile prepared a dinner, consisting of cakes, vermicelli, honey, pork, melons, salad, vinegar and rice. This time they had taken all possible care to make the whole palatable, and we did not fail to enjoy their hospitality. They were greatly delighted with our cheerfulness, and that we did not refuse the well-meant though scanty dinner of Corea. After dining, we requested the honour of their company to our table to-morrow. To this invitation they gave no decided answer. These men had quite the appearance of courtiers, and, we did not doubt, had been sent from the capital to examine our affairs. Though we expressed this opinion to them, they always denied it.

<감자의 파종과 농사 지도>

G56 This afternoon we went ashore to plant potatoes, giving them in writing the directions necessary to follow for insuring success. Even this act of benevolence they at first strenuously opposed; for it was against the laws of the country to introduce any foreign vegetable. We cared very little about their objections, but expatiated upon the benefits which might arise from such innovation, till they silently yielded.

G57 While we were engaged in explaining our motives in walking around, one of the guard in attendance on the general, who had been negligent of his duty to drive away the surrounding populace, was about to be punished in front of the place where we were sitting; but at our request he was immediately released. It seems their maxim to impress foreigners with the rigour of their discipline, that they may know how to respect such powerful mandarins.

G58 We visited to-day the temple on the hill. It consisted of one small apartment hung around with paper, and salt fish in the middle. There was no other idol visible but a small metal dragon which rested on the ground. From the inscription on the outside, we learned that the temple was erected in the third year of Taou-Kwang; the names of the contributors, with their several sums, were carefully noted down in Chinese taels.

⟨1832. 7. 31. 포도 등 과수재배 기술 지도⟩

G59　July 31. General Kim came to-day to prohibit us from going on any shore, because he had received the strictest orders from his superiors to prevent us. "You are our guests," said he, "and guests ought to conform to the rules the host prescribes." We quoted some passages form the book of rites, which enjoin the host to give his guest the fullest liberty to walk about and to be at ease. When he read this he exclaimed, "Hota, hota!" (good, good) and never touched that point again, We began now to grow impatient at receiving no answer to our petition, nor the provisions which we had been desired to write down. The general only told us, that we ought to wait quietly till an answer from the capital arrived.

⟨포도 등 과수재배 기술 지도⟩

G60　We took a sail to-day in order to ascertain whether we were near the continent, or among the island. The spot which we visited was covered with wood and the most excellent timber in every direction, but we saw scarcely a human being in the neighbourhood. So long as we have been here, we have not seen an orchard or garden. To-day we found peach trees growing wild in the jungle, and some says since discovered wild grapes. It is astonishing that the inhabitants do not plant these useful trees; yet, in all our rambles, we never saw more than one peach tree reared by the hand of man. They are ignorant of wine, though they occasionally eat the grapes, which are rather sour.

G61　I described the mode in which we cultivated this excellent plant, and the pleasant beverage made of the juice of the grape. This they could hardly believe, for the wine, they said, which they had drank in board, was sweet, and therefore could not be extracted from sour grapes. On the whole, the food of this people seems to be very scanty; they eat every thing and swallow it voraciously. It is most lamentable that so fertile a soil in so temperate a climate, which might maintain its thousands, now scarcely subsists a few hundreds.

<1832. 8. 1. 농업선교>

G62 August 1. There is a marked change in the behaviour of mandarins and people who visit us; all of them are very reserved and cautious in answering any question. Formerly we had made them Sunday presents, which they gladly and gratefully received, but now they try to force them back. We suspect that some prohibiting orders from the capital have arrived, but we cannot come at the truth. Mr. L. had been daily collecting words for his vocabulary, but now they refuse to give the shortest sentence for they fear that by learning their language, we may converse with them and influence them to adopt sounder policy. Now and then we grow impatient at their childish reserve, and again are reconciled, for no strangers ever enjoyed such privileges here as we do.

<농촌의 열악한 주거 환경>

G63 In our excursions we came to several houses lately deserted. There were generally two apartments in each, shaped liked ovens. The kitchen was a separate building adjoining the house. To heat the room in winter, they had a large hole under the floor, by burning a proper quantity of wood in which, the whole apartment was kept warm. Every house is surrounded with a fence of dry bamboo: these cottages are generally built very compact and in squares, having small lanes between the squares. Such are the dreary abodes where the Coreans pass their life amidst filth and poverty.

G64 We met with many individuals whose skin was regularly incrusted with dirt; many had not washed themselves for months, and were covered with vermin, which they did not hesitate to catch and to dispatch in our presence. They scarcely possessed anything; their utensils were clumsy; their vessels made of earthenware, of the coarsest kind imaginable; and besides these they had nothing else. As long as we have been here, we have never seen one copper coin.

G65 Since their mandarins are so elegantly dressed, and possess all the conveniences which their limited world affords, the people must needs be conscious of their wretchedness. In their intercourse with us they always showed a great deal of soundness of judgment. We cannot charge them with laziness, but we feat they want the necessary stimulus to exertion. Government does not permit them to enjoy the fruits of their labours; they are therefore indifferent to the possession of anything beyond the bare necessaries of life.

〈에덴 동산 선교 목표〉

G66 Would their present state have been what it is, had they been allowed intercourse with foreigners? "Exclusion" may have kept them from the adoption of foreign customs, but has not meliorated their condition. Walking over these fertile islands, beholding the most beautiful flowers every where growing wild, and the vine creeping among weeds and bushes, we accuse "the lord of nature," man, of shameful neglect for he could have changed this wilderness into an Eden. Let the gospel penetrate these regions, and as far as it is accepted in truth, misery will cease.

〈1832. 8. 2. 오계순의 문정〉

G67 August 2. New boats from the capital arrived very early, and we received a hint that a great mandarin was coming to make us a visit. He proved to be a literary mandarin of the third rank, wearing under his chin a beautiful string of amber. In his haughty deportment he showed all the ignorance of the peasant, and the arrogance of the barbarian. Woo, a commissioner sent to treat with us, followed him very soon. He had a very pleasing countenance, was cleanly and elegantly dressed, but discovered very little ingenuity in his questions, and was exceedingly reserved.

<노인들 감기약>

G68 Our visitors to-day were more numerous than on any previous day ; among them were impertinent language. I have hitherto had constant applications for medicine. To-day I was requested furnish a sufficient quantity for sixty old persons, all suffering under a very severe "cold."

<1832. 8. 5. 역관 오계순의 선적 화물 조사>

G69 August 5. Woo is so minute in his inquiries, that it is difficult to answer them all. He insisted upon examining the chests of the Lascars, and all the cargo which was aboard. We gratified him in the former demand, and would have done so in the other, if he had only brought one hundred thousand dollars aboard to purchase it. In the enumeration of kingdoms passed in coming out, he insisted on the most exact catalogue, asked the time required to return to England, and come back again.

<1832. 8. 7. 예물 반환 시도, 천수만 탐사>

G70 August 7. Old Kin brought back the letter and presents in a state of the utmost agitation. He said that he had endangered himself by receiving them and promising to deliver them to the king. "In a very short time a mandarin of high rank will arrive, who will settle the whole business." We did not receive the things returned, but sent the old man disconsolate away.

G71 We took a cruise to ascertain how far the bay where we were at anchor extended inland; for on the Jesuits' charts it is marked as entering very far into the peninsula. After having passed our usual limits of excursion, the bay became broader and broader, the country less inhabited, and the scenery very wild. We went in a northwest direction, where the bay again opened to a great extent, but the limits of which we could not discern, though we ascended a hill whence we could survey all the country around us.

G72 The people were so exceedingly shy, that they ran off in great haste as soon as they perceived us; but from the opposite shore they came off to us, and gladly received a few books.

G73 We finally ascertained that the large projecting point was an island, and separated from the mainland only by a stream which disembogues into the sea. Had we gone in a north-east direction, we should very probably have arrived at the capital, or at least have approached it so near as to reach it within a few hours; for all the boats with the great mandarins came from that direction: and when stating to some of the clerks our conjecture that we had been near the capital, they first wanted to deny it, but afterwards admitted that it was true.

〈1832. 8. 9. 오계순과의 면담〉

G74 August 9. We finally had the pleasure to see the royal commissioner come on board. He stated that he was sent by the treasurer, and after some introductory remarks said: "To receive your letter and present is illegal; we ought to ascribe the mistake to the great age of the two mandarins whom you charged with this business; but as it is illegal, we cannot represent your affairs to his majesty, and accordingly returned all to you. Our kingdom is a dependent stat of China; we can do nothing without the imperial decree; this is our law. Hitherto we have had no intercourse with foreigners; how could we venture to commence it now?"

G75 In our turn we asked why they had retarded our departure so very long, always requesting us to wait for the royal answer? It was true that they had never had any intercourse with foreign nations except the Mantchou Tartars, Chinese, and Japanese; but we came hither for the purpose of bringing on such an intercourse for the mutual benefit of both nations. Besides, Corea is no dependent state, but only tributary to China; it has its own laws, and is by no means ruled by the decrees of the Celestial Empire. It reflected very little honour on a public functionary to degrade his own country in the eyes of foreigners, in order to evade giving a direct refusal to their request. This remark touched him to the heart; he was ashamed of himself, and would have retracted the assertion that Corea was a dependent state, had he not written it upon paper.

G76 The conduct of the mandarins has been most inconsistent. At first they were anxious that we should enter the harbour, and deliver every thing into their charge. And when we designed to leave immediately, they besought us to remain and await the royal answer. Finally, they told us that they had not reported us to the king, though they had repeatedly assured us that it was done. Our principal regret was at the loss of time incurred to no purpose.

<1832. 8. 10. 오천성(추정) 답사〉

G77 August 10. We obliged the principal mandarins to become sureties for the deliverance of the provisions which they had promised, but never sent. It happened that some people came along-side, whom they caught and cudgelled most cruelly.

G78 We ascended the hills of the largest islands near our anchorage, and inspected a fort built on the peak of one of them. It consists of a stone wall, and the interval filled with earth, but without any guns of martial apparatus. This island is densely inhabited, and the best cultivated which we have seen.

G79 When the inhabitants saw us, they were much alarmed lest we should see their fortifications, and great numbers ran up the hill, and surrounded us on all sides. When they found that we would enter their villages, they escorted us strictly, and turned us several times out of the right way. It seems they have received orders to do so, for at first they were very friendly, and rendered us every little service in their power.

<1832. 8. 11. 3차 예물반환 시도, 작별인사>

G80 August 11. We heard that the people who brought the provisions had great trouble to procure them all. However, we were well satisfied with the stock which they furnished. After a desultory conversation, we handed to some of the principal mandarins a paper, descriptive of their tergiversation, and of the English character, which did not brook any disgrace. Such plain language had the desired effect; they became humble, and began to regret their assertions of the day before. Woo, the royal commissioner, lost all courage; he had committed himself too much, and could find no excuse for his faults.

G81 We stipulated that whenever and English ship came hither in distress, they should immediately furnish her sufficient provisions. To this they readily agreed, with the single condition that they should not receive pay for it. If any ship should be wrecked on their coast, we requested them to send the unfortunate sailors back by way of Peking, to which they agreed also.

G82 We went ashore, and stated the conditions on which we hoped to leave them; but as they seemed little disposed to hearken, we left them, and visited a Corean junk in the harbour. They do not carry above two hundred tons, and seem quite unmanageable in a tempest. Even the little skill displayed by the Chinese, in the construction of their vessels, is wanting here.

G83 Kim made the last attempt to return the letter and presents; but when he saw that we did not receive what we had once given, and what had been accepted, he praised our rule of conduct as most consistent and commendable. He lamented the mean shift to which Woo had betaken himself, by declaring his country dependent on China. He expressed his regret at our parting, and was almost moved to tears.

G84 Again we requested that any English ship touching there might be treated with civility, and supplied with provisions, to which he agreed most fully, and solemnly took his leave.

G85 Among all the officers who came on board, none behaved with such politeness and dignity as Kim. He had something commanding in his aspect; he was always grave, and answered and asked questions generally to the point. His observation were just, and his objections usually unanswerable. He expressed his deep regret that strangers should not be permitted to have any intercourse with his country, but remarked that it was not at the option of the mandarins, but could be authorized only by the king. This was nothing new to us, who well knew that in every despotic country the will of the monarch is the law of the country.

G86 As cattle are abundant, ships touching here can always be supplied with beef; and to this the mandarins will make no objection. It is not likely that any trade of importance could be carried on with this peninsula. Though there are spacious and secure harbours, among which, Gan-keang, the place of our anchorage, holds the first rank, there are perhaps few productions for exportation, and little money to pay the surplus of imports. One should not be too positive, however, in such assertions, for a country not sufficiently known may not be sufficiently valued.

G87 We have an instance in the Sandwich islands, where a flourishing trade is now carried on, which a few years before was considered a matter of impossibility. Those parts of Corea which we have seen, have in themselves great resources; and we think that the interior is for more cultivated than the islands of the coast. Doubtless there would be a demand for British goods; for we saw they invariably prized the calico and the woollens, clothes entirely unknown among them.

G88 Nor, as the natives would have us believe, do we think that the country is so entirely destitute of silver, as to be unable to purchase annually some cargoes of European merchandise. How could the king, otherwise, pay such large sums in silver to the court of Peking?

G89 Never did foreigners, perhaps, possess such free access to the country as we enjoyed. We hope that the communications which we transmitted, will suggest to the rulers a different line of policy from that which they have hitherto followed.

G90 The inhabitants seem to possess sound understanding, but with great pride and apathy of feeling. The majority indulge to excess in spirituous liquors, but they swallow great quantities without becoming intoxicated. Unnatural crimes seem to be very common among them. Our notions of decency differ very widely from theirs; however, they are not so entirely lost as not to feel that they do wrong. In the great plan of the eternal God, there will be a time of merciful visitation for them. While we look for this, we ought to be very anxious to hasten its approach, by diffusing the glorious doctrines of the cross by all means in our power. The king of Corea may be said to have a Bible, which he at first refused to receive; and whether he now reads it, I am unable to say; but all the official persons about Gan-keang, and many of the common people, accepted them. **The scripture teaches us to believe that God can bless even these feeble beginnings. Let us hope that better days will soon dawn for Corea.**

<1832. 8. 17. 제주도 통과

G91 August 17. We passed many islands of every imaginable shape. The most southern, Quel-poert, (lat. 32° 51′, long. 126° 23′,) is a charming spot. It is well cultivated, and so conveniently situated, that if a factory was established there, we might trade with the greatest ease to Japan, Corea, Mantchou Tartary, and China. But if this is not done, could not such an island become a missionary station? Would it not be giving a fatal blow to those hateful systems of exclusion, by establishing a mission in so important a situation? I know not how far the Corean government exercises control over the island; but I should think, that a missionary residing here, would be less subject to dangers than those in New Zealand, and the first harbingers of the glad tidings in Labrador and Greenland. One thing is true, these islands are not inaccessible to Christianity.

⟨제주도까지의 종합 보고서⟩

G92 Corea. Chaou-seen. Perhaps no country in Asia, accessible by sea, has less been visited by Europeans. The productions are unknown, and the language has never found its way to Europe. Besides an account of a few Dutchmen, who had been wrecked on the coast and resided in the country for a great length of time, and the detail of a few Jesuits who went thither, we have no authentic description of this remote country. Those parts which we visited were fertile, but uncultivated. The inhabitants, a well-made race of people, lived in a most wretched state: they showed the greatest distrust, but grew more familiar the longer we stayed. They were exceedingly anxious that we should not approach their dwellings. Their mandarins were more severe in their punishments than even the Chinese.

G93 We were invited by an official messenger to come to Gan keang harbour, which is not very far from the capital. When sending in our petition, we were assured that these matters should be duly represented to his majesty, who would return an answer upon our request. After considerable delay, a great mandarin arrived, who informed us that Corea, being a dependent state, had no will of its own, but implicitly obeyed the will of the sovereign of the Celestial Empire; they could therefore not permit us to trade, because they had not received the imperial sanction for such an uncustomary transaction. We refuted this assumption of vassalage, proving from their own authority, that they were only a tributary nation. They were ashamed themselves that they had humbled themselves in the eyes of foreigners, in order to have a pretext for refusing them to trade. We left this place highly dissatisfied with the unnecessary delay incurred. We requested them to provide all English ships which occasionally might touch here, with provisions, to which they fully agreed.

G94 To the south of Corea is an island of the name of Quel Paert, well cultivated, and excellently situated to carry on a trade with Corea, Japan, the northern part of China, and Manchow Tartary. We however did not visit it, and only viewed it from a distance.

부록 2

Lindsay 보고서

Hugh Hamilton Lindsay, Report of Proceedings on a Voyage to the Northern Ports China in the Ship Lord Amherst.

(London: B. Fellowes, 1833, pp. 215-261, 7월 17일, 8월 17일)

<1832. 7. 17. 황해도 도착과 교역 청원>

L1 By 10 A. M. on the 17th, the land of Corea was seen a little to the north of Sir James Hall's Group; we stood towards a high bluff point of a large island, distinguished by a large detached mass of rock close to the point; on rounding this we opened an extensive bay exposed to the north. The summits of this, as well as the other islands to the southward, were clothed with luxuriant vegetation and high trees; the lower part, ear the sea, was cleared and cultivated, and we saw numerous cattle and several villages.

L2 At five Mr. Gutzlaff and myself left the ship in the gig, anxious to make our first acquaintance with the Coreans, of whose manners former navigators have given so very unfavourable an impression. In our way on shore we boarded a small fishing-boat: the people init at first seemed much alarmed, but were soon reassured on my asking them in writing what the name of the place was; one wrote down Chang-shan Pung-shang, but he could not give us any more information, understanding very few Chinese characters.

L3 We gave him a book and a few lion buttons, which he gladly received, and voluntarily offered us some fish in return. We then landed on a point, where were some fisherman's huts and several fishermen. They objected strongly to our approaching their cottages, and one old man addressed us a long speech, which was quite unintelligible to us. The evening having now closed in we returned on board, making signs that we meant to return on the following morning and inviting them to come off to the ship. None of the party could read Chinese; we were therefore incapable to communicate with them.

L4 The length of time which our voyage had already occupied prevented my forming plans for any lengthened stay among the Coreans, and without Which it would have been fruitless to hope to overcome the rooted antipathy which these people appear to entertain against any intercourse with strangers; but still, as we were the first voyagers who had hitherto visited these regions, possessing the means of communicating our sentiments, I considered it my duty to look a little beyond any prospect of immediate advantage, and endeavour to open an amicable communication with the rulers of obtaining a more cordial reception for future visitors. With this object in view, I drew up the following petition addressed to the King of Corea, which I resolved to deliver as near as practicable to the capital. If the officers to whom it was delivered received it favourably, and gave us encouragement to wait for a reply, I determined to do so; but if the contrary, no harm could result from the experiment.

<1832. 7. 17. 저녁, 조선 국왕에게 상주하려고 만든 통상교역 청원서(全文)>

L5 The English captain Hoo Hea-me hereby respectfully lays a petition before the throne of his Majesty the King of Corea:

An English merchant ship having arrived and anchored on the coast of your Majesty's dominions, I consider it my duty respectfully to state the circumstances which have led to her arrival.

The ship is a merchant vessel from Hindostan, a large empire subject to England, which adjoins to the south-west frontiers of the Chinese empire. The cargo of the ship consists of broadcloth, camlets, calicoes, watches, telescopes, and other goods, which I am desirous to dispose of, receiving in exchange either silver or the produce of this country, and paying the duties according to law.

Although Great Britain is distant many myriads of le from your honourable nation, 'yet within the four seas all mankind are brethren'. The Sovereign of our kingdom permits his subjects freely to trade with all the nations of the earth; but our laws expressly command them, in their intercourse with distant kingdoms, invariably to act with honesty, justice, and propriety; thus the bonds of friendship, which unite distant regions, may increase, and the benefits which arise from commercial intercourse may be widely extended.

Hitherto no ships from my nation have visited your honourable kingdom for purposes of trade; but as your Majesty is a wise and enlightened sovereign, whose anxious wish is to promote the welfare of his subjects, it may be a subject worthy of your consideration, whether the revenues of your nation, and the prosperity of its subjects, would not be increased by the encouragement of commerce with foreign countries.

If, therefore, your Majesty thinks fit to grant permission for may countrymen to trade, I humbly request that you will graciously issue an edict announcing the same, which I will take back and respectfully communicate to the King of my nation.

Herewith I enclose to copies of a pamphlet on the Affairs of England, which, though written for distribution in China, contains some information relative to my country worthy of attention.

I also presume to request your Majesty graciously to accept a few trifling articles, as patterns of the cargo of my ship. I enclose a list, humbly hoping your Majesty will not reject them.

I respectfully pray that your Majesty may enjoy long life and endless prosperity, and that your nation may continue to flourish in peace and tranquillity.

Dated in the year of our Lord 1832, on the 17th day of July.
Taou-kwang, 12th year, 6th moon, 20th day.
Jin Shin, or 29th year of the cycle.

<1832. 7. 18. 황해도 조니진에서 추포 별장 등 만남>

L6 By day-break on the morning of the 18the we landed, and proceeded towards a village about a mile inland. We were soon met by several persons, to whom I showed a paper, previously written, stating that we were natives of England, their good friends, and bearers of a letter and presents to the King of Corea; that we now wished to see some mandarin, to consult with him, and moreover, wished to purchase fresh provisions of various sorts. This at first appeared satisfactory; but as we approached towards the village numerous parties came flocking out to meet us, among whom were many decently-dressed persons, wearing the peculiar broad-brimmed hats described in Captain Hall's voyage.

L7 I showed the paper to each party as they advanced, and there was evidently some difference of opinion among them as to the way we were to be treated; all, however, appeared adverse to our entering the village. Among them was one man who came hurrying down with a match-lock in his hand, and a lighted match. He came straight to me in a bold unconcerned manner; but when I showed him the written paper, he took me by the arm in a friendly way, motioning me to sit down on a bank. But feeling desirous, if possible, to go to the village while the friendly feeling of the natives lasted, I proceeded without paying any attention to his intimation, and we advanced unmolested to a small hut, about 200 yards from the village. Here indications, which we could not misunderstand, were given that we must go no further.

L8 A crowd formed themselves in a row to bar our progress; and several came and took me rudely by the arm, motioning us to sit down on a mat. Two of the seniors now came and sat down, while a secretary unfolded a piece of paper, and at the direction of one of them, wrote in reply to our paper: "That as nothing whatever in the shape of provisions could be obtained here, we had better instantly depart, and that by going to the north, about 30 le, we might meet with a mandarin to communicate with.: A conversation of some length ensued, all carried on in writing. They requested to be told the contents of the letter to the King, which I said could only be communicated to a mandarin of rank; I therefore requested one might be sent for. Almost all their sentences terminated with a request that we would instantly be gone.

L9 During the discussion some difference of opinion appeared to prevail, and much loud conversation; but finally the party hostile to us got the complete ascendency, one man having the audacity to write, "If you do not instantly depart, soldiers shall be sent for to decapitate you;" to which he afterwards added, "Begone, or a great change will take place; your life and death is uncertain." In reply to this insolent intimation Mr. Gutzlaff wrote, "Who are you? and what authority do you possess to use such insolent language? Your King, did he know it, would inflict severe punishment on you for thus treating us, who are his friends." This seemed to alarm the whole party, who, however, continued by signs urgently to entreat our departure.

L10 There were now upwards of 200 persons assembled, and as it appeared that any further delay might have brought unpleasant consequences, we commenced our return, much disappointed at this complete failure of our endeavours. Our party consisted of eight, besides six with the boats; we were all, excepting Mr. Gutzlaff, well armed with cutlass and pistols, the apprehension of which probably prevented our being worse treated. In urging us to go away, the men repeatedly drew their forefinger across their throat, pointing both to us and themselves, thereby intimating that both our lives were in peril. At first I offered some small presents of lion buttons and calico, but they were refused. As no advantage could be obtained by further communication with this misanthropic race, we got under weigh we returned, and stood to the southward.

L11 In the evening it blew fresh from the east, and drew round to the south by the morning. During the 19th and 20th we had constant heavy rain and thick weather, which prevented our approaching near the shore.

<1832. 7. 21. 충청해안 외연도 정박>

L12 On the 21st the weather cleared a little, and we saw several islands to the south-east, supposed to be the group among which Hutton's Island is placed; the wind continuing strong from the south-west, we stood in towards them.

L13 By noon we had a clear view of the Table Mountain, noticed by Captain Hall, which is a very conspicuous landmark. Working to windward we passed between some islands apparently about 10 miles from the main land, which is of undulating form, and mostly overgrown with high trees. The islands among which we passed were thickly inhabited, and the natives, men, women, and children, all ran up to the heights to gaze on us as we passed.

L14 At five in the evening, the tide turning against us we anchored, the point of Basil's Bay bearing. We lay about two miles from a large village built on the brow of a steep hill, and with our glasses we could see the inhabitants in their white loose robes, hurrying to and fro, and evidently much excited by our appearance.

L15 I had been so much discouraged by the total failure of our attempt to open a communication with the Coreans, that I had given up the idea of delaying any longer on the coast with that intention, but strong south winds, coupled with a fog, so dense that at times no object was visible at the distance of 100 yards, effectually prevented our proceeding.

<1832. 7. 23. 불모도 정박>

L16 On the 23d some boats from the neighbouring village visited us, but none of the persons in them could write Chinese. After treating them with wine, and showing them about the ship, we accompanied them on shore. The people here were not so rude and inhospitable as to the northward; we entered the village, and were entertained with spirits and salt fish. Considerable objection was, however, made to our walking through the village, which we did not insist on doing. The weather being very rainy and foggy, we had not the opportunity of walking about the island

<1832. 7. 24. 고대도 해역 정박 과 텡노의 방문>

L17 The following day the fog and bad weather continued uninterrupted. We were again visited by several boats, in one of which was a person who thoroughly understood the Chinese language. He commenced the conversation by asking our nation, and condoling with us on the hardships we were exposed to from wind and weather. I replied, more from curiosity than with any hopes of a favourable opening, "that we were natives of Great Britain, and wished to present a letter and presents to the King of Corea."

L18 The reply was, "you are here exposed to dangers; I will show you the way to a safe anchorage, where you can present the document to a great mandarin." I gladly availed myself of this unexpected opportunity for the accomplishment of my wishes. Our visitor informed us that his name was Teng-no and that he had been expressly sent by a mandarin of rank in the neighbourhood to visit the ship, and see on what business she came. Teng-no was now anxious that we should immediately move the ship to the harbour he spoke of, which was only 30 le, or 10 miles distant, assuring us that we need entertain no anxiety or suspicion, for the water was deep, and the pilots knew the passage well; adding, as an inducement, "having been many days at sea you must doubtless think of eating fish and flesh; follow where I shall lead you, and you shall have both." I replied, expressing our high satisfaction at the hospitable feeling manifested, but that as our ship was large, and the weather thick and boisterous, we could not venture to move that day, but that if he would return the following morning we would thankfully accept his offer to pilot us to a safe anchorage, where we might meet with an mandarin of rank. To this the acceded.

L19 In reply to some of our questions, he stated the name of their capital to be Keng-ke-taou Han-yang. The first three characters, which have hitherto been adopted in all maps as the name of the capital of Corea, appear merely to designate that is the capital town, and the two last, Han-yang, are the name of it. That this information was correct is evident on comparing it with what is stated in Timkouski's Mission, Vol.Ⅱ. p. 101. He further told us, that it was distant 300 le. In reply, to a question as to the name of his king he replied, "I dare not write his sacred name: he rules over more than 300 cities, he is 43 years of age, and has sat on the throne 36 years."

L20   Previous to his going away I offered some trifling presents of calico and camlet to Teng-no and some other respectable-looking persons with him; they at first refused, repeating the common sign of drawing their forefinger across their throats, but after a little they received our gifts. A lion button was given to each of the sailors, and appeared to delight them much. After having staid some hours on board, during which we entertained them with sweet wine and spirits, they left us and went on shore. The Coreans have all a decided partiality to strong liquors, of which they drink considerable quantities without its producing any effect on them.

<1832. 7. 25. 고대도에서 원산도 개갱으로 이동하여 정박>

L21   The weather fortunately cleared up, and a little after noon (July 25) Teng-no returned, and again requested us to move the ship, which was accordingly done, and we steered in towards some islands laying N.E., with the long-boat a-head sounding. The islands we had been anchored at are called Lok-taou. Sailing with a fine southerly breeze, we rapidly passed the islands which lay about seven miles from Lok-taou, and then steered N.E. towards a deep bay, or rather passage among numerous islands.

L22   We here anchored near a large village, in which we were told the mandarins were staying. No sooner had we cast anchor than several boats came off; numerous questions were put, and expressions of condolence were given relative to the hard-ships we must have endured. We were also informed, that two mandarins of rank would visit us the ensuing day. By one of these messengers I wrote a short letter to the chief mandarin, who they styled Kin Tajin, informing him of our arrival, with a letter and presents to the King, and requesting him speedily to receive and forward them.

L23 This we delivered to a very intelligent young man, who explained to us that he was a secretary of one of the chiefs, and was appointed conjointly with Teng-no to act as inter-mediators between us and the authorities; his name was yang-yih.

<1832. 7. 26. 수군우후 면담 등>

L24 The following morning (July 26) we were visited by Teng-no and Yang-yih, who came to announce the approach of the chiefs, who shortly after came board. One of them Kin Tajin, to whom I had written the letter, the other civil chief, whose name was Ta-laou-yay. Kin was a fine old gentleman of 60, who from the first saluted us with perfect frankness and good humour, nor did he ever deviate from this during the whole period of our acquaintance. Le was old infirm man with a venerable white beard. The chief in general wear no distinguishing mark to point out their rank, excepting that they were clad in more ample flowing robes than any of their attendant. All decently-dressed persons wear the enormous broad-brimmed hats described by Capt. Hall.

<수군우후와 홍주목사 만남>

L25 Numerous questions were now put to us as to where we came from? what our object was? how far distant our home was? how many inhabitants our country contained? with numerous other inquiries; to all of which correct answers were given. In reply to a question whether the letter I had to present was on (kung) public business, I considered it advisable to say it was, and accordingly wrote, "Our object in coming here is to trade with your country; the ship is a (kung public ship, and the letter treats on public subjects." This appeared satisfactory; but numerous questions were put as to what the contents of the letter were. This I did not think it advisable to communicate to them, but stated merely that the contents of it were for the perusal and decision of their king.

L26 I now added, that it was my wish publicly to deliver the letter and presents to them on shore during the afternoon. The novelty of the whole transaction was evidently rather embarrassing to the Corean chiefs; they looked at each other, hesitated, several times dictated to their secretary, stopped him, and finally replied nothing. Musical snuff-boxes, pictures, and other things were exhibited to them, greatly to their amusement and satisfaction. Before the chiefs departed I again repeated (on paper) that I meant to come on shore in the afternoon with the letter and presents, and that Yang-yih, and Teng-no had better stay on board and accompany us. This point was ratified by old Kin exclaiming hota (good), and directing the two secretaries to remain with us.

L27 The events of the last two days I confess surprised me considerably, showing the Coreans in so very different a light from what all accounts of former navigators and our experience led us to expect. The circumstance of our being requested to move to a safe harbour, and actually piloted there by Coreans, led us to imagine it possible that the court of Corea might be desirous to encourage the resort of foreign ships, and had issued orders to the chiefs on the coasts to treat any which might arrive with hospitality; I therefore considered it incumbent on me to make the most use I could of the present favourable opportunity to remove as far as was in our power the jealous apprehension of foreigners which the Coreans entertain. In preparing the presents to the king, I thought it now advisable to make considerable additions to what I had purposed sending; I accordingly made the following selection of articles, all of which were packed up in the presence of Yang-yih and Teng-no. Two lists were made, one to be inclosed with the petition, the other to be delivered to the chiefs.

<선물의 종류와 수량> List of Presents.

Broad cloth, superfine, 4 pieces, of various colours.
Camlet . . 6 ditto . . ditto.
Calico . . 14 ditto .
Telescopes . . 2 .
Cut-glass, scent-bottles, flower-vases,
Lion-pattern Company's button, 12 dozen.

Books on various subjects, consisting of two copies of a perfect translation of the Bible, and If all the tracts and essays on geography, astronomy, sciences, &c., mostly by the late Dr. Milne, which Mr. Gutzlaff had brought with him for distribution among the Chinese.

L28 Shortly after noon some boats came alongside filled with small tables and baskets with salt fish and cakes, soy, and jars of spirit; we were informed that this was meant for the dinner of ourselves and crew.

L29 The notes which I took at the time contain a particular account of our first public interview with the Corean chiefs. As some parts of it are curious, and characteristic of the manners of this singular race, I will here insert it verbatim.

Extract from Journal.

<귀츨라프 일행의 진촌마을 방문 등>

L30 "A little before four Mr. Gutzlaff and myself, with Mr. Simpson and Mr. Stephens, started in the long-boat, accompanied by our two friends, who, however, as the time approached, gave evident signs that they were not quite at ease. We went to the village, which is the temporary residence of the chiefs, and landed on the beach among about 50 wild-looking Coreans, several of whom performed the throat-cutting ceremony, and evidently showed they wished us away. Yang-yih had also quite lost his vivacity, and wrote with a pencil, that the chiefs had gone out, and we had better come to-morrow. This intimation was now too late, and I was determined to see the thing fairly out, so we walked unarmed straight up to one of the alleys of the village, which is surrounded with a thick wattled fence 12 feet high, so that no houses can be seen. As we approached we heard the sound of trumpets, and saw two solders (who are distinguished by a blue dress, felt hat, with red tuft of hair hanging from it) matching down the lane blowing with all their might. They emerged just as we approached, and keeping close together abreast so as to block the passage, they blew a tremendous blast at us.

L31 We stopped and stared with astonishment, but in a half minute we saw the old chief and Kin coming down the lane on open arm-chairs, carried by four bearers. Le was seated on a tiger-skin, and made a most picturesque figure. The trumpeters now marched forward, and we staid looking on to see what was to happen next. On approaching us both the chiefs got out of their chairs and saluted us with politeness, at the same time pointing to the beach, where more than 20 people were at work raising a shed on poles. We explained that coming on public business we expected to be invited into a public office to deliver our document in a respectable manner, but the chiefs again pointed to the shed, and after speaking to our two friends, got into their chairs again, and proceeded to the beach with two trumpeters before, two behind, and four or five more soldiers, none of whom carried arms. Our two friends now tried by signs and taking our arms to induce us to follow the chiefs, but we expressed our dissatisfaction at this mode of reception, and while Mr. Gutzlaff was writing, I gradually without violence forced my way through about ten natives at the entrance of the lane, and entered the opened space before a house, where was a commodious covered verandah outside. I now pointed to this, and seating myself, explained that we would be well satisfied there. As I entered a loud yell was set up by several people, and one of the soldiers ran down to inform the chiefs of what was going on. In a couple of minutes another yell was raised, and looking out to see what was the cause, we saw four soldiers running along the beach towards us, and two of them each seized on a man with a large hat, which the first took off, and then ran off again, dragging their victim between them as quick as they could run. The chiefs were seated on their chairs on men's shoulders close to the shed. On the culprits arriving they were first made to knell before the chiefs and then laid down, and while one man removed their lower garments another brought a long paddle, and one stood over each, in readiness to inflict summary punishment.

L32 "We in the meanwhile had followed to the spot to see what was to happen, and arrived just as the punishment was about to be inflicted. I could not, however, tamely look on and see perfectly innocent persons punished for my own act, so I went straight to the soldier, who was in the act of striking, and stopping the uplifted blow, motioned him to stand aside; one of the crew, a stout negro, did the same to the other, and as the fellow did not seem inclined so quietly submit to his authority, he in a moment wrested the paddle out of his hand and threw it to a distance. A crowd of more than 200 people had assembled round the chiefs, who sat raised up among them in their open chairs, and appeared much troubled in mind. In the meanwhile Mr. Gutzlaff had written a few words saying that if these men were punished for our acts, we would instantly return to the ship and quit the country. They consulted for half a minute, and then old Le directed the prisoners to be liberated, and they scampered off as their legs could carry them.

L33 The chiefs now descended from their chairs, and entered the shed, inviting us to follow them: mats were spread, with tiger-skins laid over them. A short conversation by signs having been carried on, in which we intimated out discontent at this reception, Le wrote requesting that the letter should be delivered, and I, without waiting to reflect, drew it out, and placed it in his hands. A moment's thought reminded me that I had made a great mistake, and that if we wished to be invited into the village, it could only be done by refusing to deliver the document under a shed. It was now, however, too late; but on being requested to direct the presents to be brought out of the boat, I saw and profited by the opportunity to retrieve my error in diplomacy "No," said I; "presents to the King of Corea cannot be delivered in such a disrespectful way: if you have no respect for us, that treat us thus, I think that which is due to your own Sovereign would show you that a letter and presents should not be delivered under a miserable shed." They seemed much puzzled, and answered, "It is our laws which prohibit it." "Then, " said I: "the presents must accompany the letter; I shall take it back." This mode succeeded perfectly, as they evidently were very anxious that the letter and presents should be delivered. They first tried to soften us by expressing the high respect they entertained for us and our honourable nation. Then it was proposed that only Mr. Gutzlaff and myself should accompany them, and we should be invited to a house. I said if Messrs Simpson and Stephens were included, I was satisfied; and this was agreed to, and a message sent to prepare a house to receive us. Wine, or rather a spirit resembling once-distilled whisky, was handed round. The chiefs were served first, which appears not to imply any incivility, as I observed the same in out host at Lok-taou, who was a simple villager.

L34 We were now invited to proceed into the village; the chiefs ascended their chairs, the trumpeters blew, the soldiers pummeled away right and left among the crowd, as in China. On approaching the entrance of the village, a halt was made, and soldiers with trumpets were sent inside, probably to see that no women were loitering about. In the meanwhile either to pass the time, or to impress us with a due reverence to the Corean laws and chieftains, a poor fellow was pulled forward, laid down, and after old Kin had made him a short harangue, a soldier stopped forward with a long paddle and inflicted his punishment, which, however, was not severe, being only two blows on the posteriors, and not given with much force. About ten fellows howled in concert with the sufferer, which is part of the ceremony. As we conceived that we could have no possible connexion with this case, we quietly looked on; but on inquiring from Yang-yih the cause, he replied, "It is for misconduct on public business and disrespect towards you." What it was, we had no idea. The procession now moved on, and the chiefs entered one of the first houses in the village; so that we saw little more of it than from outside, every lane being wattled so that no houses are seen: even in the one we entered, the doors and windows were closed; but a commodious place was left under the roof, on which mats were spread.

L35 I was asked if I would now send for the presents, and accordingly did so. They were packed in three cases, and were laid down on mats before the chiefs. I now rose, and in a formal manner, with my hands raised up, walked forward to the principal chief, and delivered the letter into his hands, with a paper requesting it and the presents might be forwarded with the utmost speed, which we were promised should be done.

L36 Wine was now again handed round, with raw garlic as a relish, and we were made to take a glass, and the chiefs informed us of their intention again to pay us a visit to-morrow and we parted on very friendly terms. On going away the poor fellows, whom I had rescued from a cudgelling, came and expressed their thanks most strongly; and the circumstance appears to have created a much more kindly feeling in our favour, as on going away almost all the people joined in giving us their salutation, which consists in clapping the hands together on a level with the face. We now returned on board, and found that in our absence practical signs of friendship had been sent to us in two fine pigs, ready killed, a bag of rice, and some vegetables, accompanied by a card, with the seal of the chief. We therefore have a right to feel that we have made some little progress towards a friendly intercourse with this misanthropic race of beings.

L37 At eight in the evening we were again visited by the two secretaries, with a string of questions as to the ship's cargo, the names of all the officers and men, length and breadth of the ship heights of the masts, &c., together with numerous inquiries about England, why it was called Ta Ying, Great Britain; was there a Seaon Ying, Small Britain. The conference lasted till near midnight, but was entirely kept up on paper. The inconvenience and tediousness of this was remarked on by Yang-yih, who was a highly intelligent and lively person; before going he wrote,-"Except by writing my words are unintelligible to you, and ours to me; truly this is vexatious." I reply to some questions from us, they stated that the books thy read and studied were mostly Chinese, viz. the four books Woo Ring, &c., but that they had also a literature of their own. Their religion is also entirely taken from the Chinese, many of the deities of the Fo and Bhudist sect being known to them; they, however, as belonging to the literati, professed to be pure Confucians in their towns they said they had temples dedicated to confucis, Mencias, &c. &c.

<1832. 7. 27.>

L38　The ensuing day we were again visited by Kin and Le, and numerous questions were again asked. We were informed that all these were for the express informations of the King. The Coreans appear far from deficient in curiosity as to foreign nations. We were requested to write down the names of all the nations we had passed in our route from England to Corea, the names of all the nations of Europe, many particulars about Hindostan.

<이방인 접촉 금지령>

L39　We were again particularly questioned as to the contents for the letter, but to this I declined giving any reply, saying that it would explain itself. In return we addressed several questions to the chiefs, among others, "Why are you so fearful of foreigners entering your villages?" This appeared to embarrass them much. They consulted some time; Yang-yih several times took up his pencil, wrote a few words and obliterated them, and at last merely answered, "Formerly it was not so." Although on various occasions we repeatedly endeavoured to obtain some explanation of the singular apprehensions manifested by them, it was always in vain; yet some very strong cause, and enforced by dreadful penalties, must exist to render this feeling so powerful and universal. Land where you will, in the most unfrequented islands, the same sign of passing the hand across the throat, indicates the penalty to which a Corean exposes himself by admitting foreigners to his dwelling.

L40　The Coreans appear naturally to be a suspicious race; every village, and even isolated houses, are surrounded by a high wattled hurdle, which effectually prevents any person from seeing into the interior. Before our departure the natives on the island near us got familiarized in some degree to us, from seeing that we never attempted to force an entrance to the village. Whenever we wished to meet the chiefs on business, we always insisted on being invited to a house; this was ceded so soon as they saw we were determined on the point, although it was asserted to be against their laws.

L41 In the present instance I clearly explained to Kin Fajin, that when we went on shore no one would ever forcibly enter a house, or in any way molest any person, so that no apprehensions need be entertained. To which he replied, "Thus it may be without objection." Kin and another chief staid and dined with us; Le excused himself on account of his age and infirmities. To each of the chiefs I made small presents, which, after some apparent reluctance, were accepted; nothing gave so much pleasure as small pieces of Brussels carpet, for seats to lay down over their mats.

L42 Kin Tajin's manners, though rough and rather boisterous, were accompanied with so much tact and good humour, that he was soon a general favourite. While at dinner the other chief behaved with so much coarseness and impropriety, that it was impossible to conceal our disgust. Kin immediately perceived this, and reprimanded him very sharply; at the same time, calling for a pencil, he wrote, "I fear we transgress the rules of politeness, and are ignorant of our honourable nation's customs." We expressed how much pleased we were with his demeanour, which seemed to gratify hum much.

<감자 파종>

L43 After dinner we landed to plant some potatoes; Mr. Gutzlaff had written clear directions for the mode of cultivating them.

L44 We selected the most favourable spot of ground we could find, and planted more than a hundred. Several hundred natives stood round, gazing in astonishment. The paper of directions was given to the owner of the ground, who promised to take care of them, and on the following day I was much pleased to find the space neatly inclosed with a hurdle. If, therefore, due attention is only paid to the written directions, it may be hoped this fine vegetable will be propagated in Corea, the soil and climate of which must be highly favourable to it. On returning we found the chiefs seated on the beach, waiting for us, and we had to sit down and take a cup of wine with them.

<1832. 7. 28. 물을 길러 가다>

L45 On this day (July 28) the ship commenced watering on the opposite island, where there is a fine stream of fresh water. Although no village was near, yet a crowd of several hundred Corenas soon assembled; but instead of giving any annoyance, they cheerfully assisted in filling and passing the buckets to the boat, singing a monotonous song like the Lascars all the time. This friendly disposition of the natives was gratifying, as demonstrating that naturally they are not so misanthropic a race as is imagined. This was spontaneous on their part, and given with the utmost cheerfulness.

L46 We had no visitors to-day of rank; but our two friends Yang-yih and Teng-no, again came with a long list of questions. I was a little surprised by hearing them inquire for the ship's peaou, resister or license, which was shown to them. Various questions were put as to our ships of war; how many guns they carried? why our ship carried guns? how many muskets, pistols, pikes, swords, were in her?

<1832. 7. 30. 공충수사와의 면담과 오찬>

L47 On the 30th we were visited by a chief of higher rank than any we had yet seen; his surname was also Kin; he stated himself to be a tseang-kean, and of the third class of mandarins. This chief, whom we distinguished from his name-sake by the title of the general, was a man about fifty, stout and well made, with a pleasing expression of countenance, and a fine black beard slightly silvered; his dress and manners were for superior to anything we had hitherto seen in Corea. The hat he wore was pointed at top, decorated with a plume of peacock's feathers, and fastened under the chin with elegant beads of amber and black wood. His upper garments were of fine Japan silk, of various colours, and his flowing white robes, of the white linen cloth of his country, were perfectly neat and clean, to a degree I have rarely witnessed in a Chinese mandarin. He was accompanied by Kin, who evidently considered himself quite at home among us, and did the honours of the ship, pointing out to our new visitors all the curious things he had formerly witnessed.

L48 A little after noon two large boats came off bringing a complete Corean dinner for the whole crew, consisting of chicken broth with vermicelly, slices of pork, salads, and various sorts of cake, and bowls of honey, with jars of wine. It was explained to us that the chiefs, Kin and the general, had sent this entertainment for the ship's crew, and had come to partake of it with us. Evidently this was meant to compensate for the apparent inhospitality shown to us on shore, and as apparent the chiefs were hitherto acting on their own responsibility, and might perhaps be liable to the severe displeasure of an arbitrary despot for what encouragement has been afforded us, it would have been ungracious on our part not to have shown ourselves sensible of the kindness of their attentions; we therefore expressed ourselves much pleased, and directed the tables to be ranged out on deck; the front of the poop was carpeted for ourselves and the chiefs.

L49 The customs of the Coreans at their meals, it appears, are similar to the Japanese; each guest has a separate little table of about a foot high before him; the chop-sticks used are like the Chinese, but they carry a small knife at their girdle to cut their meat with. Most of the dishes, though cold, proved so palatable, that we ended by marking a very hearty repast, greatly to the delight of the chiefs. Before they went, I asked when an answer might be expected to our letter; the reply was, "Wait in peace for a few days."

L50 On a previous day I had given a list to Kin of the various articles of stock and provisions we needed for the ship, requesting to be allowed to purchase them, but as this was objected to, I said I would be happy to comply and receive them as a present. These having not yet come, I gave another list to the general, which he promised should be sent the following day.

L51 Between this period and the 7th, we were visited by several other chiefs of rank, who all repeated the same routine of questions; some made such particular inquiries about our cargo, and what we were willing to receive in return, as to induce a strong expectation that it was their intention to trade with us. During the few first days of our stay comparatively much less reserve was shown than afterwards, though even then suspicion and fear was always shown in answering any questions relative to their country and its customs.

<1832. 7. 27. 주기도문 번역>

L52 One day, the 27th, after a great deal of persuasion we succeeded in inducing Yang-yih to write out a copy of the Corean alphabet, and Mr. Gutzlaff having written the Lord's Prayer in Chinese character, he both gave the sound, and wrote it out in Corean character, but after having done so he expressed the greatest alarm, repeatedly passing his hand across his throat, and intimating, that if the chiefs knew it he would lose his head. He was most anxious to be permitted to destroy the paper. To quiet his apprehensions, it was locked up before him, and he was assured that no one should ever be allowed to see it.

<1832. 7. 31. 해안에 상륙 금지를 요청함>

L53 July 30. During these first days, I also succeeded in obtaining the Corean name for various Chinese words; but from the 31st, their reserve on all subjects increased; we were several times requested strongly not to go on shore, which however we continued doing daily, on the plea the it was necessary for our health to take exercise, nor was any attempt ever made to prevent it.

L54 Whenever we inquired about a reply to the letter, the same answer was invariably given: "Wait in peace for a few days." They even appeared apprehensive lest we should abruptly depart, which was apparent from their constantly evading to send us the supplies we were in want of, merely sending a few articles for our daily consumption. Kin and the general were our constant visitors, and both showed the most friendly feeling towards us; the general, on repeated occasions, expressing his regret at the reserve he was compelled to treat us with, which was on account of orders received from superior authority. We frequently had numerous visitors, attracted from curiosty to see the ship; nor did the chiefs appear to object to their coming on board; but it was almost in vain to attempt to get any information from them; on that point they were evidently acting under strict orders.

<1832. 8. 7. 천수만 탐사>

L55 On the 7th of August, a party proceeded in the long-boat to explore a deep and wide bay, the northern point of which was only a few miles from where we were lying. I annex the notes I took of our visit to this fine and extensive bay, which was named Marjoribanks' Harbour, in a compliment to the late president, at whose suggestion the present experimental voyage was undertaken.

L56 At half-past eight we started with a fresh S.W. wind and strong flood tide, which carried us on at a rapid pace. We coasted along the western side of the bay, which is studded with numerous beautiful verdant islets, mostly cultivated and inhabited. There is no variety whatever in the villages, as they are all surrounded with a high hurdle; even single houses are the same, so that nothing is visible but the thatched roofs. All the western side is thickly wooded with fine fir timber, which is very abundant here; many of the trees are fit for spars, and the wood is all of the best quality, close grained, and full of turpentine, but it appears here to bear no value whatever.

L57 We continued our course, opening bay after bay; the forest scenery varied occasionally, with beautiful green glades, at the bottom of which a small village was generally situated. As we advanced up the bay it became wider and wider, at the entrance of it about five miles, and ten miles up nearly double that breadth; the depth is very variable, as it is full if shoals and rocks, but if properly surveyed would doubtless be accessible for ships of any dimensions, as we generally found from 8 to 12 fathoms in the fair channel.

<천수만 북단에서 2개의 만>

L58 About 16 or 18 miles from the entrance the bay divides into two; on the west side is a narrow passage, formed by two or three long islands, which jet out from a promontory on the main land, which thus forms two bays of great extent. We proceeded along the west shore, one of our objects being to ascertain, whether the land forming it was an island or not. The island to the eastward of us was two miles in length, fertile, and with several large villages.

L59 On the hills we saw numerous cattle, which appeared large and fine. The natives crowded out gaze on us, but we saw none but men. Having proceeded about six miles further, the bottom of the bay still appeared at a great distance; we therefore obliged to abandon the plan of reaching its extremity, and landed on the promontory in the centre which we had at first imagined to be an island.

<여인들의 피신>

L60 On ascending a high hill, we enjoyed a fine extensive view. The first thing which caught my eye was a crowd hurrying over the brow of a hill, distant a mile from us. On scrutinizing with a telescope, they proved to be all women, some with children on their backs, others tottering with old age and supporting themselves with a staff. On looking round, we saw various other parties hurrying up every path; not one man was among them. It was therefore evident that our unexpected arrival occasioned this panic. What their reason or ideas can be to occasion such extraordinary suspicion and alarm, it is difficult to imagine, but it must be a prejudice very deeply rooted in all their minds by education, and enforced by the severest penalties of an arbitrary and oppressive government.

<일하는 여인들>

L61 In the village fronting our ship, we have of late constantly seen the women come out to work in the front of it, winnowing grain and taking their children to their labour; and even when our parties have been on shore, they have shown the natural curiosity of the sex by peeping out at the strangers from behind the hurdles, though in general rudely driven back by the men. The dress of the women very much resembles that of a slave of Macao, a short upper dress, with a petticoat unconnected therewith, bareheaded, the hair tied in a knot at the top without ornament. We have, however, had no opportunities of examining them more closely than at the distance of half a mile, through a good telescope.

L62 They are generally robust, and I should say are treated with very little consideration by their partners, as almost every day we saw the women employed in various kinds of labour in front of the village, while numerous groups of men were sauntering about in various directions and reclining on mats, never assisted them in their work, and rarely spoke to them, excepting to drive them into the village whenever one of our boats approached th shore. We repeatedly have endeavoured to obtain some explanation of the mystery which causes the extreme dread entertained of our even beholding any of the fair Coreans.

L63 From the eminence where we were, we saw the open sea to the westward, and observed that the long point which forms the western side of the bay was separated from the mainland by a narrow passage. The jungle and forest here ceases, and the opposite side was well cultivated and thinly wooded. The western bay stretches seven or eight miles above where we were, but we could not see the termination of the eastern on, which goes in a north-north-east direction, and if the position of the capital in the missionary charts is correct, this first must lead to within 70 or 80 miles of it; we have observed that all the boats with mandarins come in this direction.

<안면도와 안면운하>

L64 Having no time to spare, we returned direct from the hill to the boat without communicating with the natives, who assembled in crowds on the neighbouring hight. We now crossed, and landed on the opposite shore, to ascertain whether the inlet we saw really had a communication with the sea; the neck of land is here not above a mile in breadth, in parts. Meeting some natives, they told us that there was a passage separating this island from the main, which is about 20 miles in length, and of irregular breadth, varying from six to seven miles at the extreme, to one or two. It is a complete forest, and the natives say contains tigers. the tide having turned, we now commenced our return, but the wind being directly against us, we did not make above 10 miles, and anchored in shore for the night, abreast of a cluster of islands in the centre of the bay, which are about 10 miles form the entrance, and arrived at the ship by six on the following morning.

<1832. 8. 8. 천수만에서 아침에 돌아오다>

L65 On returning I heard from Captain Rees, that shortly after we had left the ship, old Kin Tajin had come in a boat, which contained not only the letter and there cases of presents to the king, which we were repeatedly assured had been long ago forwarded to the capital, but every trifling article which had at various times been presented to the chiefs and others, even to a few yards of calico. Kin was very anxious that these should all be received, which, however, Captain Rees positively refused to permit; and after a little time he returned on shore apparently in great uneasiness of mind.

L66 In the forenoon Mr. Gutzlaff and myself went on shore; we saw none of the chiefs but Kin; to him I put the following questions: Why the letter and presents had not been forwarded, and why we had been repeatedly deceived by false promises of having the provisions we required sent to us? He replied, who would visit us on the following day, and that he would give every explanation. After some discussion, he pledged himself that the provisions should be sent the following day.

<1832. 8. 9. 오계순과의 공식 회담>

L67 On the 9th we had a formal visit from the long-expected envoy, who brought out decision on our request. He was accompanied by Kin, the general, and Le, whom we had not seen for ten days past, and strongly suspected that he had been to the capital. The envoy, who brought the decision on our request. He was accompanied by Kin, the general, and Le, whom we had not seen for ten days past, and strongly suspected that he had been to the capital. The envoy was named Woo Taijin, a man about forty, elegantly dressed in Chinese silks.

L68 After the ceremony of introduction had been gone through with much form and politeness, and the chiefs had been shown into the cabins, carpets were at their request spread out on deck, and the following conversation took place, of which I kept a copy, verbatim, in Chinese. It exhibits a wonderful indifference to truth on the part of the Coreans, and affords some explanation of the principles on which this nation refuses all intercourse with foreigners. The conversation was entirely dictated by the envoy, Woo Tajin.

<1832. 8. 11. 교역청원서와 선물의 거절>

L70 Early in the morning (August 11) the four chiefs came to the ship, bringing the latter and presents; and I delivered to each a copy of the memorial, which they read carefully over. The general, who was a man of much shrewdness, read several of the passages out aloud, and remarked on them; he evidently was not displeased with it.

L71 Woo, on the contrary, appeared in great anxiety and alarm, particularly when he saw that the sentry at the gangway would not allow the presents to come on board. In reply to his earnest solicitation on this point, I replied that I had already clearly explained my intention, and that unless accompanied by a public letter of explanation I positively would refuse them.

L72 I confess my opinion was that this would not be refused so soon, as it was evident that I was determined on the subject; but when it proved to the contrary, I felt myself bound to prefer sacrificing the value of the presents rather than swerve from my word.

<관청 방문과 작별 인사>

L73 In the afternoon we visited the chiefs in the village, to take our leave. They received us with the greatest politeness, and again endeavoured to induce me to comply with their wishes: the only one who appeared in anxiety was Woo.

<1832. 8. 12. 공충수사의 내방>

L74 The following morning, whilst we were unmooring, the general came off alone; he had been sent by Woo, under the idea that he possessed more influence over us than any of the others. In this he was not wrong; for the uniform pleasing and gentlemanlike deportment of this chief have gained him the respect and good-will of us all. On the present occasion he evidently had no expectation of attaining the object for which he was sent, and after having once explained the purport of his message, he did not again allude to the subject. He was much less reserved in his expressions this day than he had ever shown himself before, and really seemed to feel the deepest regret at parting with us on such terms. On one occasion he wrote, "You have come from a distance of so many myriads of le, bringing us presents, and we have treated you in so unworthy a manner. Kohan, kohan, (alas, alas,) such are our laws."

L75 I inquired if there were any Chinese about the court; he answered that there were a few; it is not therefore improbable that their intervention may have induced the King thus to disclaim all intercourse with us.

<주선의 역사>

L76 In speaking about the ancient history of Corea, I mentioned an anecdote as a proof that his country was really independent of China. At the commencement of the Tartar dynasty, they possessed for more influence in Corea than at present, and endeavored to compel them to shave their heads and adopt the Tartar dress. This the Coreans resisted with much courage, and finally not only expelled the Chinese Tartars from the country, but ravaged a great part of Leaou-tung. When the general read this, his eyes brightened, and he repeated several times with much energy, Kow-chee, "So it is." But he then took a pencil and wrote, "These are the affairs concerning the nation; I am ignorant of the circumstances."

<공충수사와의 작별인사>

L77 On my wishing to send on shore a few cases of liqueurs for himself and the other two chiefs, Kin and Le, he refuse them with much emotion, saying," We treat you thus slightingly, and yet you continue to esteem us as friends, and honour us with gifts! Ko-seih, ko-seih (Have pity, have pity!)" and on one occasion he was almost moved to tears.

L78 On finally parting we assured him that however much we felt aggrieved by the conduct of his government, we should always entertain the kindest recollection of himself, and also of Kin and Le, both of whom had always been friendly and civil to us, though they were men of a very inferior stamp to the general, who we could not help feeling deserved a better fate than to pass his life among the suspicious and half-civilized Coreans.

<원산도에서 제주도로 떠나다>

L79 On leaving this we proceeded to the southward, sailing outside of the Corean archipelago, with the view of fixing the situation of the outer islands as accurately as possible; in this we were considerably favoured by two days of clear weather and light winds. The chart drawn out by Captain Rees, which has already been forwarded, exhibits the result of his observations, and may prove of service to future navigators on approaching this part of the coast.

<1832. 8. 17. 제주도를 지나다>

L80 On the 17th we saw the island of Quelpaert, which appears to be more highly cultivated than any other part of Corea we have seen.

<1832. 8. 21. 유황도를 지나다>

L81 On the 21st we passed Sulphur Island, but were prevented from landing there as we intended, by not being able to fetch the island: we passed about six miles to leeward; the volume of smoke issuing from the crater was very trifling.

부록 3

조선 왕조실록

세종실록　　현종실록　　정조실록　　순조실록

〈세종실록, 원산도 말 목장 설치 근거〉

세종실록, 1425년 음력 7월 11일, 원산도에 말 국립목장을 설치하여 제주에서 생산된 말을 번식시키게 하였다.(말목장은 1669년까지 245년간 존속되었다.)

<현종실록, 수군우후의 원산진 설치 근거>

현종실록, 1669년 음력 2월 3일, 원산도 말목장을 대산곶으로 옮기고 수군우후를 원산도에 주둔하게 하여 조운선을 점검하게 하였다.

<정조실록, 수군우후 원산도 주둔 근거>

정조실록, 1791년 음력 12월 25일, 수군우후로 하여금 원산도에서 곡물을 운반할 때 점검하도록 하였다.

<순조실록 ① 고대도 후양 정박>

純宗大王實錄 卷之 三十二

○公忠監司洪義瑾狀啓六月二十五
日何國異樣三帆竹船一隻來泊於洪州古代島後洋而云是英吉利國船故
使地方官洪州牧使李敏會水虞候金瑩綏馳進問情則言語難通以書字問
答而國名英吉利國又號大英居蘭墩忻都斯担地英吉利國愛蘭國斯客
蘭國合爲一國故稱大英國國王姓威氏地方與中國一樣蘭墩地方七十五

순조실록, 1832년 음력 7월 21일, 7월 22일(음력 6월 25일)에 공충감사의 장계에 의하면 애머스트호가 고대도 후양에 정박하였다. 공충감사 홍희근의 보고이다.

<순조실록 ② 애머스트호 구조와 승선자 명단>

里國中山多水小五穀皆有邊界近于昆連卽雲南省發之一條河流英國一
所地方而入大海距址京約七萬里水路四萬里陸路距朝鮮水路七萬里歷
法蘭治我斯羅呂宋越地理亞等國始到船材以楝木造成船體如破瓷形而
頭尾尖長三十把廣六把杉幅之付以鐵釘挿之上中莊間數大十間小二十
間船頭尾各置乾靈龜船中置黑白羔置鴨雞塒猪圈船頭挿各色旗有爵
者之居門前一人着甲衣樣接劒終日長立以禁出入之人汲水船四隻常懸
盡器樽甁琉璃匙則銀也船中所載兵器環刀三十升帆亦分三層所用器皿
於左右有用時則放水前中後帆竹作三層白三升帆亦分三層所用器皿
砲八船中人六十七人船主四品子爵胡夏来六品擧人隨生甲利出海李士
第一夥長波祿第二夥長苦翰畫士弟文寫字老濤高侍從者
来士必都盧彩計辟多羅馬行林爾林紅巴加巴地水手嘉他拉尾耶熳周翰
明夏及馬興六人陳舟十人遯海二十人廚子慕義無理止帆吳長萬跟班施
五施慢施難施環施諸施尾施八容貌或白如塗粉黑如涂墨或全削頭髮或
削去百會以前而以腦上少許髮一條編垂所着衣服或洋布或狌狌氊或三
升各色緞而上衣則或着周衣樣或着狹袖樣或以紅緞帶之赤衫則團領右
玉辰

순조실록, 1832년 음력 7월 21일, 애머스트호에 승선한 린제이 함장 등 67명의 명단이 수록된 기록이다.

<순조실록 ③ 애머스트호에 선적한 물품>

方為楷熊埠馬地班埠馬拉加埠與先嘉陂崋令年二月二十日逢西南風来
且忻都斯担古圍各地方昔入於英國版圖矣其最近中國屬英國之下落地
又於太平南洋有屬英國許多發達下落之地方終者在亞西亞州多有海島
方又在西忻慶其有海島盛多在亞非利加甲為垂圍之屬地
呂斯國英國地方其在歐羅巴人亦有貴地方在此亞非利加極南角好望之屬大地
非利加國是力國伶仃都國大清國交隣之國
之國友羅巴國法蘭西國阿壬民拉國者耳馬尾國我羅斯國大呂宋國波耳都斯國亞
因吏憲不體上旨所以皇恩不及遠客且外商因吏貪勒索多被阻亂云通貨
清國均大均權勢不進貢從本國上北京叩頭堦下大清皇帝懷柔遠人近
六十并價銀八萬兩國俗世主耶蘇之學與中華交易由來二百年之久與大
五十疋刀子一百剪子一百蠟燭二十担燈臺三十籠四十鈕一萬餘腰刀
縫處鞋以黑皮形如發莫船載物貨玻璃器五百硝一千担火石二十担花布
樣或為頭掩達伊或以草織如煎骨狀襪子則或白三升或白上無
夏采以青緞製如足道里前餘黑角其外則或以紅氈或以甘土
袛以金團錦懸於合袛處處其袖或狹或廣有爵人所著紋緞鮮明頭著則胡

순조실록, 1832년 음력 7월 21일, 애머스트호에 선적한 물품의 내용과 교역하고 있는 나라가 수록 된 기록이다.

<순조실록 ④ 서산 간월도와 태안 창리 등 선교>

순조실록, 1832년 음력 7월 21일, 귀츨라프가 서산의 간월도와 태안의 창리에서 선교 활동하였다는 기록이 수록되어 있다.

<순조실록자문 ① 고대도 안항 정박>

→ (순조실록 ④ 계속)

時潮水初落則彼人輩一齊誼絕去我船之繼繩擧破揭帆直向西南間而
去故蒼黃追往則彼船捷利我船質鈍追之不及文書禮物竟不得還傳云備
局啓言此船必是海中諸國之行商者而偶到我國地界將此奏文禮物以爲
當試交易之計既不遂彼亦不得不退去而但其奏文禮物仍置者殊涉訝
感遠人事情雖難測度在我處置所當審愼令問情官譯官等一一照數堅加
櫃封并與我人等處所給書冊而無遺收聚同爲封裹留置於本州官庫公忠
水使李載亨虞候金瑩綏地方官洪州牧使李敏會問情時擧行之稽滯頗錯
之罪請依道臣論勘施以罷職之典幷名之又啓言此英吉利國雖不在大國
朝貢之列以其所納冊子觀之閩廣等處地方之商船往來歲不下六七十隻
云則今此來泊我國之事情或不無轉通大國之慮不可不自我國先發以防
後患令槐院校擧事實撰出咨文從便〻送于禮部從之 ○咨文道光十二年
七月初四日據公忠道觀察使洪義瑾水使李載亨鱗次馳啓備水軍虞候金
瑩綏洪州牧使李敏會呈稱本年六月二十六日酉時量異㨾船一隻到泊於
本州古代島安港聞甚驚駭就差譯學吳繼淳該地方官洪州牧使李敏會水
軍虞候金瑩綏馳詰船泊處眼同問情語言不通替用文字詳詰來由則回稱

순조실록자문, 1832년 음력 7월 11일, 애머스트호는 1832년 7월 23일(음력 6월 26일) 고대도 안항에 정박하였다고 기록된 자문이다.

<순조실록자문 ② 애머스트호의 승선자 모습과 소지한 물품>

俺們俱是英吉利國蘭墩忻都斯担地人船主胡夏米要以西洋布碁子布大呢羽緞綃鈕子刀子剪刀腰刀蠟燭燈臺燈籠琉璃器時辰表千里鏡等貨和買貴國所產物件本年二月二十日騎船本月二十六日到此乞轉啓貴國大王設誼交易云云同船騎乘總計六十七人除船主胡夏米稱四品子爵外俱係行商夥計與梢工水手服着則或洋布或氈子或三梭布或緞子衣製則或袍子或袴子或單衫帽子則制樣不一兩其色或紅或黑或青或織草船則稱以公船票號安利潤六把長三十把桅竿層帆三箇又有汲水小船四隻船中什物欲為一一黙驗則彼人謂以未許交易之前遠客之物不當要見屢回往復終不開示此是往來行商與他國私交况我本國密邇向服事無巨細悉經奏知之以藩邦事體固不當與上國可據之文憑强要前代未有之市易事涉乘當理難不敢擅便傴們旣無上國可據之文憑强要前代未有之市易事涉乘當理難曲從地方官何敢告京司京司亦何敢轉達云爾則彼人不聽諭一向懇前後相持旬有餘日至本年七月十七日酉時量乘潮向西南而去等因具啓據此竊照舟車所通懋遷有無雖云國之常事藩臣無外交關市譏異言尤係守邦之彛典小邦粗知義分恪遵侯度雖逐年互市之在倒應行者猶必待

壬辰

순조실록자문, 1832년 음력 7월 11일, 애머스트호 승선자의 모습과 배의 구조 및 소지한 물품이 기록되어 있다.

<순조실록 ⑤, 애머스트호의 조니진 정박>

(순조실록자문②의 계속)

黃海監司金蘭淳以六月二十一日異樣船一隻來泊於長淵助泥鎭掌內漁人輩以魚鮮書冊互相與受該鎭吏校亦與筆札酬應而水使及地方官只以尋常唐船去來樣報來追聞船制人物言語服色與洪州兩泊英吉利船無異而不爲詳細問情任其自去竟不據實技報者有關邊情狀論水使尹禹鉉長淵縣監金星翼及該鎭將之罪並拿勘○丙戌○丁亥以白恒鎭爲黃海道

勅咨指揮令此英吉利國地勢曾絶與小邦水路相距不知爲幾萬餘里而妄托交鄰强求市易大非事理所宜實出圖應之表援經法終始牢塞彼亦自知無辭旋即回還交易一款今固無容更言而事係邊情理宜具報爲此合行移咨煩乞貴部照詳咨內事理轉奏施行須至咨者

순조실록, 1832년 음력 8월 11일, 7월 18일 (음력 6월 21일)에 이양선이 황해도에 와서 어부들이 생선과 서책을 바꾸었다는 황해감사 김난순의 보고서이다.

부록 4
일성록, 비변사 등록, 승정원 일기

<일성록 ①, 몽금포 도착>

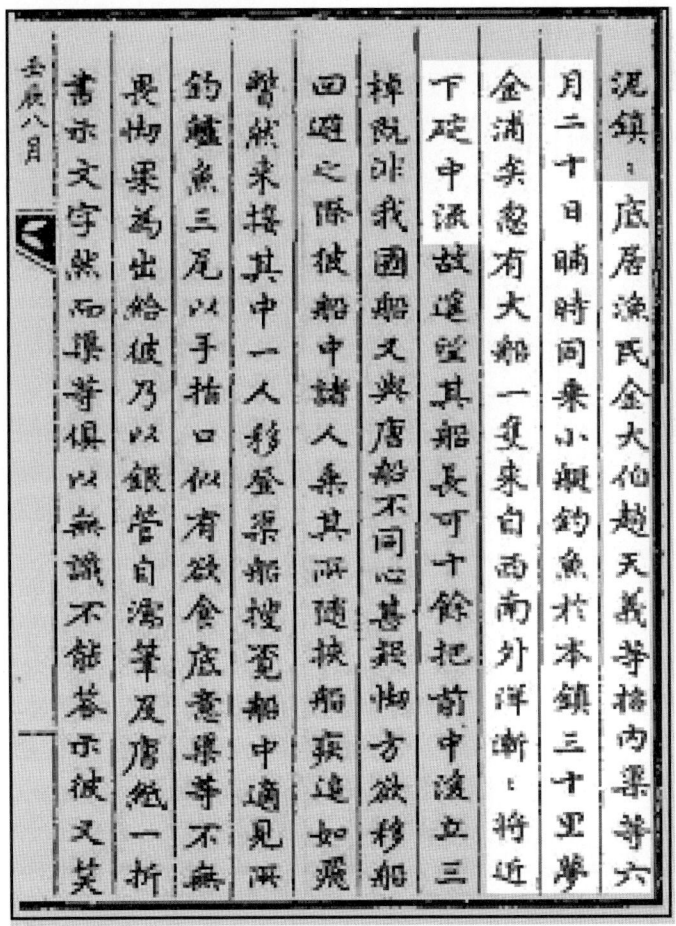

日省綠, 1832년 음력 8월 11일, 7월 17일(음력6월 20일) 어민 김대백 등이 낚시하고 있을 때 애머스트호가 몽금포에 도착하였다는 기록이다.

<일성록 ②, 성경을 불태운 황해감사 보고서>

日省綠, 1832년 음력 8월 11일, 성경(이단좌설)1권을 황해감영 마당에 수거하여 불에 태웠다는 기록이다.

<일성록 ③, 황해도 관군과 무장 대치한 기록>

> 壬辰八月
>
> 泥鎭趁捕別將張之秋軍器監官崔宗連刑吏申
> 夢悅等招内去六月二十一日早朝有一小船來
> 向本鎭浦邊而船樣人物俱極殊常故渠等入告
> 鎭將即率校卒各持鳥銃同時出往則船已泊岸
> 人將下陸渠等疾步前進相遇於沙場彼人八名
> 言語貌樣有異於曾前所見之唐人渠等心甚驚
> 訝乃以書問汝等以何國人因何來此之由則彼
> 中一人以銀管筆及唐紙一折答書我們大英國
> 人將欲交易物貨往大清國而漂風到此云渠等
> 又書問汝是何姓彼答書以胡姓字又書示鷄鴨

日省錄, 1832년 음력 8월 11일, 7월 18일(음력 6월 21일) 황해도 관군과 귀츨라프 일행 8명이 대치하였다는 기록이다.

⟨일성록 ④, 녹도 경유 관련 기록⟩

日省綠, 1832년 음력 7월 8일, 애머스트호의 항해과정에 대하여 녹도와 동소도 (불모도 등)를 경유하였다는 문답기록이다.

⟨일성록 ⑤, 불모도 항해 관련 녹도별장 보고⟩

日省綠, 1832년 음력 8월 7일, 7월 22일(음력 6월 25일) 애머스트호가 녹도에서 불모도 외양쪽으로 항해한다는 녹도별장의 보고 내용이다.

<일성록 ⑥, 예물 반환 관련 홍주목사 증언>

日省綠, 1832년 음력 8월 7일, 주문과 예물을 동 책임자에게 맡긴 것에 대한 홍주목사가 증언한 기록이다.

<비변사등록 ① 불모도 도착 관련 기록>

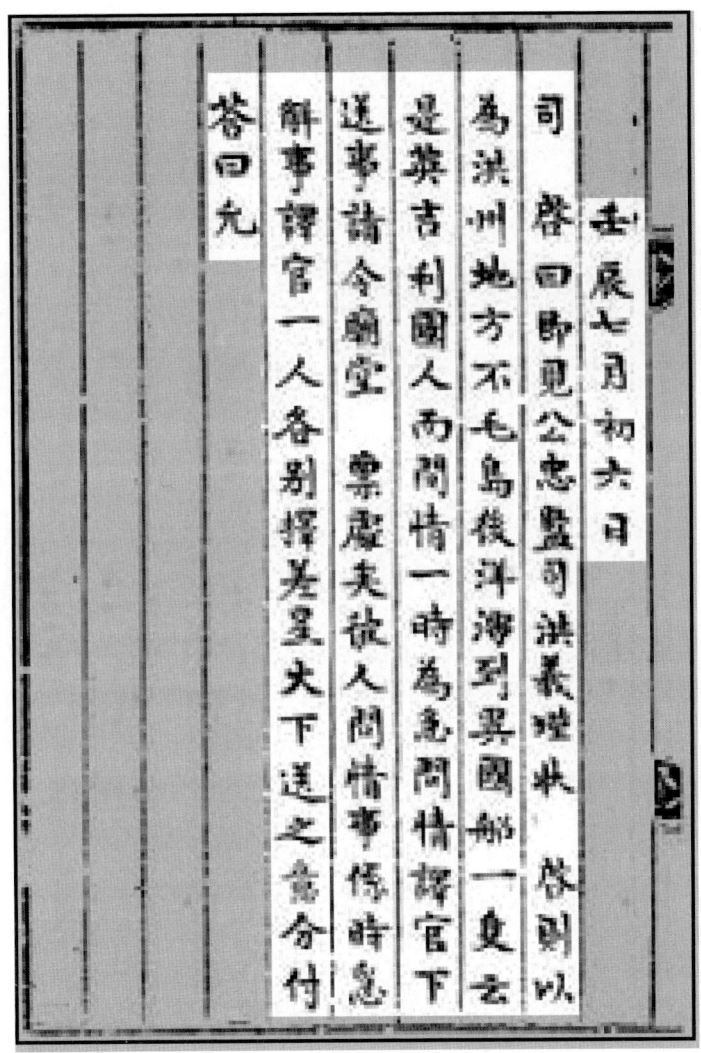

비변사등록, 1832년 음력 7월 6일, 애머스트호가 불모도 뒤 바다에 도착하였다는 공충감사 홍희근의 보고에 관한 기록이다.

<비변사등록 ② 수군우후 등 파직 관련 문헌>

且該牧使與水虞候之姑寢請罷誠罪擧行者
即出於問情事繁慮致稽滯而該道啓聞又
以該牧使之身病至請問官別為差定則到
今并不可遲待竣事後論勘公忠水使李載亨
加施罷職之典洪州牧使李敏會水虞候金瑩
綏并為先罷黜令該府拿問處之其代令各該
曹口傳擇差催促下送雖以問情事言之鹿島
東小島二島則既云洪州地方長山所在則事
當詳問其距本州程里幾何而前後道啓來
克踪馮當該監司洪羲瑾從重推考仍為一體
嚴飭於問情譯官虞使之嚴辭曉諭趁即還送
何如 答曰允

비변사등록, 1832년 음력 7월 18일, 공충수사 이재형, 홍주목사 이민희, 수군우후 김형수의 파직 등에 관한 기록이다.

<승정원일기 ①, 고대도 문정 관련 기록>

승정원 일기, 1932년 음력 7월 9일, 고대도에 정박한 귀츨라프 일행과 언어가 통하지 않아 필담으로 문정하였다는 승정원의 기록이다.

한국 최초 개신교 선교지
원산도의 귀츨라프 발자취

2017년 10월 20일 초판인쇄
2017년 10월 29일 초판발행

발행처 / 귀츨라프연구소
저　자 / 신호철 · 김주창

출판사 / 양화진
　　　　서울시 은평구 은평터널로 65 대림Ⓐ 108-1305
　　　　Fax: (02) 325-4911　　Mobile: 010-3901-8049
　　　　E-mail: shc155@naver.com

등록번호: 2003. 8. 20 제313-2003-000289호

ISBN 978-89-967000-4-3　03230　　　　정가: 22,000원

ISBN 978-89-967000-4-3